AF617796

LA INCIERTA VIDA DE LAS MUJERES

LA INCIERTA VIDA DE LAS MUJERES

EMOCIONES, ANHELOS Y CONFLICTOS EN ESPAÑA Y AMÉRICA (SIGLOS XVII-XX)

María Luisa Candau Chacón
(ed.)

Esta obra ha sido posible gracias a la financiación del
Ministerio de Ciencia e Innovación (MICINN), Agencia Estatal de
Investigación (AEI), 10.13039/501100011033/Gobierno de España.
Proyecto I+D+i "Pasiones y afectos en femenino.
Europa y América, siglos XVII-XX" Referencia PID2020- 113063RB-I00

© María Luisa Candau Chacón (ed.), 2024

© El resto de autores, 2024

Director de colección: Manuel Chust Calero
Editor: Ramiro Domínguez Hernanz

© Imagen de cubierta: Izquierda: Una señora de paseo en la saya nueva llamada obregosina
Derecha: Una señora desfrasada en paseo.
Acuarelas de Pancho Fierro de la colección "mujeres tapadas".
Museo de Bellas Artes. Buenos Aires.

C/ San Gregorio, 8, 2, 2ª, 28004, Madrid
España
www.silexediciones.com

Sílex Ultramar
ISBN: 978-84-10267-44-2
Depósito Legal: M-24490-2024

Cualquier forma de reproducción, distribución, comunicación pública o transformación de esta obra solo puede ser realizada con la autorización de sus titulares, salvo excepción prevista por la ley. Diríjase a CEDRO (Centro Español de Derechos Reprográficos) si necesita fotocopiar o escanear algún fragmento de esta obra (www.conlicencia.com; 91 702 19 70 / 93 372 04 97)

CONTENIDO

MUJERES, EMOCIONES, CONFLICTOS.
INCERTIDUMBRES DEL CORAZÓN, EL MATRIMONIO
Y LA VIDA 17
María LUISA CANDAU CHACÓN

PARTE PRIMERA
VOLVER A EMPEZAR. LA SOLEDAD DE LAS MUJERES
Y LOS AFANES DE SUPERVIVENCIA

EN NUEVAS TIERRAS Y CON NUEVOS MATRIMONIOS

VIAJES Y DESTINOS INCIERTOS. MUJERES EN BUSCA
DE UN FUTURO A TRAVÉS DEL OCÉANO EN EL SIGLO XVII ... 55
Palmira García Hidalgo
Cristina Ramos Cobano

EMOCIONES, CONFLICTOS Y AFECTOS EN LA DISTANCIA.
DE LA ISLA DE LEÓN (CÁDIZ) A VERACRUZ/JALAPA.
SIGLO XVIII 85
ISABEL TESTÓN NÚÑEZ
ROCÍO SÁNCHEZ RUBIO

VOLVER A EMPEZAR. LAS MUJERES BÍGAMAS
EN LA REGIÓN DEL BAJÍO EN TIEMPOS DE LA COLONIA 113
María Luisa Candau Chacón

ANTE EL MAL TRATO Y LA POBREZA. FINALES TRÁGICOS
Y MUJERES CRIMINALES

EN DEFENSA DEL MATRIMONIO: MUJERES, HONRA
E INTEGRIDAD FÍSICA EN EL PERÚ VIRREINAL (1750-1821) ... 157
Ruth Magali Rosas Navarro

"ESTO SUCEDE DE LOS CASAMIENTOS A DISGUSTO".
EL FINAL TRÁGICO DE UNA MAL CASADA: CARMEN PINO.
CONCEPCIÓN, CHILE, SIGLO XIX 183
Yéssica González Gómez

MUJERES HOMICIDAS EN MORELIA, 1936-1959 213
Mónica Lorena Murillo Acosta

SOBREVIVIENDO

DUEÑAS DE SU DINERO. LIBRES Y EMPODERADAS
EN EL GUANAJUATO ILUSTRADO 241
José Luis Caño Ortigosa

MUJERES SOLAS Y MUJERES ¿POBRES?
DINÁMICAS FEMENINAS ANTE SITUACIONES
DE DIFICULTAD EN QUITO 1665 A 1705 271
Diana Eva Lamana Campo

PARTE SEGUNDA
AVENTURERAS, ESCRITORAS, EMPRENDEDORAS.
EL REFLEJO DE LOS ANHELOS Y LOS CAMINOS
DE LA REALIZACIÓN PERSONAL

EL CORAZÓN EN LA PLUMA: EVOCACIÓN, NOSTALGIA
E INTELECTUALIDAD EN LA OBRA DE AMELIA AGOSTINI
DEL RÍO (1896-1996) 297
María Nieves Verdugo Álvez

¡POR LA MUJER Y LA ANARQUÍA! BLANCA DE MONCALEANO
Y SU PRÁCTICA EDITORIAL EN LOS ALBORES DEL SIGLO XX ... 323
Gabriela López Ruiz

CONSUELO URANGA: UNA VIDA INCIERTA Y APASIONADA
ENTRE LA LITERATURA Y LA MILITANCIA COMUNISTA
EN MÉXICO, 1921-1952 347
María de Lourdes Cueva Tazzer

ELENA TORRES CUÉLLAR (MÉXICO, 1893-1970).
DEL MINERAL AL MUNDO. TRAYECTORIA
DE UNA MUJER DE GRANDES IDEAS 375
Rocío Corona Azanza

CARTAS DE LA TÍA PEPITA: CONTRARIEDADES
Y SATISFACCIONES DE UN VIAJE A CUBA EN 1920 399
Pilar Cagiao Vila

DÍAS DE AVENTURA: CRÓNICA DE UN VIAJE POR
EL CARIBE A TRAVÉS DE LA PLUMA
DE ANNA HYATT (1924) 427
Rosario Márquez Macías

AUTORES 453

A María José de la Pascua Sánchez y Pilar Gonzalbo Aizpuru

Sílex Ultramar es una colección de Historia nacida para navegar en los distintos océanos historiográficos, transportar una historia crítica, analítica y rigurosa sin aduanas tradicionales, intercambiar saberes virtuales e impresos, trazar retrospectivas que ayuden a comprender el presente y acercar distancias espaciales y sociales al conocimiento histórico. Nunca América estuvo tan cerca.

Colección Sílex Ultramar

Director de la colección
Manuel Chust (*Universidad Jaume I de Castellón*)

Director Editorial
Ramiro Domínguez (*Sílex Ediciones*)

Secretariado Editorial
Rocío Castellanos
(CIHAL/Universidad Jaume I)
Joaquín E. Espinosa
(Universidad Michoacana de San Nicolás de Hidalgo)
Ibisamy Rodríguez
(Universidad de Guadalajara)

Comité Editorial

Marcello Carmagnani
(*Universidad de Torino, El Colegio de México, Fundación Enaudi*)
Francisco Ortega
(*Universidad Nacional de Colombia, Bogotá*)
Elizeth Payne
(*Universidad de Costa Rica*)
João P. Pimenta
(*Universidad de Sao Paulo*)
Eduardo Rey Tristán
(*Universidad de Santiago de Compostela*)
Martín Ríos Saloma
(*Universidad Nacional Autónoma de México*)
Claudia Rosas Lauro
(*Pontificia Universidad Católica del Perú*)
Hilda Sabato
(*Universidad de Buenos Aires*)
José Antonio Serrano Ortega
(*El Colegio de Michoacán*)

Comité Asesor Internacional

Jeremy Adelman (*Universidad de Princeton*), Óscar Álvarez Gila (*Universidad del País Vasco*), Enrique Ayala (*Universidad Andina Simón Bolívar, Quito*), Michel Bertrand (*Universidad de Toulouse-Jean Jaurés*), Herib Caballero (*Universidad Nacional de Canindeyú*), Gerardo Caetano (*Universidad de la República*), Pilar Cagiao (*Universidad de Santiago de Compostela*), Ângela Domingues (*Universidad de Lisboa*) Fernando Cajías (*Academia Boliviana de Historia*), Alfredo Castillero (*Universidad de Panamá*), Carmen de la Guardia (*Universidad Autónoma de Madrid*), Paul Garner (*Universidad de Leeds*), Sylvia Hilton (*Universidad Complutense de Madrid*), Carlos Illades (*Universidad Autónoma Metropolitana-Cuajimalpa*), Marta Irurozqui (*Consejo Superior de Investigaciones Científicas, Madrid*), Emilio Luque (*Universidad de Sevilla*), Domingo Lilón (*Universidad de Pécs*), Juan Marchena Fernández (*Universidad Pablo de Olavide, Sevilla*), María Luisa Martínez de Salinas (*Universidad de Valladolid*), Ascensión Martínez Riaza (*Universidad Complutense de Madrid*), Eduardo Matos Moctezuma (*Instituto Nacional de Anprologia e Historia, México*), Malgorzata Nalewajko (*Universidad de Varsovia*), Tatiana Medvédeva (*Academia de Ciencias de Rusia*), Erika Pani (*El Colegio de México*), Sonia Pérez Toledo (*Universidad Autónoma Metropolitana-Iztapalapa*), Elías Pino (*Academia Nacional de la Historia, Venezuela*), Ricardo Piqueras (*Universidad de Barcelona*), Alexandra Kovalyova (*Centro de Estudios Globales, Kiev*), Martín Rodrigo Alharilla (*Universidad Pompeu Fabra*), Agustín Sánchez Andrés (*Universidad Michoacana de San Nicolás de Hidalgo*), Sol Serrano (*Universidad Católica de Chile*), Arturo Taracena (*Universidad Nacional Autónoma de México, sede Mérida*), Óscar Zanetti (*Universidad de La Habana*), Michael Zeuske (*Universidad de Bonn*).

El presente libro ha sido evaluado por el sistema de revisión por pares académicos.
Los dictámenes correspondientes están depositados en el seno de la editorial.

La editorial Sílex ocupa la posición n.º 6 del *Scholarly Publishers Indicators in Humanities and Social Sciences* (SPI) de 2022 en prestigio editorial en la disciplina de Historia con un ICEE de 84.

Propuestas de publicación

Las propuestas de edición serán enviadas a:
silexultramar2020@gmail.com
en un archivo pdf. La colección se pondrá en contacto con el remitente para informarle del proceso de revisión por pares, las condiciones de edición y su potencial programación.

MUJERES, EMOCIONES, CONFLICTOS. INCERTIDUMBRES DEL CORAZÓN, EL MATRIMONIO Y LA VIDA

María Luisa Candau Chacón

Han pasado casi quince años de la edición de la obra dirigida por María Tausiet y James Amelang, *Accidentes del alma. Las emociones en la Edad Moderna* (Madrid, 2009). Más de veinticinco de aquellas *Mujeres solas* que, abandonadas en la metrópoli, y a la espera de ser reclamadas por sus maridos, desde América, describiera magistralmente María José de la Pascua, en 1998. Desde la otra orilla, numerosos textos coordinados por Pilar Gonzalbo han despertado el interés de los historiadores; destacaré entre ellos, por su temática, *Amor e historia. La expresión de los afectos en el mundo de ayer* (México, 2013).[1] Con una y otra materia –emociones, afectos y mujeres en ellos–, el panorama editorial ha visto crecer, en número y calidad, aportaciones sugerentes, desde distintos centros de investigación,[2] en proyecciones de carácter multidisciplinar, siendo testigo de la relevancia alcanzada en el mundo actual y del deseo de comprender el papel de las emociones en la Historia, un papel y

[1] Asimismo, incluyendo algunos textos referentes a sensibilidades, sentimientos y conexiones entre lo público y lo privado, Pilar Gonzalbo et allí, *La historia y lo cotidiano,* El Colegio de México, México, 2020.

[2] A destacar los tres centros de investigación más conocidos: Geschichte der Gefühle-Max Planck Institute für Bildungsforschung en Alemania, Center for the History of Emotions-Queen Mary University en Gran Bretaña y ARC-Center of Excellence for the History of Emotions en Australia. En España desde el CSIC, los trabajos liderados por Javier Moscoso. En América Latina, desde México y Argentina, la Red Nacional de Investigadores en los Estudios Socio-Culturales de las Emociones y el Núcleo de Estudios Sociales sobre la intimidad, los afectos y las emociones, respectivamente. María Berg, "Una genealogía de la Historia de las emociones", *Quinto sol. Revista de Historia.* l, vol. 23, n.º 1, (enero-abril 2019), pp. 1-20. Begoña Barrera y María Sierra, "Historia de las emociones ¿qué se cuentan los afectos del pasado?", *Historia y Memoria,* (2020), pp. 103-142.

unas experiencias que el discurso moderno, tradicional e históricamente, reservó al mundo de la femineidad.[3]

En el ámbito de la Modernidad, las contribuciones primaron, por lo mismo, la búsqueda de protagonistas en los diferentes espacios de acción/emoción de las mujeres, considerando ser el concepto "mujer" asociado en aquellos tiempos a su naturaleza "pasional" e "irracional". Como comentaba en otro lugar "la tradición clásica, recuperada en los textos del Renacimiento, consideraba a las mujeres seres pasionales movidos por impulsos afectivos, siendo ellas (en palabras del humanista Juan Luis Vives) "más proclives al placer". De pensamiento inseguro e incapaz de "asentarse en un solo lugar", eran las mujeres, en los textos del valenciano, inconsistentes, de razonamiento "voluble, impreciso, e inexperto", objeto de alteraciones, y de juicio "casi siempre perturbado por alguna pasión". Frente a los varones, concebidos como racionales, aquellas, las mujeres, sobrevivían entre "los vaivenes de los sentimientos" (*Instrucción de la mujer cristiana*, Brujas, 1523, Valencia 1528). No era opinión particular. El discurso defendía una naturaleza femenina movida por inclinaciones nacidas en los afectos (...). En el fondo (se pensaba), era su propia naturaleza sensual la que, desde la creación

[3] No es mi intención realizar un estado de la cuestión, que excedería los límites marcados aquí, en cualquier caso, referidos esencialmente a las investigaciones históricas; pero destacaré algunos ejemplos recientes, en relación con diversas materias; sobre mujeres y emociones, María Luisa Candau Chacón (ed.), *Las mujeres y las emociones en Europa y América. Siglos XVII-XX*, Ediciones Universidad de Cantabria, Santander, 2016. Yéssica González y Verónica Undurraga (eds.), *Hilvanando emociones. Rupturas y vínculos desde lo femenino. Chile y Argentina, siglos XVII al XX*, Publicaciones de la Universidad de Huelva, Huelva, 2022. En el ámbito familiar, Encarna Jarque (coord.), *Emociones familiares en la Edad Moderna*, Sílex Universidad, Madrid, 2020. En el de la cultura contemporánea, Luisa Elena Delgado, Pura Fernández y Jo Labanyi (eds.), *La cultura de las emociones y las emociones en la cultura contemporánea (siglos XVIII-XXI)*, Cátedra, Madrid, 2018. Como aportaciones historiográficas y contribuciones metodológicas, María Berg, "Una genealogía de la Historia de las emociones...". Begoña Barrera y María Sierra, "Historia de las emociones...", pp. 103-142. En América Latina destacaré tres obras aparecidas desde comienzos de siglo, bien de síntesis, bien resultados de actas de coloquios que demuestran el interés por los estudios de género y, en ellos, textos relacionados con la Historia de las emociones y los afectos: Juan Andreo García y Sara Beatriz Guardia, *Historia de las mujeres en América Latina*; Universidad de Murcia, Murcia, 2002. Isabel Morant Deusa (dir.), *Historia de las mujeres en España y América*, Cátedra, Madrid, 2005. Bárbara Potthast, *Madres, obreras, amantes. El protagonismo femenino en la Historia de América latina,* Iberoamericana, Vervuet, Madrid, 2010.

bíblica, se mostraba inferior al hombre en sabiduría. Ya el médico Juan Huarte de San Juan (*Examen de ingenios*, Baeza, 1575) defendía que: "la razón de esto es ... que la compostura natural que la mujer tiene en el celebro (*sic*) no es capaz de mucho ingenio ni de mucha sabiduría". En consecuencia, las mujeres eran seres pasionales; hoy diríamos emocionales, en razón de su propia naturaleza. Y, dado que antaño, mujeres y emociones parecían ser una combinación natural, optamos por mantener la óptica de entonces para rescatar cuantas actividades, ideas y actitudes pudieran refrendar o rechazar aquella naturaleza que les había sido otorgada".[4]

Emociones –en su acepción pasión– y mujeres: el binomio se institucionalizaba; mujeres, además, entendidas como "vaivenes de los sentimientos": la identificación de la mujer con lo que hoy traducimos como emocional fue una cuestión asumida desde siglos, producto de una clara desestimación de argumentos misóginos. Ello no implica que, andando el tiempo, en la Contemporaneidad, la mentalidad y sociedad burguesas no recondujesen de nuevo aquellos criterios; y así, las mujeres, significadas en el ámbito de lo privado, asumieron en el discurso el rol de una femineidad reconocida y caracterizada esencialmente por sus emociones. Ahora en positivo.

Tal naturaleza –sensual, pasional– fue continuamente ratificada en el discurso confesional de la Modernidad, independientemente de las religiones que analicemos en la Europa de entonces: que todas sin distinción defendieron, en mayor o menor medida, aquella condición y, consecuentemente, la necesaria distribución de roles adherida al mantenimiento del patriarcado. Las mujeres como colectivo, desde esta óptica –emocional–, han sido, así, tradicionalmente analizadas en sus diferentes ámbitos "naturales": el matrimonio, la familia, el convento, la casa; al fin, la escenografía de su vida cotidiana, y de ahí, también, sus movimientos, las migraciones, incluyendo asimismo los ámbitos de la transgresión como manifestaciones del

[4] Introducción a los objetivos del proyecto de investigación en curso bajo el que se cobija esta obra, publicados por el Ministerio de Innovación y Ciencia (MICINN), Agencia Estatal de Investigación (AEI). Título *Pasiones y afectos en femenino. Europa y América, siglos XVII-XX. Perspectivas históricas y literarias.* Referencia PID2020/113063RB-I00 https://www.aei.gob.esayudas-concedidas/ayudas-destacadas/proyecto-idi-2020-generacion-conocimiento-pasiones-afectos

incumplimiento de sus funciones y del alejamiento de los modelos establecidos.[5] Individualmente, salvo excepciones, lo han sido en función de sus "dones singulares" –por usar de las expresiones de fray Luis de León–[6] de modo que, sobresaliendo las religiosas y luego las ilustradas, priman sus escritos o sus experiencias, aquellas nacidas e identificadas con el alma y espíritu de las mujeres.[7]

Pero ¿qué emociones? Es sabida la inexistencia del vocablo castellano como tal en la Edad Moderna y hasta bien entrado el siglo XIX –su inclusión en el Diccionario de la Real Academia Española data de 1843–[8] pero sí parece útil reiterar la diferente valoración del

---

[5] No pretendo compilar todas las aportaciones realizadas en estas materias; remitiré al lector a los trabajos modernistas referentes al ámbito español debidos a Margarita Torremocha, Gloria Franco Rubio, María José de la Pascua, Serrana Rial, Ofelia Rey, María José Pérez Álvarez, María Ángeles Pérez Samper, Mariela Fargas, Isabel Morant, Mónica Bolufer, Tomás A. Mantecón, Daniel Baldellou, María Luisa Candau, Marta Ruiz Sastre, Alonso M. Macías, Rosario Márquez, Isabel Testón, Rocío Sánchez Rubio, Joan Bestard, Manuel Pérez García, Manuel Peña Díaz, Ángela Atienza, Ana Morte, Rosa María Alabrús, Soledad Gómez, Ana Sixto, María Elena Díaz Jorge, entre otros.

[6] Fray Luis de León, *La perfecta casada*, Salamanca, 1583, capítulo II: "Porque cosa de tan poco ser, como es esto que llamamos mujer, nunca ni emprende ni alcanza cosa de valor, ni de ser, sino es porque le inclina a ello y la despierta y alienta alguna fuerza de increíble virtud que, o el cielo ha puesto en su alma, o algún don de Dios singular".

[7] Un clásico: Asunción Lavrin y Rosalba Loreto (eds.), *Diálogos espirituales. Manuscritos femeninos hispanoamericanos. Siglos XVI-XIX*, Benemérita Universidad Autónoma de Puebla, Puebla, 2006. Ejemplos recientes, Rosa María Alabrús Iglesias, *Razones y emociones femeninas: Hipólita de Rocabertí y las monjas catalanas del Barroco*, Cátedra, Madrid, 2019. Ídem, *Juliana Morell: de niña prodigio a maestra de las emociones*, Arpegio, Barcelona, 2020. Y otros textos ya clásicos sobre mujeres ilustradas: Victoria López-Cordón, *Condición femenina y razón ilustrada: Josefa Amar y Borbón*. Universidad de Zaragoza, Zaragoza, 2005. Mónica Bolufer Peruga, *Mujeres e Ilustración: la construcción de la feminidad en la Ilustración española. La vida y la escritura en el siglo XVIII*, Diputación de Valencia, Valencia, 1998. Ídem, *Inés Joyes: apología de las mujeres*, Universidad de Valencia, Valencia, 2008.

[8] Sobre el vocablo emoción y los términos que le "sustituyeron", durante la Modernidad, véanse: María Tausiet y James Amelang (ed.), *Accidentes del alma...*, p. 8. María Luisa Candau Chacón "Emociones diversas…", María Luisa Candau Chacón (ed.), *Las mujeres y las emociones …*, pp. 11-29. Ídem, "De las pasiones en femenino en su contexto", en María Luisa Candau Chacón (coord.), *Pasiones en femenino. Europa y América, 1600-1950*, Editorial Universidad de Sevilla, Sevilla, 2019, pp. 9-29. Mónica Bolufer Peruga, "En torno a la sensibilidad dieciochesca: discursos, prácticas, paradojas", en María Luisa Candau (ed.), *Las mujeres y las emociones*… pp. 29-59. Desde la Filología, un interesante estudio en Radana Štrbáková, "Historia de la palabra emoción en perspectiva comparativa (español, francés, italiano, inglés", *Philologia*, vol. XXIX n.° 1 – 22 (2019), pp. 55–80. Asimismo, el anterior de Carmen Miramón LLorca, "De la pasión a la emoción: la construcción verbal (y social) de las emociones

concepto *emoción* (*moción*) como del omnipresente, en diferentes variables, *pasión*, vocablo que en los diccionarios consultados se incluía en la definición del primero y que aquel, por tanto, lo contenía. Resaltaremos, entonces, su propia amplitud; segundo, la mutación y evolución de su significado y estimación social en el tiempo; también a lo largo de los siglos recogidos aquí, años en los que veremos desfilar prácticas emocionales diversas y de diferente consideración, en función de los contextos cronológicos –siglos XVII al XX– y de los espacios seleccionados: España y parte de América Latina. Siglos y ámbitos en los que su estimación, según veremos, variará según el marco histórico y las circunstancias socio-culturales, en mi opinión, efecto de un proceso de "secularización", más evidente a lo largo de la segunda mitad del XVIII, finalizadas ya las disputas de religión en la Europa Moderna, lo que añadirá –esencialmente al concepto de *pasión*– significaciones nuevas por no ser todas de carácter religioso. Las variaciones serán aún más evidentes en los territorios americanos, tanto más a raíz de las independencias y de la consolidación de los sentimientos nacionales. Aquí primando el amor a la patria.[9]

Para todos ellos, en el debate del significado del término "emoción", hemos optado por su amplitud, englobando en ella las manifestaciones de la pasión por las razones citadas, habida cuenta que ya la primera aparición del término "moción" la contenía en su definición, como hiperónimo. Pero vayamos por partes y por tiempos. Ante quienes han reflexionado acerca de su dominio ("¿Hablamos de emociones o de afectos?[10] ¿Qué es una emoción? ¿Lo es la ira? ¿Lo es la fraterni-

---

en español", *Signo y Seña,* 29, (junio de 2016), pp. 131-156. http://revistas.filo.uba.ar/index.php/sys/index

[9] Luisa Elena Delgado, Pura Fernández y Jo Labanyi, "Cartografía de las emociones...", pp. 9-35. Wadda C. Ríos-Font, "Mi corazón inundado: la retórica del amor a la patria en el discurso político puertorriqueño de principios del siglo XIX", en Luisa Elena Delgado, Pura Fernández y Jo Labanyi (coords.), *La cultura de las emociones...*, pp. 57-75.

[10] Algunos autores diferencian ambos conceptos –afectos, emociones– suponiéndolas manifestaciones inconscientes –los primeros– y conscientes, las segundas, de un mismo fenómeno o experiencia sensitiva. Entre ellos, Brian Massumi, "The Autonomy of Affect", *Cultural Critique*, n.º 31 (The Politics of Systems and Environments, Part II) (1995), pp. 83-109, 88. Recogido en Begoña Barrera y María Sierra, "Historia de las emociones...", p. 117.

dad? ¿Estudiamos emociones o representaciones de emociones?")[11], diremos que, en lo que toca al término "(e)moción", las primeras definiciones contenidas en los diccionarios castellanos –*Autoridades*, 1734–[12] traducen el citado vocablo *moción* –del latín *motio-motionis*, obviamente *movimiento*, pero también *temblor, estremecimiento*– por "acción o *pasión* por la cual una cosa se mueve por sí o es movida por otra", también "metafóricamente alteración del ánimo", razón por la cual consideraremos que lo son, históricamente y en un primer acercamiento, todas aquellas demostraciones en las que aquellos "impulsos" quedaron visibilizados. Por tanto, comenzaremos por sus representaciones. Tales *motiones* fueron entendidas inicialmente, en castellano, según ha quedado expresado, en sus manifestaciones espirituales o de carácter devoto. De hecho, de las tres significaciones contenidas en el vocablo "moción", en el mencionado *Diccionario de Autoridades*, dos son claramente de orientación religiosa, aquí la segunda y tercera anotadas. Primera: "Moción: La acción o *pasión*, en virtud de la qual una cosa se mueve por sí o es movida por otra". Segunda: "Moción: Metaphóricamente significa la alteración del ánimo, que se mueve o inclina a alguna especie a que le han persuadido. Dícese frequentemente de las cosas devotas..." Tercera: "Se toma también por la inspiración interior que Dios ocasiona en el alma, en orden a las cosas espirituales".[13]

Por su parte ya en 1843, el Diccionario de La Real Academia Española (DRAE) escuetamente lo definiría como "agitación repentina

[11] Es reflexión de Juan M. Zaragoza. Juan Manuel Zaragoza Bernal, "Historia de las emociones: una corriente historiográfica en expansión". *Asclepio*, 61. 1, 2013. e012, doi: http://dx.doi.org/10.3989/asclepio.2013.12. Joanna Bourke, "Fear and Anxiety: Writing About Emotions in Modern History", *History Workshop Journal*, 55 (1), (2003), pp. 113-116. http://dx.doi.org/10.1093/hwj/55.1.111. Peter Burke, "Is There a Cultural History of the Emotions?", en: Penélope Gouk y Helen Hills, *Representing Emotions: New Connections in the Histories of Art, Music and Medicine*, Aldershot, Ashgate, 2005, pp. 35-48. Las reflexiones y edición a cargo de Ángela Atienza acerca del concepto de sororidad incluyen un análisis de sus manifestaciones, algunas claramente motivadas y manifiestas en sus experiencias emocionales. Ángela Atienza López (ed.), *Historia de la sororidad, historias de sororidad. Manifestaciones y formas de solidaridad femenina en la Edad Moderna*, Marcial Pons, Madrid, 2023.

[12] *Diccionario de Autoridades*. Edición facsímil de la realizada en Madrid, 1726-1739. Tomo IV 1734, Gredos, Madrid, 1984.

[13] *Diccionario de Autoridades*..., Voz "moción". María Luisa Candau Chacón, "Las mujeres y las emociones en la edad moderna", en Manuel Reyes García Hurtado, *El siglo XVIII en femenino*, Síntesis, Madrid, 2016, pp. 115-153.

del ánimo (animi perturbatio)"[14], siendo, por tanto, más aplicable a cualquier estado de conmoción interior no necesariamente de carácter devoto. Una acepción esta última que, por lógica, coincide con la contenida aquí en los textos referidos a los siglos XIX y XX y que es la propia de la literatura romántica y de la prensa contemporánea, según puede comprobarse en el Corpus Diacrónico del Español (CORDE) de la Real Academia.[15] Dada su tardía inclusión en los diccionarios de la lengua española, los estados de ánimo que, con anterioridad, podemos identificar con su sentido actual –lo que hoy entendemos como emoción– se parecerían bastante a los términos (entonces usados) de pasión o afecto. Veamos su evolución.

En referencia a las *pasiones*, estas fueron definidas como "perturbaciones del ánimo" en el *Diccionario de Covarrubias* (1611), según vemos en una orientación semejante a la de "(e)– moción" más de un siglo después (*Diccionario de Autoridades*), pero primaba entonces –comienzos del XVII– su identificación con la Pasión de Cristo o las "pasiones" contenidas en los cuatro evangelios. Se añadían otras dos, una de significación negativa –"Tomar pasión de alguna cosa, tener pesadumbre"– y otra segunda más parecida al sentido contemporáneo del término que, sin embargo, no excluía tales connotaciones negativas, fuesen desde el punto de vista médico, filosófico o religioso: "apasionarse, vale aficionarse". [16] Padecer, sufrir; es de destacar, a su vez, la inclusión del vocablo "aficionarse": un término que en los textos de la época no tendría tampoco sentido positivo, ya que lo encontramos en documentos de carácter disciplinar o judicial para

[14] *Diccionario de la Real Academia Española* (DRAE), 1843. Consultado en https://bvpb.mcu.es/es/consulta/registro.cmd?id=451067

[15] Las 59 concordancias halladas para el término "emoción" en dicho repositorio coinciden con el significado de agitación, conmoción en su sentido más puramente romántico. Real Academia Española – Corpus Diacrónico del Español (CORDE), siendo la más antigua debida al Conde de Noroña (Gaspar María de Nava Álvarez de Noroña, 1760-1815) posiblemente hacia 1799 en un poema de corte clásico en donde parece referirse a la agitación proveniente del asombro o la sorpresa: "Mas ¡qué extraña emoción y qué sorpresa/ tan grande! ¿Qué deidades os espanta? / ¿De qué ese asombro nuevo?...

[16] Sebastián Covarrubias Orozco, *Tesoro de la lengua castellana o española,* por Luis Sánchez, impresor del Rey, Madrid, 1611. Uso la edición de Felipe C. R. Maldonado, Castalia, Madrid, 1995. Voz: Pasión.

señalar un apego "en demasía" con resultados transgresores, entiéndase, por ejemplo, en el ámbito de los amores ilícitos.

Un siglo después, el *Diccionario de Autoridades* (T° V, 1737) presenta hasta nueve acepciones del término "pasión"; de ellas cinco no hacen alusión a su significado religioso y se orientan hacia las "perturbaciones del ánimo" ya citadas en Covarrubias, añadiendo otras significaciones filosóficas o médicas y, en general, la expresión "afecto desordenado". Pocos años más tarde, en las *Doctrinas Prácticas* debidas al padre Pedro de Calatayud, en 1739, estas pasiones eran definidas como "unas inclinaciones sobresalientes o propensiones del corazón y del ánimo, las cuales se llaman ya apetitos, ya afecciones, ya primeros movimientos e ímpetus, con que el corazón desea, se aficiona y enamora de los objetos". [17] Una buena definición, aun de distinta fuente y origen, para ser aplicada en estos trabajos contenidos aquí.

En 1843, la voz *pasión* seguía incluyendo por antonomasia las referencias a la Pasión de Cristo y mantenía las acepciones anteriores: "cualquier perturbación o afecto desordenado del ánimo", "el acto de padecer tormentos, penas, muerte y otras cosas sensibles" o "excesiva inclinación o preferencia de una persona a otra"; en el mismo sentido "apetito o afición vehemente a alguna cosa.[18] Así pues, en el lenguaje actual, hablamos de emociones, afectos o pasiones, indistintamente; pero, en los siglos XVII y XVIII su equivalente serían las *pasiones* o los *afectos*, bien que estos últimos –los afectos– podían no ser "desordenados" ni "vehementes", no siendo "aficiones" o, como encontramos en los documentos, no "aficionándose" los sujetos. Avanzando el XIX, en castellano, harán su aparición las emociones. Queda claro que aquellos impulsos del ánimo, fuesen alteraciones, temblores o simplemente "movimientos", experimentarían, como la sociedad misma, un proceso de secularización, tanto en las "recién nacidas" *emociones* como en los de mayor tradición: *pasiones y afectos*.

[17] Pedro de Calatayud, *Doctrinas prácticas que solía explicar en sus misiones*. Imprenta de don Benito Cano, 4ª edición, Parte I, Tratado III, Madrid, 1797, p. 230. (Primera edición, 1739).

[18] *Diccionario de la Real Academia Española* (DRAE), 1843. Consultado en https://bvpb.mcu.es/es/consulta/registro.cmd?id=451067

Las significaciones no eran idénticas en los espacios de lengua inglesa y francesa. Allí triunfaba en su sentido de alteración colectiva –según estudios filológicos posiblemente fuera este su significado inicial-[19] suponiendo ser acciones problemáticas al estilo del término "the troubles". Así los vocablos equivalentes (the emotions, les émotions) podían identificarse con impulsos "irracionales", *furores* o levantamientos sociales (motines, revueltas), en los siglos de la Modernidad, lo que en el ámbito castellano se traducía como "alteraciones".[20] Acciones por tanto visibilizadas y extremas.

Ahora bien, es cierto que, en el ámbito de las subjetividades –y las experiencias lo son–, una gran parte de ellas quedará en silencio, pues ¿cómo documentar históricamente sonrisas, expresiones de temor o pena o sentimientos de solidaridad o, por el contrario, vislumbrar ira o venganza, si no generaron registros? Únicamente los códigos que pretendían moldear las conductas, como las propias que no transigieron, darían, documentalmente hablando, cuenta de ellas. Y, sin embargo, también los silencios –los de los textos y los que marca la literatura– y los objetos, en forma de libros, de láminas, de figuras conservadas al natural o registradas en los inventarios, pueden ayudar a entender parte de las querencias y parte de los sentimientos o afectos de los hombres y mujeres de entonces.[21] Como ciertas actitudes que demandaron, por prudencia, reserva y silencios.

Porque los silencios también nos hablan. Tratan de procederes, de valores y de sentimientos: allí donde se ocultan nombres y hechos, puede aflorar el respeto a las normas o a las conveniencias; donde no encontramos huellas o escasean los testimonios –pensemos en

[19] Radana Štrbáková, "Historia de la palabra *emoción...*", pp. 55-80.

[20] Las acciones bélicas se constituyen como objeto de experiencias emocionales; aún más, algunas reflexiones apuntan el valor de las emociones en ellas, sobre todo las que generaron identidades nacionales nuevas. Sobre la significación inicial del término en francés, inglés e italiano véase Nicole Hochner, "Histoire intellectuelle des émotions, de l'Antiquité à nos jours", *L'Atelier du Centre recherches historiques. Revue éléctronique*, nº 16 (2016), pp. 1-25. https://journals.openedition.org/acrh/7357. A los denominados motines del hambre de Andalucía, de mediados del XVII, se les llamaba con tal término, "Alteraciones".

[21] Sobre cultura material, Elena Díaz Jorge (ed.), *Sentir la casa. Emociones y cultura material en los siglos XV y XVI*, Ediciones Trea, Gijón, 2022.

procesos judiciales, por ejemplo– quizás se esconden temores, miedos, angustias, dejadez o ciertas actitudes de compasión al no denunciar delitos ni delincuentes; de hecho, no pocos actores –incluso desde las propias instituciones– optaron, ante honores y honras en riesgo, por un silencio escogido, manifestación de un sentimiento que, siendo casi siempre de respeto al orden establecido, podía demostrar también una posición compasiva y de conmiseración. Sabido es que, en los procesos por adulterio contra mujeres casadas, la justicia eclesiástica en los Tiempos Modernos silenciaba el nombre de las adúlteras; primero y principalmente, porque, ocultándolo, salvaba la estima de la institución –el matrimonio– y esencialmente del esposo, cuya honra se vería hondamente "lastimada" de ser conocido el suceso; segundo, (y así se recomendaba y se declaraba desde las Constituciones Sinodales), por evitar situaciones de violencia familiar y doméstica, siendo en no pocas ocasiones las mujeres descubiertas las que suplicaban anonimato ante el temor a represalias y maltratos, evidentes y esperados, de conocerlo el cónyuge. El silencio era entonces protector. Pero, desapareciendo ellas, documentalmente hablando, del proceso, ignoramos sus destinos, aunque imaginamos, por lógica, el alivio en la soltura, como intuimos los temores, angustias, lloros y miedos previos ante la acción de la justicia y de las más que posibles reacciones de venganza de los ultrajados esposos. Fueron mujeres sin nombre, sin cara y sin palabras, pero cuyas historias y actitudes, particulares y al tiempo previsibles, afloran entre los silencios de los documentos. Como vemos, en este y otros casos, las reservas de los textos y algunas ausencias pueden transmitir códigos sociales, intenciones, estados, actitudes emocionales y prácticas sociales de supervivencia. Una lectura y descripción "densa" permitirían rastrear procederes y tácticas en los silencios, visibilizando emociones o leyendo entre líneas lo que callaron los documentos; porque dejasen, o no, huellas escritas, las emociones ocuparon –y ocupan– un abanico amplísimo, marcando, en mi opinión, gran parte de las decisiones de la vida de entonces. A fin de cuentas, la vida era y es –en buena medida– emocional.

Del lado de la Contemporaneidad, por pura lógica de la propia evolución histórica e historiográfica, las aportaciones en su mayoría han resaltado el papel de lo emotivo bien en acciones colectivas, sin distinción de género, con interés especial en sus efectos revolucionarios y bélicos[22], bien en sus conexiones y manifestaciones culturales[23], asimismo explotando las fuentes judiciales[24] en amplios espacios de tiempo. Desde otra óptica y con otros intereses específicos, han surgido textos acerca de mujeres particulares que supieron alcanzar sus anhelos de realización personal, superando a veces caminos tortuosos y problemáticos, en lucha constante con "sus" emociones; mujeres con nombre y mujeres, generalmente, de estatus.[25]

Desde nuestra óptica, *pasion*es y emociones comenzaron a irrumpir en la Contemporaneidad con una imagen diferente. El Romanticismo las "blanqueó" y los efectos de los impulsos pasionales buscaron y encontraron el interés, a veces la simpatía de, primero, un público lector y/o espectador; después, de una sociedad que, en determinadas causas y circunstancias, podía entender aquellos *accidentes del alma*, ahora surgidos –literaria, dramática y musicalmente hablando– del corazón. A veces historias parecidas con relaciones semejantes y

[22] Como comentaba Ramsey Macmullen, ya Tucídides había resaltado en su día el valor de las emociones en las luchas entre griegos y espartanos. *Feelings in History, Ancient and Modern*, Regina Books, Claremont, 2003, pp. 9-13. Recogido en Jan Plamper, "Historia de las emociones: caminos y retos", *Cuadernos de Historia Contemporánea*, vol. 36 (2014), pp. 17-29.

[23] Luisa Elena Delgado, Pura Fernández y Jo Labanyi, *La cultura de las emociones...* Más específicamente, en tratamientos de autores literarios explorando sus aportaciones, como el contenido en María Sierra, *Género y emociones en el Romanticismo. El teatro de Bretón de los Herreros*, Instituto de Fernando el Católico, Zaragoza, 2013. Asimismo, en Cristina Ramos Cobano, *Pasiones epistolares. La correspondencia amorosa entre la Avellaneda e Ignacio Cepeda. Edición completa no censurada*, Comares, Granada, 2021.

[24] María Eugenia Albornoz Vásquez (dir.), *Sentimientos y justicia. Coordenadas emotivas en la factura de experiencias judiciales. Chile 1650-1990*, Acto Editores, Santiago de Chile, 2016.

[25] Entre ellas las viajeras, mujeres de élite que sintieron la necesidad de viajar y tuvieron la posibilidad de cumplir sus sueños. Véanse, como ejemplo, los textos de María José Álvarez Faedo, Rosario Márquez Macías, María Losada Friend, Manuel José de Lara Ródenas y María Luisa Candau incluidos en María Luisa Candau Chacón (ed.), *Viajeras de élite. Experiencias, recorridos, textos. Siglos XVIII-XX*. Peter Lang, Berna, 2020. Asimismo, las diferentes aportaciones contenidas en las obras colectivas citadas *Las mujeres y las emociones...* y *Pasiones en femenino*. Una vida que bien puede servir de muestra fue la de Emilia Serrano "baronesa" de Wilson, cuya última biografía está recogida en Pura Fernández, *365 relojes. La Baronesa de Wilson*, Taurus, Madrid, 2022. Asimismo, en otra dirección la contenida en Cristina Ramos Cobano, *Pasiones epistolares...*. Pero la historiografía acerca de mujeres contemporáneas es inmensa, creciendo con los años el interés, sobre todo –en el ámbito de América Latina– por aquellas que desempeñaron un papel relevante en la Historia Política de los últimos siglos.

escenarios similares entre amantes, entre aquellos y estos siglos, ¡qué diferentes colores transmiten al espectador! Escenas parejas con discursos justificativos diferentes. Veamos una de ellas, tan fácil de captar y tan reiterada al cabo de los siglos como las propias de una historia de seducción, en distintos contextos y espacios. Cuando, a comienzos del XIX, la joven mexicana María Josepha Cornago defendía ante los tribunales de justicia a su pretendiente Hilario Barrientos, negando haber existido seducción, alegaba no haber mediado "más que una mutua pasión a que están sujetos todos los mortales".[26] Renunciaba así a una defensa que culpabilizase al varón. Cualquier discurso de una joven, también cualquiera, en la metrópoli siglos atrás, hubiese utilizado argumentos centrados en estrategias diferentes, fuesen nacidas en la existencia de una promesa de matrimonio previa o en la situación de soledad y vulnerabilidad inherente a su condición de mujer, lo que claramente habría comprendido a la primera un tribunal compuesto por hombres. Porque las mujeres eran consideradas "frágiles" por su condición y, aunque también los hombres, sobre todo los "mozos", utilizaban justificaciones semejantes, lo que en ellos mayoritariamente se atribuía a la juventud en ellas se les suponía de naturaleza. He aquí un ejemplo. Tiempo atrás, en la Sevilla de finales del XVII, Francisca Gordillo aludía a constantes "galanteos", "solicitaciones" y "persuasiones", por parte del entonces clérigo de órdenes menores don Lorenzo Pablo de Salazar, en el contexto de una demanda de promesa de matrimonio claramente incumplida. En su defensa mostraba su propia vulnerabilidad, e indirectamente, su confianza en la Iglesia y en la institución a la que quería acceder, el matrimonio, en estos términos: "que había sido solicitada y galanteada por el acusado, siendo ella doncella honrada y honesta y, habiéndose resistido a semejantes *persuasiones*, como le dio palabra de casamiento, la declarante *se dejó vencer* y así fue gozada y estuprada".[27] Es evidente que las posiciones variaban: Josepha defendía a su amante, Francisca

[26] Referencia en Teresa Lozano Armendares, "Las sinrazones del corazón", en Pilar Gonzalbo Aizpuru (coord.), *Amor e Historia...*, pp. 89-109. Ref. en p. 94. Ejemplo recogido en María Luisa Candau, "Pasiones...", p. 16.

[27] Archivo General del Arzobispado de Sevilla (AGAS). Sección Justicia. Serie Pleitos. Legajo 953. Auto de clericato y palabra de casamiento contra don Lorenzo Pablo de Salazar, clérigo de menores. Utrera (Sevilla), 1690-1691.

le demandaba, aquella daba a entender su participación en el juego amoroso, ésta decía haber sido "gozada", pero las estrategias usaron de discursos que dejan ver un cambio de actitudes acerca de aquellos "impulsos", "inclinaciones" y, en definitiva, "tratos" carnales. Fuesen cuales fuesen las causas, la primera se justificaba –recordemos que ante tribunales de justicia– en la propia pasión compartida, la segunda en las persuasiones –"incitaciones que suavemente impulsaban al mal"–[28] y en la "manzana" del matrimonio, verdadera tentación de las mujeres de entonces. Ante semejantes atracciones y señuelos –y el casamiento lo era– y continuas "persuasiones", podía entenderse la "rendición", término usado no pocas veces por las jóvenes seducidas y abandonadas: la pasión –sin freno– correspondía a los hombres, entiéndase la pasión amorosa; la rendición –lo que implicaba una resistencia previa continuada– a las mujeres, tanto por huir de la naturaleza tradicionalmente "otorgada" por predicadores y moralistas, como por preservar su estima. Así se estructuraban los discursos femeninos de defensa en la Modernidad, contradiciendo la literatura moral de los escritores del Renacimiento y del Barroco, o queriéndose alejar de ellos; como el mantenido por María Lozano, malagueña de comienzos del XVIII; abandonada y sin honra, y con el consabido "mal de corazón", tras haber mantenido relaciones carnales *sabidas* por la vecindad, se excusaba en su fragilidad y en la promesa recibida: "que, con palabras de ser su esposo, *se rindió* a sus persuasiones"[29]. Sus argumentos no dejaban dudas: ante la pasión, las mujeres como María, como Francisca, para justificarse, se auto describieron pasivas; pero jóvenes como Josepha un siglo después no usaron en su defensa argumentos que demostrasen una distribución de roles según género. Así, si en el –pongamos– siglo XVII, el determinante en el discurso era la inferioridad femenina y su menor fortaleza ante el pecado, como sus estrategias ante el matrimonio, "rindiéndose" porque creían –decían– haberlo conseguido, en el XIX, sin abandonarse tales esperanzas ni desmerecer evidentemente la aspiración al

[28] *Diccionario de Autoridades*... Tomo Quinto. Voz: persuasión.

[29] A.G.A.S. Sección Justicia, Serie Pleitos. Leg. 197. Palabras de la querella de María Lozano contra Don Agustín Coronas, clérigo de menores. Espera, 1739. Incoada por el cura Don Francisco Ferrete "por el justo desconsuelo de una muy decente familia".

casamiento, dicha condición emotiva y pasional se expandía, a veces, a la naturaleza humana en general en aras de la propia pasión. No es que, con anterioridad, los hombres no justificasen de igual forma sus "caídas", al ser igualmente seres con tentaciones, es que en el XIX el argumento de la pasión asciende de un modo casi determinante por encima de las posibilidades del raciocinio, en una lucha en la que resultaba difícil no sucumbir. María Josepha no hablaba de otro impulso que el de su propia pasión, pero sus palabras nos remiten a una situación que ella suponía de igualdad, extendiéndola a todos los mortales, sin distinción de género.

Por efectos del Romanticismo, heredado y asumido, empatizamos con las situaciones pasionales, entendidas éstas como de carácter amoroso o sentimental y no existiendo delito criminal. Comprendemos a los jóvenes enamorados, a los desobedientes de la autoridad paterna y a los que se dejaron llevar. Nuestra actitud es también efecto de unas normas emocionales cambiantes en el tiempo, el espacio y los contextos socio-culturales. Porque, en referencia al sentimiento amoroso, éste, el amor, es una emoción compleja, que a su vez se multiplica en otras (alegría, tristeza, por ejemplo) y la naturaleza que lo conforma se nutre de capas diversas, como las que construyen la identidad humana: al fin y al cabo, somos seres de configuración bío-psico-social, nosotros y ellos. Lo que sentimos (y sintieron) responde a una conjunción de factores cuya concepción, expresión, materialización y visibilidad se conforma con el tiempo. Naturaleza y cultura, mezcla de lo instintivo y lo elaborado: no parece que hoy en día se ponga en duda la "construcción" socio-cultural de las emociones,[30] pero ello no implica, en mi opinión, suponer respuestas generalizadas ante

[30] Según Lisa Feldman Barrett: "En pocas palabras, vemos que las emociones [...]en lugar de ser universales, varían de una cultura a otra; que no son provocadas, sino que las creamos nosotros; que surgen de una combinación entre las propiedades físicas del cuerpo, un cerebro flexible cuyas conexiones reflejan el entorno en el que se desarrolla, y la cultura y la educación que ofrecen ese entorno. Las emociones son reales, pero no en el mismo sentido objetivo que las moléculas o las neuronas. Son reales en el sentido en que lo es el dinero, es decir, no son una ilusión, pero sí un producto del consenso humano". Lisa Feldman Barrett, Are Emotions Natural Kinds?", *Perspectives on Psychological Science*, 1, (2006), p. 30. Recogido en Juan Manuel Zaragoza Bernal, "Espacios y emociones: una propuesta desde la ontología histórica", *Revista de historiografía* 35 (2021), pp. 111-129. Referencia en p. 114.

situaciones parecidas, porque aceptar tal construcción, como reconocer la expansión de sus códigos y la existencia de respuestas colectivas, no ha de eludir ni ignorar las capacidades de maniobras particulares, de resistencias, negociaciones o actitudes personales que escapan a las respuestas más comunes y elaboran vidas emocionales diferentes. Porque las opciones particulares cuentan, no sólo determinadas por el contexto, el acceso a la cultura y la educación, o las posibilidades económicas; también en la medida en que la capacidad individual entendida como libertad, aun en sus menores posibilidades, pudo ser ejercida. De ahí que entre las respuestas colectivas y las particulares, las aportaciones contenidas aquí enriquezcan el panorama conocido de las experiencias emocionales de antaño.

Bien es cierto que los textos (multidisciplinares) tocantes al mundo de las emociones nos han aportado ópticas y metodologías diversas, útiles para los que partimos de las investigaciones históricas. Conceptos como los de "comunidades emocionales" (Barbara H. Rosenweim), "régimen emocional", "libertad emocional", "refugio emocional", también "sufrimiento emocional," posteriormente "emotives" (Wiliam Reddy), o "emocionología" (Peter y Carol Stearns), debidos a trabajos ya clásicos en este sentido,[31] aparecen

[31] Por "comunidad emocional" la autora, medievalista, entiende en realidad comunidades sociales, grupos de individuos vinculados por un mismo sistema de expresión de los sentimientos; comunidades que pueden ser identificadas con conventos, gremios, vecindarios o familias, por ejemplo. En el fondo individuos (que crean comunidades) que comparte unos mismos valores y códigos emocionales. Barbara H. Rosenwein, *Generations of Feeling: A History of Emotions, 600-1700,* University of Cambridge, Cambridge, 2015. Barbara H. Rosenwein y Riccardo Cristiani, *What is the History of Emotions? (What Is History?)* Polity Press, Cambridge, 2017. El término "régimen emocional" debido a Wiliam Reddy quiere transmitir el conjunto de prácticas y normas establecidas y dependientes de un régimen político, a saber: "el conjunto de normas emocionales, rituales y prácticas oficiales y emotives que las expresan y las inculcan y que constituyen el sustento de cualquier régimen político estable". Wiliam Reddy, *The Navegation of Feelings. A Framework for the History of Emotions,* Cambridge University Press, Cambridge, 2001, p. 129. De tal concepto depende, entonces, la posibilidad o imposibilidad de expresar experiencias emotivas o, en contraposición, de experimentarlas en negativo (libertad emocional, sufrimiento emocional) e incluso de configurar "refugios emocionales" en los que los individuos pueden obtener una mayor libertad y capacidad de actuación y experimentar vivencias y experiencias con mayor libertad. Tales "regímenes emocionales", luego reinventados y redefinidos como "estilos emocionales", estarían compuestos por "emotives" concepto que haría referencia a las manifestaciones codificadas que constituyen el conjunto de las emociones. En 2010, Jam Plamper los definiría como "intentos de sentir lo que uno dice que siente". Jam Plamper, "Historia de las

hoy en todas las introducciones al uso, en páginas previas a trabajos sobre historia de las emociones, como en aportaciones historiográficas y metodológicas. Pero aún nos queda trasladar ordenadamente tales conceptos a la práctica, a nuestra práctica y a nuestros textos.[32] En el fondo conocemos, desde Lucien Fèbvre (1941) y, antes que él, desde Johan Huizinga (1919), la necesidad de incluir la vida y sus experiencias (hoy diríamos emocionales) en la investigación histórica, como de analizar el proceso de contención y disciplinamiento de las costumbres y las actitudes, por los trabajos clásicos de Norbert Elias (1939).[33] Sabemos que los códigos, y las normas de un lado, y la realidad de las experiencias emocionales, de otro, generaron conflictos que fueron causa del sufrimiento de sociedades, comunidades e individuos; que, esencialmente, en sus manifestaciones colectivas y políticas, tanto más en el nacimiento de los nuevos Estados, se harían patentes las "comunidades emocionales" y los valores perseguidos en una especie de euforia, también emocional, muy posiblemente protagonista del discurrir de las revoluciones y los levantamientos, y con no pocos éxitos en el contenido de las identidades nacionales creadas e imaginadas. Ahora bien, del mismo modo que el papel de las experiencias se manifiesta clave para comprender la relación entre "cambios históricos y transformaciones emocionales",[34] también se convierten en objeto de análisis histórico de circunscribirse a las

emociones…", p. 240. La emocionología, término acuñado en la década de los ochenta, fue aplicada al conjunto de normas y códigos emocionales propios de cada sociedad en marcos y tiempos determinados. Peter Stearns y Carol Zisowitz Stearns, "Emotionology: Clarifying the History of Emotions and Emotional Standards", *American Historical Review*, 90, 4 (1985), pp. 813-830.

[32] Un ejemplo para la Historia Contemporánea, en Javier Moscoso, "De la Historia de las Emociones a la Historia de la Experiencia. Los dibujos y las notas de un marino español durante la Guerra Civil", en Luisa Elena Delgado, Pura Fernández, Jo Labanyi (coords.), *La cultura de las emociones…*, pp. 215-223. También Gemma Torres Delgado, "Emociones viriles y la experiencia de la nación imperial en las guerras del Rif (1909-1927)", *Studia Historica. Historia Contemporánea*, 38 (2020), pp. 99-127.

[33] Lucien Fèbvre, "La sensibilité et l'histoire. Comment reconstituer la vie affective d'autrefois?", *Annales*, 2, (1941). Johan Huizinga, *El otoño de la Edad media*, Ed Revista de Occidente, Madrid, 1930 (1ª ed. 1919). Norbert Elias, *El proceso de la civilización: Investigaciones sociogenéticas y psicogenéticas*, Fondo de Cultura Económica, Madrid 1987 (1ª ed. en alemán 1939).

[34] Begoña Barrera y María Sierra, "Historia de las emociones…", p. 122.

historias de vida y a sus tramas, aparentemente particulares, semejantes, o no, a otras vidas en parecidos contextos.

Nos acercamos, así, al sentir de los individuos; para ello, hemos de descender al significado de sus decisiones más cotidianas. Entre lo particular y lo colectivo, nuestro interés quiere rescatar experiencias que, por nuestra herencia romántica, no nos resultan ni extrañas, ni ajenas ni desconocidas, aun situándolas, por lógica, en su contexto. Para entender, por ejemplo, qué había de emocional en la correspondencia privada entre esposos, pongámosles distanciados por el océano, en el siglo XVII o XVIII, hemos de situarnos en un marco en el que la lejanía y las necesidades marcadas por la supervivencia dictaban las frases que, inicialmente, podrían interpretarse únicamente como producto de una razonable añoranza. No negando su veracidad –no podemos discernirlo– aquellos sentimientos se nutrían de la soledad de "las mujeres solas" al cargo de familias que quedaban en la metrópoli, se vestían de responsabilidades que a veces las superaban y se presentaban tristes o alegres según el caso, los días o la regularidad de la correspondencia; que cuando faltaba, o las cartas se hacían más breves, cambiaban también el humor y las palabras. Veamos un caso correspondiente a uno de los textos contenidos aquí, debido a Isabel Testón Núñez y Rocío Sánchez Rubio. Cuando, a fines del XVIII (enero de 1776), desde Cádiz, Catalina Gral reprocha a su esposo, ausente en México, un cambio en la periodicidad, en el contenido y en el tono de sus cartas, tras casi un par de años de ausencia, observamos un lógico enfado, manifiesto, no solo en su estilo sino, sobre todo, en las formas. Al elaborar un mensaje corto, concreto y rotundo, dejaba transmitir un estado de ánimo contrariado, tanto en las palabras y expresiones escogidas como en la propia brevedad de su carta: "Hijo mío, balientemente escrives corto, siempre falta el tiempo para escribir. No parese que es el tiempo el que te falta, sino la buluntad, pues, aunque fuera quitándotelo del sueño, pudieras escrivir más largo".[35] Tal concreción y contundencia del mensaje parecen transportarnos en el tiempo a la vida de los esposos y nos

[35] Como sus autoras, respetamos el estilo y ortografía original, al considerarlo esencial en este tipo de fuentes, la correspondencia privada.

convierte en espectadores de una conversación privada y directa en donde podemos imaginar los reproches de Catalina ante un interlocutor silencioso (ignoramos la causa), su contrariedad, su dolor y su queja; incluso físicamente la vemos marchar, dejando la escena con el final de su carta. Así, sus palabras, el estilo, la brevedad, y el tono nos hablan de emociones diversas; primero, del enfado como reacción directa ante la ausencia de noticias; segundo, de los reproches de una esposa que siente aún más la lejanía, doliéndose por verse –o suponerse– cada vez más relegada; tercero de añoranzas, al recordar (indirectamente) cartas más cariñosas y afectuosas al tiempo de su partida; cuarto de la evolución de su ánimo, evidente en tan solo tres líneas rescatadas en una correspondencia excepcional por las autoras del texto: del enfado a –¡qué remedio!– la paciencia: "pasiensia; nunca me respondes a las mías, siempre van a la ligera".

La añoranza se nutría también de las necesidades de supervivencia. El amor entre esposos, como el amor filial, presente en los dos primeros textos contenidos aquí, se unía a la idealización de los maridos y padres ausentes, sobre todo en la mirada de los hijos aún pequeños. El padre que recordaba el hijo de Catalina volvería con recursos ("en viniendo mi padre me ha de traer mucho dinero para comer") y los temas recogidos en la correspondencia trataban de asuntos domésticos en los que por lógica primaban la salud, la economía, las necesidades y las noticias familiares. Sabemos de una relación inicialmente cariñosa por los nombres, los apodos, los motes y las referencias; sabemos de su desgaste por las ausencias y una menor regularidad. Sirva este ejemplo para traer a colación cómo los textos, sus formas y sus silencios traslucen también experiencias y actitudes marcadas por las emociones; tanto más en este tipo de fuentes que, por fuerza, habrían de contener una fuerte carga emocional.

Como Catalina, la vida de muchas mujeres, en ambos espacios debió estar marcada por la incertidumbre. En todas sus manifestaciones y en todas las épocas, convirtiéndose ella misma en un factor omnipresente, pues las circunstancias y las características que rodeaban la vida de los hombres y mujeres de los tiempos pasados incrementaban, por lógica, los efectos de la inseguridad. Sin necesidad de catástrofes naturales, de guerras o pandemias que la multiplicasen, la cotidianeidad de por sí generaba suficientes problemas conectados a la lucha por la supervivencia. Tanto más a las mujeres de la Edad moderna, cuyo destino, unido inseparablemente a los códigos de honor y honra y a la dependencia, casi continua, del varón, les hacía peligrar, sobre todo, en años difíciles y tiempos distantes, viniesen marcados por la soledad, la pobreza, la distancia, el abandono, la inestabilidad emocional, o, pongamos por caso, un mal matrimonio.

A veces, sin embargo, los problemas constituyeron un reto a solventar y la capacidad de reacción de las mujeres lograba construir nuevos caminos de salvación personal o familiar. Porque ni existe patrón uniformado para analizar la vida y las respuestas de las mujeres, ni las condiciones de estatus, religión, raza o contexto histórico permitieron solventar las dificultades de igual modo, ni capacitar nuevas y afortunadas respuestas a todas por igual.

Hallamos en este libro mujeres que labraron su propio porvenir, emprendedoras, viviendo solas, sin el resguardo de "sus" hombres, mujeres del siglo XX, pero también del siglo XVII; mujeres amparadas a veces en otras mujeres, construyendo redes de solidaridad, más allá del núcleo familiar; mujeres que huyeron de un maltrato, o que crearon nuevos hogares en la distancia –entonces mayor– de aquellos tiempos; mujeres más próximas a nuestros días que descubrieron nuevos caminos de desarrollo personal, refugiadas ante el dolor en la literatura, editando textos, explorando rutas pese a la inseguridad de los caminos, los viajes y los medios de transporte o buscando, las más cercanas, su propia realización en el activismo político y social; mujeres que, simplemente, intentaron salidas distintas, labrando un destino antes incierto y luego diferente, con éxito o un fracaso mayor. Mujeres también que escribieron sobre ellas mismas –a veces sin imaginar que pudieran ser leídas–, y otras que cayeron derrotadas ante el exceso de pasión y la *desmesura*: mujeres criminales, o mujeres de vida "desenvuelta" encerradas por las instituciones más allá de sus propias prisiones del corazón y la mente.

Como profesionales interesados en ellas –en la historia de las mujeres "en" sus emociones–, nuestro análisis recorre, desde diversas parcelas, espacios y tiempos; recala en sus experiencias (sentidas colectiva y particularmente) en circunstancias determinadas o a lo largo de su existencia, adaptando objetivos en función de nuestras posibilidades. Considerando tal dimensión, somos conscientes de tratar un mundo inagotable, razón por la cual insistimos desde hace años en su acercamiento, análisis y comprensión, abriendo nuevos espacios, incorporando nuevas fuentes o realizando relecturas nuevas de los documentos clásicos: desde la correspondencia privada a los ego-documentos, de relaciones de sucesos a pleitos judiciales y matrimoniales, de los relatos de tradición oral a los protocolos notariales. Ellas, las fuentes y sus silencios nos marcan el recorrido.

Esta propuesta es el resultado modificado de un coloquio internacional celebrado en la Universidad de Guanajuato (Guanajuato, México) en septiembre de 2022, fruto del trabajo de quienes integramos el proyecto de investigación titulado "Pasiones y afectos en femenino. Europa y América. Perspectivas históricas y literarias, siglos XVII-XX". Contamos además con la participación de otras colegas procedentes dela Universidad de Guanajuato; a todos/as en su conjunto agradezco desde aquí su participación. La elaboración final ha reducido su formato y ámbito temático a los espacios de España y América Latina en iguales tiempos, por establecer una mejor estructura e ilación en sus contenidos. Situándonos en América, se hallarán aquí mujeres mexicanas, peruanas, quiteñas y chilenas, en plural; como la singularidad de alguna puertorriqueña residente en Norteamérica, de una colombiana afincada en México o de otra norteamericana, escultora y amante de las aventuras. Del lado de España, las encontramos de diferente origen, fuesen emigrantes, estuviesen a la espera de la vuelta del esposo o de ser llamadas por él, o anduviesen interesadas en cruzar el Atlántico, pese a las inseguridades del viaje, por un simple afán de saber y experimentar.

Queda así estructurada esta obra en diferentes apartados, todos ellos en función de las respuestas que las mujeres abordaron –o se vieron obligadas a abordar– ante las circunstancias de la vida, a veces marcada por la incertidumbre, la ansiedad o el desasosiego. En un primer paso, ha sido dividida en dos grandes líneas, que tienen que ver con emociones particulares, vividas en soledad o compartidas; y en las actuaciones consecuentes. La parte primera vendría marcada por el sentimiento de soledad, los problemas derivados y las necesidades de afrontarlos. Lleva por título: *Volver a empezar. La soledad de las mujeres y los afanes de supervivencia* y recoge en ella tres sub-apartados –que engloban ocho textos– contenidos bajo epígrafes que quieren resaltar que el "volver a empezar" pudo hacerse, independientemente del éxito obtenido, en nuevos espacios –siempre América desde la metrópoli–, con nuevos compañeros y nuevos matrimonios, por huir del maltrato y la pobreza; cayendo, a veces, en trayectorias criminales y, buscando en todos, la supervivencia, lo que en algunos casos –Guanajuato, Ecuador– viene representado por mujeres que supieron sobrevivir, emocional y materialmente hablando.

Una segunda parte ha sido titulada *Aventureras, escritoras, emprendedoras. El reflejo de los anhelos y los caminos de la realización personal*, con seis textos referidos a experiencias particulares de mujeres todas ellas más cercanas a nuestros días, finales del XIX, pero, sobre todo, del siglo XX. Mujeres que escribieron como remedio al dolor, que buscaron en la escritura el soporte de sus viajes y aventuras y dejaron con ella un legado hoy excepcional para conocer formas de vida y anhelos de mujeres, esencialmente de élite; mujeres activistas en tiempos revueltos mexicanos y mujeres pedagogas. Mujeres diferentes, por el contexto, los tiempos y sus objetivos. Por sus necesidades, y éstas marcadas por sus posibilidades. Pasaré a presentarlas.

Volver a empezar. Nada refleja mejor este objetivo que buscar espacios nuevos; ellos y ellas. Este primer apartado –*En nuevas tierras y con nuevos matrimonios*– aborda tres modelos e historias diferentes: las mujeres que marcharon, cruzando el Atlántico, acusando y obedeciendo las "cartas de llamada" de sus familiares, comúnmente esposos, pero también padres o hermanos y las que quedaron a la espera del retorno del emigrante y de quien ansiaban el regreso, con la añoranza y la esperanza de reconducir, a su vuelta, vidas y familias con un mejor pasar y las que contrajeron nuevos matrimonios como una forma de "recomenzar". Palmira García Hidalgo y Cristina Ramos Cobano abordan la trayectoria de las primeras con un texto titulado *Viajes y destinos inciertos. Mujeres en busca de un futuro a través del Océano en el siglo XVII*; Isabel Testón Núñez y Rocío Sánchez Rubio, las segundas, con el denominado *Emociones, conflictos y afectos en la distancia. De la Isla de León (Cádiz) a Veracruz/Jalapa. Siglo XVIII*. María Luisa Candau Chacón aporta un texto titulado *Volver a empezar. Las mujeres bígamas en la Región del Bajío en tiempos de la Colonia.*

Las primeras siguieron la estela de las denominadas "licencias de embarque" (Archivo General de Indias, Sevilla), autorización que permitía al emigrante pasar a las Indias, en donde, además de los permisos necesarios, podían constar cartas privadas, en este caso como prueba de la existencia de familiares que, primero, les reclamaban y, segundo, podían servirle de ayuda y sustento a su llegada. Tales cartas y licencias les sirven de fuente para analizar el peso de la emigración femenina a América, en este caso durante el siglo XVII, demostrando su importante participación (en torno a un 25%) en el conjunto de los desplazamientos. Considerando la ausencia de datos generales de emigración para tales años, este texto, que parte de los aportados por la tesis doctoral de una de las autoras –Palmira García Hidalgo–, resulta de especial interés por cuanto viene a completar los huecos existentes relativos a la emigración legal a Indias, masculina y femenina.

No son solo datos. El análisis de la emigración femenina a América, englobado en un contexto marcado por tiempos de crisis, afronta el peso de las emociones familiares, esencialmente de las que afectaron a las mujeres que, reclamadas por sus parientes, debieron experimentar. La distancia no era solo espacios que cruzar; la distancia incrementaba los miedos (en plural) que inspiraba una travesía desconocida, con peligros imaginados y reales, aparte del desarraigo que supondría abandonar la tierra de origen. Miedos vencidos –no olvidemos la naturaleza de la documentación– y peligros imaginados por tantas mujeres que rechazaban viajar solas: los que suponían en las experiencias desconocidas y los que pudieran manchar su honra; pues no olvidemos las proporciones de emigrantes según género e imaginemos navíos cargados de hombres. Encontramos aquí historias de vida, mujeres diferentes que marcharon a América. Mujeres castellanas, andaluzas, valencianas... de diverso origen e igual destino, constatado en las licencias que hubieron de tramitar. Sabemos de su partida. Ignoramos el resto. Esta vez el silencio documental es silencio difícil de solventar.

Otras mujeres esperaron, estas últimas bajo el modelo de Catalina Gral en la ciudad de Cádiz, cuya extensa correspondencia (32 cartas) ha sido analizada por las autoras citadas, Isabel Testón y Rocío Sánchez

Rubio. Sus fuentes, sitas en el Archivo General de la Nación (ciudad de México), se sitúan a fines del siglo XVIII, entre 1774 y 1777. Por su carácter, y como se recoge en el texto: "pocas veces hemos tenido el privilegio de conocer tan de cerca el desgarro sentimental que podía suponer para muchas de estas mujeres el distanciamiento físico de sus maridos". En efecto, Catalina escribe y recibe las noticias de un esposo afincado en Veracruz, de nombre Francisco de Prandulich –que hubo de marchar a América, al perder tienda y negocio en la Isla de León, dejando a su mujer embarazada y al cargo de tres hijos menores– en una "vida escrita" que, según comenté, permite abordar tantas experiencias emocionales como podamos imaginar. Varias circunstancias convierten esta documentación en excepcional: primero, el ser cartas mantenidas durante un espacio de unos tres años, lo que permite observar una "vida emocional" en evolución; también las ausencias, o los tiempos en los que la correspondencia se demoraba o cambiaba de estilo, acortándose. Las autoras saben analizar aquellos cambios, razón por la cual este estudio incluye un análisis cuantitativo de las cartas que llegaron, como del tono, los temas e incluso del número de sus palabras: también la esposa escribía misivas cada vez más escuetas. En segundo lugar, Catalina Gral, como su esposo, pertenecientes a una pequeña burguesía gaditana, era mujer letrada; escribía las cartas de su puño y letra, siendo sabedora del papel de la educación en la crianza de los hijos; no en vano instaba al menor a poner correctamente, penalizándole si no lo hacía, la palabra "padre", que el niño mal escribía. En tercer lugar, las cartas se conservaron asimismo por motivos, diremos, del corazón. El esposo, Francisco, conservó las cartas de su mujer junto a otras de carácter diverso no tratadas aquí; ello ha posibilitado a las autoras reconstruir no solo el ánimo de Catalina, sino los asuntos económicos del marido, las causas de su partida, negocios, etc.

La correspondencia de Catalina asume la autoría del otro y dibuja una escenografía de emociones ligadas al ámbito familiar. Es cierto que, hábilmente, introduce entre sus mensajes comentarios de los niños referentes a las necesidades económicas, lo que ni invalida las necesidades afectivas ni les cambia de orientación ni sentido. También incitar a la compasión, al recuerdo, a la responsabilidad de un marido ausente al que se esperaba constituye objetivo relevante en la expresión, por escrito y en la distancia, de las emociones. De lo que sentía dejó constancia. ¿Qué mayor ejemplo y qué mejor huella documental para un historiador de las emociones?

Volver a empezar hace referencia a un nuevo inicio, con un nuevo cónyuge, por las circunstancias de entonces en, también, un lugar diferente. *Con nuevos matrimonios* es el apartado expuesto a continuación; incluye el texto debido a María Luisa Candau, con el título de *Volver a empezar. Las mujeres bígamas en la Región del Bajío en tiempos de la Colonia.* Usando fuentes inquisitoriales del Archivo General de la Nación (ciudad de México), la autora analiza el delito de bigamia, como es sabido sin competencias entre la población indígena desde 1571, en el antiguo territorio de Guanajuato, equiparable al estado actual del mismo nombre, y presenta hombres y mujeres procesados por bígamos en tiempos que se extienden hasta la real Cédula de 1789, cuando el delito pasó a ser competencia de los tribunales reales.

Siendo de carácter eminentemente masculino, y presentados número y porcentajes, interesa a la autora resaltar, en segundo lugar, delito y género, haciendo hincapié en la peculiaridad y riqueza de las fuentes. Peculiares porque, no pudiéndose procesar a indígenas, desde el año citado de 1571, los límites de las competencias inquisitoriales marcaron las quiebras del sistema, permitiendo que los procesados demostrasen su condición, raza y "calidades" y generando, a su vez, el fraude lógico de quienes se vieron perseguidos y procesados: fingirse indios/as, empeños difíciles de descifrar sin recurrir a los registros de las partidas de bautismo. Para ello se incluyen cuadros con información de ellos y ellas, desde sus nombres y raza (calidad), naturaleza, denunciantes, número de matrimonios hasta, en muchos casos, nuevas personalidades bajo otros nombres aquí presentados como "alias".

La historia de las mujeres bígamas descubiertas en estas tierras de obrajes y minas aporta vidas de objetivos semejantes en los que la dependencia del varón llevaba a buscar una segunda oportunidad, al amparo de un nuevo esposo en un nuevo matrimonio. Pero incluye razones no solo materiales, pues el deseo de "mudar fortuna" y la existencia de relaciones afectivas sobrevenidas impulsaron asimismo otras convivencias que, dada la confesionalidad de las sociedades de entonces, habrían de requerir contraer matrimonio. Siendo finalmente descubiertas, procesadas y condenadas, sus historias constituyen un depósito continuo de emociones: aquellas que les impulsaron a huir, a lanzarse a los caminos y a buscar nuevas posibilidades de supervivencia. Sus miedos, temores, deseos y excesos –a veces también la locura, al caer en prisión– reflejan bien el protagonismo de sus emociones.

El segundo de los apartados contenidos aquí encuentra cohesión en la violencia y las transgresiones, omnipresentes en el matrimonio y en la vida. En ocasiones, siendo ellas, las mujeres, objeto de abandono, maltrato y sevicia; a veces protagonizando el crimen. Bajo el amparo de un título amplio –*Ante el mal trato, y la pobreza. Matrimonios a disgusto, finales trágicos y mujeres criminales*–, tres textos indagan en su protagonismo. Ruth Magali Rosas Navarro analiza el problema en las mujeres peruanas, en un texto titulado *Mujeres, honra e integridad física en el Perú Virreinal (1770-1821)*. Yéssica Marlene González Gómez utiliza una historia de caso en el Chile del XIX –*Esto sucede de los casamientos a disgusto. El final trágico de una mal casada: Carmen Pino. Concepción, Chile, siglo XIX*– y Mónica Murillo Acosta se acerca a nuestro tiempo con las *Mujeres criminales en Morelia, México (1936-1939)*.

Las mujeres del norte del virreinato del Perú a fines de la colonia analizadas por Ruth Rosas Navarro presentan la riqueza de una diversidad nacida en diferentes estatus, raza y "calidades". Negras, esclavas o libertas, mulatas, mestizas, indias y españolas desfilan entre su correspondencia y en las causas civiles y criminales incoadas contra maridos en fuga, maltratadores o amancebados con amigas. Todas sin embargo con un propósito común: defender su unión, proteger su honra y huir de los malos tratos; con la originalidad de las que lucharon por no verse separadas de sus cónyuges por la acción de sus amos. En efecto, son las esclavas analizadas aquí las que aportan la peculiaridad nacida de su propia condición: como objetos sometidos a la compra venta, sus uniones dependían de la voluntad de sus propietarios. De hecho, este trabajo demuestra el incumplimiento de los mandatos conciliares (Lima 1772), capítulos que habían pretendido promover la celebración de matrimonios entre esclavos, así como prohibir su venta y separación a fin de consolidar la convivencia conyugal. Así pues, la autora confirma dos cuestiones que ratifican el fracaso de la norma tocante a los dos puntos mencionados: primero, el escaso número de matrimonios de esclavos registrado en los libros respectivos y, segundo, la defensa a ultranza de la vida marital por sus protagonistas, tras haber sido separados o vendidos por sus dueños, en aras de su provecho material.

A lo largo de sus páginas, la autora desbroza casos y tramas singulares en los que se contienen todas las manifestaciones propias de historias protagonizadas por la pasión. Historias de amas y esclavas, de celos, envidias, venganzas y amores transgresores. Asimismo, de mujeres sabedoras de las relaciones ilícitas de sus consortes que acudieron a la justicia a demandar marido y honra, y que buscaron en los tribunales la vuelta al hogar de los esposos y el castigo de las amantes adúlteras. Con argumentos semejantes en las colonias como en la metrópoli, estas mujeres se quejaban de un abandono que era sobre todo material. En realidad, y como afirma la autora, las características adjudicadas a las concubinas se mostraban como fiel reflejo de las pasiones desordenadas, impulsos perturbadores del cuerpo y el alma".

"Esto sucede de los casamientos a disgusto". El final trágico de una mal casada: Carmen Pino. Concepción, Chile, siglo XIX". Con este sugerente título, la profesora chilena Yéssica Marlene González Gómez aborda las transgresiones a la moral sexual habidas en el matrimonio, el uso de la violencia en él y los conflictos consecuentes, tomando como ejemplo e historia de caso un delito de parricidio sucedido en la comunidad de La Florida, Concepción (Chile), a mediados del siglo XIX, teniendo como protagonista a una mujer, de nombre Carmen Pino. Una historia de pasiones, infidelidades, crímenes y castigos, pues la homicida sería ejecutada "a tiro de fusil" en 1854. La causa: un matrimonio no deseado e impuesto por un padre autoritario, a la temprana edad de quince años, resultado de un acuerdo entre familias, de final, como vemos, trágico. Las fuentes (Archivo Nacional de Santiago, Chile) proceden del expediente y causa criminal incoada contra la mujer por la justicia civil en 1853.

De amplia trayectoria como investigadora y conocedora de la historia de las transgresiones, esencialmente de las habidas en el interior del matrimonio chileno, la autora rescata una historia que no fue solo una cuestión de dos: asesina y víctima; porque aquel homicidio sacaría a la luz el peso de la opinión pública en una comunidad de élite, habida cuenta la condición y "calidad" de los implicados. La importancia del rumor y la opinión pública, la defensa del honor femenino/masculino y la acción disciplinar son los ejes utilizados por Yéssica González para analizar y significar esta historia criminal y conectarla con el mundo judicial, en un Estado liberal; asimismo, para enfocarla desde la perspectiva de la Historia de las emociones en sus dimensiones políticas, en la medida en que tal suceso y sus formas –estrangulamiento de la víctima, ocultamiento del cadáver– impactaron en una comunidad de no más de 3500 habitantes, hasta el punto de constituir no solo un escándalo sino un drama social.

"Esto sucede de los casamientos a disgusto". Las propias palabras de la encausada –"me casé contra mi voluntad y sólo por temor a las amenazas que me hacía mi padre"– refieren una historia de presiones familiares y transmiten la fuerza del temor ejercida sobre adolescentes, como el peso de la Historia Social de la Familia, tan ligada a la Historia de las Mujeres y de las Emociones. Una conexión que la autora ha sabido recoger e interpretar.

El tercero de los textos contenidos, debido a Mónica Murillo Acosta, presenta un análisis del delito de homicidio, protagonizado en este caso por mujeres mexicanas (distrito de Morelia, estado de Michoacán) en períodos más cercanos: 1936-1959. Insistiendo en fuentes del Derecho y considerando las aportaciones desde la Demografía y las estadísticas provenientes del Instituto Nacional de Estadística y Geografía Mexicano, la autora refrenda el incremento del delito de homicidio en los últimos tiempos, así como un aumento de la visibilidad de las grietas judiciales, ambos fenómenos conectados con la debilidad del Estado. Centrándose en el Derecho, pero enlazando con las aportaciones nacidas en otras ciencias –Criminología, Psicología y Sociología–, inicia su estudio con unas reflexiones generales acerca de sus causas, poniendo en relación, de un lado, ciertos factores individuales de la personalidad criminal, de otro, los componentes derivados del contexto y marco social; todo ellos como causantes, combinados o no, del citado delito.

Derecho e Historia. Su objetivo es analizar la evolución de las medidas legales referentes al delito de homicidio, añadiendo una perspectiva de género. En este sentido viene a ratificar cómo los estereotipos han jugado en contra de una administración de justicia equitativa, pues ciertas conductas, consideradas comunes o, en cierto modo, comprendidas de cometerlas el varón –caso de acciones nacidas en actitudes violentas, efecto del consumo de alcohol, o de crímenes que teóricamente buscaban defender un honor masculino que se consideraba mancillado– eran, sin embargo, en palabras de la autora, "denostadas" en el caso de las mujeres; ello porque éstas, las mujeres, seguían siendo observadas por los modelos de antaño y, solo de conservarlos y justificar haberlos mantenido, podrían obtener cierta empatía por parte de la justicia.

Tras realizar un análisis de las regulaciones penales y disposiciones legislativas sobre el homicidio en Michoacán, Mónica Murillo se detiene en presentarnos la incidencia, el trato, tipología y comportamiento criminal de aquellos delitos que fueron cometidos por mujeres en el período señalado, presentando datos y resultados elocuentes, en los que hemos de destacar la participación marginal de las mujeres. Pocas mujeres, en relación con el mundo de la delincuencia homicida, pero de historias significativas cuyo análisis demuestra que la historia del derecho y de la justicia no pueden concebirse sin considerar una perspectiva de género.

Mujeres que sobrevivieron. El último apartado de esta primera parte del libro hace referencia a grupos de mujeres que en distintos espacios –Guanajuato, Quito– supieron resistir. Por tal razón hemos titulado este apartado *Sobreviviendo.* No de igual forma. Las mujeres mexicanas actuaron como hábiles emprendedoras, dejando su huella en los protocolos notariales analizados por José Luis Caño Ortigosa. Las mujeres quiteñas usaron los expedientes de pobreza para obviar sufragar pleitos y procesos. Eran mujeres solas, con dificultades económicas, pero supieron usar estrategias que les permitieron resistir. También aquí las escrituras ante notario han sido la base del trabajo de Diana Eva Lamana.

El primero de los trabajos citados –*Dueñas de su dinero. Libres y empoderadas en el Guanajuato ilustrado*– se centra en el estudio de las mujeres propietarias y administradoras directas de sus bienes en su propio beneficio, aportando así un nuevo análisis a los textos centrados en el papel desempeñado por las mujeres novohispanas en la economía de entonces, tanto más por ser zonas sabidas de desarrollo minero. Como bien resalta el autor, basándose en las escrituras notariales registradas entre 1699 y 1750, procedentes del Archivo Histórico de la Universidad de Guanajuato (y de otros archivos locales), en estas regiones "las mujeres de la élite jugaron un papel fundamental en la producción agropecuaria y en el abastecimiento de las ciudades, dirigiendo sus haciendas sin necesidad de la intermediación de sus maridos". No solo en actividades básicas, porque algunas mujeres lograron acumular y mover importantes capitales ligados a la extracción de la plata, así como iniciar pleitos en defensa de sus intereses, en algunos casos de consideración, como los promovidos contra instituciones principales del gobierno e incluso del Imperio: Consejo de Indias y Casa de la Contratación. De ahí su relevancia.

Estas páginas conectan bien el papel de las mujeres, mayoritariamente de cierto estatus y posición –no en vano es su presencia en los protocolos lo que las visibiliza– y su marco: una región –el Bajío– de las más prósperas de la Colonia, ratificada por un crecimiento demográfico correspondido en sus consecuencias institucionales y de gobierno, con un incremento lógico de oficios, y en donde se dejaba sentir el espíritu ilustrado en esta primera mitad del siglo XVIII; un ámbito en el que algunas mujeres ejercieron una importante actividad económica tanto en torno a las minas, como en las actividades agrarias y ganaderas; también en el tráfico de esclavas. A veces, además, pleiteando contra sus maridos. Todo ello queda bien resaltado por el autor, que nos recuerda que la facultad de acción de aquellas mujeres tenía también mucho que ver con su capacidad jurídica; sobre todo en el tema de los gananciales y las escrituras de separación de bienes. De ahí el título de este estudio: libres y, sobre todo, "empoderadas".

Bajo el título de *Mujeres solas y mujeres ¿pobres? Dinámicas femeninas ante situaciones de dificultad en Quito (1665– 1705)*, Diana

Eva Lamana presenta un grupo de mujeres quiteñas, cuyas vidas discurrieron un siglo atrás, en la segunda mitad del XVII, tiempos del reinado de Carlos II, en un espacio que se había caracterizado, desde finales del Quinientos, por su prosperidad: La Real Audiencia. Una prosperidad nacida en su producción textil –con importante participación femenina– y en los provechos de su ubicación, y una tierra de conexión de diferentes economías regionales que había llegado a ser un importante centro de distribución. Los últimos años del siglo XVII asistieron, sin embargo, a un cambio de coyuntura que no fue ajeno a las catástrofes naturales y descensos demográficos consecuentes. Es en estos tiempos de cambios y en este espacio donde se ubican las mujeres tratadas aquí.

Dos tipos de fuentes permiten a la autora abordar la realidad de estas mujeres: los expedientes de pobreza y los protocolos notariales. Los primeros presentan mujeres auto-descritas en imágenes de desvalimiento y pobreza, todas unidas por un rasgo común casi siempre acorde con el desamparo: la soledad. Imágenes con las que aspiraban a obtener los mencionados expedientes, útiles como eximentes del pago de derechos y tasas, bien en pleitos, bien en deudas, o como valedores de compensaciones por pérdidas habidas en actividades económicas realizadas por terceros en su contra; también necesarios para su defensa ante contrarios. Dado el carácter de los mismos, no es de extrañar la inclusión de una terminología rica en expresión de emociones: miedo, temor, vergüenza o angustia componían un discurso lógico de dolor, destinado, obviamente, a conmover. Pero el fondo y su significado llevan a la autora a cuestionarse: ¿estas imágenes correspondían a historias reales? La propia diversidad de los casos traídos aquí, aun siendo en número escaso, ratifica la posición crítica mantenida en el texto; todas ellas eran mujeres viudas, todas supuestamente solas, pero no con iguales circunstancias: desde quienes padecían una extrema necesidad a quienes experimentaron las tensiones –acoso incluido– derivadas de la gestión de hacienda y obrajes. Recurriendo al título del texto, reflexionamos con la autora: eran, desde luego y al parecer, "mujeres solas", pero ¿eran mujeres pobres? Las conclusiones al respecto apuntan a significados diferentes de término y concepto, en los que el vocablo y, en consecuencia, el expediente de pobreza podía aludir a una necesidad de amparo, pero este no había de ser por fuerza de carácter económico.

Por otra parte, el rescate de una muestra relevante de las escrituras notariales protagonizadas por mujeres en dichos años añade otras historias de resultados diferentes, que no desdicen las reflexiones apuntadas. Así, la demostración de una participación femenina activa en el préstamo, a particulares y a instituciones, dibuja una imagen de mujeres emprendedoras que nos recuerda a las "empoderadas" de Guanajuato ya tratadas.

Abordamos ahora la segunda parte de esta obra colectiva destinada a estudios centrados en personajes femeninos particulares, espejo de mujeres "con nombre propio". Autoras, activistas, pedagogas y viajeras constituyen el entramado de una sección que hemos agrupado bajo el paraguas de *Aventureras, escritoras, emprendedoras. El reflejo de los anhelos y los caminos de la realización personal.* Insistiendo en "lo personal", marcamos caminos diferentes más propios de un protagonismo de mujeres de tiempos próximos a los nuestros.

Una de ellas, la escritora Amelia Agostini (1896-1996), inicia esta senda en solitario, como ejemplo de la existencia del refugio literario ante la experiencia del dolor personal más íntimo: la pérdida de un hijo. Bien es cierto que esta puertorriqueña, afincada en Norteamérica, de vida intelectual plena y larga, había iniciado una carrera exitosa, de círculos conocidos, formando parte de una de las generaciones más ilustres de la literatura escrita en castellano, rodeada de autores como García Lorca, entre otros; contaba, así, con los recursos intelectuales básicos para su propio exilio interior. Pero la tragedia le llevó a buscar territorios nuevos, poniendo, como bien resalta el título de este texto, "el corazón en la pluma".

Con esta aportación, su autora Nieves Verdugo Álvez describe su vida y sus consecuencias "literarias", conectando experiencias y trayectoria, y describiendo el impacto que el sufrimiento dejara en sus escritos. Utilizando sus textos como fuente primaria de un análisis de vida, asistimos a la relación madre e hijo en los recuerdos de Amelia, en un proceso de añoranza y nostalgia de tiempos pasados y felices. Pero los textos de la escritora permiten conocer mucho más: porque la figura del hijo ausente es utilizada como punto de conexión de otras experiencias vividas, todas ellas de carácter intelectual; de este modo, recordar al hijo justifica la narración de unos años de creación literaria y le ayuda a expresar sus opiniones en torno al racismo o a manifestar sus críticas hacia la Iglesia Católica. El hijo cohesiona sus recuerdos y se convierte, así, en narrador indirecto de sus experiencias. El título elegido, *El corazón en la pluma: evocación y nostalgia en la obra de Amelia Agostini del Rio. (Puerto Rico, 1896-Nueva Jersey, 1996),* refleja bien la vida de Amelia, una vida marcada por las emociones.

El activismo político y la actividad editorial y empresarial de mujeres singulares irrumpen en esta obra, con historias volcadas en el siglo XX. Colombiana una, mexicanas las demás, forman el grupo de mujeres comprometidas y activistas.

Interesada en las agrupaciones ácratas, Gabriela López Ruiz nos presenta una de ellas, de trayectoria periodística y vida plagada de exilios y distancias: Blanca de Moncaleano, nacida Blanca Lawson, pareja del anarquista Juan Francisco Moncaleano, atraída tanto por sus facetas profesionales y culturales como por su activismo en el Partido Liberal Méxicano (PLM). Su objetivo –analizar, a través de este personaje, el papel de las mujeres en los partidos libertarios y su participación en la conformación y defensa de sus derechos a comienzos del siglo XX– da sentido al texto, considerando, además, que la práctica editorial de la colombiana, mediante el órgano propagandístico –el periódico *Regeneración*– constituía un importante vehículo de difusión de ideas y estrategias. Y, sin embargo, activistas como Blanca de Moncaleano no habían merecido un lugar entre los recuerdos textuales referentes al pensamiento anarquista y revolucionario, quedando en la memoria colectiva como acciones de hombres; esta será la razón que mueva a la autora para otorgarle un lugar en la historia del activismo político y cultural.

Siguiendo el texto de Gabriela López Ruiz, reproducimos las palabras de la colombiana, pues su espíritu ilustra mejor que cualquier reflexión el "corazón" de sus ideas. Así aquella proclama pronunciada en 1912 –"No olvidéis que la mujer tiene sus derechos al igual que los hombres"– resume bien su pensamiento, tanto más cuanto que contenía una expresa crítica a la sumisión de las mujeres y a su reclusión doméstica; también a los valores de la religión. Es la labor editorial de ambos activistas y son sus aportaciones en prensa – *El Ravachol, Regeneración, Pluma Roja*– las fuentes rescatadas por la autora, recorriendo países y destinos en los que Blanca de Moncaleano volcaba ideas y proclamas; a resaltar su defensa de la emancipación femenina y sus opiniones acerca de la maternidad.

Con el título *Del rosa de la poesía y el activismo juvenil al rojo de la literatura proletaria y la militancia en el partido comunista mexicano. El caso de Consuelo Uranga Fernández, (1921-1952),* María de Lourdes Cueva Tazzer recorre la vida y las inquietudes de esta intelectual y poeta mexicana, integrante de las filas del Partido Comunista. Una mujer movida por el "anhelo hacia alguna cosa intangible", significado del término alemán – *Sehnsucht*– que daba nombre a uno de sus poemas, y con los que la autora inicia su análisis, un intento de volar hacia lo desconocido, abandonando las bondades de su vida anterior, tranquila y apacible, buscando la felicidad en una realización superior; una actitud que la autora del texto define en la primera parte del título: *Del rosa de la poesía y el activismo juvenil*... tiempos caracterizados por una postura idealista marcada y desarrollada en los círculos literarios. Pero estas páginas procuran ir más allá de la descripción de una vida particular, con deseos asimismo particulares, en los tiempos inmediatos a la Revolución y, así, Lourdes Cueva Tazzer expone sus objetivos: analizar la trayectoria de una mujer sensible que usó la literatura y sus discursos, así como su propia experiencia, en defensa de la clase obrera, las mujeres, los campesinos y, en definitiva, de los sectores oprimidos en una sociedad que ella pretendía más justa, sin atisbos de opresión y miseria; empeños que absorbieron sus años, dejando a un lado cualquier posibilidad de vida afectiva o amorosa perdurable, en pro de su militancia. Definiéndose como parte de la generación postrevolucionaria de 1910, declararía no tolerar "la riqueza de sus líderes" frente a la miseria del pueblo, concluyendo con rotundidad: "nos hicimos marxistas", porque su objetivo –rescatado aquí– superaba el ámbito y espacio de los derechos de las mujeres; volaba más alto y buscaba con ello la revolución proletaria.

Por último, el texto debido a Rocío Corona Azanza –*Elena Torres Cuellar. (México, 1893-1970) Del mineral al mundo. Trayectoria de una mujer de grandes ideas* –cierra el tríptico de aportaciones de mujeres activistas y comprometidas en diferentes tiempos del siglo XX mexicano. Con su semblanza, la autora quiere valorar la trayectoria de una mujer, natural de Guanajuato, la ciudad de las minas, de múltiples facetas: "maestra, feminista, sufragista, comunista, promotora de desayunos escolares, impulsora de las misiones culturales, especialista en educación rural, estudiante en Columbia University y un largo etcétera que incluso la llevó a formar parte en la organización de la UNESCO"; pero una mujer, según refiere, desconocida. Para otorgarle lugar y reconocimiento, Rocío Corona se nutre del *Fondo Elena Torres* del Archivo Histórico de la Universidad Iberoamericana de la Ciudad de México, así como de su autobiografía, editada en 1964, con el título de *Fragmentos. Nexo internacional.* De ellos parte para analizar vida y trayectoria desde el ámbito y disciplina de la Historia de las Emociones. Comenzando por el principio, partiendo de una pregunta clave y básica: ¿por qué se escribe una autobiografía? ¿qué impulsos le motivaron? ¿el enojo por no sentirse reconocida? ¿el deseo de ser escuchada?: preguntas a las que la autora intentará encontrar respuestas buceando en los *Fragmentos.* En ellos Elena Torres se recordaba en su infancia, en las responsabilidades familiares, en sus anhelos nunca satisfechos, sin buscar matrimonio que la realizase ni amor que la hiciese feliz y luchando siempre por la igualdad en favor de las de su sexo. Pero su postura ante el voto femenino presenta las contradicciones de la polémica sobre el sufragio de aquellos días: no peleaba por el voto de las mujeres, sino por el de las mujeres "conscientes", un debate que afectaría también a su partido: el Socialista de Yucatán. El *Nexo internacional* que completa el título de su Autobiografía –por cierto, costeada por su autora– añade un currículum brillante de cargos y representaciones en la UNESCO de una mujer, Elena Torres, sin reconocimiento en su día a la altura de sus aportaciones. Lo que la autora, esta autora, ha sabido redimir y reivindicar.

Esta obra finaliza con las experiencias, aventuras y textos de dos mujeres en principio bien diferenciadas en origen y pretensiones.

Escribiendo sobre sí mismas, conoceremos dos personajes, la asturiana Josefa Fernández Duro y la norteamericana Anna Hyatt; ambas escriben en la década de los veinte del siglo pasado; ambas rememoran sus experiencias –por México, Cuba y Estados Unidos y Europa la primera, por el Caribe la segunda– y ambas nos dejaron por escrito, sin pretenderlo, sus experiencias.

Cartas de la Tía Pepita: contrariedades y satisfacciones de unviaje americano en 1920 de Pilar Cagiao Vila saca a la luz la historia de una mujer singular, diríamos que una mujer aparentemente sin importancia ni fama para la posteridad, una mujer desconocida pero de buena cuna, de una muy relevante familia asturiana; una mujer que es rescatada en las cartas que escribiera a su sobrino, en 1920, a la espera de zarpar hacia un México del que pretendía conocer sus experiencias revolucionarias; asimismo a la Cuba de aquellos días, siendo este último destino y las experiencias vinculadas a él, durante sus tres semanas de estancia en la isla, el centro de este trabajo. Cartas cuya conservación habla de un cariño perpetuado aun tras su muerte (en 1956), lo que las convierte, indirectamente, en documento afectivo propio de la disciplina que tratamos aquí. Así, su conservación como el deseo de sus parientes de que sean conocidas constituyen la primera huella material de esta Historia de las Emociones.

De Pepita Fernández Duro sabemos, nada más comenzar el relato, dos cosas: primero amaba viajar y, segundo, podía permitírselo. Sus zonas de residencia –en Madrid, el barrio de Salamanca–, la amplitud de sus recorridos –América, Europa– en diferentes trayectos y su pasión aventurera, subiendo en el dirigible Graf Zeppelin, dan muestra de ello. Sus orígenes familiares también. Sin acceder a estudios reglados, la formación recibida a cargo de profesores particulares le posibilitó cierta cultura básica que ella orientaría, mediante lecturas e impulsada por una personalidad aventurera, hacia lo desconocido: viajar.

Este relato, a veces en forma de diario –tal era su continuidad– será utilizado por la profesora Cagiao para presentarnos todo el recorrido emocional experimentado por su autora, en este caso unido al espíritu de la aventura. Así la sorpresa, la alegría, y el entusiasmo, inherentes al inicio de un viaje trasatlántico de placer – “nos sale todo a pedir de boca”–, se nos acompañan de las circunstancias anexas a la experiencia de unos pasajeros de primera clase –ella y sus sobrinos– que, obviamente, se distanciaban, como bien es recogido aquí, de las vivencias del resto, ofreciéndose así un doble cristal donde mirar la vida y sus diferencias sociales. A bordo y en tierra, Josefa, la tía Pepita, es descrita con sus toques de humor, su asombro y sus experiencias, siendo ella –y no el paisaje– centro y protagonista de sus recuerdos. Pepita no era periodista ni antropóloga, ni escritora de viajes, solo ella misma. De ella y sobre ella escribía; solo cambiaba el escenario.

Días de aventura: crónica de un viaje por el Caribe a través de la pluma de Anna Hyatt (1924), de la profesora Rosario Márquez Macías, cierra el contenido de esta obra. Basándose en la correspondencia mantenida por la norteamericana con su madre, Audelle Beebe, parte de la cual se conserva en la Hispanic Society of América, la autora reconstruye el periplo que el matrimonio Huntington realizara por el Caribe en el año 1924. Fechadas entre el 1 de febrero de 1924 y el 7 de mayo del mismo año, las cartas informan del viaje "del poeta y la escultora", sobrenombre debido a la pluma de su biógrafo García-Mazas. Un viaje diferente. Primero por realizarse en compañía del esposo; segundo porque, a diferencia de otros realizados antes que ellos por personajes conocidos, no fue experiencia que pretendiese salir de la intimidad familiar. En efecto, como "la tía Pepita", Anna Hyat no escribió para ser leída más allá de los destinatarios de sus cartas –aquí su madre– lo que, asimismo, como la anterior, le distancia de otros tantos viajeros que tuvieron en cuenta la existencia de un posible público lector. A diferencia de la anterior, sin embargo, el objetivo no era tanto narrar las experiencias de la autora –lo que sin duda acabarían siendo– como describir lo que aquel viaje les ofrecía. Así, asistimos al protagonismo de su mirada y vemos lo que ella observaba: el paisaje, las costumbres, las formas de vida, el pasado no tan lejano, los edificios, las tiendas "pintadas a rayas" o los ingenios azucareros. Anna describía y fotografiaba el mundo, fuese el exterior que veía pasar a bordo del barco o el interior, el que recorría minuciosamente dibujando los detalles más nimios.

Pero ¿quiénes eran aquellos viajeros? Conocíamos su vida artística por trabajos previos de Márquez Macías; nos acercamos ahora, a través de estas páginas, al matrimonio en tanto protagonista de una vida familiar que ellos posiblemente no hubieran querido desvelar. Anna Hyatt, de nombre Anna Vaugh Hyatt, había nacido en 1876 en Cambridge, Massachusetts, hija de un conocido paleontólogo y zoólogo de la Universidad de Harvard y de una pintora paisajística, lo que indudablemente hubo de marcar infancia, gustos y anhelos profesionales. Del primero heredó el amor por los animales, principalmente por los caballos; de la segunda, la pasión por el arte que completaría en sus estudios en Boston. En 1923 contrajo matrimonio con Archer Milton Huntington, amante de la cultura hispana, cuya influencia impulsaría en Anna la realización de obras escultóricas hoy muy conocidas: *el Cid* entre ellas.

Barbados, Antigua, Puerto Rico, Jamaica y Charleston fueron los lugares visitados. Pero la correspondencia no informa únicamente de aventuras propias de un viaje de placer. Las cartas anteriores describen la delicada salud de la escultora, los cuidados médicos y el afán de viajar. Un viaje descrito minuciosamente a través de sus cartas, que convierte la aventura en documento antropológico y que, pese a los deseos del matrimonio Huntington, han quedado desvelados en estas páginas, permitiéndonos asistir a su "rescate" un siglo después.

Finalizan aquí las aportaciones realizadas. Todas ellas marcan el contenido de esta propuesta que ha pretendido cobijar tantas experiencias de mujeres –felices o no– como la investigación, desde la óptica de los afectos, la historia de las emociones y la historia social y cultural nos ha permitido abordar.

PARTE PRIMERA

VOLVER A EMPEZAR. LA SOLEDAD DE LAS MUJERES Y LOS AFANES DE SUPERVIVENCIA

EN NUEVAS TIERRAS Y CON NUEVOS MATRIMONIOS

VIAJES Y DESTINOS INCIERTOS. MUJERES EN BUSCA DE UN FUTURO A TRAVÉS DEL OCÉANO EN EL SIGLO XVII

Palmira García Hidalgo
Cristina Ramos Cobano[1]
Universidad de Huelva

INTRODUCCIÓN

Es bien conocida la importancia de las migraciones, siendo estas claves para la evolución de la Humanidad: han estado presentes en todos los periodos históricos y han provocado importantes transformaciones en multitud de ámbitos. Así, se trata no solo de un acontecimiento del pasado, sino de una actividad que continúa en la actualidad, pudiéndose comprobar por ello cómo los móviles para emigrar fueron y siguen siendo los mismos.

La partida de españoles hacia América se inició desde que se produjo el Descubrimiento del Nuevo Mundo; fenómeno que fue sufriendo transformaciones y pasando por distintas fases. A lo largo de la Edad Moderna no fueron pocos los que se aventuraron a emprender el camino hacia el otro lado del Océano y, como no pudo ser de otra manera, las mujeres tuvieron un papel clave en estos desplazamientos. Estas se aventuraron a emigrar al continente americano con la esperanza de alcanzar una vida mejor: su situación económica, social y familiar intervino en la toma de decisiones, sin olvidar el efecto de las emociones. Todas soñaban con un futuro mejor, pero su destino era incierto, algunas lograban el ansiado objetivo, otras gozarían de menos fortuna; el riesgo, sin embargo, merecía la pena.

[1] Este trabajo ha sido realizado al amparo del proyecto I+D PID2020-113063RB-I00: *Pasiones y afectos en femenino. Europa y América, siglos XVII-XX. Un estudio interdisciplinar desde la Historia y la Literatura*. MICINN. AEI. Gobierno de España.

Estos traslados poblacionales nunca fueron forzados, es decir, la Corona nunca obligó a nadie a marchar hacia las Indias, pero tampoco dejó dichos territorios al libre albedrío; de modo que mediante distintas instituciones se encargaron de controlar y regular la migración, destacando la Casa de la Contratación –creada en 1503–, gracias a la cual se generó una gran cantidad de documentos que han permitido conocer este fenómeno migratorio en profundidad; especialmente las denominadas "licencias de embarque", permiso necesario para poder partir de forma legal hacia el continente. Esta autorización contenía en su interior una serie de escritos: la solicitud expresa del emigrante donde quedaban plasmados sus datos personales, el lugar de destino y su expreso deseo de marchar a América indicando la finalidad del desplazamiento; una Real Orden que posibilitaba el viaje; la demostración de ser cristiano viejo que se complementaba, a veces, con la partida de bautismo; en caso de ser casado, un permiso de la esposa, válido únicamente por un periodo de tres años; y, en ocasiones, sin carácter obligatorio, cartas privadas, adjuntas con la intención de demostrar que tenían en América amigos, familiares o paisanos que les podían proporcionar casa y trabajo, al menos en los primeros momentos de su llegada.[2]

Estos documentos son la base del presente trabajo; posibilitan el conocimiento, tanto en la cuantificación del fenómeno migratorio, como de las experiencias y anhelos de aquellos hombres y mujeres involucrados. Así pues, a lo largo de estas páginas, expondremos algunas de las características y cifras del fenómeno migratorio a América durante el periodo colonial y las ilustraremos con las historias y vivencias de sus protagonistas. Nos centraremos en el Seiscientos por ser este el siglo menos abordado en los estudios sobre migraciones al Nuevo Mundo, existiendo aún muchas lagunas por solventar, en tanto que los siglos precedente y posterior son conocidos en profundidad. Asimismo, prestaremos mayor atención a los casos femeninos, puesto

[2] Son muchos los trabajos realizados sobre correspondencia privada, siendo uno de los más recientes: Rosario Márquez Macías, "Vida cotidiana e historia de mujeres: Guanajuato en las cartas privadas del Archivo General de Indias de Sevilla", *Temas americanistas*, 44 (2020), pp. 293-317.

que ha sido el papel de la mujer en este movimiento el más olvidado, razón por la cual consideramos necesario abordarlo en profundidad.[3]

MIGRACIONES AL NUEVO MUNDO: CIFRAS Y PARTICIPACIÓN FEMENINA

La emigración de españoles al Nuevo Mundo fue un fenómeno de gran importancia en la Edad Moderna por el significativo volumen de población involucrada en él y sus consecuencias en las sociedades del momento. Gracias a los sólidos estudios existentes sobre ellos, se conoce el número de individuos que cruzó hacia los territorios americanos de forma legal.

Entre finales del siglo XV y el siglo XVI (1493-1599), pasaron a América a través de los cauces establecidos un total de 54.838 emigrantes; durante el Seiscientos lo hicieron 39.897; mientras que en el siglo XVIII y principios del XIX (1700-1824) serían 25.434 los desplazados.[4] En líneas generales, las particularidades del flujo migratorio –procedencia geográfica, destinos y composición por sexos– se mantuvieron estables desde mediados del siglo XVI hasta finales del XVII. A partir del siglo XVIII se comenzaron a vislumbrar mayores diferencias al variar, tanto los destinos, como las procedencias mayoritarias y, del mismo modo, se acentuó el carácter marcadamente masculino de los desplazamientos.[5]

De estas cifras generales se puede extraer el número de mujeres que pasó a América de forma legal a lo largo de la etapa colonial: los estudios conocidos hasta el momento han determinado que entre

---

[3] Para profundizar en el estado de la cuestión sobre los estudios de migraciones al Nuevo Mundo véase: Palmira García Hidalgo, "La emigración española a América en la época moderna. Un acercamiento al estado de la cuestión", *Naveg@mérica: Revista electrónica editada por la Asociación Española de Americanistas*, 23 (2019).

[4] Peter Boyd-Bowman, *Índice geobiográfico de más de 56 mil pobladores de la América Hispánica*, Fondo de Cultura Económica, México, 1985; ídem, "Pattersn of Spanish immigration to the Indies until 1600", *Hispanic American Historical Review*. 56 (1976), pp. 580-604; Palmira García Hidalgo, *Mujeres en la travesía. La emigración española a América en el siglo XVII*. Universidad de Huelva, Huelva, 2024; Isabelo Macías Domínguez, *La llamada del Nuevo Mundo: la emigración española a América (1701-1750)*, Universidad de Sevilla, Sevilla, 1999; Rosario Márquez Macías, *La emigración española a América, 1765-1824*, Universidad de Oviedo, Oviedo, 1995.

[5] Véanse las obras anteriores para conocer los datos concretos y mayor profundización en el tema.

1493-1814 marcharon a las Indias un total de 23.479 mujeres. Como en el caso de los hombres, el flujo no fue constante a lo largo de todo el periodo.

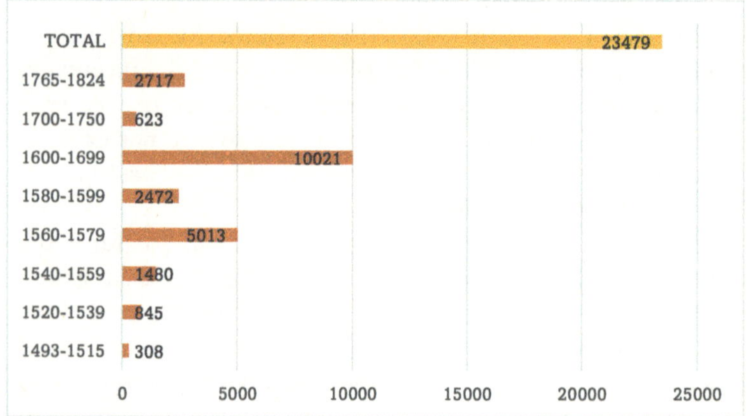

Fuente: Elaboración propia a partir de los datos de Palmira García Hidalgo, *La emigración española a América en el siglo* XVII. *Mujeres cruzando el Atlántico*. Tesis doctoral defendida en la Universidad de Huelva (28/09/2021) y de los trabajos referidos

Las obras realizadas sobre la temática arrojan las siguientes cifras: entre 1493 y 1599 abandonaron la Península un total de 10.118 mujeres, mientras que a lo largo del siglo XVII lo hicieron 10.021. En la siguiente centuria los datos reflejan un brusco descenso de su número, pasando al continente únicamente 3.340 mujeres.[6]

Existen noticias de mujeres que marcharon al Nuevo Mundo desde los primeros desplazamientos, junto a los conquistadores. Su paso a las colonias sería fundamental para consolidar el fenómeno colonizador. Así, durante la etapa de conquista y el periodo denominado antillano por Peter Boyd-Bowman, su presencia fue muy reducida; si bien la situación iba cambiando a medida que se consolidaba el

6 Peter Boyd-Bowman, *Índice geobiográfico…;* ídem, "Pattersn of Spanish…"; Palmira García Hidalgo, *Mujeres en la travesía...*; Isabelo Macías Domínguez, *La llamada…*; Rosario Márquez Macías *La emigración española …;* Palmira García Hidalgo, *La emigración española…*

asentamiento español, y la Corona establecía una política emigratoria para fomentar el paso a Ultramar del colectivo femenino y, sobre todo, de unidades familiares completas.

De este modo, entre 1540 y 1559, ya alcanzaron el 16,14% respecto al total de emigrantes; de ellas el 45,6% eran casadas y el 54,4% solteras. Como se observa, a partir de mediados del siglo XVI, su traslado iría en aumento, siendo un fenómeno muy relacionado con el auge de la partida de familias completas; llegados a 1560, el contingente femenino representaba más de la cuarta parte del total de la emigración: el porcentaje de mujeres ascendería al 28,5% entre 1560-1579, mientras que, desde 1580 a 1600, supusieron el 26%. De las desplazadas en esta segunda mitad de la centuria, el 40% eran casadas o viudas, frente al 60% de solteras.[7]

Ya en el siglo XVII se trasladaron a América un total de 10.021 mujeres, representando un 25,12% del conjunto. En cuanto a su estado civil, sabemos que el 38,51% eran solteras, 55,08% casadas y 5,81% viudas, en tanto que el 0,11% pasaron como religiosas.[8]

Ya en el siglo XVIII, las cifras sufren variaciones debido, entre otros motivos, a la política impuesta por los Borbones, que ejercieron un mayor control del tránsito en función de sus intereses, dando lugar a importantes cambios en la tipología del emigrante: los desplazamientos comenzarían a ser realizados mayoritariamente por funcionarios, militares y comerciantes, además de clérigos y religiosos, perdiendo el sexo femenino la importancia numérica detentada desde mediados del Seiscientos. En su primera mitad, las trasladadas a América representaron únicamente un 7,5% del total; de estas el 49% eran solteras, el 47% casadas y el 4% viudas. Entre 1765-1824, aumentaron ligeramente los porcentajes femeninos respecto a la etapa previa, si bien continuaron siendo inferiores a los de los siglos precedentes, pues supusieron tan solo el 15,77%. Resulta novedoso

7 Peter Boyd-Bowman, *Índice geobiográfico...;* ídem, "Patterns of Spanish..."; Juan Francisco Maura King, "Mujeres hispanas en la conquista del Nuevo Mundo: a la vanguardia de los acontecimientos", *Revista de Estudios Hispánicos*, 22 (1995), pp. 185-204.

8 Palmira García Hidalgo, *Mujeres en la travesía...*

que las cifras de casadas (50,58%) fuesen superiores a las de solteras (43,49%), subiendo también el número de viudas.[9]

A medida que se consolidaba el proceso colonizador en América fue incrementándose el número de desplazadas, viajando un mayor porcentaje entre la segunda mitad del Quinientos y la primera del Seiscientos, aunque, una vez subsanada la escasez de españolas en el continente, sus traslados comenzaron a descender.

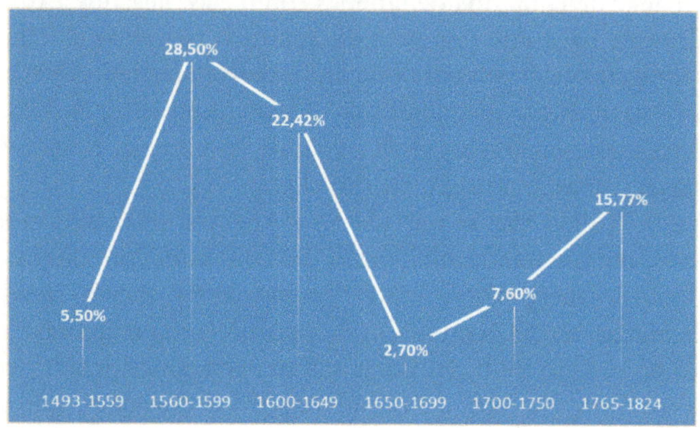

Evolución en porcentajes del fenómeno migratorio femenino
en el periodo colonial (1493-1824)
Fuente: Elaboración propia a partir de los datos de Palmira García Hidalgo, *La emigración española a América en el siglo XVII. Mujeres cruzando el Atlántico.* Tesis doctoral, y de los trabajos referidos

DESPLAZAMIENTOS FEMENINOS: CARACTERÍSTICAS Y MOTIVACIONES

Como ya hemos referido, la Corona instauró una serie de limitaciones en relación con las personas que podrían dirigirse hacia los territorios americanos, desarrollando una normativa referida al género y estado civil de los emigrantes para promover el tipo de

[9] Isabelo Macías Domínguez, *La llamada …*; Rosario Márquez Macías, *La emigración española …*

emigración que le interesaba. Esta legislación condicionó directa o indirectamente el tránsito de mujeres: los distintos monarcas nunca lo obstaculizaron, más bien trataron de fomentarlo, al ser conocedores de la importancia de su papel en el proceso colonizador; un rol que permitiría el asentamiento del modelo social y familiar pretendido en el Nuevo Mundo.[10]

De la misma forma que con el colectivo masculino, en los desplazamientos femeninos, los distintos monarcas mantuvieron una política flexible determinada por las diferentes circunstancias de cada periodo. Como norma común y, especialmente, durante las primeras etapas del establecimiento, trataron de facilitarlos por la necesidad de aumentar el crecimiento vegetativo de la población española en el continente. Por regla general, los requisitos exigidos a hombres y mujeres eran comunes, aunque existieran ciertas limitaciones para las segundas por su situación jurídica. Así, el espíritu de la ley otorgaba prioridad al traslado de mujeres casadas, entre otros motivos, para evitar situaciones de abandono en la Península como consecuencia del olvido del esposo.[11] Ello no supone, sin embargo, cierto veto hacia las solteras.

Aunque existía una reglamentación que forzaba a los emigrantes a llevar a sus mujeres a América, las leyes nunca las obligaron a viajar o a reunirse con ellos en las colonias; sin embargo, el espíritu y mandato religioso, vigente en el discurso de entonces, pudo influir en la toma de decisiones, considerando la relevancia de la sumisión y la obediencia, cualidades a seguir por las mujeres, según enseñanzas del apóstol San Pablo. Otras muchas sin embargo no quisieron cruzar el océano. En su justificación, alegaron –ya fuese cierto o no– el miedo a los peligros del mar y la travesía, o a las enfermedades que, durante ella o una vez establecidas en los nuevos territorios, pudieran contraer.[12]

[10] Richard Konetzke, "La emigración de las mujeres españolas a América durante la época colonial", *Revista Internacional de Sociología*, 9 (1945), pp. 123-128; María Ángeles Gálvez Ruiz, "Emigración a Indias y fracaso conyugal", *Chronica nova: Revista de Historia Moderna de la Universidad de Granada*, 24 (1997), pp. 89-97.

[11] Richard Konetzke, "La emigración de las mujeres ..., p. 133.

[12] María Ángeles Gálvez Ruiz, "Emigración a Indias..., pp. 92-93; María Teresa Condés Palacios, *Capacidad jurídica de la mujer en el derecho indiano,* Tesis doctoral, Universidad Complutense de Madrid, 2004, pp. 100-104; Richard Konetzke, "La emigración de las mujeres..., pp. 129-130.

De modo que, en muchas ocasiones, antes de tomar la decisión de partir, tuvieron que afrontar sus temores a adentrarse en el Atlántico. Los recelos al viaje en barco fueron comunes, como ha quedado reflejado en la correspondencia privada, al tener los esposos que tratar de vencer la resistencia de sus cónyuges a trasladarse mediante fórmulas cariñosas o frases tranquilizadoras: así, Francisco López de Salazar, establecido en Honduras, le escribía a su hermana Inés de Salazar lo siguiente: "Y aunque podéis decir que más fácil es a un hombre ir allá que a una mujer sola el venir tan largo camino, el camino es hasta Sevilla, que lo demás es venir en un aposento sentada dos meses, y aun no".[13]

Así las cosas, ya fuesen casadas o solteras, no fueron pocas las que se aventuraron a pasar al continente americano: ¿cómo fueron sus viajes y los preparativos previos? ¿presentaban las mismas características que los de los hombres? Una de las principales diferencias sería el hecho de ir, normalmente, acompañadas; aunque algunas viajaron en solitario, las recomendaciones de ir acompañadas adecuadamente para efectuar la travesía fueron constantes y, ya fuese quienes las llamaban o sus familiares, tratarían de encontrarles quienes las protegiesen. Sirva de ilustración el caso de Jerónimo de Contreras, que había pasado a Nueva España 14 años atrás y reclamaba ahora a su hija Francisca de Artiaga para –decía– "remediarla"; por ser doncella, solicitaba que le acompañase su primo Pedro Alonso de Contreras a fin de que fuese "en su compañía y guarda".[14]

En realidad, ellas mismas eran conscientes de la importancia de viajar acompañadas, solicitando, muchas veces, el poder serlo. Alegarían a veces la necesidad de la defensa de su honra y decoro: María Álvarez, en 1608, que se desplazaba a Riohacha en busca de su marido, pediría ir con su hermana y su esposo "por la decencia y decoro de su persona".[15]

---

[13] Carta de Francisco López de Salazar a su hermana Inés de Salazar, Trinidad, 20 de noviembre de 1599, inserta en: Expediente de concesión de Inés de Salazar, Sevilla, 1601. A.G.I., Indiferente, 2070, núm. 46. También citada en Enrique Otte, *Cartas privadas de emigrantes a Indias, 1540-1616*, V Centenario, D.L., Sevilla, 1988, p. 233.

[14] Licencia de embarque de Francisca de Artiaga, expedida en Sevilla el 25/06/1607. A.G.I., Contratación, 5299, n.º 2, r. 47.

[15] Licencia de embarque de María Álvarez, expedida en Sevilla el 28/05/1608. A.G.I., Contratación, 5303, n.º 20.

No habrían de viajar solas. A ello se le añadía un mundo de consejos sobre las formas de la travesía. Los preparativos para los desplazamientos, por ejemplo, venían señalados en las cartas de familiares que allí las esperaban y que ya habían vivido la experiencia previamente. Con ellos pretendían orientarlas sobre los trámites a realizar para obtener las licencias de embarque, las pautas para traspasar los bienes que dejaban en la Península, o las vestimentas[16] que debían llevar y cómo debían transportarlas. Claro ejemplo de ello son las palabras de Francisco Ruiz Fernández, afincado en Guanajuato, a su mujer Ana de Aguilar:

> mandarás hacer luego la ropa blanca necesaria para el viaje y ropa de color con decencia para el acomodo de tu ropa, comprarás o mandarás traer de Sevilla, si en el puerto no se hacen, tres o cuatro cofres madrileños que sirven para el camino y son mejores que cajas.[17]

Una vez realizados los preparativos, debían afrontar las complejidades del traslado, mayores aún para las mujeres por su condición femenina y lo que ello conllevaba en la Edad Moderna: los desplazamientos eran realizados en barcos comerciales cuyas circunstancias eran inadecuadas para el tránsito de personas, e insuficientes los espacios. Podemos imaginar, por tanto, la situación de dureza de los viajes, ya fuese por las inclemencias meteorológicas o por el difícil acomodo de los emigrantes, a lo que se sumaba, para ellas, el hecho de ir rodeadas en su mayoría de hombres.[18]

---

[16] Existen interesantes trabajos para profundizar en el tema de las vestimentas: Rosario Márquez Macías, "Las mujeres y la apariencia. El cuerpo decorado, un estudio a través de la correspondencia privada (siglos XVI-XIX)", *Americanía: revista de estudios latinoamericanos de la Universidad Pablo de Olavide de Sevilla*, 15 (2022), pp. 237-257; ídem, "La visualización del honor: vestir conforme al estado", en María Luisa Candau Chacón (ed.), *Las mujeres y el honor en la Europa Moderna*, Universidad de Huelva, Huelva, 2014, pp. 319-336.

[17] Carta de Francisco Ruiz Fernández a su esposa Ana de Aguilar, 3 de julio de 1690, Guanajuato, inserta en: Licencia de embarque de Ana de Aguilar, expedida en Sevilla el 13/07/1692. A.G.I., Contratación, 5454, n.º 3, r. 134.

[18] Para profundizar en algunos aspectos del trayecto en barco véase Rosario Márquez Macías, "Alimentos para Indias. Las cartas de llamada como fuente de referencia.

Del mismo modo que en otros asuntos anteriormente mencionados, en la correspondencia también era habitual incluir un apartado dedicado a recomendaciones, peticiones y diligencias para la vida a bordo que ayudasen al emigrante a resolver este tipo de cuestiones, siendo muy abundantes las relacionadas con el matalotaje y la alimentación; pues los pasajeros debían suministrarse sus propios alimentos, a excepción del agua, de la que debía proveerlos el barco; esta limitaba las posibilidades de carga del navío, por lo que su racionamiento debería ser riguroso, considerando que uno de los problemas presentes en las travesías era precisamente su escasez. Así lo expresaba Eugenio de Salazar: "y en medio del mar moriréis de sed y os darán el agua por onza como en la botica, después de harto de cecinas y carnes saladas, y aun con el agua es menester perder los sentidos del gusto y del olfato y vista por beberla y no sentirla".[19]

Las indicaciones dadas por Asensio Altolaguirre a su esposa, en el año de 1796, pueden servir como ilustración de lo expresado en las cartas:

> En Veracruz te recibirá mi correspondiente D. Pedro Miguel de Echevarría y a los dos otros días saldrás en litera a Xalapa con tu familia. Lo que te encargo es que los muchachos no coman fruta ninguna en Veracruz sino caldo sopa, poca carne. Pescado se puede comer porque hay especial, pero fruta nada hasta México… Tus pajes y la sobrina harán lo mismo, tomarás buena providencia de los mejores vinos embotellados, soletas, bizcochos, mistelas, jamón, chorizos, chorizones, pasas, almendras. Muchas arrobas de almendra molida para hacer sopa de almendra en un instante, buen chocolate que te dará mi hermano.[20]

Siglos XVI-XIX", *Memoria y civilización: anuario de historia*, 25 (2022), pp. 377-398.

[19] José Luis Martínez Rodríguez, *Pasajeros a Indias. Viajes transatlánticos en el siglo XVI*, Alianza Editorial, Madrid, 1983, pp. 288-289, citado en Rosario Márquez Macías, "Alimentos para Indias…, p. 385.

[20] Carta privada de Asensio de Altolaguirre a su esposa María Josefa de Ansorena, 1796. AGI, México, 2497. Citado en Stangl Werner, *Zwischen Authentizitat und Fiktion: Die private Korrespondenz spanischer Emigranten aus Amerika 1492-1824*, Böhlau Verlag GmbH & Cie, Göttingen, 2012, p. 62. Tomado de Rosario Márquez Macías, "Vida cotidiana e historia …, p. 306.

Ya provistos de todo lo necesario, durante la travesía, cada pasajero o grupo familiar debía llevar el cargamento como pudiera; de modo que debían compartir espacios con la tripulación, la carga y los equipajes, lo que provocaba pésimas condiciones de habitabilidad y hacinamiento: el pasajero disponía aproximadamente de un metro y medio, donde además debía ubicar todos sus enseres. A estas dificultades se les sumaba, cuando se adentraban en el Océano, los mareos por el constante balanceo, que provocaban a su vez suciedad y malestar, y la necesidad de cuidar y defender día y noche sus pertenencias y provisiones.

Sin embargo, la esperanza de alcanzar un futuro mejor las animaba a afrontar la aventura de cruzar el Océano hacia un destino incierto, pero que les hacía soñar con una vida distinta. Esta fue su principal motivación para marchar a unos territorios desconocidos, ¿pero fue la única? En el sexo femenino el factor del enriquecimiento fue menos decisorio que en los hombres;[21] solían tener otro tipo de aspiraciones y, además, muchas viajaron insertas dentro de unidades familiares. Pese a las posibles diferencias, es lógico pensar que aquellas que se arriesgaron a afrontar la aventura de emigrar lo hacían por necesitar encarecidamente mejorar su situación, solventar determinados problemas o reencontrarse con personas instaladas en aquellos territorios. Las causas alegadas en la documentación fueron muchas, pero hubo algunas más comunes que otras.

Entre las solteras, destacaba el pasar como parte del servicio doméstico: criadas o amas de crías. No fueron pocas las que marcharon acompañando a familias numerosas para hacerse cargo del cuidado de los hijos, especialmente cuando estos eran de corta edad. Así hizo Rufina Díaz, viajera en 1617 junto al viudo Francisco del Carpio para ocuparse de los pequeños María y Melchor.[22]

---

[21] Ofelia Rey Castelao, "Las migraciones femeninas de Antiguo Régimen en su contexto europeo", en Julio Hernández Borge y Domingo González Lopo (coords.), *Mujer y emigración una perspectiva plural: actas del Coloquio Internacional, Santiago de Compostela, 23-24 de noviembre de 2006*, Universidad de Santiago de Compostela, Santiago de Compostela, 2008, pp. 43-55.

[22] Licencia de embarque de Francisco del Carpio, expedida en Sevilla el 26/06/1617. A.G.I., Contratación, 5357, n.º 7.

Otro colectivo importante fueron las que partieron con la intención de reencontrarse con sus maridos: algunas fueron reclamadas por ellos; otras partieron en su búsqueda por ignorar de sus vidas. Por regla general, las mujeres que pretendían desplazarse con dicha finalidad solían argumentar pobreza, desamparo y necesidad. Tal fue el testimonio de Juana de Goitia y Aldasoro, al alegar que "se halla alcanzada de caudal y padece mucha necesidad"; añadirá que su marido "la ha enviado a llamar para que puedan vivir juntos y haciendo vida maridable".[23]

Muchas solteras también partieron con el propósito de conseguir un buen matrimonio, fuese por decisión propia o por designios familiares. Tal fue la empresa de Francisca de los Reyes, viuda; marchó a Nueva España en 1603 tras haber sido emplazada por Andrés Meléndez, "con quien tiene concertado casar a una de tres hijas que tiene".[24]

Aunque habitualmente los receptores de herencias solían ser los hombres, así como los encargados de ir a buscar legados dejados a las mujeres de su familia, no siempre fue así; no escasearon las mujeres que cruzaron el Océano por esta causa; se trataba lógicamente de solteras o viudas, pues, en caso de haber estado sujetas a una figura masculina, no hubiesen podido realizar estas acciones en solitario. Ilustrativo es el caso de las hermanas María de la Rosa y Catalina del Castillo, vecinas de Sevilla, que, ante la necesidad de aliviar su situación, solicitaron en 1600 permiso para trasladarse a las colonias con la finalidad de cobrar la herencia correspondiente tras la muerte de su padre en dichos territorios y, además, poder ser socorridas por familiares con posibles ya instalados en la zona.[25]

Algunas pasaron a Indias en busca de parientes o conocidos dispuestos a acudir en su ayuda, siendo motivo común en las viudas y las solteras. Dicha gesta fue realizada por María de Mendía, doncella

[23] Expediente de concesión de Juana de Goitia y Aldasoro, Sevilla, 1616. A.G.I., Indiferente, 2075, n.º 144.

[24] Licencia de embarque de Francisca de los Reyes, expedida en Sevilla el 12/06/1603. A.G.I., Contratación, 5274, n.º 48; Expediente de concesión de Francisca de los Reyes, Sevilla, 1613. A.G.I., Indiferente, 2070, n.º 120.

[25] Expediente de concesión de María de la Rosa y Catalina del Castillo, Sevilla, 1600. A.G.I., Indiferente, 2070, n.º 13.

natural de Vizcaya, que en 1605 marchaba a Riohacha para estar en compañía de su hermano; precisamente este había solicitado su venida "por ser huérfana de padres y no tener con quien dejarla".[26]

Aunque, como se puede apreciar, fuese causa habitual, no todas emigraron por cambiar sus circunstancias vitales; también lo hicieron por el anhelo de reencontrarse con allegados o familiares. Para volver a reunirse con su hija viajaba la mulata Francisca de Figueroa de 1600 con destino a Cartagena de Indias, siendo acompañada por su hermana.[27]

Sabemos que existieron otras razones menos usuales que impulsaron a las mujeres en sus desplazamientos; nos limitamos a estas por cuestiones de espacio, al ser las habituales.

VIAJES Y DESTINOS INCIERTOS CON NOMBRE. ESTUDIOS DE CASO

Una vez referidas las cifras, las características y las motivaciones de la emigración femenina a América, nos proponemos ilustrar los datos con algunas de las vivencias experimentadas por las mujeres de la época. Aunque en su mayoría viajaron dentro de unidades familiares al amparo de sus esposos, padres u otros familiares, tampoco faltaron quienes lo hicieron en solitario o llevando consigo a algunas personas a su cargo, actuando, así, en ocasiones, como cabeza de las unidades familiares, algo fuera de la norma en la sociedad del momento. Nos centraremos en estas últimas.

Los viajes femeninos no siempre comenzaron por iniciativa propia; por lo común era la figura masculina de la familia la que tomaba la decisión; pero, a veces, el fallecimiento del cónyuge impulsaba a la viuda a continuar con los planes del esposo muerto. Así lo hicieron Ana María de Jesús y Catalina Méndez. En efecto, la primera de ellas, en 1630, pasaría a Perú con sus hijos Pedro y María, de 9 y 15 años, tras morir su marido, Lorenzo Pérez, quien había venido de Nueva

[26] Licencia de embarque de María de Mendía, expedida en Sevilla el 06/06/1605. A.G.I., Contratación, 5283, n.º 58.

[27] Licencia de embarque de Francisca de Figueroa, expedida en Sevilla el 21/06/1600. A.G.I., Contratación, 5261, n.º 2, r. 33.

España para llevarlos consigo al continente americano; tarea que no pudo realizar. Así lo narraba en su petición de licencia:

> digo que su Majestad por su Real Cedula que presento, da licencia para que Lorenzo Pérez, mi marido, pudiese pasar a las provincias del Pirú, que vino de la Nueva España, conmigo y mis hijos, y es así que el dicho mi marido ha fallecido en esta ciudad puede haber cuatro meses y fue enterrado en la iglesia del Señor San Lorenzo de esta ciudad, y porque me es fuerza continuar y hacer el viaje a las provincias del Perú y llevar en mi compañía a Pedro y María, mis hijos.[28]

Por su parte, en 1600, Catalina Méndez, vecina de Sanlúcar de Barrameda, solicitaba licencia de embarque para pasar a Nueva España en compañía de sus ocho hijos, seis niñas y dos niños; gestión que había comenzado su marido Juan Cortés, muerto antes de obtenerla. Catalina, tras verse sola con tanta descendencia a la que cuidar, y ante las posibles dificultades que tendría que asumir, decide seguir el camino iniciado y partir al continente, alegando, además, que había sido llamada por su cuñado, allí instalado con anterioridad, para favorecerla.[29]

A la hora de animarse a emprender el viaje, lo tuvieron mucho más fácil aquellas que contaban con familiares o conocidos ya instalados en el Nuevo Mundo. Fueron muchas las que se decidieron al traslado, tras recibir la llamada de alguien dispuesto a ayudarlas y que les ofrecía la posibilidad de alcanzar un futuro mejor. Así, en 1630, la mulata Crispina de Herrera, llamada por su madre para tenerla en su compañía y hacerle bien, solicitaba permiso para pasar a Perú:

> Crispina de Herrera, mulata (...) y libre, dice que ella nació en la ciudad de Sevilla, de padre blanco natural de estos reinos y de madre negra, la cual al presente está libre y vive en la ciudad de

[28] Licencia de embarque de Ana María de Jesús, expedida en Sevilla el 16/03/1630. A.G.I., Contratación, 5407, n.º 77.

[29] Licencia de embarque de Catalina Méndez, expedida en Sevilla el 20/05/1600. A.G.I., Contratación, 5261, n.º 2, r. 58.

> Trujillo en los reinos del Perú como consta en la información que presenta. A Vuestra Majestad suplica que porque su madre la envía a llamar para hacerle bien y tenerla en su compañía le haga merced de darle licencia para que pueda estar con la dicha su madre, que en ello la recibirá muy grande.[30]

Crispina, tras la muerte de su padre, encargado de ampararla en la Península, decide viajar para reunirse con su madre; contaba aquella con carta de libertad por parte de su fallecido esposo; con su marcha, Crispina buscaba acogida, amparo y sustento, pues, siendo doncella y sin poder ejercer un oficio del que vivir, su situación en el Viejo Mundo podría tornarse complicada.[31]

Como ella, Inés de Salazar, natural y vecina de Talavera de la Reina, de 35 años, partía en 1601 hacia Honduras para estar en compañía de su hermano Francisco López de Salazar, quien le había enviado a llamar, insistiéndole en su reclamo para poder remediarla.[32] Francisco, emigrante hacia el continente varios años atrás, había contraído un matrimonio ventajoso –tras padecer una grave enfermedad– con una joven de dieciséis años, Francisca de Vargas, perteneciente a una familia principal de la zona; todo lo cual le había permitido adquirir una posición acomodada, de lo que informaba a su hermana en sus cartas:

> Yo compré el año pasado de noventa y siete, necesitado de casa en que poder vivir, una posesión de casas en lo mejor de esta villa, con nueve casas de alquiler y casa honradísima y de las mejores del pueblo para mi vivienda y de mi mujer. Costome siete mil y quinientos pesos. Tiene de renta cada año mil pesos, fuera de la casa donde vivo, y asimismo compré cuatro esclavos.[33]

---

[30] Expediente de concesión de Crispina de Herrera, Sevilla, 1600. A.G.I., Indiferente, 2105, n.º 17.

[31] Licencia de embarque de Crispina de Herrera, expedida en Sevilla el 23/02/1600. A.G.I., Contratación, 5262A, n.º 73.

[32] Licencia de embarque de Inés de Salazar, expedida en Sevilla el 14/06/1601. A.G.I., Contratación, 5264, n.º 2, r. 64.

[33] Carta de Francisco López de Salazar a su hermana Inés de Salazar, 28 de enero de 1598, Trinidad, inserta en: Expediente de concesión de Inés de Salazar, Sevilla, 1601.

Nunca desde entonces se había olvidado de ella –según aseguraba– enviándole todo lo necesario para su "sustento honrado". Deseaba, sin embargo, su venida para reunirse con él en suelo americano; por ello, no solo le comentaba su acomodada posición, sino que, con la intención de convencerla, trataría de eliminar los posibles temores a viajar, alegando los beneficios que ello le aportaría:

> Bien entiendo que el pensar dejar vuestra tierra, salir de ella una doncella solo a tierra ajena y otras cosas que se ofrecen, se os ha de hacer duro de sufrir y trabajoso de determinar. Mas considera que por cuatro meses de trabajo, y el mayor es determinaros, vendréis adonde os desean después de la salvación más que ninguna cosa, y adonde tengo ganado ya vuestro sustento y remedio, siendo Dios servido, que a ello os determinéis, y pues os venís a vuestra casa y regalo y adonde seréis espejo en que todos nos veamos, rompe por las dificultades y determinaos a ello, que a quien quiere todo le es fácil.[34]

Es fácil comprender que Inés finalmente se decidiera a partir, ya que el destino que le esperaba en los territorios coloniales parecía bastante esperanzador. Pasar a las Indias también fue una solución habitual para las viudas con familiares ya instalados allí, pues, tras cambiar su estado civil, quedaban en una posición compleja, especialmente aquellas que tenían una descendencia de la que hacerse cargo.

Juana de Ceballos decide pasar a México en 1628, donde su marido había fallecido dejándole una pequeña herencia. En la Península estaba sola y debía encargarse del sustento de dos hijas, a las que además necesitaba casarlas adecuadamente, tarea mucho más sencilla en las tierras americanas. Por ello, y teniendo en cuenta que en México tendría algunos medios de los que poder mantenerse, emprendía el traslado hacia su nueva vida. En su solicitud de licencia reflejaría su difícil situación para que esta le fuese concedida sin mayor problema:

A.G.I., Indiferente, 2070, n.º 46. También citada en Enrique Otte, *Cartas privadas...*, pp. 231-232.

[34] Ibídem.

> El dicho su marido murió en la Ciudad de México, donde dejó una poca de hacienda en bienes raíces, la cual no la puede aprovechar si no es yendo allá, en cuya consideración y de que tiene dos hijas niñas, que la mayor es de once años, que remediar y dar estado, y en estos reinos pasa mucha necesidad.[35]

Situación semejante fue la de Juana de Robles: tenía una hija y había quedado viuda. No obstante, llevaba años cuidando de ella en solitario en España, ya que su marido, Pedro Lorenzo Hidalgo, las había abandonado y llevaba esperando su regreso muchos años. En 1619, cuando este muere, dejándola como heredera de sus bienes en Nueva España, decidirá viajar para tornar su suerte y poder reunirse con sus padres, otro hijo suyo y una cuñada allí afincados. Juana, tras años de espera y sacrificio se aventuraba a tomar las riendas de su vida.[36]

Tampoco eran fáciles las circunstancias de la viuda Francisca Clarachete, natural de Valencia, que convivía con su hija Esperanza Carrasquel, también viuda, y su nieta Jacinta Cebrián, de 8 años. Francisca, con la intención de conseguir el permiso para pasar a Caracas en 1615, alegará que "por haber fallecido el dicho su marido y el de la dicha mi hija estamos muy pobres y padecemos extrema necesidad";[37]asimismo, referiría haberle llamado "el dicho su hijo –fraile de la orden de San Francisco– por estar enterado de su necesidad para tenerla en su compañía por ser de mucha edad y para que los pocos que le restan de vida pueda vivir con su hijo".[38]

No solo las solteras y las viudas tomaban la alternativa de viajar al amparo de quienes ya se habían instalado previamente; también fueron muchas las casadas optaron por viajar para reunirse con sus esposos. Algunas fueron reclamadas por ellos con la intención de

[35] Expediente de concesión de Juana de Ceballos, Sevilla en 1628. A.G.I., Indiferente, 2077, n.º 198.

[36] Licencia de embarque de Juana de Robles, expedida en Sevilla el 30/04/1619. A.G.I., Contratación, 5364, n.º 8; Expediente de concesión de Juana de Robles, Sevilla en 1619. A.G.I., Indiferente, 2076, n.º 136.

[37] Licencia de embarque de Francisca Clarachete, expedida en Sevilla el 13/04/1615. A.G.I., Contratación, 5345, n.º 36.

[38] Expediente de concesión de Francisca Clarachete, Sevilla en 1615. A.G.I., Indiferente, 2075, n.º 90.

reunificar la familia; otras pasaban en su búsqueda por haber sido abandonadas.

Muchas de las mujeres casadas que habían quedado solas tras la partida de sus cónyuges terminaban tomando la decisión de reunirse con ellos, pues necesitaban la protección de una figura masculina, así como quien las sustentase; de ahí que normalmente durante los periodos de ausencia pasasen numerosas necesidades. Esta carencia y la pobreza a la que se había visto abocada impulsaron a Isabel Ruiz a trasladarse para reanudar la vida maridable. Nada mejor que su solicitud de licencia para ilustrar su situación:

> Doña Isabel Ruiz, mujer de Juan de Luxan, residente en la Nueva España = dice que el dicho su marido pasa allá a negocios del estado del Valle y que como consta del testimonio que presenta ha hecho asiento de agente mayor y general del dicho estado con el marqués don Pedro Cortés, y además de ello tiene otros negocios de mucha consideración para el remedio de la susodicha y sus hijos e hijas doncellas, el cual como se ve por el dicho testimonio la envía a llamar a su casa = atento a lo cual, y a que la suplicante está pobrísima, manca y enferma, sin tener en estos Reinos de que valerse, suplica a Vuestra Majestad se sirva de mandarle dar licencias para pasar a la dicha Nueva España con el dicho su marido y llevar sus hijos y un criado o criada, que en ello recibirá Vuestra Merced y será servicio de Dios por el peligro que tienen doncellas pobres y sin remedio fuera del amparo de su padre.[39]

Isabel Ruiz necesitaba de esa figura masculina que las mantuviese y se encargase de velar por ellas, ya que, además, su estado de salud no era muy bueno y tampoco contaba con ningún bien o actividad con los que poder mantenerse; asimismo remarcaba el hecho de tener a su cargo a dos hijas doncellas que necesitaban aún más de la protección de su progenitor y de su mediación para conseguirles un acomodo adecuado. De modo que en 1619 pedía permiso para

[39] Expediente de concesión de Isabel Ruiz, expedido en Sevilla en 1619. A.G.I., Indiferente, 2076, n.º 135.

poder viajar a Nueva España a vivir con Juan de Luxan, de quien esperaba que solucionase todos sus problemas.

En 1601, Catalina Rodríguez y Ana López, naturales de Fuentelencina (Guadalajara), se animaron a emprender juntas el viaje a Puebla de los Ángeles (México) para reencontrarse con sus esposos; también las acompañaba Agustina Rodríguez, de 14 años, hija de la primera. Ambas, de la misma forma que la anterior, alegaban pobreza y carestía, así como el reclamo de sus cónyuges como motivo de su traslado. Como era habitual, para facilitar la concesión de la licencia de embarque, Ana López aportaba una carta de Melchor Rodríguez, su marido, con la que se demostraba el interés de este por su partida, pues incluso se había preocupado por buscarle a quien pudiese acompañarla en la travesía.[40]

Observamos así, nuevamente, que cuando el cabeza de familia decidía emigrar, las mujeres a su cargo, de no marchar con ellos en un primer momento, lo terminaban haciendo una vez ya se habían instalado, ya que, sin su figura, en la sociedad de la época, les era difícil subsistir. De modo que su determinación de desplazarse no era totalmente libre, sino que estaba muy condicionada.

No todas corrían la misma suerte que Isabel, Catalina o Ana: no pocos hombres olvidaron a sus esposas en la Península o incluso las engañaron[41], como fue el caso de Inés de Gamboa: tenía 30 años y era natural de Cuba, había venido a España enviada por su marido Hernando Pereda con la promesa de que dejaría la plaza de sargento que allí tenía y se volvería para reunirse con ella en la primera ocasión posible. Sin embargo, no cumpliría su palabra, abandonándola a su suerte, por lo que Inés "suplica se le conceda licencia para volver a la dicha ciudad –San Cristóbal de la Habana-a donde tiene sus padres y

[40] Licencia de embarque de Catalina Rodríguez y Ana López, expedida en Sevilla el 20/06/1601. A.G.I., Contratación, 5268, n.º 2, r. 46; Expediente de concesión de Catalina Rodríguez y Ana López, expedido en Sevilla en 1601. A.G.I., Indiferente, 2070, n.º 50.

[41] Ya María José de la Pascua puso en relieve la situación de estas mujeres con importantes trabajos como: María José de la Pascua Sánchez, *Mujeres solas: historias de amor y de abandono en el mundo hispánico*, Universidad de Málaga, Servicio de Publicaciones, Centro de Ediciones de la Diputación de Málaga, Málaga, 1998.

marido".[42] Inés no viajaba tanto en busca de un futuro mejor, como con el anhelo de recuperar la vida que tenía y que había perdido tras el engaño del que había sido víctima.

No en busca de su marido, pero sí por necesidad, emprendieron el viaje de vuelta a América Felipa Pérez y María de la Torre: Felipa era una "morena" libre, natural de Panamá, que se había instalado en la Península al servicio de otra persona; tras su fallecimiento había quedado sin trabajo y por ello pedía autorización para regresar a Tierra Firme, donde dice tener su casa, por ser vieja y pasar necesidad en estos reinos.[43]

También la muerte de quien la amparaba fue lo que impulsó el regreso de la mestiza María de la Torre a Cartagena (Colombia) en 1601: era hija de un español y una india, nacida en Nombre de Dios; había venido al Viejo Mundo con un familiar, hasta entonces encargado de su sustento. Una vez queda sola, su situación se torna precaria y decide entonces regresar a su tierra natal. Así exponía ella misma sus circunstancias cuando solicitaba que le permitiesen el traslado:

> María de la Torre, de color mulata, digo que yo soy natural de las Indias y nací en la provincia de Tierra Firme en la ciudad del nombre de Dios, donde tengo a mi madre, y vine a estos reinos con un tío mío el cual es muerto y perezco de hambre y de desnudez, lo que me es forzoso por no andar pidiendo limosna en las calles volverme donde soy natural y en demanda de mi madre, porque aunque quiera trabajar y entrar a servicio como lo he hecho en algunas casas honradas, me han echado de ellas por mis enfermedades y falta de salud que tengo.[44]

[42] Expediente de concesión de Inés de Gamboa, expedido en Sevilla en 1612. A.G.I., Indiferente, 2074, n.º 90.
[43] Licencia de embarque de Felipa Pérez, expedida en Sevilla el 11/02/1601. A.G.I., Contratación, 5266, n.º 1, r. 59; Expediente de concesión de Felipa Pérez, expedido en Sevilla en 1601. A.G.I., Indiferente, 2105, n.º 32.
[44] Licencia de embarque de María de la Torre, expedida en Sevilla el 26/01/1601. A.G.I., Contratación, 5264, n.º 1, r. 4.

Además de la necesidad, como ya hemos mencionado, existieron otros motivos que animaron a las mujeres a trasladarse al Nuevo Mundo: como los de Inés de Zamora, Jerónima Carrillo, Ana Manuel de Barrientos, María de Carvajal y María de la O.

Como ya referimos, otra de las razones para cruzar el Océano fue el deseo de un reencuentro con los seres queridos. Tal fue el caso de Inés de Zamora, viuda de 58 años, vecina de Sevilla, viajera hacia la Habana en 1607, para reunirse con su hija tras largos años de separación. Así lo exponía:

> dice que tiene una hija en la ciudad de la Habana que se llama Doña Francisca de Arellano, casada con Agustín Contreras, y que por haber muchos años que no la ha visto, la envía a llamar para que vaya a estar en su compañía.[45]

Posiblemente, Inés, tras verse libre de la figura masculina que le impedía tomar decisiones por sí misma, se hubiese determinado a afrontar la aventura de realizar la travesía hacia el Nuevo Mundo por el deseo de volver a estar al lado de Francisca y pasar sus últimos años de vida con ella.

La recepción de herencias ocasionaba e impulsaba travesías hacia las tierras de América. Sirvan de ilustración los casos de Jerónima Carrillo y Ana Manuel de Barrientos. La primera solicitaba licencia en 1608 para pasar a la Puebla de los Ángeles (México) alegando "que por muerte de los dichos sus padres y de Alonso de la Morena, su tío, le pertenecen mucha cantidad de hacienda que le dejaron en la Nueva España" y solicitaba "se le dé licencia para pasar a cobrarla juntamente a un criado y dos criadas";[46] sin lugar a duda se trataba de una mujer valiente, pues, siendo soltera, se aventuró a realizar la travesía sin saber a ciencia cierta qué encontraría al otro lado del Atlántico.

---

[45] Expediente de concesión de Inés de Zamora, expedido en Sevilla en 1607. A.G.I., Indiferente, 2072, n.º 137.

[46] Expediente de concesión de Jerónima Carrillo, expedido en Sevilla en 1608. A.G.I., Indiferente, 2073, n.º 63.

Su gesta sería considerada como algo fuera de lo normal en la época, como demuestra la hazaña llevada a cabo por Ana Manuel de Barrientos: su marido, el capitán Francisco Manso Contreras, había fallecido en México dejándola viuda, pero con una rica herencia para ella y sus hijos: una encomienda de indios y distintas rentas. Puesto que en la Península no gozaba de una buena situación, decide desplazarse a los territorios coloniales con la intención de instalarse allí y aprovechar su legado. Pero, conocedora de las dificultades que podían encontrarse las mujeres solas en aquellos tiempos, previamente llevó a cabo el siguiente lance:

> y para poder con más comodidad y decoro sin las incomodidades y peligros que a una mujer sola y de sus partes suelen ofrecerse en tan largo camino, y para mayor amparo suyo y de sus hijos se resolvió en tomar estado y casarse con el alférez don Gerónimo Faxardo de Alarcón, persona principal de toda nobleza y mérito.[47]

Ana Manuel no era tan atrevida como Jerónima Carrillo, de ahí que prefiriese garantizar su seguridad viajando con un hombre a su lado.

Fuera de lo común se encuentran los móviles de María de Carvajal y María de la O para marchar a tierras americanas. En 1615 María de Carvajal decide dirigirse hacia Nueva España, donde se encontraba afincado su marido, pero no lo hacía con la finalidad de hacer vida con él, sino para encargarse de sus negocios, ya que este se encontraba preso por una deuda de más de cuarenta mil pesos, de modo que tampoco le permitían volver a España para estar con su cónyuge. Esta situación debió suponer un aliciente para María: su esposo llevaba más de doce años en las colonias y a pesar de la larga separación nunca había decido a emigrar para estar a su lado.[48]

Algunos años antes, en 1612, la intención de socorrer a su hermano Pablo de Pedrosa había llevado a María de la O a la Habana.

---

[47] Expediente de concesión de Ana Manuel de Barrientos, Sevilla, 1628. A.G.I., Indiferente, 2077, n.º 192; Licencia de embarque de Jerónimo Fajardo de Alarcón, expedida en Sevilla el 01/07/1628. A.G.I., Contratación, 5403, n.º 38.

[48] Expediente de concesión de María de Carvajal, Sevilla, 1615. A.G.I., Indiferente, 2075, n.º 96; Licencia de embarque de María de Carvajal, expedida en Sevilla el 13/06/1615. A.G.I., Contratación, 5349, n.º 61.

Pedro le había hecho saber en sus misivas que había "quedado muy lastimado por haber sido Dios servido de llevarme a mi mujer, por la cual pérdida hemos quedado tan lastimado yo y mis hijos, y tanto los que no se lo sabré significar a Vuestra Merced", motivo por el que había "determinado de que Vuestra Merced, pues está también sola y viuda, y sin tener obligaciones, se viniese a tenerme compañía y acabar de criar mis hijos".[49] Con este traslado ambos se vieron beneficiados, ya que María y su hija pasaron a estar en compañía de una figura masculina y supuestamente protectora, mientras Pablo conseguía ayuda para la crianza de sus hijos.

Llegados a este punto, se puede observar que la historia de la mayoría de estas mujeres es semejante: todas se enfrentaban a un destino incierto, viajando hacia unos territorios desconocidos con la esperanza de alcanzar una nueva vida, pero sin demasiadas garantías de poder conseguirlo; aunque, por lógica, mayores facilidades para lograrlo tenían aquellas que se trasladaban tras haber sido reclamadas. Otras se desplazaron contando con algún tipo de respaldo, con la seguridad de saber que su fortuna iba a cambiar en cuanto llegasen a las Indias; del mismo modo, también encontramos otras que volvían al continente por haber obtenido éxitos en un viaje previo.

Un futuro cierto esperaba a Isabel de Venegas Quijada en Lima, donde pedía trasladarse, en 1611, manifestando estar casada y haber sido llamada por su esposo. Con estas palabras: "... que está desposada y casada por palabra de presente habrá un año con Juan Moreno, natural de la Ciudad de los Reyes de las provincias del Pirú (...) y el dicho su esposo la envía a llamar para consumar el dicho matrimonio y hacer vida maridable con él".[50] Como ella misma refiere, se había casado en 1610 por palabras de presente con Juan Moreno, natural y vecino de Perú; por tal razón debía viajar para consumar la unión e iniciar la vida maridable. Isabel marchará con la garantía de contar a su llegada con el amparo del esposo, posiblemente de posición

[49] Carta de Pablo Pedrosa a su hermana María de la O, 1 de diciembre de 1611, La Habana, inserta en: Licencia de embarque de María de la O., expedida en Sevilla el 06/03/1612. A.G.I., Contratación, 5326, nº 14.

[50] Expediente de concesión de Isabel Venegas Quijada, expedido en Sevilla en 1611. A.G.I., Indiferente, 2107, n.º 3.

acomodada, dado que les acompañaban la viuda Teresa de Chaves, su madre, así como sus hermanos, a los que igualmente socorrería.

Dos años había esperado Micaela de los Ángeles Carvajal para marchar a México: posiblemente habría preferido no viajar hacia un destino incierto junto a su marido y aguardar hasta su acomodo para iniciar el traslado con mayores seguridades; obviamente pasaría dificultades el tiempo que tuviese que vivir en la Península sola con sus hijas a la espera de la llamada de su esposo, pero al menos emprendería la aventura de la travesía sabiendo a ciencia cierta que al otro lado del Océano le esperaba una vida mejor. Ilustremos su historia con el testimonio expresado en su solicitud de licencia:

> Digo que habrá dos años poco más o menos que Pedro Ximénez de Ayllón, mi marido, se fue de esta ciudad a la Ciudad de México, provincia de la Nueva España, adonde al presente está con su casa formada y tienda de mercadurías, y porque yo soy muy pobre y el dicho mi marido me dejó con dos criaturas, que la mayor es de nueve años, y me ha enviado orden y mandado y dinero para que yo y las dichas mis hijas y suyas nos vayamos a la dicha Ciudad de México para a nos alimentar y hacer vida maridable.[51]

De modo que vislumbramos que Micaela sabía que en el Nuevo Mundo le esperaba un futuro mejor, sin tener que haber asumido tantos riesgos: la espera habría merecido la pena.

También realizaron el viaje con la certeza de saber que llegarían a unos territorios donde vivirían con tranquilidad Juana de la Vega y Guzmán y Catalina de Rojas: regresaban a un lugar conocido, donde habían forjado su suerte años atrás. Así, Juana de la Vega y Guzmán partía hacia Popayán en 1609 con la intención de recuperar la vida que allí había dejado para venir a la Península con su familia a realizar ciertos negocios. El destino quiso que, justo antes de volver, falleciera su marido, Pedro González de Mendoza, por lo que Juana de la Vega habría de encabezar el viaje y regresar, llevando consigo

---

[51] Expediente de concesión de Micaela de los Ángeles Carvajal, expedido en Sevilla en 1603. A.G.I., Indiferente, 2070, n.º 137.

a sus hijos, su madre y sus sobrinas. Se trataba de un traslado hacia una vida de comodidades; por su licencia de embarque sabemos que contaban allí con "muchas minas ricas", además de algunas haciendas. Asimismo, la acompañaban dos esclavos y dos esclavas negras, claro reflejo de su acomodada situación en América.[52]

Por su parte, Catalina de Rojas regresaba a La Habana en 1611, quien había venido a territorio peninsular, dejando a sus hijos en América a cargo de sus hermanos y otros deudos, para cobrar algunas haciendas que su fallecido esposo había dejado en España. De modo que sabía que ambos desplazamientos serían provechosos, ya que el primero, hacia la Metrópoli, le permitiría ampliar sus bienes, mientras que el segundo, de vuelta a Cuba, le haría retomar su vida, y ahora con mayores comodidades. Así las cosas, fueron pocos los riesgos que hubo de asumir.[53]

CONSIDERACIONES FINALES

Durante la Edad Moderna, y en muchas otras épocas, la vida de las mujeres se hallaba totalmente condicionada por lo que los hombres querían o esperaban de ellas, estando su rol completamente subordinado a los intereses del sexo masculino. Sin embargo, a veces, por distintas circunstancias, estas conseguían convertirse, aunque fuese por un tiempo, en protagonistas de sus historias, pudiendo ser, en cierta medida, dueñas de sus destinos.

Como queda reflejado en las líneas del presente trabajo, no fueron pocas las mujeres dispuestas a tomar las riendas de sus vidas, demostrando que, a pesar de las limitaciones impuestas por las circunstancias y los valores sociales, eran capaces de reaccionar frente a los problemas –soledad, pobreza, abandono, traiciones–, solventándolos, bien construyendo nuevos caminos, bien retomando los ya andados,

[52] Licencia de embarque de Juana de la Vega y Guzmán, expedida en Sevilla el 17/02/1609. A.G.I., Contratación, 5311, n.º 12; Expediente de concesión de Juana de la Vega y Guzmán, expedido en Sevilla en 1609. A.G.I., Indiferente, 2072, n.º 120.

[53] Expediente de concesión de Catalina de Rojas, expedido en Sevilla en 1611. A.G.I., Indiferente, 2074, n.º 21.

pero con mayores garantías. Muchas de las mujeres referidas fueron capaces de labrar su porvenir; tuvieron la valentía de realizar viajes con destinos inciertos, aún más con la fortaleza que les otorgaba la esperanza de logar cumplir sueños o anhelos.

Las experiencias aquí presentadas permiten corroborar la importante participación femenina en la emigración a América durante la época colonial, asumiendo no solo un papel secundario. En efecto, al decidir cruzar el Océano, fueron ellas quienes asumieron cambiar de vida, proyectar un futuro y labrar un nuevo destino, que suponían mejor.

EMOCIONES, CONFLICTOS Y AFECTOS EN LA DISTANCIA. DE LA ISLA DE LEÓN (CÁDIZ) A VERACRUZ/JALAPA. SIGLO XVIII[1]

Isabel Testón Núñez
Rocío Sánchez Rubio
Universidad de Extremadura

La historia que Catalina Gral protagonizó en el último cuarto del siglo XVIII no difiere en apariencia de la de otras mujeres de emigrados a Indias que permanecieron en la Península esperando con impaciencia el regreso de sus esposos. Sin embargo, pocas veces hemos tenido el privilegio de conocer tan de cerca el desgarro sentimental que podía suponer para muchas de estas mujeres el distanciamiento físico de sus maridos. La historia personal y familiar de Catalina Gral está llena de emociones, conflictos y afectos, que hemos podido conocer gracias a las 32 cartas que se conservan de ella,[2] a través de las cuales desnudó su alma, mostrándonos el rostro más

[1] Este trabajo se enmarca en el proyecto I+D+i *Pasiones y afectos en femenino. Europa y América, siglos XVII-XX. Perspectivas Históricas y Literarias,* financiado por el Gobierno de España, Ministerio de Ciencia e Innovación (MICINN), Agencia Estatal de Investigación (AEI) referencia PID2020-113063RB-I00. Así mismo se beneficia de la cobertura científica proporcionada por el Grupo de Investigación GEHSOMP (*Grupo de Estudios de Historia Social del Occidente Moderno Peninsular*).

[2] Gran parte de las últimas aportaciones realizadas en el campo de las historias de las emociones buscan generar nuevas metodologías de trabajo ligadas muchas de ellas a fuentes nuevas o inexploradas en este ámbito. De todas ellas, la correspondencia privada se va convirtiendo poco a poco en un referente necesario. En esta línea se inscriben, entre otras, las aportaciones de M. José de la Pascua Sánchez, "La escritura privada y la representación de las emociones", en Mónica Bolufer, Carolina Blutrach y Juan Gomis (dirs.), *Educar los sentimientos y las costumbres: una mirada desde la historia,* Institución Fernando el Católico-CSIC, Zaragoza, 2014, pp. 81-108; Francisca Undurraga, "«Escríbeme mucho, mucho y recibe el cariño de tu amante hermano». Vinculaciones afectivas y emociones de la familia Carrera a través del intercambio epistolar (1811-1819)", en Yéssica González Gómez y Verónica Undurruga (eds), *Hilvanando emociones. Rupturas y vínculos desde lo femenino. Chile y Argentina, siglos XVII al XX,* Universidad de Huelva, Huelva, 2022, pp. 180-211 y Josefina Mallo, "Emociones, honra y familia. Comerciantes españoles a fines del siglo XVIII", en Ofelia Rey Castelao y Pablo Cowen (eds.), *Familias en el Viejo y el Nuevo Mundo,* Universidad Nacional de La Plata, La Plata, 2017, pp. 367-385.

desconocido del fenómeno migratorio indiano. Todo lo que escribió de su puño y letra para comunicarse con su esposo Francisco de Prandulich, en circunstancias muy difíciles para ella, nos muestra el papel que ejerció como esposa, madre e hija, y también su posición dentro del círculo familiar y vecinal que la rodeaba. Un mundo sostenido por mujeres cuyas relaciones con el sexo opuesto estuvo condicionado, en gran medida, por la emigración, la ausencia del varón y los códigos del honor imperantes en la sociedad hispana del Antiguo Régimen. Las cartas de Catalina Gral permiten también adentrarse en uno de los ejes de convergencia fundamentales en el análisis de las emociones: la categoría de género.[3]

Ambos, Catalina y Francisco,[4] procedían de un entorno social bastante similar, al pertenecer a familias de la pequeña burguesía del entorno gaditano, asentadas en la Isla de León y en la ciudad de Cádiz.[5] No eran grandes mercaderes, sino comerciantes de mediano pasar,

---

[3] Ute Frevert, *Emmotions in History Lost and Found*, Central European University Press, Budapest, 2011, pp. 11 y ss. Sobre las emociones a través del universo femenino, María Luisa Candau Chacón (coord.), *Pasiones en femenino. Europa y América, 1600-1900*, Universidad de Sevilla, Sevilla, 2019 y *Las mujeres y las emociones en Europa y América. Siglos XVII-XIX*, Universidad de Cantabria, Santander, 2016.

[4] Los padres de Francisco se llamaban José Prandulich Llovet y Coloma Robert Piñol, ambos nacidos en Barcelona, donde contrajeron matrimonio en 1728. Pocos años después la pareja y los primeros hijos nacidos en Cataluña se trasladaron a Cádiz, donde José, de oficio maestro colchonero, puso tienda en 1736 e instaló su vivienda en la calle de Sopranis. En la década de 1750, la familia cambió su residencia a la cercana Isla de León (actual San Fernando). El matrimonio de José y Coloma procreó seis hijos: José, Antonia, Francisca, Coloma, Francisco y María. Por su parte, la familia de Catalina apenas dejó rastro en las escribanías gaditanas y de la Isla de León. Su madre se llamaba Josefa Tizón y es muy probable que fuera viuda porque residía sola y en compañía de su madre, a quien Catalina llama cariñosamente en sus cartas "madre Cotita". Así mismo, nombra a Gertrudis, quizás su hermana y a tres tías maternas, Angelita (que mantenía tienda abierta en Cádiz), Pepa Rosa y Manuela. Archivo Histórico Provincial de Cádiz (AHPC) Protocolos de Juan Vallés (Cádiz), leg. 763, f. 299 y leg. 764, ff. 354r-355r; Protocolos de Álvaro de la Torre Canales (San Fernando), leg. 22, ff. 65r-66r y leg. 47, ff. 56r-60v y 299 y ss.

[5] Un comercio al por menor que distaba mucho del que practicaban los grandes comerciantes que negociaban con América. Este comercio local se beneficiaba lógicamente del papel que mantenía Cádiz en el comercio ultramarino en el siglo XVIII y de la numerosa población que atrajo como consecuencia del traslado de la Casa de Contratación desde Sevilla. Paloma Fernández Pérez, *El rostro familiar de la metrópoli. Redes de parentesco y lazos mercantiles en Cádiz, 1700-1812*, Siglo Veintiuno, Cádiz, 1997. Véase también Manuel Bustos Rodríguez, *Cádiz en el sistema atlántico. La ciudad, sus comerciantes y la actividad mercantil (1650-1830)*, Silex, Cádiz, 2005.

con tiendas abiertas en una y otra localidad dirigidas fundamentalmente a un mercado local, que con frecuencia fueron regentadas por mujeres de la familia, como ocurrió con Coloma Robert, la madre de Francisco, quien se hizo cargo de la tienda de géneros de lencerías y mercería, que había abierto con su marido José Prandulich en la Isla de León, y que ella continuó gobernando al morir su esposo. Contó para ello con la ayuda de María, su hija menor, que colaboró en la gestión de la tienda con su madre, permaneciendo a su lado y en su misma casa después de casada. Así lo hizo constar Coloma en su testamento, expresando que su hija María, con el marido "ausente en Yndias", vivía en su casa y cuidaba "del manejo y despacho de la tienda de mercader".[6] También colaboró con Coloma, su hijo Francisco, ayudándola en la gestión de los negocios de la familia, aunque finalmente terminó por independizarse y poner su propia tienda en la Isla de León, para lo que contó con la ayuda financiera de su madre y de su suegra, Josefa Tizón, una mujer también familiarizada con el pequeño comercio.[7]

El fracaso de este negocio y las deudas contraídas obligaron a traspasar la tienda, precipitando la marcha del cabeza de familia a las Indias, hacia donde se embarcó en junio de 1774. Catalina quedó embarazada, a cargo de tres hijos menores, José, Dolores y Mónica, forzada a abandonar su casa para acomodarse en la que compartían su madre Josefa y su abuela Cotita:

> El día del señor San Pedro degé la casa desocupada. Aste el cargo de cómo yo yría *a* la de mi madre, contemplando se avía de pasar tanto tiempo sin verte y que desbaratava mi casa asta que Dios sea servido de tu benida".[8]

---

[6] AHPC, Protocolos de Álvaro de la Torre Canales (San Fernando), leg. 47, ff. 56r-60v.

[7] AHPC, Protocolos de Álvaro de la Torre Canales (San Fernando), leg. 40, ff. 185r-185v y leg. 47, ff. 56r-60v.

[8] Archivo General de la Nación de México (AGN). Indiferente Virreinal-Correos, caja 1669, exp. 22, ff. 37r-37v.

Tres mujeres que crearon una minúscula, pero intensa, "comunidad emocional"[9] y de convivencia en la Isla de León, al cargo de tres niños de corta edad, tratando de sobrevivir con enormes dificultades, pero con la esperanza de que la ausencia de Francisco no se prolongara en el tiempo y de que el sacrificio mereciese la pena.

UNA COLECCIÓN DE CARTAS EXCEPCIONAL

Las cartas que Catalina Gral dirigió desde la Isla de León a su marido, residente en Veracruz y Jalapa, cubren algo más de tres años[10] y han llegado hasta nosotros porque su receptor las salvaguardó, asumiendo el primer e imprescindible paso para la preservación de una documentación tan frágil y proclive a la destrucción, como es la correspondencia privada. Las cartas de Catalina no fueron las únicas que conservó Francisco Prandulich, pues éste guardó entre sus papeles otros testimonios epistolares dirigidos a él y documentos personales que hoy se custodian diseminados en diversas secciones del Archivo General de la Nación de México, sin llegar a formar un conjunto homogéneo, aunque con el nexo de unión de Francisco productor y/o receptor de todos los documentos.

Este fondo documental y epistolar demuestra que Francisco era un hombre muy familiarizado con la escritura. No solo escribe mucho, sino que también mostró interés por guardar lo recibido. Un patrón que cumplió a rajatabla con Catalina, pues no sólo archivó sus cartas, sino que también le escribió asiduamente. Que sepamos las epístolas que él envió a su mujer no se conservan al día de hoy, aunque sí tenemos la absoluta certeza de que Catalina las guardó con mimo, como auténticas joyas, en su cofre, de donde las sacaba para releerlas una y mil veces, con el fin de sentir al esposo ausente a su lado y recibir desde palabras trazadas en el papel el eco de su voz, añorada y lejana:

---

[9] Barbara H. Rosenwein, *Emotional Communities in the Early Middle Ages*, Cornell University Press/Ithaca & London, Nueva York, 2006.

[10] La correspondencia que se conserva abarca desde agosto de 1774 a septiembre de 1777.

> no tengo otro consuelo más que es ver carta tuya, hijo, y muchas veses me levanto de la costura, me pongo gunto a mi confre, tomo las cartas y las voy leyendo, y con esto me divierto, pues me parese que hablo contigo.[11]

Catalina no solo guardó las cartas de su esposo, sino que también habló de ellas en su propia correspondencia. Informó sistemáticamente sobre las cartas recibidas, las demoras en su recepción e indirectamente sobre los asuntos que Francisco le planteaba en ellas, a los que trató de dar respuesta. Gracias a esta información que nos facilita Catalina, tenemos confirmada la recepción de veintitrés cartas de Francisco (frente a las 32 que se conservan de ella), sin dejar de valorar posibles pérdidas en los envíos, de lo que Catalina suele quejarse, pues estuvo siempre con ese temor. La última carta que Catalina recibió databa de 30 de mayo de 1777, tal como hizo constar en la suya que en respuesta le escribió a su marido el 15 de septiembre de ese mismo año. Esta fue la última epístola de Catalina que se conservó entre los papeles de Francisco.

Es decir, el matrimonio, pese a la distancia que los separaba, fue capaz de crear un estrecho vínculo por medio de la correspondencia, aunque poco a poco se irá debilitando con el paso del tiempo. Esto fue posible porque ambos adquirieron el compromiso de escribirse siempre, sin perder ninguna ocasión para ello. Catalina se lo recordó innumerables veces a su esposo desde el comienzo de su relación epistolar. Hay un sentimiento de urgencia por la escritura, una especie de necesidad vital, porque las cartas, sin duda, ayudaban a paliar eficazmente el dolor de la separación física. Ser fiel a este compromiso exigió un gran esfuerzo para la maltrecha economía de Catalina, quien llegaría a pedir dinero prestado para poder pagar los portes de algunas de las misivas que envió a América

Este compromiso de mutua correspondencia, esta práctica de escritura sistemática, tiene tanto peso en la relación epistolar que termina por convertir a las propias cartas, en un tema recurrente del contenido de las mismas, de tal modo que hablar de cartas escritas,

[11] AGN. Indiferente Virreinal-Correos, caja 1669, exp. 22, f. 46r.

no escritas, recibidas, por recibir, su tono y contenido, etc., pasa a ser uno de los asuntos tratados asiduamente por Catalina en sus epístolas. Aunque había puesto en el correo ya seis cartas con anterioridad,[12] la primera que escribe en respuesta a otra enviada por Francisco data de enero de 1775. A partir de ese momento el intercambio epistolar entre los esposos se mantuvo prácticamente ininterrumpido, salvo por algunas demoras y faltas puntuales. Entre enero de 1775 y julio de 1776, Catalina y Francisco se escribieron con una periodicidad mensual, si exceptuamos algunos leves silencios, a veces compensados con posterioridad. Luego la relación parece entrar en una fase compleja que se deja sentir también en la periodicidad de la correspondencia. A partir de mediados 1776, la comunicación epistolar de Catalina pierde la intensidad que había tenido antes, pues de julio a diciembre de ese año el envío de sus cartas deja de ser mensual para alternase un mes sí y otro no, algo impensable en fechas anteriores, cuando nunca faltó una carta de ella. En 1777 ésta dará acuse de recibo de tan solo dos cartas escritas por su esposo.[13] Tampoco Catalina mantuvo la abnegación de las fechas precedentes, pues entre enero y septiembre de 1777, cuando se interrumpe definitivamente la colección, Catalina escribió cinco cartas, faltando sus misivas en los meses de enero, febrero, marzo, mayo y julio.

---

[12] Hasta esa fecha Catalina escribió 6 cartas, cinco de ellas conservadas por Francisco entre sus papeles. Catalina informa haber enviado una sexta carta que no se encuentra dentro de la colección, quizás por no haberla recibido o por haberse extraviado con el tiempo.

[13] Debido a que el conocimiento de las cartas enviadas por Francisco se encuentra supeditado a la información facilitada por Catalina, al ser menos frecuentes las misivas de ésta, ello también puede repercutir en un descenso del cómputo de las misivas de Francisco.

Tabla 1
Intensidad de la correspondencia de Catalina Gral y Francisco Prandulich[14]

Año	Nº cartas de Catalina	Nº cartas de Francisco	Extensión cartas (nº de palabras)
1774 (desde agosto)	4	0	545
1775	12	13	787
1776	11	8	360
1777(hasta septiembre)	5	2	488
TOTAL	32	23	545

Fuente. Elaboración propia

La laxitud que se aprecia en la periodicidad de los envíos es plausible también en otro elemento que hemos utilizado para medir la intensidad de la correspondencia de esta pareja: la extensión de las cartas de Catalina. Las primeras tienen una extensión media de casi 550 palabras y una voluntad férrea de informar al marido, incluso cuando la enfermedad la aquejaba y le impedía escribir adecuadamente. Como ocurre en la de diciembre de 1774 que apenas superó las 200 palabras, pero ni siquiera el desánimo y el dolor fueron obstáculo para disuadirla de tomar la pluma y escribir a Francisco.

Una vez que se establece la comunicación epistolar en doble sentido, las misivas de Catalina se llenan de mayor información y el número de palabras crece hasta casi las 790 de media durante el año 1775, para descender a menos de la mitad en 1776 (360). En este año, las cartas pierden no solo su periodicidad mensual, sino que también se descargan en contenido y extensión. En diciembre de ese mismo año Catalina escribe una epístola –en la que no esconde su enfado con Francisco– de tan solo 120 palabras, con las que prácticamente

[14] La intensidad de la correspondencia la hemos medido teniendo en cuenta dos coordenadas: una temporal (periodicidad de los envíos) y la otra la intensidad de su contenido (su extensión), para lo que hemos procedido a medir el total de palabras de cada carta, utilizando el texto de su transcripción.

le saluda y se despide de él.[15] Aunque no contamos con las cartas de Francisco, por los comentarios que Catalina vertió en las suyas sabemos que las misivas del ausente habían perdido también intensidad. En enero de 1776 le decía:

> Hijo mío, balientemente escrives corto, siempre falta el tiempo para escribir. No parese que es el tiempo el que te falta, sino la buluntad, pues, aunque fuera quitándotelo del sueño pudieras escrivir más largo. Pasiensia; nunca me respondes a las mías, siempre van a la ligera.[16]

La relación se había tensionado y esa circunstancia se nota en el ritmo, el tono y la densidad de la correspondencia, y aunque en el año 1777 las misivas de Catalina crecen en extensión, hasta casi alcanzar las 490 palabras, las dos últimas que escribió a su marido son pequeñitas, de solo 270 vocablos cada una, aunque llenas de esperanza por el aviso de retorno del ausente, que en realidad no se produjo, que sepamos. También la correspondencia de Francisco acusa el desgaste de la relación, que amargamente Catalina lamenta en sus propias cartas.

Las cartas de Catalina conforman una colección excepcional, no tanto por su volumen sino por el entorno en que éstas se generaron y los rasgos tan peculiares que posee su escritura. No es fácil encontrar cartas escritas por mujeres, y mucho menos si éstas pertenecen a estratos medios y bajos de la sociedad. Hoy conocemos importantes epistolarios femeninos conventuales, nobiliarios e incluso reales, pero no tantos de mujeres del común, lo que confiere a las misivas escritas por Catalina Gral un alto valor testimonial e informativo. Catalina era una mujer relacionada con la burguesía mercantil del entorno de Cádiz-Isla de León, pero al aplicarle el calificativo de "burgués" podemos generar una falsa imagen de su realidad socioeconómica. Catalina era una mujer sola, sin renta ni ingreso alguno, que debía sacar adelante a su familia, compuesta por dos ancianas (madre y

---

[15] AGN. Indiferente Virreinal-Correos, caja 1669, exp. 22, ff. 65r-65v.
[16] AGN. Indiferente Virreinal-Correos, caja 1669, exp. 22, f. 22r-23v.

abuela) y sus tres hijos de corta edad. Aunque pudiera contar con una red relacional más potente que la que disfrutaban las mujeres de un estatus inferior, sus preocupaciones, angustias y necesidades fueron del mismo calibre de las que sufrieron otras mujeres que quedaron solas y desamparadas económicamente al marcharse sus maridos, hijos, hermanos o padres, dejándolas sin apoyo material para la supervivencia. La mayoría de ellas pasaron grandes apuros económicos y la autora de estas cartas, como comprobaremos, también los sufriría y en grado sumo.

Aunque comparte penurias con las mujeres solas que vivieron experiencias similares a la suya, ella era una fémina alfabetizada, que podía hacer uso de la escritura con absoluta libertad y sin constreñimiento alguno. Escribe cuándo y cómo quiere y demuestra un gran dominio de la escritura. Sus rasgos son sueltos, fluidos, con una más que aceptable regularidad gráfica, indicadores de que había escrito con frecuencia antes de mantener la correspondencia con Francisco. Es posible que en esta competencia le ayudara su origen pequeño burgués, porque la escritura se convierte en un valor en alza, sobre todo a partir del siglo XVIII.[17] También le ayudó el tiempo en el que vivió, porque si miramos a su entorno familiar descubrimos un comportamiento generacional muy diferente. Las ascendentes femeninas son todas analfabetas, mientras que la generación de Catalina está ya alfabetizada. Su madre no sabía firmar ni tampoco su suegra Coloma Robert, tal como se comprueba en los documentos que ambas suscribieron ante escribanos públicos de la Isla de León.[18] Sin embargo, esta última remitió tres cartas a su hijo Francisco que firmó con su nombre sin aludir a su condición ágrafa. La coincidencia gráfica con otras dos misivas que su hija María envió al hermano, confirma que las cartas de Coloma en realidad fueron escritas por María, quien también estampó la firma de su madre.

Además de escribir con fluidez, Catalina se preocupa y valora que sus hijos adquieran la destreza gráfica, no sólo el varón, Pepe, en el que la pareja puso todos los recursos a su alcance para formarle,

[17] Antonio Castillo Gómes (dir.), *Culturas del escrito en el mundo Occidental. Del Renacimiento a la contemporaneidad*, Casa de Velázquez, Madrid, 2015.
[18] Véase nota 7.

sino también la mediana de sus hijas, Dolores, que se encontraba ya en edad para iniciar el aprendizaje.[19]

Fue su plena capacidad lecto-escritora en un mundo en el que la mayoría de las mujeres continuaban siendo analfabetas,[20] lo que permitió a Catalina generar la extraordinaria correspondencia que mantuvo con su esposo. Su autonomía para escribir hizo posible que tomara la pluma en tantas ocasiones como lo estimó necesario. No dependía de nadie y practicó la escritura a su voluntad, sin cortapisas, lo que actuó muy positivamente para mantener en el tiempo su ritmo epistolar mensual. Pero también su dominio de la escritura le posibilitó algo aún más preciado, la escritura íntima y personal, sin intermediación alguna. Catalina vuelca su yo en el escrito, vacía sus sentimientos, los más afectuosos, aunque también en ocasiones mostró su enfado e indignación por los comentarios inoportunos que Francisco vertió en sus misivas. Sus cartas tienen un inusual tono de oralidad muy acentuado. Habla con su esposo a través de las cartas, entabla con él un diálogo casi siempre repleto de amor, pero también lleno de enojo cuando se sintió dolida. Una mujer muy enamorada y maternal, con sus hijos, por supuesto, pero también con el esposo, al que se suele dirigir la mayoría de las veces con un "hijo mío", muletilla con la que inicia casi todos los párrafos de sus cartas. Pero, además, en muchas de sus misivas, tiende a utilizar un tono imperativo con el que le aconseja acciones o le encarga y prohíbe que no se comporte indebidamente. Catalina mostró en estas ocasiones un discurso más propio de una madre que de una esposa, posiblemente temerosa de la actitud poco reflexiva del marido, que le había llevado al atolladero en el que ambos se encontraban. Su inclinación a guiar la conducta de Francisco se irradia a toda su vida

[19] Así lo corrobora Catalina en una de sus misivas donde informaba a Francisco que su hija Dolores leía las cartas que el padre remitía a la Isla de León. AGN. Indiferente Virreinal-Correos, caja 1669, exp. 22, ff. 40r-41v.

[20] Jacques Soubeyroux, "La alfabetización en la España del siglo XVIII", en *Historia de la Educación*, 14 (2013), pp. 199-223; Agustín Escolano Benito, *Leer y escribir en España. Doscientos años de alfabetización*, Fundación Germán Sánchez Ruipérez/Pirámide, Salamanca/Madrid, 1993 y Antonio Viñao Frago, "Del analfabetismo a la alfabetización. Análisis de una mutación antropológica e historiográfica", *Historia de la Educación*, 3 (1983), pp. 151-189 y 4 (1985), pp. 209-226.

cotidiana, como la alimentación,[21] las inversiones[22] o las relaciones sociales.[23]

La periodicidad mensual, unida al tono que impregna toda esta correspondencia, de absoluta intimidad cotidiana, dejando aflorar los sentimientos más profundos, confieren a esta colección la imagen de un peculiar diario en el que las hojas no se pasan día a día, sino mes a mes.

EMOCIONES, CONFLICTOS Y AFECTOS EN LA CORRESPONDENCIA DE CATALINA GRAL

Descubrir el caudal emocional que Catalina vertió en sus cartas ha sido posible a partir del análisis de todas las cuestiones que le preocupaban y afectaban de manera íntima y personal. Tras proceder a enumerar y agrupar los contenidos de su correspondencia, hemos podido detectar cinco grandes temas dentro del intercambio epistolar que mantuvo con su esposo (véase la tabla 2). De todos los asuntos, el menos presente fue el relativo al entorno social en el que se desenvolvía la vida de Catalina, porque ella fue sobre todo una mujer encerrada en su círculo íntimo y familiar y poco interesada en trasladar noticias de allegados, conocidos o de episodios que ocurrían a su alrededor. En sus cartas apenas tienen cabida otras novedades que no fueran las que tuvieron que ver con ella misma o con los suyos: su relación epistolar con el ausente y sobre todo la salud, su economía doméstica y las relaciones que mantenía con su familia.

---

21 "Cuydado con las frutas de ese pueblo, pues tú saves disen que asen mucho daño". AGN. Indiferente Virreinal-Correos, caja 1669, exp. 22, ff. 67r-68v.

22 "Y cuidado dónde lo pones, que esté seguro", AGN. Indiferente Virreinal-Correos, caja 1669, exp. 22, ff. 20r-21v.

23 "Cuydado con lo que hases, que no te acompañes con nadie, que a desoras de la noche no estés fuera de la casa en que asistas, y que esa sea de buena gente. Cuydado con lo que ases, aste muy mísero y guarda el cuarto", AGN. Indiferente Virreinal-Correos, caja 1669, exp. 22, ff. 37r-37v.

Tabla 2
Los temas que Catalina Gral trató en sus cartas

Asuntos	Total	Porcentaje
Salud	50	21,3
Económico	60	25,6
Relaciones familiares	61	26,1
Entorno social	23	9,9
Relación epistolar	40	17,1
TOTAL	234	100

Fuente. Elaboración propia

Al margen de la propia relación epistolar y de los temas que comparte con su esposo, en la correspondencia de Catalina es posible detectar su estado anímico en el momento de tomar la pluma lo que contribuía a que sus emociones se mostraran sin cortapisa alguna. Los sentimientos que Catalina compartió a través de su escritura entremezclan la alegría y la satisfacción con la pena y el enfado en un nivel sorprendentemente muy similar.

Tabla 3
Los sentimientos en la correspondencia de Catalina Gral

Sentimientos	Total	Porcentaje
Alegría /satisfacción	116	49,6
Pena/enfado	118	50,4
TOTAL	234	100

Fuente. Elaboración propia

LA SALUD Y LAS ENFERMEDADES

La salud fue uno de los temas recurrentes en la correspondencia de Catalina.[24] En ninguna de sus cartas dejó de referir las dolencias y

[24] Como otros epistolares corroboran, la información sobre la salud personal y familiar constituye uno de los temas fundamentales del intercambio epistolar. Irene Andreu Candela, "«Su salud tan preciosa y que tanto me importa»: preocupación por la enfermedad en la correspondencia privada del siglo XVIII", en Juan José Iglesias Rodríguez

afecciones que padecían en la casa, como también el alivio por la ausencia de enfermedades o la mejoría de los que habían permanecido postrados por algún mal. La salud fue para ella uno de los bienes más preciados, no solo la suya, la de los hijos o la de las mujeres que convivían en el mismo domicilio, sino también y por encima de la de ellos, la del marido ausente, porque, como escribía en una de sus misivas, sin salud "todo es nada".[25] Las fórmulas empleadas suelen ser muy parecidas. En la mayoría de las veces invoca directamente a la divinidad para lograr el bienestar de Francisco, una práctica en la que también colaboran los hijos: "todas las noches resan una salve a la Virgen Santísima del Rosario por tu salud".[26] Si ésta faltaba no iba a ser posible alcanzar el principal objetivo que había alentado el viaje a las Indias: hacer fortuna y amparar a los que habían quedado en la Isla de León. Esta asociación de ideas se reitera numerosas veces en su correspondencia, pues solo con salud podría regresar Francisco y solucionar los problemas que ahogaban a la familia.[27]

Cuando Catalina contestaba las cartas de su marido "celebraba", se "alegraba", le daba "gusto" de que se mantuviera con salud y estuviera "tan bueno y tan grueso", como en alguna de sus misivas le refirió. Y utilizando ese tono maternal que habitualmente empleaba con él, le aconsejaba mantener buenos hábitos para estar sano[28]. Por el contrario, se "penaba" o "sentía" las indisposiciones de las que en alguna ocasión la hacía partícipe Francisco en sus misivas. Cuando las cartas de éste no llegaban con la puntualidad deseada, se disparaba la alarma en Catalina: "Dios quiera no sea falta de salud"[29].

La buena salud de Francisco (que Catalina ratifica en sus cartas) contrasta con los padecimientos sufridos por ella, sus hijos y las

---

e Isabel M. Melero Muñoz (coords.), *Hacer Historia Moderna. Líneas actuales y futuras de investigación*, Universidad de Sevilla, Sevilla, 2020. pp. 1273-1286.

[25] AGN. Indiferente Virreinal-Correos, caja 1669, exp. 22, ff. 38r-39v.

[26] AGN. Indiferente Virreinal-Correos, caja 1669, exp. 22, ff. 37r-37v, 18r-19v.

[27] "te dé Dios mucha salud, hijo mío, y fortuna en todo para remedio de tus hijos y mío, y nos dé el gusto de verte, y que sea presto". AGN. Indiferente Virreinal-Correos, caja 1669, exp. 22, ff.16r-17v.

[28] "Cuydado con las frutas de ese pueblo, pues tú saves disen que asen mucho daño", AGN. Indiferente Virreinal-Correos, caja 1669, exp. 22, ff. 67r-68v.

[29] AGN. Indiferente Virreinal-Correos, caja 1669, exp. 22, ff. 55r-56v.

mujeres mayores de la casa. En este tema, Catalina fue enormemente prolija a la hora de referir las enfermedades y males que afectaban a uno o a varios de los suyos a la vez. Dolencias y enfermedades que se cebaban con los adultos. Catalina tuvo también que pasar por el trance de dar a luz a los cuatro meses de embarcarse su esposo. Fue un parto, en apariencia sin complicaciones pero que le dejó secuelas físicas y mucho dolor en los pechos, que la invalidaba para trabajar, escribir o salir de su casa: "e padesido mucho y e quedado muy débil".[30]

Aunque Catalina fue una mujer luchadora, como demuestra su incesante actividad para sacar adelante a los hijos, su salud se nos muestra en la correspondencia muy frágil[31]: "El cuydarlos *a* ellos me tienen consumida, pues aora estoy más flaca que cuando te fuystes".[32] El sobresfuerzo de salir adelante sin tener al lado al esposo lo compartía con su madre, quien trataba de aliviar esta pesada carga a costa de su propia salud.[33] Una situación difícil de sobrellevar, a la que se sumaba la enfermedad de Cotita, la abuela de Catalina. A través de la correspondencia podemos entrever su grado de deterioro mental asociado a la demencia senil, que a todas luces sufría esta mujer. Las cartas hablan de esta circunstancia y refieren el calvario que suponía para todos los miembros de la casa.[34]

Al trasladar a Francisco tantas noticias adversas sobre la salud y el bienestar de su casa, Catalina solía estar "afligida", sentía "desdicha" y su pena se incrementaba por no poder compartir con él esta pesada

[30] AGN. Indiferente Virreinal-Correos, caja 1669, exp. 22, ff. 18r-19v.

[31] "estoy con unos flatos, que estoy bien quebrantada, que cuando me dan es menester estar en la cama dos o tres días con calentura" (AGN. Indiferente Virreinal-Correos, caja 1669, exp. 22, ff. 55r-56v.); "tube con un gran dolor de muelas y la cara ynchada muy desasonados con mis males", (AGN. Indiferente Virreinal-Correos, caja 1669, exp. 22, ff. 40r-41v.); "Yo hijo he estado algo mala con calentura", (AGN. Indiferente Virreinal-Correos, caja 1669, exp. 22, ff. 44r-45r.); "Yo soy la que estoy muy quebrantada con unos romatismo en la cabesa, que cuando me da no sé dón estoy, y guntamente unos flatos que me degan sin vida", (AGN. Indiferente Virreinal-Correos, caja 1669, exp. 22, ff. 50r, 50v, 51r, 51v, 53r, 53v, 54r, y 54v).

[32] AGN. Indiferente Virreinal-Correos, caja 1669, exp. 22, ff. 67r-68v.

[33] AGN. Indiferente Virreinal-Correos, caja 1669, exp. 22, ff. 46r-46v y 49r-50r.

[34] AGN. Indiferente Virreinal-Correos, caja 1669, exp. 22, ff. 51r-51v, 53r , 53v 54r, 54v, 50r, 50v. "madre Cotita está loca, sin aver fuersas de poderla aguantar, de modo que madre Pepita a sido preciso de algunos ratos la amara, porque no ay quien la aguante. Maldiciones, no ay quien la oiga, con un atoreo que no ay fuerzas". AGN. Indiferente Virreinal-Correos, caja 1669, exp. 22, ff.46r-46v y 49r-50r.

carga: "Aste cargo cómo habré estado con su mal y, como estabas fuera, era doble mi pena".[35] Al mismo tiempo expresaba quedar "apurada", porque cuando ella o alguien de casa enfermaba, su débil economía se resentía al tener que sumar nuevos gastos.[36]

LA ECONOMÍA DOMÉSTICA

La marcha precipitada del esposo en junio de 1774 no fue un proyecto planificado, como demuestra que se ejecutara sin la preceptiva autorización que como hombre casado Francisco debía portar y que solo meses más tarde su mujer se lo hizo llegar.[37] Ambos pactaron que la ausencia iba a ser temporal, ella nunca se cansó de recordárselo desde su primera carta.[38] La marcha del esposo se materializó en circunstancias muy difíciles para Catalina, porque a las cargas familiares tuvo que sumar la liquidación del negocio familiar.

Hasta que la ayuda de América comenzó a llegar, los escasos ingresos "para poder yr pasando",[39] salieron de la venta de las prendas que aún conservaba de su antigua tienda,[40] de pedir prestado, del empeño de algún objeto de valor y del único trabajo que Catalina sabía realizar: "estoy vendiendo y cosiendo alguna costurita que me a salido y algunos evangelios que hago".[41] Los primeros meses de ausencia de Francisco fueron especialmente angustiosos para ella. Su

---

[35] AGN. Indiferente Virreinal-Correos, caja 1669, exp. 22, ff. 38r-39v.

[36] "Hijo, cómo me abré bisto con mis trabajos y el mal de mi niña, bien afligida. Tener que pagar un médico y después el sirugano, el puchero, la sustancia de botica y las demás medesinas que se avido menester. Sea todo por Dios". AGN. Indiferente Virreinal-Correos, caja 1669, exp. 22, ff. 7r-8v.

[37] AHPC, Protocolos de Alvaro de la Torre Canales (San Fernando), leg. 437, ff. 182r.-182v.

[38] "no sé lo que me está pasando, porque cada ves que contenplo que se a de pasar tres años sin verte, el corazón se me aranca; Dios sea el que me lo resiva. Y ci puede ser menos, que no aguardes estar ayá tanto tiempo". AGN. Indiferente Virreinal-Correos, caja 1669, exp. 22, ff. 37r-37v.

[39] AGN. Indiferente Virreinal-Correos, caja 1669, exp. 22, ff. 30r-31v.

[40] "Lo que me quedó ya se a vendido para poder yr pasando". AGN. Indiferente Virreinal-Correos, caja 1669, exp. 22, ff. 30r-31v.

[41] AGN. Indiferente Virreinal-Correos, caja 1669, exp. 22, ff. 37r-37v.

situación precaria se vio acrecentada por el parto y la grave dolencia contraída durante la cuarentena. Cuando Francisco comenzó a remitir dinero a la Isla de León, las necesidades siguieron estando muy latentes. Catalina lo expresaba con mucha pesadumbre, lamentando que cuando los socorros llegaban a sus manos "ya lo tengo comido y me buelbo a quear sin un ochavo".[42]

En sus cartas solía nombrar a familiares y conocidos a los que con frecuencia acudía para conseguir ayuda, entre los que se encontraban algunas mujeres como Teresa, su tía Angelita o las Blandino, a las que Catalina consideraba "amigas" porque, decía de ellas, "ymediatamente me socoren".[43] La figura de su suegra Coloma está también muy presente, aunque la relación que mantuvo con ella fue bastante contradictoria. Algunas cartas reflejan enojo por la falta de ayuda, aunque en otras se ensalza el apoyo que su suegra alguna vez le dispensaba. Pero Coloma y María, la hija que residía con ella, eran mujeres solas también, a las que tampoco resultaba fácil salir adelante con la tienda que ambas regentaban en la Isla de León. En las cartas de Catalina existen alusiones a otros familiares y conocidos que nunca le prestaron el apoyo que ella necesitaba, compartiendo con Francisco su enfado por esa falta de omisión.

En su lucha por sobrevivir, Catalina dio un gran paso cuando decidió abrir su propia tienda contando con la colaboración de su madre Pepita. Así lo refirió a su marido ofreciéndole detalles de su modesto negocio: "es en la calle de san Raphael, subiendo por la calle de San Juan de Dios, la primera bocacalle para yr a el bario de Olea"[44]. Calle en la que se levantaban "zapaterías, una tienda de comestibles, un orno y mi tienda", escribió orgullosa Catalina, "todo el mundo nos conoce" y aunque no era "tienda capaz de ponerse en la Calle Real", a ella le parecía un buen sitio y solo confiaba y pedía al cielo que la venta fuera favorable "para podenos mantener asta que tú vengas".[45]

[42] AGN. Indiferente Virreinal-Correos, caja 1669, exp. 22, ff. 20r-21v.
[43] AGN. Indiferente Virreinal-Correos, caja 1669, exp. 22, ff. 55r-56v.
[44] AGN. Indiferente Virreinal-Correos, caja 1669, exp. 22, ff. 4r-5r. La calle de San Rafael conserva todavía su nombre en el callejero de San Fernando y como en el siglo XVIII sigue siendo una de las calles más comerciales de la localidad.
[45] AGN. Indiferente Virreinal-Correos, caja 1669, exp. 22, ff. 9r-10r.

La calle de San Rafael fue a partir de entonces donde estuvo su nuevo hogar, que seguirá compartiendo con su madre y su abuela Cotita.[46] El grado de angustia que reflejaron sus primeras misivas parece aflojarse tras la apertura de su negocio, que aunque, al sentir de Catalina era muy modesto,[47] le ayudaría en la dura lucha del día a día. En esta humilde tiendecilla continuará Catalina vendiendo el mismo género de mercería de escasas ganancias: "sedas, sintas y ylos, como es poco, poco da, redesillas y avanicos, en fin, sarandagas, hijo mío, para ganar, si no oy mañana, para media ogasa de pan".[48] Pero gracias a la tienda, y también a los socorros que con cierta regularidad comenzará a remitir Francisco, la extrema necesidad que Catalina y sus hijos sufrieron en los primeros meses se suavizó. En junio de 1775, cuando ya había transcurrido un año desde que aquél se ausentara, su mujer dejó escrito: "Por aora no devo nada a nadie; pagé todo lo que devía, compré algunas cositas a los niños y lo demás se a ydo comiendo".[49] Vivir al día era todo a lo que Catalina podía aspirar con su modesta tienda y su trabajo de costurera, que siguió ejerciendo de manera incansable a pesar de su frágil salud.[50]

Sin embargo, la satisfacción de Catalina no podía ser completa porque desde el principio su iniciativa laboral no contó con el pleno beneplácito del marido. Aunque no podamos conocer las cartas que él escribió, las respuestas un tanto airadas que ella introdujo en las suyas permiten aproximarse a las razones que esgrimía Francisco para no mostrarle su apoyo incondicional. Las acusaciones infundadas que él le traslada de sus idas y venidas y del trato directo que ofrecía a su clientela masculina enfadó mucho a Catalina, como podemos comprobar en el tono encendido que utilizó en sus misivas para defender su lealtad hacia Francisco y sobre todo su honestidad de mujer casada: "me da vergüensa de leer lo que me dises de que cuydado

[46] AGN. Indiferente Virreinal-Correos, caja 1669, exp. 22, ff. 59r-62v.

[47] "es un tendago, pues para desir tienda es menester muchos dineros y aquí va pocos". AGN. *Indiferente Virreinal-Correos,* caja 1669, exp. 22, ff. 59r-62v.

[48] AGN. Indiferente Virreinal-Correos, caja 1669, exp. 22, ff. 32r, 32v, 34r, 34v.

[49] AGN. Indiferente Virreinal-Correos, caja 1669, exp. 22, ff. 32r, 32v, 34r, 34v.

[50] AGN. Indiferente Virreinal-Correos, caja 1669, exp. 22, ff. 40r-41v.

como ando".[51] De todas las cartas en las que manifestó su enojo por la escasa confianza de Francisco, la que escribió el 14 de septiembre de 1775 fue sin duda donde el grado de indignación de Catalina se nos muestra de manera más descarnada. En aquella misiva, que no fue la única, dio rienda suelta a sus emociones más negativas por los reproches de Francisco que provocaban en ella disgusto y pena, pero a la vez mucha cólera e irritación:

> Y en cuanto a consegos, gracias a Dios no los nesesito de nadie, con que no tengo que tomarlos (...) ¿Qué querías que ysiera? ¿Me avía de morir de ambre, y mis yjos lo mismo? Vendí cuanto tenía que vender, pues no me quedó nada (...). Viéndome ya deste modo y que me estaba todo el día cosiendo y de noche lo mismo (...) y que no alcansaban más que para un potage, no tenía ya fuersas, determiné (...) poner esta tienda (...) En el mismo mes que lo pensé te lo mandé desir que la ponía, a el otro mes que la puse te mandé desir que ya está puesta y el cómo y cuándo, todo, cosa por cosa (...) ¿Qué querías que ys*i*era?".[52]

Catalina contrarrestaba estos reproches no solo mostrando a través de sus cartas su enfado, sino también haciendo ver su incesante actividad a costa de su propia salud. En varias ocasiones manifestó a Francisco que nunca estaba "ociosa" y que para sobrevivir, "a todo echo mano".[53]

En su correspondencia tampoco ocultó que con su humilde tienda de la calle de San Rafael no conseguía cubrir las muchas necesidades que existían en su casa: "es una miseria, sólo ve el día que se ase dos reales, el día que tres, el día que nada".[54] Por ello, desde que supo por primera vez que Francisco le enviaba dinero a la Isla de León,[55] su ánimo se reconfortó.[56] La escenificación social de esta ayuda, de

---

[51] AGN. Indiferente Virreinal-Correos, caja 1669, exp. 22, ff. 1r-2v, 4r-5r, 55r-56v y 59r-62v.
[52] AGN. Indiferente Virreinal-Correos, caja 1669, exp. 22, ff. 59r-62v.
[53] AGN. Indiferente Virreinal-Correos, caja 1669, exp. 22, ff. 59r-62v.
[54] AGN. Indiferente Virreinal-Correos, caja 1669, exp. 22, ff. 4r-5r.
[55] AGN. Indiferente Virreinal-Correos, caja 1669, exp. 22, ff. 22r-23v.
[56] AGN. Indiferente Virreinal-Correos, caja 1669, exp. 22, ff. 22r-23v.

la que fueron testigos familiares y vecinos, fue motivo de satisfacción para Catalina y así lo hizo constar en varias de sus misivas: "E resivido muchas ennorabuenas, alegrándose todo el mundo de lo bien que estás y de lo que as mandado".[57] Sin embargo, aquellos socorros que su marido le hacía llegar desde Nueva España eran intermitentes, irregulares y nunca fueron suficientes para aliviar su precaria economía. Una economía frágil, que a Catalina le producía la misma "fatiga" y "quebranto" que cuando la enfermedad se instalaba en su casa. Trataba de sobrellevarlo como podía, no solo con ayuda de su pequeño negocio y las costuritas que seguía confeccionando, sino también recurriendo a las personas que desde el principio le habían ayudado: "aunque no tenga el dinero, lo pido fiado y me aguardan asta que tú me mandas socoros, que entonces pago a todo el mundo".[58]

Queda claro que Francisco cumplió con Catalina su compromiso de socorrerla y ampararla cuando se embarcó hacia las Indias; los envíos y regalos que empezó a remitir a la Isla de León, transcurridos los primeros meses, así lo atestiguan. Sin embargo, no ocurrió lo mismo con la promesa de regresar en el plazo que ambos habían convenido y que Catalina nunca dejó de recordarle. La documentación que sobre él y su actividad económica se conserva en el Archivo General de la Nación de México nos muestra que Francisco prefirió permanecer en las Indias para emprender su propio proyecto comercial.[59]

LA FAMILIA EN LAS CARTAS DE CATALINA GRAL

Para una mujer afectuosa y sensible, como era Catalina, su entorno familiar constituía el núcleo central de su vida. Una vida que en gran medida se desarrollaba en la intimidad del hogar, por

[57] AGN. Indiferente Virreinal-Correos, caja 1669, exp. 22, ff. 32r, 32v, 34r, 34v y 26r-27v.

[58] AGN. Indiferente Virreinal-Correos, caja 1669, exp. 22, ff. 16r-17v.

[59] Francisco abrió su propia tienda en Jalapa, sobre la que se conserva una abundante documentación. El inventario de la tienda realizado en 1777 arroja un valor de algo más de 8.700 pesos. AGN. Indiferente Virreinal- Industria y Comercio, caja 5608, exp. 067; caja 5693, exp. 050 y caja 1691, exp. 032.

convencimiento y deseo propio, pero también por exigencias de un marido celoso y no muy comprensivo con la actividad cotidiana de su mujer. En consecuencia, parece evidente que la familia constituyera no solo su preocupación rutinaria fundamental, sino también el tema prioritario de su correspondencia.

Su mundo se entretejía a base de varios círculos que mantenían con nuestra protagonista diferentes grados de proximidad y atención. En el más alejado se encontraban algunos allegados y amigos que en ocasiones le ayudaron en los momentos difíciles o le aportaron noticias directas del ausente. Algo más cerca se hallaban diversos miembros de su entorno familiar y del de su esposo con los que Catalina mantuvo relaciones próximas en algún caso, como ocurría con su suegra Coloma, su cuñada María o el marido de ésta, Francisco. Con otros familiares las relaciones fueron más distantes, como sucedió con los otros cuñados, su propia hermana Gertrudis o sus tías Angelita, Pepa Rosa y Manuela. Aunque Francisco demandaba constantemente "novedades" de todos ellos, en el núcleo central de su universo afectivo solo se encontraban su madre Pepita, su abuela Cotita y, sobre todo, su esposo Francisco y sus hijos José, Dolores y Mónica.

Los hijos ocupan un lugar muy destacado en la correspondencia de la madre. En las 32 cartas que escribió nunca faltaron menciones de ellos, incluido del más pequeño, al que su padre nunca conoció y que fue bautizado con los nombres de Cayetano Plácido Francisco de Paula. El relato que nos legó Catalina del nacimiento de este cuarto vástago y de su cortísima existencia demuestran que aquel acontecimiento, que vivió al poco de embarcarse su marido, consiguió desbordar el caudal de sus emociones. La descripción física que le trasladó de este hijo "morenito, bien parecido a ti", su bautizo a los pocos días de nacer, que Catalina no quiso celebrar porque, decía, "estabas tú fuera" o su decisión de criarle con la leche de sus pechos, destapan los sentimientos de una madre que no pudo vivir su maternidad con plenitud.[60] El clima emocional que alcanzan sus primeras cartas cuando se refería a este hijo tiene su punto más álgido cuando

[60] La carta donde informa a Francisco del nacimiento de su hijo la escribió el 14 de noviembre de 1774. Por los datos que introduce en la misma se desprende que el niño había nacido el 7 de octubre.

tuvo que compartir también con él la muerte de su pequeño. Una muerte que a Catalina le dolió de manera intensa porque así lo plasmó en la carta que escribió el 13 de diciembre de 1774, lamentándose del poco tiempo que habían disfrutado del niño e informando del momento en que se había producido el fatal desenlace: "A los dos meses y tres días murió, el día de la Pura y Linpia Consepción". La frase que introdujo Catalina en esta misiva no deja lugar a dudas del desgarro que la pérdida del bebé produjo no solo en su cuerpo, sino también en lo más profundo de su alma: "Lo e sentido mucho, porque como lo estaba criando lo quería con estremo".[61]

Las alusiones que Catalina deslizó en su correspondencia sobre los otros hijos -José, Dolores y Mónica- fueron, como decíamos, muy numerosas. Cuando los nombra suele utilizar un tono amable y muchas veces se refiere a ellos con diminutivos cariñosos como "Pepito" o "Moniquita". Aunque esta muestra de afecto y proximidad no solo la practica cuando habla de ellos, sino también cuando se refiere a otros miembros de su entorno familiar, como su madre y abuela y, sobre todo, cuando se dirige a su esposo, al que habitualmente llama Frasquito.

En sus misivas es frecuente referir los progresos de sus hijos a medida que iba transcurriendo el tiempo: "Mónica está tan grande como Dolores; cresen que es oror", "Mónica tan pícara chata", "te remito el primer diente de tu yja Dolores".[62] Cuidar, alimentar, mantener con salud y educar a los niños fueron las grandes preocupaciones de Catalina, como nos muestran los numerosos renglones que ocuparon estos temas en su correspondencia. Aunque los tres fueron objeto de atención, en las cartas existe un interés especial por referir todo lo que afectaba al ámbito educativo del único varón, que asistía a la escuela en la Isla de León. La preocupación que manifiesta Catalina por la educación de este hijo la comparte con su marido, pues en su correspondencia siempre le mantuvo al tanto de sus progresos, asegurando que su asistencia a la escuela era regular y su aprendizaje avanzaba gracias a su empeño y al de su maestro: "Yo le castigo lo

[61] AGN. Indiferente Virreinal-Correos, caja 1669, exp. 22, ff. 11r-12v.
[62] AGN. Indiferente Virreinal-Correos, caja 1669, exp. 22, ff. 55r-56v, 13r-14v y 40r-41v.

regular y el maestro lo mismo; si él es algo rudo, eso Dios lo ase, y que todabía es chico. Anda de a dose y dise el maestro que ba bien".[63]

Los sentimientos de los hijos hacia el padre son trasladados también por Catalina en sus cartas. Al igual que ella, también los niños sentían "pesadumbre" por la ausencia de su progenitor y mostraban la misma impaciencia porque su regreso a casa se materializara pronto. Ya al comienzo de la relación epistolar, Catalina solía nombrarlos para anticipar su estado de salud o cualquier novedad que pudiera interesar al padre, y en las despedidas siempre estaban los abrazos y besos de los niños que ella hacía llegar a Francisco al lado de los suyos. Nunca se cansó de repetir en sus cartas lo mucho que los hijos echaban de menos al padre, "Los niños todo el día mentándote",[64] reproduciendo algunas de sus conversaciones infantiles en las que él ocupaba un lugar central:

> Dolores mientras se está leyendo tu carta está que da lástima de verla el yanto que tiene, y dise «si yo supiera que mi padre se avía de estar tanto tiempo, no se avía de aver ydo, pero, en viniendo, no se a de bolber a yr. Dígale ustes a su mersed que le trayga una tunbaga»".[65]

Como demuestra esta escena, Catalina solía hacer partícipe a los hijos de la correspondencia que llegaba de América, contribuyendo así a mantener viva la imagen de un padre que físicamente se hallaba muy lejos. Las escenas que nos traslada de como recibían sus hijos aquellos escritos salidos de las manos del padre, confirman el enorme poder comunicador que tenía la correspondencia privada cuando la distancia separaba a seres que se querían: "Pepe, cuando resivo carta tuya a el ystante me pide el sobreescrito y si no se lo doy tan pronto echa a llorar y me dise: «en viniendo mi padre yo se lo diré»."[66]

Enternece descubrir que este hijo, que se encontraba en el proceso de aprender los rudimentos de la escritura, deseaba tomar la pluma

[63] AGN. Indiferente Virreinal-Correos, caja 1669, exp. 22, ff. 59r-62v.
[64] AGN. Indiferente Virreinal-Correos, caja 1669, exp. 22, ff. 30r-31v.
[65] AGN. Indiferente Virreinal-Correos, caja 1669, exp. 22, ff. 40r-41v.
[66] AGN. Indiferente Virreinal-Correos, caja 1669, exp. 22, ff. 32r, 32v, 34r, 34v.

para mostrar al padre sus avances. En una ocasión, sus torpes trazos no convencieron a la madre. Ésta, siempre ávida de compartir con Francisco los progresos del hijo en la escuela, procedió a tachar la palabra "padre" que aquél había escrito sin el permiso materno, añadiendo a modo de posdata: "Tu yjo quería escrivirte un renglón, no lo e degado asta que sepa bien".[67] En una de las últimas cartas que se conservan de la colección esa destreza gráfica exigida por su madre parece haberla conseguido, a juzgar por el saludo afectuoso que el hijo escribió de su propia mano dirigido al progenitor: "Padresito mío, resiva vsted mi corazón y con él much*os* abrazos".[68] La progresión que el hijo demostraba en su alfabetización fue, sin duda, uno de los temas que más satisfacción produjo en el ánimo de Catalina. Como ya hemos adelantado, tanto ella como su marido eran personas familiarizadas con la cultura escrita y focalizan todas sus expectativas en el único hijo varón, aunque tampoco se olvidaron de las hijas. Catalina colabora estrechamente en esta labor de aprendizaje reforzando con los medios a su alcance la educación de los niños en el interior del hogar:

> Pepe sige bien en su escrivanía, en la leyenda no ay quien le gane, ni en la dotrina en su segunda istrución y la esplicación de toda la dotrina. <Tiene> un libro de todo esto fuera del libro de dotrina, y todo lo tiene en la uña, esto se lo enseño yo en casa, la dotrina en la escuela, pero la esplicación de ella en casa.[69]

De los comentarios que fue introduciendo en la correspondencia, se desprende que fue muy estricta en la educación de los hijos. En la casa de la Isla de León parece existir mucha disciplina, alimentada por la ausencia de la figura paterna que ella trataba de suplir en su condición de mujer sola: "Le pego cuando sea de menester, consentido no lo está, ni él ni las niñas. Ya saves tengo poca pasiensia, en dando yo una vos todos tres me temen".[70] Pero a la vez, a

---

[67] AGN. Indiferente Virreinal-Correos, caja 1669, exp. 22, ff. 33r-33v.
[68] AGN. Indiferente Virreinal-Correos, caja 1669, exp. 22, ff. 46r-46v y 49r-50r.
[69] AGN. Indiferente Virreinal-Correos, caja 1669, exp. 22, ff. 46r-46v y 49r-50r.
[70] AGN. Indiferente Virreinal-Correos, caja 1669, exp. 22, ff. 26r-27v.

través de sus misivas muestra también un profundo amor maternal que no deja lugar a dudas cuando leemos las frases que dedica a sus pequeños. Y aunque no podamos conocer de manera directa las palabras que Francisco les dedicó a los niños en sus cartas, la correspondencia de Catalina deja entrever que ese cariño por los hijos era también compartido por el padre. Nunca dejó de requerir a su esposa que le hiciera partícipe de sus "novedades" y cuando estuvo en condiciones de empezar a enviar socorros, éstos llegaban habitualmente acompañados de regalos para ellos.[71]

Ese celo que mostraba la madre por los hijos y su crianza, aun siendo sincero, creemos que también era utilizado para conseguir que Francisco siguiera manteniendo vivo el compromiso con la familia que había dejado atrás. El deseo irrefrenable de que éste regresara pronto a casa, que tantas veces ella le trasladó en su correspondencia, conseguía fortalecerlo dando también protagonismo a los hijos para enternecer a su esposo. En sus cartas reproduce los llantos de los niños porque le echaban de menos, las frases que pronunciaban ansiando el retorno del padre, la alegría compartida por las cartas que llegaban, sin olvidar los quebrantos que vivían en casa y que ellos verbalizaban también a través de la escritura de Catalina:

> Tu yjo Pepe dise que "en viniendo mi pade no a de salir ni a la calle por que no se me baya otra ves". Moniquita está tan buena y muy bonita, que se a puesto y dise, "en viniendo mi padre me a de traer mucho dinero para comer", porque como ven los pobresitos que si me piden algo como fruta o alguna cosa que ven me disen, "madre yo quiero aquello" que an visto y les digo, "mi alma, no tengo dineros", "en viniendo en socoro -me disen- mi padre trayrá dineros para comer.[72]

Con ello no queremos afirmar que el sentimiento de Catalina por los hijos no fuera verdadero, ni que en su casa no se hubieran vivido las escenas que ella describía en su correspondencia. Sin embargo,

---

[71] AGN. Indiferente Virreinal-Correos, caja 1669, exp. 22, ff. 51r-51v, 53r, 53v, 54r, 54v, 50r, 50v.

[72] AGN. Indiferente Virreinal-Correos, caja 1669, exp. 22, ff. 26r-27v.

no podemos descartar que cuando en su relato hacía protagonistas a los niños, no solo pretendía transmitir información, sino también agitar el corazón del padre ausente. Un corazón que Catalina deseaba que palpitara por ella, pero también por José, Dolores y Mónica, la más importante razón para regresar a la Isla de León: "En fin, están como yo, deseando que entres por la puerta".[73]

Desde esta perspectiva, podemos descubrir en Catalina una postura un tanto manipuladora en el discurso de su correspondencia, de la que quizás nunca fue consciente. El tema central del epistolario de Catalina giró en torno a la relación con su marido, lo que resulta lógico si tenemos en cuenta las razones que originaron la escritura de estas cartas. Salidas de la mano de una mujer que rebosaba sentimientos, las misivas de Catalina tienen el valor de mostrarnos de forma muy directa y descarnada las emociones que al pensar, sentir y escribir a su marido esta gaditana percibía.

Al principio la invade la pena y el anhelo. Pena por la separación en tan larga distancia y sin posibilidad de verse; anhelo en que el tiempo de la espera se acortara, algo que mantuvo vivo a lo largo de toda la correspondencia.[74]La separación es motivo de tristeza las más veces, "lo que sí puedes crer que no pasa día que no derame mis lágrimas en contemplar se a de pasar tanto tiempo sin verte"[75], le decía a Francisco una apenada Catalina cuando aún había pasado poco tiempo de su partida. Un sentimiento que perdura en el tiempo, pues sus últimas epístolas también transmiten el enorme peso que para su ánimo tuvo la dilación de la ausencia del marido.[76]

Si la distancia le había producido tanto dolor y angustia, en justa correlación, la idea de reencuentro propiciaba que la felicidad inundara los sentimientos transmitidos a través del escrito. En la última carta que Francisco conservó de Catalina, la emoción que ésta sintió ante el aviso del inminente regreso del ausente es más que

[73] AGN. Indiferente Virreinal-Correos, caja 1669, exp. 22, ff. 46r-46v y 49r-50r.
[74] AGN. Indiferente Virreinal-Correos, caja 1669, exp. 22, ff. 37r-37v.
[75] AGN. Indiferente Virreinal-Correos, caja 1669, exp. 22, ff. 32r-32v, 34r-34v.
[76] AGN. Indiferente Virreinal-Correos, caja 1669, exp. 22, ff. 51r-51v, 53r , 53v 54r, 54v, 50r.

plausible, aunque entonces ella no sabía que su esposo no cumpliría su promesa de regresar al lado de los suyos:

> Puedes contemplar la alegría que abrá llegado a mí corazón con lo que me dises que te vienes pronto; Dios nos dé salud para que tengamos el gusto de vernos (los niños) están como yo, deseando que entres por la puerta".[77]

Cuando Catalina transmite sus cuitas, nos traslada a la vez una sensación de amor infinito por su esposo. La ausencia le desgarra el corazón, le rompe el alma, y lo expresa con una intensidad con la que sólo puede hacerlo una mujer muy enamorada. Pero también su pasión se desborda desde la alegría, desde el recuerdo y la comunicación con el ausente, sobre todo cuando a través de sus cartas crea un hilo invisible que los une casi de forma material. Su esposo está presente a través de la escritura, se deleita con sus palabras. "Ni tengo más gusto que el rato que te estoy escriviendo, ni tendré más alegría que cuando reziva carta tuya" le decía a su marido al poco de partir.[78] Un sentimiento que subsiste y que repite constantemente Catalina en sus misivas: "no tengo otro gusto ni otro consuelo, sino es ver letra tuya, ya que tengo la pena de no verte. Pasiencia, esto estaba de Dios que ya havía de pasar por esta pena tan grande".[79]

También los sentimientos de Catalina están a veces cargados de dolor e indignación cuando traslada su estado de ánimo ante las sospechas infundadas que su marido le remite sobre su comportamiento público y la atención prestada a los niños. En estas ocasiones su texto es muy directo y en él busca reivindicarse, e incluso reafirmarse frente a una actitud injusta y muy dolorosa para ella. Es una mujer agredida verbalmente y con sus palabras se defiende tanto o más a si lo hiciera con uñas y dientes.

> En cuanto a que no quieres partisiparme en lo que buscas la vida, as lo que gustes (...) Esto es lo que yo pienso en mis fatigas,

[77] AGN. Indiferente Virreinal-Correos, caja 1669, exp. 22, ff. 47r-48r.
[78] AGN. Indiferente Virreinal-Correos, caja 1669, exp. 22, ff. 38r-39v.
[79] AGN. Indiferente Virreinal-Correos, caja 1669, exp. 24, ff. 2r-2v.

> no en disparates, como tú estás pensando, pues asta me da vergüensa de leer lo que me dises de que cuidado como ando. Eso se le dise a una mujer loca, pero saves que tienes una mujer que no lo es.[80]

Lo cierto es que los desencuentros de esta pareja se perciben en su correspondencia casi desde los primeros momentos, aunque ello no fuera obstáculo para que el intercambio epistolar se mantuviera en un ritmo constante. Las cartas de Francisco fueron para Catalina más que un bálsamo, un azote, un motivo de zozobra:

> perese que tú no piensas otra cosa sino es el ver cómo puedes aser para que Dios me lleve, pues milagro es la carta que siente que no venga escrita para quitarme la vida. No sé en que piensas ¿a qué muger de guisio, a qué muger como yo se le escribe semegante carta? No sé en qué piensas; buelbo a desir: esta muger, alguna loca ¡Ay Frasquito¡ que no bastan las penas que tengo con mis travagos, sino tanbien el, cuando biene tu carta, el ver su contenido de ellas.[81]

Esas dos realidades contrastadas nos trasladan la imagen de una relación de pareja viva, con sus altibajos, sus desencuentros y sus aproximaciones, pero con el agravante de la distancia, que la fue minando progresivamente. El ritmo de la correspondencia se apaga, como también se vislumbra el desgaste de la relación de pareja. Catalina se duele por la sequedad de las cartas, la escasa información y también por los reproches. Pero ni aun cuando la correspondencia se hizo más escasa y su contenido más liviano, nunca dio por perdidos el cariño y el amor: "Veo me dises que si no fu*e*ra por tus yjos no vinieras. Bien sé el que estabas deseando el quitarte gunto a mí, notro el motivo, sino de que tú no quieres, pues yo a ti sí te quiero y te e querido, bien lo sabes".[82] Cinco meses más tarde de forma muy espontánea, con un alto grado de oralidad Catalina

---

[80] AGN. Indiferente Virreinal-Correos, caja 1669, exp. 22, ff. 1r-2v.
[81] AGN. Indiferente Virreinal-Correos, caja 1669, exp. 22, ff. 4r-6v.
[82] AGN. Indiferente Virreinal-Correos, caja 1669, exp. 22, ff. 59r-62v.

decía a Francisco "Hijo, qué deseos tan grandes tengo de verte. Dios te dé salud y nos dé este gusto".[83]

Enfado y reconciliación, amor y perdón. Historia viva de sentimientos, pasiones y afectos de una pareja separada por un inmenso océano.

[83] AGN. Indiferente Virreinal-Correos, caja 1669, exp. 22, ff. 22r-23v.

VOLVER A EMPEZAR. LAS MUJERES BÍGAMAS EN LA REGIÓN DEL BAJÍO EN TIEMPOS DE LA COLONIA

María Luisa Candau Chacón
Universidad de Huelva[1]

INTRODUCCIÓN: CONTEXTO, DELITO, JURISDICCIONES Y FUENTES

Este trabajo inicia un acercamiento a las historias de vida de las mujeres juzgadas por bigamia en el Guanajuato colonial, considerando su delito desde su óptica y sus expectativas: el deseo de recomenzar, por razones afectivas o de supervivencia; así, sus intentos de alcanzar un futuro mejor, finalmente truncado por ser acciones descubiertas, nos transportan a tiempos en los que los conceptos que definen el título de este libro –mujeres, afectos, emociones, conflictos– se manifiestan estrecha y previsiblemente unidos. Ante situaciones de pobreza, abandono, soledad o violencia, o, simplemente, ante un deseo de iniciar vidas diferentes, aquellas mujeres –de España y América– seguían amparándose en el refugio del hombre y, por ende, y obligatoriamente, de la institución que los cobijaba: el matrimonio.

Sus historias reflejan por fuerza el valor de los afectos, las consecuencias del miedo, el triunfo –a veces– de las pasiones como la osadía de lanzarse a los caminos, en un "viaje" de aventuras trazado por un binomio tan difícil de separar como el de la emoción y la razón. Trataré aquí de ellas, las mujeres, enfocando sus experiencias, por la naturaleza del tema de análisis, compartidas y en complicidad

[1] Proyecto I+D+i '*Pasiones y afectos en femenino. Europa y América, siglos XVII-XX. Perspectivas históricas y literarias*' financiado por el Ministerio de Ciencia e Innovación (MICINN). Agencia Estatal de Investigación (AEI). Gobierno de España. Referencia: PID2020-113063RB-I00.

con sus compañeros y cómplices, los hombres, y sin suponer un sustrato general que las uniera más allá del que marcaba el contexto que las rodeaba y sus fracasos personales. Mujeres, con físico y personalidad propios, como los conocidos como "libros de calicata" y los testimonios de testigos permiten imaginar, respondiesen o no a realidades propias de quienes las definieron. Mujeres con nombre, uno o tantos como precisasen las necesidades de fuga, y mujeres con palabras, quejas, y discursos que buscaban conmover a tribunales compuestos por hombres; y –no lo olvidemos– hombres de la Iglesia.

Comenzaré entonces por señalar el contexto, precisando cuestiones de espacio, tiempo, delito/pecado, jurisdicción y fuentes.

En primer lugar, me refiero al territorio de Guanajuato, entendido en su sentido amplio, como región, equiparable al estado actual del mismo nombre, Guanajuato, Región del Bajío, considerando además las demarcaciones, no tanto civiles y militares (antigua Audiencia de México, luego Intendencia en las reformas borbónicas), cuanto eclesiásticas, por ser delito, el que tratamos, dependiente de diferentes jurisdicciones eclesiásticas. En este sentido, hablamos de un amplio espacio incluido y dependiente del obispado y diócesis de Michoacán, con capital y sede metropolitana en Valladolid. Ahora bien, como indica la doctora María Guevara Sanginés, "en el territorio del actual Guanajuato no se estableció un tribunal de la Inquisición, por lo cual los hechos delictivos que eran de su interés fueron resueltos en la cabecera del obispado (Valladolid) o en la capital del virreinato (ciudad de México)".[2] En este análisis predomina, sobre todo, esta última, a través del comisario del Santo Oficio en Guanajuato.

En segundo lugar, abordo el espacio cronológico de la Colonia. Fueron las fuentes y los expedientes y causas encontrados los que delimitaron el marco cronológico: siglos del XVI al XVIII, ambos inclusive.

---

[2] María Guevara Sanginés "La Inquisición en Guanajuato", en Noemí Quezada, Martha Eugenia Rodríguez y Marcela Suárez, *Inquisición Novohispana,* UNAM, México, 2000, vol. I, pp. 215-235. Sobre Mujeres e Inquisición, (sin delito de bigamia) María Jesús Zamora Calvo (ed.), *Mujeres quebradas. La Inquisición y su violencia hacia la heterodoxia en Nueva España,* Iberoamericana, Vervuet, Madrid, 2018.

En tercer lugar, precisemos el delito: la bigamia y los tribunales a los que competía su jurisdicción. Debemos tener en cuenta ciertos condicionantes de partida –entre ellos la existencia de una significación no delictiva para el término y concepto de bígamo–[3] y algunas cuestiones generales que enlazan, por lógica, con la persecución histórica de la bigamia y con el deseo institucional (político y religioso) de reforzar las bases y la vigencia del sacramento del matrimonio católico. Como comenté en otro lugar "hasta finales del siglo XVIII –con los problemas derivados de los enfrentamientos entre los tribunales civiles y eclesiásticos– el dominio de la jurisdicción inquisitorial sobre los temas de bigamia parecía indiscutible.[4] Entendido como delito de fe, por atentar contra la indisolubilidad del sacramento (defendida y ratificada en el Concilio de Trento por el decreto *Tametsi* y, antes, en el IV de Letrán, en 1215), su práctica en la Edad Moderna aparece constatada entre las fuentes inquisitoriales, cuyo primer proceso, como tal causa, Jean Pierre Dedieu sitúa en Zaragoza en el año de 1488.[5] En ambas Coronas –primero Aragón, más tarde Castilla– la potestad del Santo Oficio acaparará desde entonces su jurisdicción, y serán las causas de fe las protagonistas, a lo largo de

[3] Enrique Gacto, "El delito de bigamia y la Inquisición española", en VV.AA., *Sexo barroco y otras transgresiones premodernas,* Alianza Editorial, Madrid, 1990, pp. 127 y ss. Asimismo, la tesis doctoral de María Paz Espinar, *Jurisdicción penal ordinaria e Inquisición en la Edad Moderna (A propósito del delito de bigamia),* Departamento de Ciencias Histórico Jurídicas y Humanísticas, Universidad Rey Juan Carlos, Madrid, 2013, pp. 79 y ss. María Luisa Candau Chacón, "Mujeres ante la justicia: bígamas en la Sevilla Moderna", *Historia et Ius. Rivista di storia giuridica dell'età medievale e moderna* www.historiaetius.eu – 9/2016-paper 33, p. 2: "Resumiendo, el Derecho Penal Canónico lo utilizará en, básicamente, tres sentidos: el ordenado de órdenes mayores o sagradas que contrae matrimonio, el casado dos veces viviendo el primer cónyuge o, asimismo, el casado que decide ordenarse de presbítero sin consentimiento de la esposa".

[4] A partir de 1777, la jurisdicción sobre el delito/pecado de bigamia se establece en tres frentes: corresponde a la Justicia Real el delito en relación con las responsabilidades civiles, al Diocesano el establecer la validez de los matrimonios contraídos, y al inquisitorial la cuestión herética. Manuel Torres Aguilar, "Algunos aspectos del delito de bigamia en la Inquisición de Indias", en Abelardo Levaggi (coord.), *La Inquisición en Hispanoamérica,* Universidad del Museo Social Argentino-Ediciones Ciudad Argentina, Buenos Aires, 1997, pp. 117 y ss. Desde agosto de 1788 pasará a depender de los tribunales reales.

[5] Jean Pierre Dedieu, "Le modèle sexual: la défense du mariage chrétien", Bartolomé Bennassar, *L'Inquisition espagnole, XV-XIXe siècle,* Hachette, Paris, 1979. María José de la Pascua Sánchez, *Mujeres solas: historias de amor y abandono en el mundo hispánico,* Diputación Provincial, Málaga, 1998, pp. 139 y ss.

los siglos XVI, XVII y gran parte del XVIII, de la materialización de su persecución y control".[6] Así se pretendía en todos los territorios de la Monarquía Católica.

Traslademonos a Indias. Establecidos los dos iniciales tribunales del Santo Oficio –para Nueva España y Perú– en 1571, tras años de inquisición ejercida por los denominados inquisidores apostólicos (1519-1522), la Inquisición monástica (1522-1533) y episcopal (1533-1571), y desgajado el de Cartagena, de creación posterior (1610), el delito de bigamia y los restantes que atentaban contra la fe pasarían igualmente a depender de los tribunales de México, Lima y Cartagena, en función de sus lugares y de sus competencias. Como tal continuará –en lo que concierne a la bigamia– hasta fines de 1789, cuando entra en vigor la real cédula de Carlos III por la cual su jurisdicción pasa a depender de los tribunales reales;[7] en los restantes delitos, hasta su supresión con los avatares propios de su intermitente desaparición peninsular (finalmente en 1834) y en Indias, en 1820.[8]

Ahora bien, como es sabido y necesario recordar, los tribunales inquisitoriales no tenían competencia sobre la población indígena, desde el citado año de 1571, por tanto un amplísimo porcentaje de la población, variable según tiempos y espacios, quedaría fuera de su jurisdicción.[9] La razón: en opinión de Solange Alberro, por una dificultad anexa a la idiosincrasia de la propia población, valores, creencias y mentalidades que hacía difícil la erradicación de ciertas prácticas y formas de pensamiento, y peligrosa, en términos políticos, su persecución, habida cuenta el volumen de su población y los consecuentes temores de revuelta.[10] Ello nos lleva a presentar un

---

[6] María Luisa Candau Chacón, "Mujeres ante la justicia…", p. 1.

[7] Real Cédula del 10 de agosto de 1788. Archivo General de la Nación (AGN). *Ramo Inquisición,* vol. 1256, expediente 11, f. 148-168. Recogido en Dolores Enciso Rojas, "Inquisición, bigamia y bígamos en Nueva España", en Noemí Quezada, Martha Eugenia Rodríguez y Marcela Suárez, *Inquisición Novohispana,* UNAM, México, 2000, Vol. II., pp. 63-77. Referencia en p. 65.

[8] Gabriel Torres Puga, *Los últimos años de la Inquisición en la Nueva España*, Miguel Ángel Porrúa, México, 2004, pp. 32, 40 y 125.

[9] Solange Alberro, *Inquisición y sociedad en México, 1571-1700*, Centro de Estudios Mexicanos y Centro Americanos, México, 1988, p. 26. Sitúa un 80% de la población en Nueva España. Entiendo que tales proporciones generales se refieren a los comienzos del Santo Oficio, es decir fines del XVI.

[10] Ibídem, pp. 23 y ss.

panorama por fuerza incompleto, pues las fuentes primarias analizadas aquí proceden de las causas incoadas por el Santo Oficio, razón por la cual no contaremos, *en principio*, con la presencia de mujeres indias bígamas, cuya jurisdicción, desde el año mismo de la creación del Santo Oficio, pertenecía a la justicia del obispo. El llamado *Provisorato de Indios* entendería, entonces, de tales delitos cometidos por la población indígena. Habrán de ser otras las fuentes complementarias para tratar la vida de las mujeres bígamas en su totalidad. Así pues, la Inquisición, en general y aún más en Nueva España, hubo de centrarse en poblaciones y ciudades con predominio de población española o mestiza; también los negros, mulatos y las mezclas raciales consecuentes estaban bajo su jurisdicción. Por dos razones: primero, porque a la población de inicial origen africano, en cierto modo, se le "conocía", considerando su presencia en tiempos previos a la Conquista –aún más después– en espacios peninsulares y europeos; segundo, porque su inferioridad numérica y su presencia más cercana al conquistador (y sus descendientes), al comienzo de la Conquista, le hacían ser considerados menos potencialmente "revueltos", motivo por el cual se entendía que podría ser menos dificultosa su conversión y el mantenimiento de una cierta ortodoxia. Su incremento en los siglos siguientes, para paliar el descenso de los indígenas, no generó, sin embargo, un cambio en su tratamiento penal.[11]

Todo ello influirá en la complejidad de las causas incoadas por bigamia, pues la mezcla de razas, las castas, denominadas en las causas "calidades", impedían en no pocas ocasiones determinar la propia del acusado/a, brindando al sospechoso la posibilidad de hacerse pasar por indio/a para huir del Santo Oficio. Se hacía entonces necesario recurrir a los libros de bautismos parroquiales en donde constase su "calidad"; no era difícil, considerando que las partidas se registraban específicamente en libros diferentes: españoles, indios, mulatos. Las diferentes "calidades" propias del mestizaje comportarían, con el tiempo, nuevas precisiones nacidas del ejercicio del poder inquisitorial;

[11] De hecho, las sospechas de rebelión en el México de 1665 por parte de una población esclava ya más numerosa ocasionaron la actividad del Tribunal, ello pese a que tales hechos no le competían según materia de delito. Solange Alberro, *Inquisición...*, pp. 157-158.

en su afán por defender su jurisdicción, el Santo Oficio eximirá de su competencia únicamente a quienes demostrasen no proceder de mezcla alguna; de este modo el tiempo corría en contra de la antigua población autóctona.

Para "compensar", añadamos lo que, en mi opinión, se manifiesta como una clara incompetencia de los tribunales del Santo Oficio, nada que ver con el funcionamiento de los propios de la metrópoli. Aquí la inmensidad de los territorios a controlar, la vaguedad de sus límites, la escasez de ministros o funcionariado,[12] la distancia, las dificultades de comunicación y cierta desidia por parte de las autoridades más cercanas a la población a "enderezar" dificultaban un efectivo control sobre una "feligresía" de por sí difícil de manejar, considerando la movilidad de ellos y ellas, tanto más en poblaciones como Guanajuato y los Reales de Minas, centros de atracción de migración masculina y, en no pocas ocasiones, femenina.[13] Los problemas comprendían también no pocos enfrentamientos personales entre curas, comisarios y rectores de las parroquias, como manifiestan las misivas y cartas contenidas en las causas inquisitoriales. Y todo ello generaba procesos largos, más por retraso en el cumplimiento de las órdenes emitidas desde la ciudad de México, que por las diligencias comunes y propias de los procesos inquisitoriales.

Creo innecesario, por su obviedad, transmitir que las historias y los discursos de vida contenidos aquí no son sino una mínima representación de lo que hubo de ser en los tiempos de la Colonia.

[12] Para Nueva España, dos jueces y un fiscal. El sistema inquisitorial, como es conocido, se nutría de un amplio número de comisarios, tanto más necesarios cuanto que de ellos dependía el buen hacer por los problemas de distancia mencionados. Tales comisariatos funcionaban según la relevancia del lugar en parroquias o conventos (donde el prior podía ser el comisario). Se añadían los familiares. Ambas figuras, comisarios y familiares, ejercían su función desde las sedes episcopales, las capitales de las Audiencias y las principales ciudades. Gabriel Torres Puga, *Los últimos años ...*, p. 32 y 112. Jesús Paniagua y Ana de Zaballa, "La Iglesia en Indias", en Juan Bosco Amores Carredano (coord.), *Historia de América*, Ariel, Madrid, 2006, pp. 413-449.

[13] David Brading, en su clásico estudio sobre el censo de 1792, ratifica la escasa movilidad de la población guanajuatense. Sin embargo, los informes de algunos curas de aquellas poblaciones comentaban lo contrario; posiblemente la población se asentase avanzado el siglo, considerando lo tardío del censo. David Brading, "Grupos étnicos, clase y estructura poblacional en Guanajuato (1792)", *Historia Mexicana*, 83, El Colegio de México, México, 1972, pp. 460-480

Primero, por la citada ausencia –por la competencia de las jurisdicciones y las fuentes utilizadas– de la población indígena. Segundo, por la dificultad de reconocer hombres y mujeres en base a descripciones físicas contenidas en los libros de *calicata* y saber de la certeza de su identidad. Además, las distancias –subjetivas– en las vidas de los hombres y mujeres del Antiguo Régimen, en Europa, pero, aún más en América, permitieron a muchos –de ambos géneros– volver a empezar nuevas vidas con nuevas parejas; solo las casualidades, las denuncias muchas veces interesadas y la fatalidad sacarían a la luz historias de persecución por bigamia. A su vez los estudios ya clásicos de Solange Alberro demostraron en su día la distancia cuantitativa entre trámites iniciados y procesos seguidos para el período 1571-1700 en la Inquisición mexicana: en torno a un 16% serían los finalmente proseguidos.[14] Para el siglo XVIII, María Dolores Enciso Rojas, siguiendo los Libros de Índices (no las causas), señala que entre 1700 y 1789 se cursaron, en Nueva España, 1276 trámites inquisitoriales referentes a la bigamia, que dieron lugar a 554 procesos; así pues, 610 fueron denuncias y 128 fracciones de procesos;[15] el porcentaje se situaría en un 43%, cifra relativamente alta en comparación con el resto de los delitos denunciados. Ello nos indica que, pese a las dificultades de reconocimiento y las distancias, las acusaciones y trámites iniciados por el delito de bigamia tenían fundamento. Por tanto, en lo que se refería a la bigamia, el problema (para el poder) radicaba más en lo desconocido o en lo no denunciado que en la interrupción de los trámites cursados.

---

[14] Solange Alberro, *Inquisición...* p. 205. En relación con las transgresiones sexuales, entre las que incluye a la bigamia, siendo un 13.2% de los trámites iniciados, supusieron un 4.4%. De los casi 12.000 trámites iniciados, culminaron en causas unos 2000.

[15] María Dolores Enciso Rojas, *El delito de bigamia y el tribunal del Santo Oficio en Nueva España. Siglo XVIII*. Tesis para optar al título de licenciado de Historia, UNAM, México, 1983. Ídem, "Matrimonio, bigamia y vida cotidiana en Nueva España", en *Dimensión antropológica,* 6 vol. 17 (septiembre-diciembre, 1999).

Causas de bigamia en Nueva España (1700-1789)

TRÁMITES			
Fracciones de procesos	Solo denuncias	Procesos	Total
128 (10%)	610 (47%)	554 (43%)	1276
Fuente: María Dolores Enciso Rojas, *El delito...* (Elaboración propia)			

En síntesis, trataré de bigamia en los siglos XVI al XVIII, siguiendo las causas del Santo Oficio,[16] en un amplio espacio equivalente, aproximadamente, al actual estado de Guanajuato, basándome en las causas conservadas en el Archivo General de la Nación.[17] Recojo la información de quienes fueron procesados por denuncia realizada en Guanajuato ante sus comisarios, siendo, o no, naturales de alguna de las poblaciones del territorio; la tendencia observada es que se juzgaban en Guanajuato cuando: a) El primer o segundo matrimonio ha sido realizado en el territorio de Guanajuatob) El procesado o denunciado reside en alguna población de Guanajuato, o en la propia villa (1679) o ciudad (desde 1741).[18]

HOMBRES Y MUJERES. UNA PERSPECTIVA DE GÉNERO.

Siguiendo la tónica habitual, la bigamia era delito esencialmente masculino. En efecto, las causas conservadas para los siglos XVI-XVIII (1572-1790), en el espacio que tratamos, revelan un predominio del varón, más acentuado a medida que avanzamos en el tiempo. Así, si en los primeros años, tras la instauración del Santo Oficio, el último cuarto del siglo XVI verá procesar cuatro individuos –dos mujeres y dos hombres–, el siglo XVII elevará el número

[16] Como es sabido, las causas inquisitoriales completas no abundan. La mayoría de las fuentes –en importantes tribunales metropolitanos– ha de limitarse a las denominadas "relaciones de causas"; en España solo constan completas en Cuenca, Toledo, Valencia e Islas Canarias. No obstante, algunos tribunales (México entre ellos) permiten un análisis exhaustivo, ofreciendo el Archivo General de la Nación (AGN) mayores posibilidades de investigación.

[17] Mi agradecimiento a la doctora Palmira García Hidalgo por este regalo traído de su estancia pre-doctoral mexicana.

[18] Un ejemplo: Joseph Francisco Olmedo, español, trabajador del oficio de purero de la fábrica del estanco en Guanajuato, había contraído matrimonio la primera vez en Querétaro, la segunda en Puebla. Será denunciado en Guanajuato, donde reside ante el comisario del lugar. Año 1783. Inquisición, vol. 299, 13121/20. Expediente 17.

hasta cinco, no existiendo ninguna causa de bigamia femenina procesada. El XVIII ratificará la tendencia: 26 procesos contra 24 hombres[19] y seis mujeres, una de ellas por haber sido casada en tres ocasiones (la segunda con un bígamo), no hallándose ninguna hasta bien avanzada la centuria, en 1735. En síntesis, entre 1572 y 1790, el amplio espacio de Guanajuato, a efectos inquisitoriales, constituiría el marco de 41 procesos por *dúplici matrimonio, bigamia, poligamia o poliviria*, correspondiente a 39 encausados, de ellos 8 mujeres (20%) y 31 hombres. Si nos centramos en solo el siglo XVIII, el porcentaje de mujeres sería de un 26% aproximadamente (6/29). Tales proporciones son semejantes a las de otros distritos lejanos; por ejemplo, el tribunal sevillano repetía tales proporciones: 79% de varones y 21% de mujeres hasta 1700; a partir de entonces, disminuía la presencia del reo varón: 66% frente al 34%, bien que en los restantes distritos metropolitanos la tendencia era de un 75% frente a un 25%.[20] En cualquier caso, la bigamia, según vemos, era esencialmente masculina y el delito se incrementaba, bien por el propio crecimiento de la población, vegetativa y de inmigración, en base a las atracciones mineras del XVIII guanajuatense, bien por una mayor efectividad de la persecución de los inquisidores. He aquí porcentajes y listados, según género:

[19] El caso más llamativo procede de 1790: un acusado de doble matrimonio con ama y esclava. "Contra Francisco Javier de Coria, mulato esclavo, por denuncia de su primera mujer, María Francisca de Medal, mulata esclava de Los Medales, por haberse casado por segunda vez con su ama María Rosa, y anda de mayordomo de las mulas de su mujer". Santa Clara del Cobre, Pátzcuaro, Penjamo, Guanajuato.

[20] María Luisa Candau Chacón, "Mujeres ante la justicia...", p. 5. Fuente: *Catálogos y alegaciones fiscales.*

Procesos por bigamia
Guanajuato (Santo Oficio) 1572-1794

1572-1599			1600-1699			1700– 1790			Total		
H	M	Total	H	M	Total	H	M	Total	H	M	Total
2	2	4	5	-	5	24	6	30	31	8	39
Fuente: elaboración propia, en base a los expedientes del SO citados (AGN), México.											

Procesos por bigamia. Guanajuato (Santo Oficio, 1572-1794) Una perspectiva de género: Hombres encausados				
	HOMBRE	Denuncia/ Proceso/ Fuente	Natural/calidad/	Delito
1572	Pedro de Sosa			Casado 2 v
1585	Juan Pérez de Othaeugui		Vizcaíno	Casado 2 v
1650	Simón Gómez de Brito	Antonio Juárez, Mercader y Alonso Beltrán	Portugués	Casado 2 v
1658	Martín Alonso		Vecino de Guanajuato	Casado 2 v
1674	Diego Romero		Nuevo México. Alias: Diego Pérez	Polígamo
1674	José de Barrientos	Antonio Vázquez Izquierdo (v de México)		Casado 2 v
1681	Francisco Rodríguez		Alias: Pancho el gordo	Casado 2 v
1700	Juan de Roxas	Espontáneo	Mulato	Casado 2v
1702	Nicolás Robledo	Querella del fiscal	Mulato blanco, bermejo	Casado 2 v
1717	Antonio Muñoz	Catalina Álvarez		Casado 2 v
1725	José Muñoz de Sanabria		Alias José Velázquez de Mena	Casado 2v

1727	José Muñoz de Sanabria	José Velázquez de Mena		Casado 2v
1733	Manuel de Zúñiga		Español. Natural de Puebla.	Casado 2v
1739	Juan Blas Ladrón de Guevara		Mestizo.	Casado 2v
1741	Blas de Guevara	Querella del fiscal	Mulato	Casado 2v
1742	Jerónimo Mejía	Querella del fiscal	Alias: Juan de Dios de Leyba, mulato esclavo	Casado 2v
1748	Juan Simón de Anguiano	Querella del fiscal	Mulato libre. Natural de Silao	Casado 2v
1754	Juan Andrés Téllez		Alias: Juan Cadenas "Devueltos los autos por ser indio el reo".	Polígamo= casado 2 v
1760-1766	José Pérez de Gardea	Espontáneo	José de los Santos Ruvalcaba. Criollo Español.	Casado 2 v
1762	Antonio Beltrán		Coyote (*)	Casado 2v
1776	Juan Gutiérrez		Lebrija (Sevilla).	Casado 2 v. Fugado
1778	José Hipólito García		San Francisco (León). Mulato.	Polígamo
1779	José Francisco Ortíz		Mestizo, natural del pozo de los Cármenes.	Polígamo
1779	Carlos Ignacio de Uraga	Querella del fiscal	Alias: Carlos Luz.	Casado 2 v
1780	José Francisco Ortiz	Ana Ignacia de Reina suegra de 2ª esposa	Real de Santa Ana Alias: Palomo. Mestizo.	Polígamo= Casado 2 v
1781	Rosalino Alamillos			Polígamo
1783	José Lorenzo Ruiz		Santillana (España).	Polígamo= Casado 2 v
1785	Vicente Cisneros		Zamora (España). Soldado	Polígamo
1785	José Francisco Olmedo		Español.	Casado 2 v

1785	Juan José Alvarado Aguilera			Polígamo= Casado 2 v.
1790	Francisco Javier de Coria	Francisca Medal, mulata esclava, 1ª mujer	Casado con esclava y ama.	Polígamo=casado 2v
*: coyote: mestiza e indio Fuente: Elaboración propia a partir de las fuentes citadas del Santo Oficio. Archivo General de la Nación, Instituciones Coloniales, Inquisición. México.				

Procesos por bigamia. Guanajuato (Santo Oficio, 1572-1794)

Una perspectiva de género: Mujeres encausadas

AÑO	Nombre	Denuncia	Denuncia Lugar	Natural	Cal.	Primer matrim.	Segundo matrim.	Tercer matrim.	Otros
1575	Isabel Vera		Minas de Guanaj.		Mestiza				Ref. Guevara Sanginés
1577	Francisca Rodríguez		Minas de Guanaj.		Mulata				Ref. Guevara Sanginés
1735	Marcela. Bernarda	Primer marido	San Miguel el Grande	Lagos	Coyota	Real de Minas de Marfil	Querét.	----	Costurera, alias María Bernarda
1752	Francisca Gamboa	Primer marido y el amo	Parroquia-de Guanajuato	Fresnillo (obispado de Guadalajara)	Mulata, esclava	Iglesia Parroquial de Zacatecas	Parroquia de Guanajuato	-----	Alias "María Gertrudis"
1771	María Casimira Calderón	Sale a la luz en el proceso por bígamo de su 2º marido.	Guanaj Pasa a Durango*	Ciudad de Guanajuato	Mulata	Iglesia Parroquial de Guanajuato	Pueblo de Alaya	Cosalá	María Candelaria alias "la burrera"

1780	María Guadalupe Martínez	¿Primer marido?	Guanajuato	Chalpujagua (Tlalpujahua)	Mulata	Chalpujagua	Iglesia Pal. de Guanajuato	---	María Guadal. Gertrudis Salgado alias "La mocha".
1788	María Ignacia Cervantes	Antigua conocida y vecina	Guanajuato	Ciudad de Guanajuato	Mestiza	Iglesia Parroquial de Guanajuato	Querétar	----	Costurera y lavandera
1789	María Manuela Estefanía	Primer marido		Yuririhapundaro (Yuriria)	India	San Nicolás	San Miguel el Grande		Conflictos jurisdic.

*: Posiblemente por cercanía de Alaya y Cosalá (Sinaloa)
Cal: Calidad
Fuente: Elaboración propia a partir de las fuentes citadas del Santo Oficio. Archivo General de la Nación, Instituciones Coloniales, Inquisición. México.

Calidad de las bígamas
Algunos ejemplos

Nombre	Calidad S.O.	Calidad según segundo marido	Calidad declarada en segundo matrimonio	Calidad según la bígama
Marcela Bernarda Hernández	Coyota	1) Criolla 2) India 3) Mestiza	India	
María Francisca Gamboa	Mulata, esclava	Mulata libre	Mulata libre	
María Ignacia Cervantes				Tresalba

Predominaban los hombres encausados. Alguno más habríamos de computar por contenerse en causas de mujer: en efecto, la procesada contra María Casimira Calderón, trígama, incluía la propia de su segundo esposo, bígamo a su vez. Realmente el proceso se había iniciado con él, de nombre Manuel Molina, en 1771; fue al investigar sus matrimonios, cuando los inquisidores descubrieron que su segunda esposa, la citada María Casimira, de calidad mulata, había delinquido por la misma "especie" de delito. Un proceso que ya entonces el informante inicial describía como "confuso y embrollado" por su complejidad, de este modo:

> Sin embargo del informe, confuso y embrollado de ellos y de las nulidades que comprenden, se deduce que, inquiriéndose un solo reo, se descubren dos, pues el referido Molina que casó en Alaya con María Casimira Gómez, siéndolo también en la actualidad con María Rosalía en Valparaíso (...) lo hizo con mujer también casada con Lorenzo Gómez, y además la misma Casimira, sin estar declarado nulo este segundo matrimonio ni constar la muerte del citado Lorenzo Gómez, su primer consorte, procede a celebrar tercer matrimonio, de forma que el citado Molina contra quien se principió esta causa es bígamo y la citada Casimira trígama ... *con tantos retruécanos que será mucho conseguir el que se ponga en claro, como se requiere en el SO.* [21]

[21] AGN. Inquisición. Vol. 994. Fols. 336-337. Subrayado propio.

Predominaban, además, en función de las migraciones propias del XVIII en los Reales de minas. Se añadían las haciendas y los obrajes, y la propia vida de quienes, de origen esclavo o extracción social inferior, o bien huían de sus amos o se lanzaron a los caminos conociendo nuevas posibilidades de estabilidad económica y afectiva; tanto más en las mujeres. No eran, sin embargo, bigamias "simultáneas". Como en otros tiempos y espacios predominaba "la bigamia *sucesiva* sobre la *simultánea*, consecuencia de la inexistencia, no del *divorcio* en sí (en cuanto separación legal, temporal o perpetua) obtenido (aunque muy difícilmente por los tribunales eclesiásticos) tras pleitos iniciados con tal término, sino de la indisolubilidad del matrimonio y de la imposibilidad de contraer un segundo, pese a haberse conseguido la separación legal del primero.[22] La bigamia *sucesiva,* por tanto, respondía al inicio de una nueva vida con otro/a esposo/a, lejos normalmente del hogar de origen, pero no al mantenimiento de dos hogares o familias simultáneas. Era la respuesta a la ausencia de un divorcio entendido en el sentido actual y civil del término. Como bien señalara hace años Jaime Contreras, "se trataba más bien de una poligamia o poliandria clandestina en la que las corrientes migratorias y la escasa capacidad de los poderes públicos sobre ella justifican su existencia".[23] Curiosamente, quienes realmente actuaron como "bígamos" en su sentido conductual/moral actual, se cuidaron muy mucho de contraer un segundo matrimonio y prefirieron, bien falsear la documentación creando partidas matrimoniales, bien vivir amancebados en su segunda unión, simultaneando vidas y familias en lugares de frontera o próximos. Sabían de su peligrosidad.[24]

Tales corrientes migratorias, comentadas para la metrópoli por Jaime Contreras, convirtieron estos caminos y poblaciones del Bajío en áreas susceptibles de recomenzar vidas y asentamientos. Que los

---

[22] María Luisa Candau Chacón, "Mujeres ante la justicia..", p. 3.

[23] Jaime Contreras, *El Santo Oficio de la Inquisición en Galicia, (Poder, sociedad y cultura),* Akal, Madrid, 1982, p. 644.

[24] María Luisa Candau Chacón, "Una historia de tres en Ayamonte (Huelva): el caso del tabernero prófugo y las dos Josephas", en VV.AA., *Sucesos raros y curiosos en la Andalucía del Antiguo Régimen,* Junta de Andalucía, Consejería de Cultura, Sevilla, 2009, vol. I, pp. 151-179. Ídem, "Mujeres ante la Justicia...".

tránsitos hacia Guanajuato lo eran, es indiscutible, como el camino, del norte, o hacia el norte: desde san Luis de Potosí a Real de Minas de Guanajuato y a la inversa. Los mismos informantes de entonces –curas, capellanes, comisarios– incluían, en sus cartas a las autoridades eclesiásticas, referencias a las migraciones a fines del XVIII, con otra finalidad: la de poder ejecutar las sentencias en sus localidades respectivas a fin de que sirviesen de ejemplaridad;[25] en estos términos:

> Que esta general (*sic*) cada día se incrementa más con la variedad de gentes que de todo el reino están viniendo y principalmente de tierra adentro los que, por su rusticidad y falta de civilidad, no comprenden la virtud de este Santo Oficio por lo que soy de sentir (salvo el superior dictamen de Vuestra Señoría) que, sentenciada la causa, se aplicase en este Real la penitencia para ejemplar de esta numerosa población... en todo obedeceré rendidamente su superior orden... (Firmado: Ignacio Aguilar, bachiller, cura y comisario del Santo oficio del Real de Catorce).[26]

Las migraciones internas favorecían, por lógica, las posibilidades; primero, de abandono al cónyuge legítimo, segundo, de un menor control –por no decir ninguno– por parte de las autoridades religiosas. Y aunque persiste la figura del español o portugués residente en Indias que, abandonada la primera esposa en la metrópoli, contrae matrimonio con una segunda, en su mayor parte desconociéndolo la primera de por vida, observamos la permanencia ascendente y continuada de mulatos, mestizos, criollos con matrimonios (en plural) contraídos en Nueva España.

En cuanto a los primeros, los tres siglos reflejan su existencia: el vizcaíno Juan Pérez de Othaeugui sería procesado en 1585, el portugués Simón Gómez de Brito, en 1650, el andaluz y sevillano, Juan Gutiérrez, natural de Lebrija, lo sería en 1776, como el cántabro, nacido en Santillana, José Lorenzo Ruiz (1783) o el zamorano, procesado en 1785, de oficio soldado de infantería, Vicente Cisneros.

[25] Petición que sería desechada.
[26] AGN. Inquisición. Vol. 1214. Expediente 12. Julio de 1788.

Todos respondían a un mismo prototipo: mujer en la metrópoli, nueva esposa en Indias, denunciados por la "fatalidad" –para ellos– de encontrar vecinos de su lugar de origen en lugares inesperados.

Un segundo perfil –criollos, mulatos, libres o esclavos, y mestizos (y estos en bastantes variantes)– demuestra que, pese a lo mantenido, el delito (o más bien los procesados) por bigamia se incrementa (en todos los modelos) durante el siglo XVIII, lo que contradiría la defensa de una pérdida de efectividad del Santo Oficio en dicho siglo.[27]

FINGIENDO SER INDIAS. CALIDAD Y CONDICIÓN DE LAS MUJERES BÍGAMAS

Las mujeres encausadas por bigamia contenidas aquí constituyen un grupo reducido: solo ocho entre 1572 y 1790, pero no hallamos ninguna procesada ante el Santo Oficio –según comenté– entre 1577 y 1735.

Mulatas en su mayoría (4 de 8), de ellas una esclava, el resto aportaba las variables de la mujer mestiza, coyota (fruto de indio y mestiza) incluida. Su "calidad" (término con el que se menciona casta y raza) –definida en los "libros de calicata"– es difícil a veces

[27] Es cierto que se ha escrito desde hace tiempo, y mucho, acerca de la decadencia del Santo Oficio durante el siglo XVIII en tiempos borbónicos (Monelisa Lina Pérez-Marchand, *Dos etapas ideológicas del siglo XVIII en México a través de los papeles de la Inquisición*, El Colegio de México, FCE, México, 1945). Esto, que parece ser aceptado por los historiadores en su conjunto, en cuanto al número de procesos o de autos de fe, no lo es, primero, en cuanto a las causas que lo motivaron, desechándose que fuese la politización del tribunal o su dependencia, desde finales de siglo, de las autoridades seculares (en Nueva España, del virrey a partir de 1791), la razón de su declive, habida cuenta el anacronismo anexo al empleo del concepto de lo político en el Antiguo Régimen. Solange Alberro, *Inquisición...*, pp. 153 y 156. Gabriel Torres Puga, *Los últimos años de la Inquisición...*, pp. 44 y ss. Segundo, por considerarse –según autores– no tanto decadencia como "acomodo" a los nuevos tiempos, iniciándose un cambio de orientación de la institución al desaparecer, prácticamente desde mediados del XVIII, las penas de la hoguera, siendo el resurgir del Santo Oficio evidente en los años de la guerra contra la convención francesa (1793-1795), aunque en otra dirección, intensificándose la persecución de la herejía y de las ideas "revolucionarias" o de los simpatizantes con las formas republicanas, por tanto años de censura de libros, y de denuncias de –sobre todo– solicitantes y blasfemos. El último reo relajado en persona lo fue en 1715. Fray José de san Ignacio por judaizante y hereje. Gabriel Torres Puga, *Los últimos años...*, p. 47.

de determinar, salvo por las declaraciones de las sospechosas y de los testigos –muchas veces guiados por lo que sabían y decían las propias procesadas–, y nos dibuja un panorama de mestizaje cada vez más complejo de discernir. Entre mulatas y mestizas, su descripción no aclara los orígenes, muchas veces falseados. Así, la mestiza Marcela Bernarda, definida por el tribunal del Santo Oficio como coyota, en 1735, lo fue, según los dos esposos, en diversas calidades: india y mestiza, por el primero; criolla por el segundo; variando, incluso, las descripciones de ambos en las distintas audiencias, sin asombro alguno de notarios ni comisarios. Dibujada por el primer cónyuge, la imaginamos, según sus palabras, "alta, delgada, caripicada de viruelas, blanca con una señalita azuleja sobre el caballete de la nariz, en el lado izquierdo, de poco pelo";[28] de piel no muy obscura, los testigos la definieron asimismo como "blanca" "blanquilla",[29] apariencia que usaría en su beneficio para pasar por criolla de cara a un posible matrimonio, y ante el Santo Oficio, por razones evidentes, por india. Como india se presentaría en su segundo matrimonio, con una clara intencionalidad: contraerlo en la capilla de indios, pagar menos derechos e –intuimos–, caso de ser descubierta, huir de la Inquisición[30]; lo que el tribunal añadiría a sus delitos imputados, según querella posterior del fiscal: "pues se dio esta rea por india, dijo llamarse María Bernarda, que era del barrio de la Santa Cruz de dicha ciudad de Querétaro, hija de Pedro Joseph y de Pascuala de los Reyes… dando por bastante esta información que se hizo en la forma acostumbrada de los indios".[31]

Medio siglo después, María Ignacia Cervantes, en 1788 se presentaba como "tresalba", en tanto su padrino (del segundo matrimonio), "Bartolomé Márquez, testificaba que siempre se había tenido a María Ignacia Cervantes por española y a Lozano (segundo esposo) por indio,

[28] AGN. Inquisición. Vol. 857. Expediente 7. Fol. 333v.
[29] Y, además: "alta, gruesa, cariredonda, algo chata y muy picada de viruelas, blanquilla". Testimonio de Gregoria Micaela madrina de su primer matrimonio. Ibídem.
[30] Según testimonio de su segundo esposo: "se casó segunda vez… hará como ocho años, *como indios por ahorrar derechos*". AGN. Inquisición. Vol. 857. Expediente 7. Fols. 366 y ss.
[31] Ibídem.

las señas son ojos negros, pelo negro, rostro blanco, alta de cuerpo y gruesa";[32] el primer cónyuge la recordaría con una mayor precisión :

> trigueña, gruesa, alta de cuerpo, narigona, pelo negro, ojos aceitunados, que le falta un diente delantero de la parte superior, que tiene en la quijada derecha una cicatriz de una flucción y dos señales de cortadas, una en el lagarto de un brazo y otra en un pecho, aunque no sabe decir si una y otra son en el lado diestro.[33]

En su confesión, la rea presentará antepasados de diversa índole: abuela materna española, abuelo materno indio cacique, padre mestizo y madre castiza; no incluyendo en ningún caso sangre de negros y mulatos.[34] Pero su apariencia le hubiera permitido "pasar" y cambiar de calidad e identidad.

Más difícil lo tenían quienes poseían otros rasgos: pelo crespo o piel menos clara. Francisca Gamboa, de unos 18 o 20 años, mulata esclava, en 1752, se vendía a sí misma, primero, y por lógica, como mujer libre. Cambiado el nombre "para no ser conocida" (según su confesión) por María Gertrudis, se presentaba ante su futuro segundo marido como "criolla en Zacatecas, mulata libre y soltera", hija de padre español y madre mulata, y, ante el cura que los habría de casar en segundo matrimonio, por india.[35] Ya su primer marido, Juan Gil, la había descrito con la siguiente apariencia: "que la dicha su mujer Francisca es de cuerpo proporcionado, ni muy alta ni muy baja, delgada, de pelo crespo, no muy prieta, sí muy trigueña, y algunas señales, aunque pocas, de viruelas en la cara",[36] una precisión esta última (de las viruelas) que, obviamente, no la significaba. La testigo y madrina del primer matrimonio, Juana Silveria, la recordaría, a su vez, como "mulatita trigueña algo blanquita, de pelo crespesito,

---

[32] AGN. Inquisición. Vol. 1214. Expediente 12. Fol. 269.

[33] Ibídem, fols. 310 y 310v.

[34] Ibídem, fols 334 y ss.

[35] Informe del cura que casó a Francisca Gamboa en segundo matrimonio, en 13 de diciembre de 1751: "los mandó aprehender y poner en la cárcel para seguir la demanda, *por haberse presentado por india*, sabiéndose que no es tal india sino mulata esclava". AGN. Inquisición. Volumen 926. Expediente 10.

[36] AGN. Inquisición. Vol. 926. Expedientes 10 y 11, fols. 21 y 21 v.

aunque no mucho, de buen cuerpo, algo bajito, señalada de viruelas en la cara, aunque raramente delgadita pero maciza".[37] En tanto su amo y propietario, Luis Nava, más sucinta y contundentemente la había dibujado, simplemente, como una "mulata de color corcho".[38]

Los ejemplos se continúan. En 1780, otra mulata, natural de Tlalpujahua, María Guadalupe Martínez, alias "la mocha", por un corte en la parte inicial de la oreja, aparecería descrita al hilo de su proceso como

> ... delgada de cuerpo, mediana estatura, color dorado oscuro, nariz afilada, ojos azules, pelo negro y corto, boca pequeña y que hace juicio tiene una cicatriz o señal tras la oreja derecha, aunque nunca se la vio por el empeño con el que siempre la ocultaba y defendía.[39]

Color de ojos, color de piel... color y calidad del cabello... las descripciones –fuesen de ellas o de otros– de aquellas mujeres bígamas del Bajío no permitían dilucidar claramente su calidad o su raza. Dependían –caso de ser necesario precisar en mayor medida su identidad, tanto más en quienes se fingieron indias– del recurso a los registros bautismales. Como la india María Manuela Estefanía Martínez Ramírez, denunciada ante la Inquisición en 1786, la última de las contempladas por el tribunal, habida cuenta la puesta en vigor de la antigua cédula de Carlos III, fue devuelta al Provisorato de indios por demostrarse, tras la consulta de las partidas de bautismo de su iglesia natal, en Yuririhapundaro (Yuriria) su condición de indígena. Habrían de pasar cuatro años. Hasta entonces esta india ladina oriunda de Celaya,[40] pasaría sus días entrando y saliendo de la Casa de las Recogidas, hasta dilucidarse la jurisdicción correspondiente que le habría de juzgar. No estando claro,

---

[37] Ibídem, fol. 21 v.

[38] Ibídem.

[39] AGN. Inquisición. Vol. 1196. Expediente 2, fol. 10.

[40] Declarará en su confesión que "ha sido la que declara siempre tenida por india, aunque es ladina en el idioma castellano, pues no usa la otra ni entiende de otra por lo que no ha sido necesaria la intervención de intérprete". AGN. Inquisición. Vol. 1216 Expediente 12, fols. 345 y ss.

las mismas misivas del juez de la Iglesia –obispado de Michoacán– demostraban la dificultad de aclarar su "calidad", reivindicando la competencia de los tribunales inquisitoriales. De este modo:

> Aunque, por la calidad de la delincuente pudiera estimarse como se estima por india, estar exceptuada de aquel santo tribunal, pero como esa excepción *solo la gozan los indios puros*, y que no tienen mezcla alguna de otra casta, parece que, así por no estar acreditada la calidad de india pura, en la delincuente, y haber ésta en su propia confesión declarado que su madre fue coyota, que aunque tiene de indio, se halla con mezcla de otra raza, no puede por este motivo gozar de otra excepción que solo sufraga a los indios puros.[41]

Remitida en principio esta causa al tribunal del Santo Oficio, en 22 de diciembre de 1788, la mencionada consulta de los registros de bautismo en su iglesia natal probaría sin embargo su condición, al estar asentada en el libro de los indios: María Manuela Estefanía, nacida en 6 de enero de 1749, de calidad india. Su traslado al Provisorato ante el juez de la Iglesia en abril de 1789 la aleja de nuestras fuentes.

Todo ello demuestra que, en el tiempo transcurrido, el imperio del mestizaje marcaba la imagen, apariencia y fenotipia de la población de entonces, lo que suscitaba, cuando ya finalizaban los tiempos del Santo Oficio, dudas y conflictos como estos. Dudas que, como en el caso de la mujer citada, alargaban, en su perjuicio, los procesos, las carcelerías y la vuelta al mundo.

DISCURSOS DE VIDA DE LAS MUJERES PROCESADAS. ESPOSAS EN FUGA

Es sabido que una parte importante de las causas inquisitoriales –y más queridas por los historiadores– es la propia narración y confesión de los encausados. En los procesos y expedientes como estos,

[41] Ibídem.

el llamado "discurso de vida", con tal nombre en las relaciones, describe las historias de los reos/as tal como ellos/as las concebían y, sobre todo, como las querían transmitir. Aun partiendo de la base de que todas estas mujeres pretendían conseguir la empatía de un tribunal compuesto por hombres y que, por tanto, habían de justificar y excusar sus fugas y posteriores casamientos, no dejan de ser útiles sus descripciones; por las siguientes causas:

1) Primero, porque nos permiten entrever el discurso, de ellas y del poder que había de juzgarlas.

2) Segundo, porque, por mucho que falsearan razones y culpables, los movimientos, los caminos, las vidas, hijos incluidos y sus penalidades reflejan las condiciones del "pasar" en los Tiempos Modernos en años de la Colonia. Tanto más en todas estas mujeres, puesto que todas sin excepción pertenecían a estratos inferiores de la sociedad.

Habremos de preguntarnos, en primer lugar, ¿por qué huyeron de sus maridos? O ¿por qué los abandonaron? En segundo lugar ¿cuándo y cómo contrajeron el segundo matrimonio? ¿Eran –sus segundos maridos– cómplices? Veamos sus razones, en su contexto.

En la sociedad de entonces, considerando el papel y rol de las mujeres –sobre todo las casadas– el abandono del hogar no tenía justificación; únicamente podía entenderse en casos de malos tratos, según términos y expresiones documentales "estando en riesgo la vida" y, aun así, en tales circunstancias correspondía realizar la delación del cónyuge ante el juez de la Iglesia y tribunal eclesiástico para obtener una separación temporal o perpetua que les permitiese, legalmente, vivir solas. Consecuentemente, el discurso no podía admitir causa de abandono por malos tratos, aunque, en la práctica, los hombres de la Iglesia (curas y comisarios) lo comprendiesen. En segundo lugar, la posibilidad de iniciar una vida nueva por el abandono del esposo, que algunas argüirán, hubiera precisado, a su vez, y en su momento, de una denuncia ante el tribunal de la Iglesia por "abandono de vida maridable" e inicio de causa judicial para conseguir su retorno. De modo que, habida cuenta los escasos resquicios posibles en la ley eclesiástica (también civil), por los que justificar la marcha del hogar conyugal, resultaba muy difícil excusar (a las mujeres) el incumplimiento de sus deberes como esposas. Con este telón de fondo, las historias de vida presentadas, en lo que compete a las razones de las fugas, resultarán semejantes. De este modo, según trataré a continuación.

La mestiza, ya citada, Marcela Bernarda Hernández, alias María Bernarda, natural del partido del Real de Minas del Marfil, jurisdicción de Guanajuato (en confesión cambiará su origen por la cercana villa de Lagos), a la sazón costurera de unos 38 años, sería procesada por el Santo Oficio por denuncia cursada por su esposo, Joseph Marmolejo, "minero de oficio y mestizo de calidad" en 1735, por razón de haberse fugado del hogar familiar unos ocho años atrás (1727), dos después de contraído el matrimonio (1725), y conocerse en aquellos días la celebración de un segundo matrimonio de la citada cónyuge. La primera reflexión apunta, precisamente, a la ausencia de denuncia por abandono del hogar, considerando el tiempo transcurrido desde la fuga (ocho años), demostrando un claro desinterés por parte del marido por saber el paradero de la esposa, bien por razones de honor, bien por desapego afectivo o problemas de convivencia. Una segunda observación encauza la posterior denuncia del esposo ante el conocimiento del segundo enlace, en relación, primero a la defensa de los valores propios y domésticos del Antiguo Régimen –el descrédito del marido abandonado y cornudo que se siente, en términos documentales "agraviado"– y, segundo, al deber de delación en asuntos de delitos que atentasen contra la fe y la indisolubilidad del matrimonio, sacramento católico. Su inoperancia, al saber del segundo matrimonio, le convertía en cómplice. Frente a su versión, el discurso de vida de Marcela Bernarda recorre una historia de malos tratos y, así, relata:

> Dijo que ha sido casada dos veces: la primera con el referido... Marmolejo que se casaron en el Real de Minas de Marfil como dos años antes de la enfermedad del sarampión,[42] el día de Nuestra Señora de Agosto por la mañana, velándose al mismo tiempo y diciendo la misa el cura que era entonces del Marfil que tenía por

[42] Enfermedad constatada en el año de 1727. Sin embargo, las partidas registradas del primer matrimonio revelarán su casamiento en 22 de agosto de 1724 en Guanajuato.

> apellido Valles o los Valles, que después fue a ser cura a Guanajuato y ya murió (...) hizo vida maridable un año y no tuvo hijos, *de quien se apartó y ausentó porque le daba mala vida.*[43]

Su vida posterior, con amancebamiento incluido, daría pie al fiscal del Santo Oficio para rebatir las justificaciones y razones de la mujer, en querella presentada en 12 de noviembre de 1738: "se ausentó del lado de su marido por decir esta rea le daba mala vida, aunque más parece que fue por vivir a sus anchuras y libertad".[44] ¿La causa?: las relaciones mantenidas con posterioridad desestimaban a la ya de por sí desestimada Marcela Bernarda.

Los malos tratos serán también justificados como causa de abandono de la mulata María Guadalupe, alias "la mocha", según confesión otorgada ante el comisario del Santo Oficio en el año 1780, casada por primera vez en el pueblo minero de Tlalpujahua,[45] con el indio Juan Ignacio Martínez en 1767 y por segunda en Guanajuato con el español Joseph Miguel Ortega; a diferencia de la anterior, aseguraba haberlo denunciado en su localidad de origen ante el cura "por la mala vida que la daba", lo que corroboraban los testigos por saberlo de oídas: "y le consta que después de casados, se quejó ante el juez eclesiástico del marido porque le daba golpes y mala vida".[46] Los golpes desde luego le dejarán factura, aunque no sabemos si el corte en la oreja del que obtendría el mote a perpetuidad –la mocha– vendría de los producidos por el esposo o por una amistad ilícita posterior.[47]

El abandono del cónyuge será la causa argüida por la mulata esclava Francisca Gamboa en 1752; propiedad del minero y hacendado don Luis de Naba (o Navas), alias "Chalas", vecino de Zacatecas, y casada a los dieciséis años con el asimismo esclavo de igual dueño

---

[43] AGN. Inquisición. Vol. 857. Expediente 7, fol. 368.
[44] Ibídem, fol. 376.
[45] Antiguo pueblo minero en los límites de México y Michoacán.
[46] Testimonio de don Ignacio Vázquez de Acuña. AGN. Inquisición. Vol. 1196. Expediente 2, fols.13-14.
[47] Anotación al margen izquierdo de las declaraciones: "incontinencia con don Félix Bermúdez, que le cortó un pedazo de la oreja izquierda por celos que tenía de ella". Ibídem.

Juan Gil, en su iglesia parroquial en 29 de abril de 1749, habían huido ambos de la hacienda un año atrás, en diciembre de 1750, en compañía de un tercero, también indio y de nombre Domingo de Zúñiga. Tal abandono se habría producido, según la mujer, tras la citada fuga y hallándose en la villa de san Luis de Potosí, suponiendo, ante la falta del esposo, según su expresión "que la habría largado". He aquí su relato que confrontaremos más adelante con el propio del marido y del amo:

> que había seis años que el dicho Luis Nava la había comprado y en su casa conoció al dicho esclavo Juan Gil que era su marido... que se había casado con él en Zacatecas... que los había casado y velado el bachiller don Juan Murguía... y habían sido sus padrinos un indio, sirviente de su amo, llamado Victorio y su mujer llamada Margarita... y que hacía dos años que era casada... Y por el mes de todos los Santos del año pasado de (1)750, en compañía de dicho su marido Juan Gil, se huyó de la casa del dicho su amo, y se vino a la ciudad de San Luis de Potosí, en donde estuvo tres días en casa de una mujer llamada Pascuala, (de)tras de la tenería de don Joseph de Maltos, y que, habiéndose hecho desaparecido su marido y no vuelto en dichos tres días a la casa, *juzgando que la había largado*, pensó ser bienvenida a esta ciudad de Guanajuato...[48]

De San Luis de Potosí a Guanajuato marcharía en compañía de unos arrieros, caminando sola desde el puesto del "Tablón", viviendo en el callejón Escalones de Cortés durante un mes y luego en la calle Belén en casa de diferentes mujeres, donde conocería a su segundo esposo. Tal narración se oponía a la de su primer marido; también a la del propietario de ambos, cuyos discursos son como sigue:

> Y preguntado el dicho Juan Gil qué tiempo ha que, en compañía de la dicha su mujer, se huyó de la casa de su amo, dijo que por el mes de noviembre del año pasado de (1)750, se vino con la dicha

[48] AGN. Inquisición. Vol. 926. Expedientes 10 y 11, fols. 90-91-91v.

> su mujer a la ciudad de san Luis de Potosí, en donde estuvo un mes en compañía de ella tras de la tenería de don Joseph Maltos y que, habiendo vuelto de su trabajo a la casa donde estaban hospedados, al cabo de dicho mes, buscando a la dicha su mujer, los caseros le dijeron que desde por la mañana la dicha Francisca Gamboa, su mujer, se había salido con un hombre que había ido en compañía de ellos, llamado Domingo de Zúñiga, indio…[49]

Declaración que coincide con el testimonio del propietario, Luis Navas quien, tras otorgar poder al indio Joseph Suárez Figueroa, testificará que:

> la dicha Francisca se me fue de casa el año pasado de (1)750 por el mes de diciembre, junto con el dicho su marido Gil y otro indio mancebo llamado Domingo de Zúñiga, todos tres fueron a dar a la ciudad de san Luis Potosí, *y de allí se la hurtó el dicho indio a su marido,* el cual mulato se volvió al refugio de mi casa para que yo diera la providencia más conveniente y, viendo que es mi obligación ponerlo en ejecución, he despachado a los dichos en su busca.[50]

Una historia variable, que vislumbra desafectos conyugales y nuevos conciertos de vida, al parecer con el indio definido como "mancebo", Domingo de Zúñiga, tras una breve separación del esposo, pues la misma confesión de Francisca Gamboa refiere su ausencia durante "tres días". La vuelta del marido legítimo a su antigua hacienda, buscando la ayuda del amo, parece ratificar la inexistencia de abandono por su parte y apunta, más bien, a la oportunidad de fuga de la esposa en nueva compañía; compañía que, por otra parte, no sería definitiva. Y una compañía que –intuyo– vendría planeada de antemano en los días previos a la huida de la hacienda del amo.

A fines de siglo, en 1786, la india María Manuela Estefanía alegaría el abandono de su esposo como razón de fuga y nuevo casamiento. Tras siete años de ausencia del cónyuge, el labrador mulato José

---

[49] Ídem. Fol. 89.
[50] Ibídem.

Alejandro Valdenebro –de quien decía no saber nada en dichos siete años– marchará de su lugar de origen, justificándose en estos términos: "dijo que porque hacía siete años que andaba ausente su primero marido, José Alejandro".[51] Por su parte el citado cónyuge, tramitador de la denuncia, que obviaba, por lógica, su ausencia, delatará su fuga sin precisiones, más allá delos datos que hacían referencia a años y tiempos de la huida:

> que hace como veinticinco años que contrajo matrimonio con la expresada... en la vicaría de san Nicolás Huiachildeo y desde cuyo tiempo se mantuvieron ambos juntos, sin haberse separado el uno del otro, hasta ahora ocho años en que la indicada su consorte se ausentó fugitiva y lo estuvo de su lado cerca de dos años...[52]

Sin aclarar sus diligencias o actuaciones a lo largo de los años de ausencia de él o de ella, saldría en su busca al conocer el segundo enlace en San Miguel el Grande, donde delataría a su esposa por bígama.

Pero no todas las declaraciones se justificaban (o falseaban) historias en los malos tratos o abandonos. Así, algunas reconocieron abiertamente otras causas de índole bien afectivas o de conveniencia. En 1771, María Casimira Calderón, mulata libre y trígama, reconocía en confesión haber abandonado a su legítimo esposo, de nombre Lorenzo Gómez, con quien había contraído matrimonio en Guanajuato, sin más razón que por marchar en compañía de quien sería su segundo marido, un tal Manuel Molina, por entonces también casado y posteriormente, tras celebrar nuevas nupcias, igualmente bígamo. Los sucesos se remontaban unos diez años atrás tal como reconocería la acusada en confesión: "preguntádole si es verdad que Manuel Molina la había extraído del Real de Bolaños, dejando a su legítimo marido en dicho Real, dijo que era verdad (...) Y preguntádole cuánto tiempo había que Manuel Molina la había hurtado de Bolaños, respondió que como nueve o diez años".[53] Su confesión posterior ratificaría el haber dejado a su marido por la amistad ilícita

[51] AGN. Inquisición. Volumen 1216. Expediente 12, fol. 346.
[52] Ibídem. Denuncia de José Alejandro Valdenebro, fol. 345.
[53] AGN. Inquisición. Volumen 994. Expediente 6, fol. 373

mantenida con quien después sería su segundo esposo. Sin malos tratos ni abandono declarados, la huida del hogar parecía tener tintes afectivos y sentimentales, o de conveniencia. Más los primeros que los segundos pues declaraciones de testigos posteriores asegurarán el interés de María Casimira por casar con europeo;[54] considerando que su segundo cónyuge Manuel Molina, alias Manuel Robles, era "mulato corcho, alto y delgado" no parece que fuesen la conveniencia o sus expectativas las causas de su elección.

Sin más explicación que el deseo de "mudar fortuna", construirá su discurso de vida la mulata María Ignacia Cervantes. Residente en el Real de Catorce hacia 1788, había contraído matrimonio en Guanajuato con Ramón Anastasio de Olvera, también mulato y natural de san Luis de Potosí, veinte años atrás, en 1767. Fingiéndose mestiza y, obviamente, soltera, contraerá el segundo en Querétaro con Joseph Ignacio Lozano el 10 de abril de 1787 a quien –según sus palabras– "quería bien".[55] Descubierta, fatalmente, por una antigua vecina de su localidad de origen, su confesión dibuja un itinerario de vida que se inicia en la fuga del hogar familiar, en Guanajuato, donde había nacido y se había criado y de donde, siendo ya de treinta años, "después de ser casada, salió sola para el pueblo de Silao a mudar fortuna, porque se hallaba atrasada en Guanajuato".[56] Sus caminos recorrieron pueblos diversos (Silao, Irapuato, Salamanca, Querétaro donde conocería a Ignacio lozano y con quien partiría para, primero, Guadalajara, luego Zamora y más tarde nuevamente a Querétaro). Aquel "mudar fortuna" le había llevado a recorrer tierras y caminos vendiendo leña y carbón, escarmenando algodón o realizando trabajos de costurera hasta su encuentro con quien sería su segundo esposo.

En síntesis, las causas de abandono de las mujeres luego bígamas, planteadas en sus discursos de vida y en sus confesiones, aluden a los resquicios que la consideración de la estima de las mujeres en general les posibilitaba. Malos tratos y abandono se constituyen por lógica en protagonistas. Pero solo una de ellas había procedido

[54] Testimonio de Diego Retamosa, español, minero "Ella quiso casarse con un europeo, pero se le frustró". Ibídem, fol 413.
[55] AGN. Inquisición. Volumen 1214. Expediente 12, fol. 253.
[56] Ibídem.

"correctamente" en términos judiciales: denunciando la mala vida del esposo. El resto abandonaba el hogar pretendiendo solucionar sus problemas por su propia iniciativa. Aun así, también la conveniencia, el mudar fortuna o una nueva amistad extraconyugal motivaron una ruptura conyugal que, esta vez, decidieron las mujeres.

PRETENDIENDO VOLVER A EMPEZAR: UNA SEGUNDA OPORTUNIDAD Y UN SEGUNDO MATRIMONIO

Salvo excepciones comentadas, en las que la existencia de los futuros –segundos– cónyuges se atisba al tiempo de la fuga de las mujeres, siendo en ocasiones causa de ellas –como la mulata ya citada María Casimira Calderón o María Ignacia Cervantes–, la mayoría de los nuevos matrimonios surgirá como efecto de amistades posteriores. Aquellas mujeres huidas, que contaban con escasos recursos para su manutención y que hubieron de sobrevivir con lo que les salía, comenzaron sus tratos "ilícitos" al hilo de la necesidad. Mendigando algunas, vendiéndose otras o conociéndose en los caminos, iniciaron relaciones prohibidas que, al ser descubiertas, y presumiéndoseles solteras, ocasionaron, por acciones de la justicia, civil o eclesiástica, la imposición de un matrimonio que, contradictoriamente al principio, les libraría de la cárcel. Celebrado el matrimonio y descubierto, comenzarían las verdaderas dificultades. La ya citada Marcela Bernarda, mestiza, dada por criolla por su segundo esposo, lo conocería en la calle, en torno a 1730, como mujer "perdida", aunque fingidamente soltera, según relatara el mencionado segundo cónyuge, el indio Joseph Antonio Femascale:

> ahora cinco años (ha) a lo que le parece, se encontró con dicha Marcela Bernarda en términos de esta villa, *perdida,* y que, habiéndole cuadrado y preguntado si era casada, le respondió que no; que se amancebó y se la llevó a la ciudad de Querétaro al barrio de la Cruz y que allí fueron aprehendidos por amancebados...[57]

[57] AGN. Inquisición. Vol. 857. Expediente 7.

Huyendo de prisión, solicitarán casarse –obvia decir que por sortear acciones de la justicia– y, según testimonio del varón, por evitar derechos, lo hicieron como indios en la ciudad de Querétaro, pese a la condición de mestiza de la nueva novia. Queda claro entonces, como después criticarán desde la ciudad de México, fiscal y comisarios, los fallos administrativos del control parroquial. Ni partidas de bautismo ni declaración de libertades ni testimonios que lo corroborasen debieron hacerse correctamente, habida cuenta su celebración.[58] El mismo Femascale reconocería haber otorgado información falsa en cuanto al tiempo de residencia en la citada ciudad de Querétaro a fin de presentar testigos que ratificasen sus "libertades", diciendo conocerles de toda la vida y posibilitando, así, el matrimonio.[59] La confesión de la mujer añadía el tiempo de su amancebamiento –más de un año–, su embarazo y el nacimiento de un niño de la relación que, al tiempo de su prisión, tendría unos tres años. Y ratificaba su casamiento como indios "por ahorrar derechos".

Como la anterior, la mulata esclava Francisca Gamboa, a mediados de siglo XVIII, tras escapar de la hacienda del amo con marido e indio mancebo, y huir con este último, conocería a un tercero con quien contraería matrimonio: el indio ladino y arriero Dimas Joseph de Lara. Por su oficio –la arriería– y por el discurso de vida narrado por la mujer, describiendo itinerarios y caminos recorridos, podían haberse conocido en alguno de sus muchos desplazamientos. Pero su trato sería más simple. Mendigaba Francisca en Guanajuato, cuando topó con el indio en el zaguán del amo a quien este servía como mercader; sería la necesidad la que les uniera, primero como amistad ilícita, posteriormente como cónyuges:

---

58 "...y no precedió a dicho matrimonio información de libertad ni más que presentarse ante el cura a quien dijo lo que el fiscal le aconsejó". Confesión de Marcela Bernarda acerca de su segundo matrimonio. En cuanto al mencionado fiscal, la mujer declaraba haber actuado así por consejo del fiscal de indios: "Antonio Álvarez, indio, de Querétaro, la dijo y aconsejó dijese al cura o juez eclesiástico que era del barrio de la Cruz, soltera, y de casta india". Ibídem.

59 "y pidieron forma de casarse diciendo ser indios de aquel barrio, y dieron información falsa pues solo hacía seis meses que vivían en dicho barrio... y que esto fue ante el cura ministro de indios del convento de san Francisco en *cuya capilla de indios se casaron no siendo tal india la dicha Marcela Bernarda por ser mestiza...* ". Ibídem.

> ... con ocasión de que, estando un día en el zaguán de su amo, como a las ocho de la noche, llegó la dicha a pedirle le diera medio por amor de Dios, porque en todo el día no había probado bocado y que, entonces, hallándose con un tostón, le dio dos reales, y la dijo volviese la siguiente noche y que, habiendo vuelto la siguiente noche, trabó con ella amistad ilícita y la volvió a dar otros dos reales y prosiguió en dicha amistad yéndolo a ver todas las noches al dicho zaguán y, por ponerse en gracia de Dios el que responde, le propuso el que se casaran, a lo que ella condescendió y le dijo llamarse María Gertrudis, ser criolla en Zacatecas, mulata libre y soltera y que no era casada y en esta fe trató de dar paso a efectuar el tratamiento...[60]

La historia de Francisca Gamboa y de su frustrado segundo matrimonio vienen marcadas por su originalidad. Esencialmente por la fatalidad de ser descubiertos en la misma ceremonia del enlace, cuando, caminando por Guanajuato y en busca de su esposa, el primer marido, el esclavo Juan Gil, en compañía del apoderado del amo, Joseph Suarez de Figueroa, entraron a oír misa y rezar en la parroquia de la ciudad, coincidiendo con la ceremonia de velaciones; he aquí el testimonio del citado apoderado, describiendo ceremonia, engaño y careo entre esposos:

> habiendo entrado en la iglesia parroquial de esta villa a oír misa, vio que en el altar de Nuestra Señora de Dolores, un señor sacerdote que estaba diciendo misa, que según el dijeron se llama don Agustin de Rebelo, estaba velando a unos novios los cuales estaban hincados en las gradas del altar, con velas encendidas en la mano; en medio un hombre y una mujer que servían de padrinos y, poniendo atención, vio que una de las dichas mujeres era la referida Francisca Gamboa, la que conoció muy bien y no se persuadió fuera la novia, sino la madrina pero, habiéndose acabado la misa, supo de cierto que ella era la novia y la que se había velado, por lo cual habiéndose puesto en su presencia con el dicho Juan Gil...

[60] AGN. Inquisición. Vol. 926. Expedientes 10, fol. 92.

> le preguntó si los conocía y le dijo que no los conocía y, replicándole, insistió en lo mismo... y entonces el dicho Juan Gil le dijo ¿con que entonces yo no soy tu marido? Y volvió a decir que no lo conocía.[61]

Descubierta finalmente su identidad, sería llevada presa, con un par de grillos, a la cárcel pública de mujeres. Comenzaba entonces el proceso y, en él, toda una suerte de audiencias solicitadas por la mujer en base a sus experiencias carceleras, donde, a su parecer, la perseguían sombras, demonios y otras figuras que la hacían enloquecer. Todo lo cual merecería ser tratado en epígrafe aparte. Pero de su tiempo en prisión nos quedan testimonios no sólo de su mal pasar, pobreza y alucinaciones; el cuadro descrito en los libros de calicata presenta una estampa de mujer de imagen estragada y carácter, cuando menos, inestable a juzgar por algunas señales auto infligidas en su cuerpo:

> María Francisca Gamboa, natural de Zacatecas, mulata, de estado casada, de edad de 25 años, la cual traía dentro y fuera de su persona, unas enaguas de sarga, hechas mil pedazos, un paño de rebozo de algodón viejo, una camisa rota, unos zapatos muy mal tratados, enaguas blancas y un pañuelo blanco muy maltratado y, al cuello, un rosario de Jesús, la cual es una mujer mediana de cuerpo bastante gorda, color trigueño, ojos pardos, abultada de cara, con una señal al lado derecho de la pierna que dijo ser de una caída y otra señal en el brazo derecho que dijo ser de una mordida de sí misma, a la cual dichos alcaides pondrían en la cárcel quince...[62]

Mujeres, según vemos, pobres; como María Manuela Estefanía, india, que a fines de siglo y tras esperar –según su confesión– siete años a un marido ausente, "se mal amistó" con quien se convertiría en su segundo esposo, de apodo Marroquín, a quien conoció por servir ambos en la misma hacienda y con quien se casaría por insistencia

[61] Testimonio de Joseph Suarez Figueroa, apoderado de don Luis Navas. Ibídem.

[62] Descripción de la rea Francisca Gamboa, según libros de Calicata. Doc. Cit. Expediente 12. Fols. 123 y 124 v.

del mismo, hasta el punto de pedir al cura del lugar lograse por su mediación su objetivo. Y muy sencilla y naturalmente confesará su conducta: "y como mujer se acobardó y determinó casarse".[63]

Estos segundos matrimonios no duraron mucho. Sin llegar a la fatalidad del esclavo que llegó al tiempo de casamiento de la esposa, otras casualidades frustraron estas nuevas experiencias: antiguas vecinas que se trasladan de lugar, conocidos del marido anterior o rumores que se expandieron y levantaron sospechas y denuncias dieron al traste con estos intentos de recomenzar. Llevaron a todas ellas a prisiones –cárceles de mujeres, casas de recogidas, depósitos en tanto se las trasladaba a la capital– y en su mayoría, salvo el bígamo Manuel Molina alias Manuel Robles, los maridos fueron liberados y declarados inocentes por ignorar la condición de casadas de sus cónyuges. Inocencia que algunos demostraron, abandonando a la esposa (aun con hijos) al conocer la existencia del primer marido o devolviéndola a la casa paterna, de existir.

EL CASTIGO DE LA MUJER BÍGAMA: SENTENCIAS

En su totalidad y a excepción de la india Manuela Estefanía, derivada al Provisorato de indios por su condición indígena, las mujeres bígamas fueron consideradas culpables de delito de fe. Con anterioridad, su reclusión en cárceles públicas (Recogidas, Mujeres) iniciaron su castigo, considerando el tiempo transcurrido entre inicio y final de los procesos judiciales: entre tres y cuatro años. Tiempos en los que la administración eclesiástica inquisitorial podía mantener a las reas en caso de pobreza extrema con la pensión de unos dos reales y medio diarios.

En este sentido, las sentencias de culpabilidad, por lógica, se parecen. Sin poder precisar en mayor medida las propias del siglo XVI, (1572 y 1575) extraídas del estudio previo de María Guevara Sanginés, sí conocemos su castigo: salida en auto público de fe con vela, soga y coroza de casada dos veces, y abjuración de levi, añadiendo

[63] AGN. Inquisición. Vol. 1216 Expediente 12, fol. 360.

doscientos azotes por las calles públicas de la ciudad de México, en forma de justicia. Como era común, el destierro del arzobispado de México y del obispado de Michoacán (Valladolid) acompañaban la sentencia: la primera, la mestiza Isabel de Vera, lo sería de ambos por tiempo de cinco años; la segunda, la mulata Francisca Ramírez, de la ciudad de México, por ocho.[64]

El siglo XVIII continuará el mismo tipo de castigos en sus sentencias condenatorias. Obviamente en lo que tocaba a la simbología, como en el caso de Marcela Bernarda, leída en 20 de enero de 1739:

> ...dijeron, conformes, que esta rea salga en auto público de fe a la Iglesia de Santo Domingo con insignia de casada dos veces donde se lea su sentencia con méritos, abjure de levi la sospecha que contra ella resulta y, al día siguiente, le sean dados 200 azotes por las calles públicas y acostumbradas, llevando las expresadas insignias de casadas dos veces.[65]

Sentencia que fue ejecutada en 16 de febrero de 1739, cuatro años después de iniciado el proceso. Presentemos su abjuración:

> Yo, Marcela Bernarda de casta mestiza que aquí estoy presente ante vuestras señorías como inquisidores apostólicos que son contra la herética pravedad y apostasía de esta ciudad y arzobispado de México y en todos los reinos y provincias de la Nueva España... puesta ante mí esta señal de la cruz y los sacrosantos evangelios que con mis manos corporalmente toco, reconociendo la verdadera católica y apostólica fe, abjuro, detesto y anatematizo toda especie de herejía que se levante contra la santa fe católica... y contra la Santa Sede Apostólica Iglesia Romana y, especialmente, aquella de que yo ante Vuestras Señorías he sido acusada y estoy levemente sospechosa y juro y prometo de tener y guardar siempre esta santa fe... y seré siempre obediente a nuestro señor el Papa,...

[64] María Guevara Sanginés, *La Inquisición...*, pp. 223-225.
[65] AGN. Inquisición. Vol. 857. Expediente 7, fol. 425.

> y juro y prometo que recibiré humildemente y con paciencia la penitencia...[66]

Desterrada ocho años de Madrid, ciudad de México, Querétaro y san Miguel el Grande, (término de doce leguas), las diferencias esenciales radicaban en los castigos posteriores. El concepto de servicio y utilidad, más evidentes del siglo XVIII, añadía tiempos de servicio y reclusión en lugares públicos tipo hospitales. En esta ocasión lo sería el llamado Hospital de las locas, de la ciudad de México, donde la rea condenada habría de pasar los próximos cinco años de su vida en condición de criada. En cuanto a su vida espiritual, se le recordaba su obligación de confesar y comulgar al mes de su encierro, así como cumplir el prescriptivo precepto pascual:

> y sea reclusa cinco años en la de Sayagos,[67] hospital de las locas, donde sirva en lo que le mandasen y dentro del primer mes se confiese general y sacramentalmente con el padre de la Compañía que allí asiste... y en las pascuas del primer año se confiese particularmente y rece una parte del rosario...[68]

[66] AGN. Inquisición. Vol. 857. Expediente 7, fols. 424 y 425.

[67] Denominado inicialmente Hospital Real del Divino Salvador fue inaugurado en la ciudad de México en 1687, por acción del matrimonio Sáyago, con ayuda del jesuita Juan Pérez y del arzobispo Francisco de Aguilar y Sejas. Con vigencia hasta 1910, pasaría a denominarse Manicomio General de la Castañeda. Recogido en Juan Cervera Sanchís http://www.lavozdelnorte.com.mx/2011/01/30/jose-sayago-inolvidable-humanista/ Visitado en 11 de noviembre de 2021. Guadalupe Villa Guerrero, "El hospital del Divino Salvador", *Cuadernos de Culhuacán* 1, año 1, vol. I, 1975, pp. 33-42. Ídem. Sería el primer hospital para mujeres dementes en el Virreinato.

[68] AGN. Inquisición. Vol. 857. Expediente 7, fol. 425

Hospital Real del Divino Salvador, antiguamente, Hospital de las locas.
Fuente: https://es.wikipedia.org/wiki/Hospital_del_Divino_Salvador

Días después, el 17 de febrero de dicho año, entraría a cumplir su sentencia; sabremos de ella cinco años más tarde (20/02/1744), cuando presente al tribunal certificado del cumplimiento de la pena. Solo entonces finalizaba el proceso. Para entonces había transcurrido nueve años desde que se recibiera la denuncia de su delito.

En agosto de 1753, casi cuatro años después desde que huyera de la hacienda de su amo, la mulata Francisca Gamboa, alias María Gertrudis, sería condenada en términos semejantes. A la simbología declarada y penas de vergüenza pública[69] –insignias, velas, soga y coroza[70] en auto público de fe– se le añadía el correspondiente destierro de las ciudades principales: Madrid y corte, México y Guanajuato (termino de 10 leguas) por espacio de nueve años, así como la costumbre, ya perpetuada, de las fustigaciones al día siguiente, también de forma itinerante; como ya analizaran Enrique Gacto y Pedro Ortego, la vergüenza pública y los azotes posteriores se

[69] Sobre las penas de vergüenza pública, Pedro Ortego Gil, "La pena de vergüenza pública (siglos XVI-XVIII). Teoría legal castellana y práctica judicial gallega", *Anuario de Derecho Penal y Ciencias Penales,* vol. 1, LI (1998), pp. 153-204.

[70] Comúnmente la coroza llevaba pintada la imagen del pecado: en este caso una mujer entre dos hombres.

convirtieron en penas comunes en las mujeres bígamas; en las Indias como en la metrópoli[71]:

> En la Iglesia de Santo Domingo, misa mayor, en forma de penitente, con una vela encendida en las manos y una soga al pescuezo y una coroza con insignias de dos veces casada donde se le lea esta sentencia con méritos y, acabada la misa, ofrezca la vela al sacerdote que la dijere y abjure de levi de la sospecha que contra ella resulta... y al día siguiente, sea, caballera[72] en bestia de albarda, desnuda hacia arriba con las dichas soga y coroza y traída por las calles públicas... y con voz de pregonero que publique su delito, sean dados 200 azotes...[73]

Meses después, en diciembre de 1754, se le computarán cuatro de los dicho nueve años por el servicio en el obraje de don Francisco Paulín, en la jurisdicción de Coyoacán[74]. Se pretendía con ello sufragar con el salario de tales años, que habría de entregar el citado Paulín, los gastos de proceso y de los que pasare en prisión la rea. Cumplido el servicio, en 1759, y exigida su entrega, se negará el obrajero a su cumplimiento en razón de la escasa efectividad del trabajo femenino en dichos obrajes[75], así como de las inquietudes y desazones causadas por la mujer por las que hubo de ser trasladada a un obraje diferente, de nombre La Concepción. De este modo, el final de la causa nos presenta una Francisca Gamboa tan "inquieta" como al principio. He aquí su descripción por parte del dueño del obraje:

---

[71] Enrique Gacto Fernández, "El delito de bigamia y la Inquisición española", en Francisco Tómás y Valiente (dir.), *Sexo barroco y otras transgresiones pre-modernas*, Alianza Editorial, Madrid, 1990, pp. 127-152, pp. 482-483.

[72] Montada a horcajadas.

[73] AGN. Inquisición. Volumen 926. Expediente 10, fols 169-170v.

[74] En 10 de diciembre de 1754 consta un recibí de Francisco J. Paulin "por una mulata nombrada Francisca gamboa, la que entregaré en el tiempo que se me pida. Francisco Paulín Ortega". Ibídem, fol. 171.

[75] Carta de Francisco Paulín Ortega al santo Oficio de la ciudad de México: "respecto que las de su sexo no ganan cosa alguna en iguales oficinas, porque aun ni los alimentos deben ganar, ni se estima su trabajo de utilidad ni necesidad de la oficina". Ibídem, fol. 182.

> ... y, porque, a(de)más de como llevo asentado, no devengan las de su sexo aun los alimentos, esta rea ha poco tiempo después en mi oficina la hizo transportar al obraje de la Concepción sito en la misma villa, para obviar ciertas inquietudes que ocasionaba en el obraje, conmoviendo a las de su sexo a pleitos y sediciones y así se ha de servir de declarar a Vuestra Señoría y que, por uno y otro capítulo, no estoy en obligación de exhibir cosa alguna por esta rea.[76]

El trasvase a la justicia real a partir de 1789 y el conflicto de jurisdicciones entre el Santo Oficio y el Provisorato de indios –con victoria de esta última– impiden conocer la sentencia final (aunque presumiblemente condenatoria) de dos de estas mujeres: María Ignacia Cervantes y la indígena Manuela Estefanía. De la primera sabemos que debió quedar libre al poco tiempo de su traslado pues en 1793 volverá a ser apresada esta vez por amancebamiento, bien que no por el Santo Oficio. De la segunda ignoro su paradero, tras demostrarse su condición de india y conseguir esquivar la jurisdicción inquisitorial.

Entre diligencias y traslados de carcelerías o ingresos asistenciales, algunas presas consiguieron huir. En ocasiones seguramente con la aquiescencia de sus carceleros; no de otro modo se entiende que María Casimira Calderón, procesada en 1771 e interna en la Casa de Recogidas de Cosala, pudiera efectuar su fuga un año después, en 1772, considerando que llevaba puesto en el pie un cepo que los documentos denominaron "corma". A su vez María Guadalupe, apodada "la mocha", protagonizará dos huidas: la primera de la Casa de las Recogidas; presa nuevamente e ingresada en la Casa de la Misericordia por riesgo de aborto, escapará perdiendo la criatura. Interna en las cárceles secretas, pierdo su paradero al no completarse la causa con sentencia final.

---

[76] Ídem. El tribunal aceptará los argumentos del obrajero en razón de la escasa actividad del trabajo femenino en los obrajes por cuya tarea no habrían de ganar ni un real al día.

CONCLUSIONES

Las causas procesales analizadas por bigamia en la Región del Bajío en tiempos de la Colonia, referentes, como es sabido, a la población no indígena y cursadas por denuncia ante el Santo Oficio, refuerzan la vigencia de sus competencias y ratifican su permanencia a lo largo del siglo XVIII y hasta su traspaso a los tribunales reales en el año 1789. Por tanto, su presencia y continuidad difieren de las teorías que defienden su decadencia en Tiempos Borbónicos, independientemente de la ausencia, por lógica en estos casos, de la pena mayor.

Sin presentar peculiaridades ni especificidades de género diferentes a las propias de la metrópoli, la bigamia en el Guanajuato colonial se manifiesta como delito esencialmente masculino, en correspondencias, además, semejantes. En efecto, las proporciones mantenidas, con porcentajes de una mujer procesada por cada cinco varones, a lo largo del período, reproducen las de la Península, siendo algo mayor las causas contra mujeres bígamas durante el siglo XVIII, tiempos en los que las procesadas alcanzaron datos próximos al 25%. La propia esencia del delito y las características de los tiempos confesionales en los que vivieron hombres y mujeres –en España como en América– dibujan bigamias sucesivas y no simultáneas, efecto de las posibilidades que brindaban las migraciones y, a su vez, de las dificultades de un control efectivo por parte de las autoridades, primero por la dificultad del reconocimiento físico de los denunciados/as –difícilmente reconocibles en las descripciones de los "libros de calicata" y, por ello, tan semejantes–, segundo por la amplitud de espacios abiertos a la huida y los ocultamientos; ámbitos, además, en movimiento por la atracción de migraciones y nuevos pobladores nacidos en el efecto llamada del trabajo ofertado en minas, obrajes y haciendas, esencialmente en el siglo XVIII. Así, la bigamia –aquí reducida a los procesados no indígenas– suplía la ausencia de un divorcio real.

Cuando las mujeres marchaban –y cuando, una vez casadas por segunda o tercera vez, eran descubiertas– sus discursos rememoraban escenas de malos tratos o abandono del cónyuge; de modo que aquellas esposas en fuga lo hacían –decían ellas– por huir de la sevicia y buscar salidas a una pobreza incrementada por ser mujeres solas. Tales razones, alegadas ante un tribunal de hombres de la Iglesia, si bien fueron comprendidas particularmente, no manifestaron piedad ni excusa institucionalmente: porque los causales alegados –malos tratos o abandono– hubieran debido denunciarse con anterioridad, habida cuenta que se trataba de delitos reconocidos por los tribunales diocesanos y civiles, por atentar contra el sacramento, pero también contra el orden de la sociedad. Por tal razón, no existiendo previamente acusación, las justificaciones no podían sustentarse y las sentencias demostraban su objetivo: la ejemplaridad.

No todas sin embargo huían de un marido ausente o maltratador. Algunas tomaron la iniciativa, fuese por cuestiones de amor o de conveniencias, o por ambas razones juntas. Así, una nueva relación o el deseo de mudar fortuna convierte a algunas mujeres en "adelantadas", distanciándose de un cuadro general de mujeres víctimas. Descubiertas (ellos y ellas) por la fatalidad de un encuentro inesperado, casi siempre con antiguos vecinos del pueblo de origen que, casualmente, las vieron y reconocieron, sus destinos las llevaban a prisión, en tiempos mínimos de uno a cuatro años, según demuestra la duración de los procesos judiciales que las encausaron y las condenaron. Entre las penas, la cárcel (de mujeres, de recogidas), el destierro, la vergüenza pública, las fustigaciones y, ya en el XVIII, el servicio en centros de utilidad social.

No parece que los segundos cónyuges actuasen en complicidad o a sabiendas de la condición de casadas de sus mujeres. A juzgar por la huida de algunos, al conocer la existencia del primer matrimonio, y la escasa empatía demostrada por casi todos al tiempo de la detención y prisión, parece que los afectos quedaron atrás, bien por el aducido y supuesto engaño o, con mayor probabilidad, por el temor a los castigos del Santo Oficio.

Los tribunales inquisitoriales persistieron en tiempos de la Colonia con mayor o menor efecto en las conductas de los feligreses no indígenas. Pero las condiciones de su jurisdicción, la burocracia, las distancias, el espacio, las facilidades de ocultamiento y las, a veces, rencillas entre el personal, casi siempre escaso, del que dependía su buen funcionamiento, manifiestan una clara incompetencia en la persecución de los asuntos de bigamia. Asimismo, la fuga de encarceladas, presuntamente encadenadas o con grillos, apunta a cierta connivencia con sus carceleros, lo que, por otra parte, no sería conducta exclusiva de los espacios americanos.

Las posibilidades de eludir las acciones del Santo Oficio nacían, precisamente, de sus competencias y, éstas, del imperio del mestizaje. Sería precisamente la mezcla de las "calidades" la grieta por la que no pocas bígamas escaparon o pretendieron escapar; fingiéndose indias, pasaban de jurisdicción y obtenían, además, cierta rebaja en el pago de los derechos al recibir el sacramento. En la base: demostrar por el físico, la raza o la calidad se hacía cada vez más difícil, haciéndose necesario, cuando se podía, el recurso a las inscripciones realizadas en su día en las partidas de bautismo; ello porque la extensión de fenotipos semejantes se manifestaba como el signo visible de sus apariencias; efecto de las uniones entre hombres y mujeres de diferentes "castas" y "calidades"; en esencia en los sectores inferiores de la sociedad.

ANTE EL MAL TRATO Y LA POBREZA. FINALES TRÁGICOS Y MUJERES CRIMINALES

◉

EN DEFENSA DEL MATRIMONIO: MUJERES, HONRA E INTEGRIDAD FÍSICA EN EL PERÚ VIRREINAL (1750-1821)[1]

Ruth Magali Rosas Navarro
Universidad de Piura

INTRODUCCIÓN

El matrimonio, como sacramento o como contrato civil entre dos personas, ha sido estudiado desde varias perspectivas combinándolo con temas relevantes como familia, mujer, niñez y otros. Desde el punto de vista religioso, son varios los historiadores y teólogos que han escudriñado en este sacramento, aportando valiosas ideas sobre dotes, donas, arras, esponsales, impedimentos y ceremonial, plasmadas en diversos concilios, sínodos, rituales y pastorales, así como también en reales cédulas y ordenanzas que, basadas en el Patronato Real, pretendían intervenir directamente en asuntos de vida cotidiana.

Para esta investigación, centraremos nuestra mirada en el discurso emitido por la monarquía hispánica y la Iglesia Católica, analizando en qué medida se puso en práctica en el norte del virreinato peruano y cuáles fueron los puntos neurálgicos de la defensa de este sacramento, analizando las reacciones emocionales de mujeres negras, esclavas o libertas, mestizas, indias y españolas que defendieron a ultranza su amor, su honra y el buen trato que debían recibir. En el caso de las esclavas, hemos trabajado en el empeño mostrado ante las autoridades civiles y religiosas para evitar verse separadas de sus

[1] Esta investigación forma parte del Proyecto I+D+i, titulado *Pasiones y afectos en femenino. Europa y América, siglos XVII-XX. Perspectivas históricas y literarias*. Es financiado por el Ministerio de Ciencia e Innovación (MICINN), Agencia Estatal de Investigación (AEI), Gobierno de España. Referencia PID2020-113063RB-I00.

esposos. Las mestizas, indias y españolas, por su parte, defendieron su honra e integridad durante el matrimonio y mucho más si existían "amistades ilícitas" de sus consortes, lo que, en no pocos casos, degeneraba en agresiones verbales y físicas. Echaremos mano para ello de cartas y causas civiles y criminales que tuvieron como base la unión marital inserta en una rica dinámica social.

EL ROL DE LAS AUTORIDADES POLÍTICAS Y RELIGIOSAS EN DEFENSA DEL MATRIMONIO

El Concilio de Trento –regulando lo establecido desde el IV de Letrán de 1215– sienta las bases sólidas de este sacramento para poner coto a los matrimonios clandestinos, a la convivencia generalizada y a la ruptura de la relación sin causa probada, devolviendo de esta manera el papel protagonista a la Iglesia Católica en este asunto pues, a partir de entonces, las uniones maritales debían hacerse "in facie ecclesiae". Lo primero que se recalcó fue el carácter sacramental del matrimonio, ratificado por el mismo Cristo cuando aseveró ante los fariseos: "el hombre dejará a su padre y a su madre, y se unirá a su esposa, y los dos serán una sola carne…; por tanto, lo que Dios ha unido, no lo separe el hombre".[2]

Sobre la naturaleza del sacramento, el Concilio Limense de 1772 ratificaría su triple finalidad: perfeccionar el amor natural, santificar a los contrayentes con la gracia divina y fortalecer la unión indisoluble del vínculo. A esto último se abocaron las autoridades civiles, insistiendo en la convivencia necesaria entre los esposos. Como en la práctica se observaban casos de separación, el rey Carlos III consideró necesario emitir orden para que sus corregidores y justicias mayores motivasen a los esposos a restituirse a los destinos en donde residieran sus consortes. Dicha norma se recibirá en Lima en enero de 1780 y, por convicción o por evitar el pago de los 500 pesos estipulados como

---

[2] Mateo 19: 5-6, en *La Biblia Latinoamericana. Nuevo Testamento*, San Pablo, Editorial Verbo Divino, Madrid, 1995, p. 43.

multa, las distintas autoridades se afanarán en su cumplimiento,[3] no solo con los españoles que habían dejado a sus esposas en la metrópoli, a quienes se les revisarían anualmente sus respectivas licencias, sino también con los residentes en estas provincias.

A tal efecto, el corregidor de Piura, Juan Ignacio de León y Gastelu, recibiría la orden en diciembre de 1780, pasando a ordenar los pregones correspondientes en la plaza pública y en las esquinas acostumbradas. Durante cinco años se registrarán once casos, a saber:

- José Miguel de Zavala y Castilla, casado en la ciudad de Lima con Juana Martínez de Aguirre.
- José Mathías de Baldivieso, casado en Riobamba con Luisa Eguez.
- Juan José de Cárcamo y Cobeñas, casado en Lima con Josefa Sagasnaga.
- Luis de la Llosa Manzanares, casado en Lima.
- Francisco Delgado, casado en Cuenca.
- José Mariano Merino Guarisela, casado en Cuenca, con Ignacia de León y Oviedo.
- Baltazar Quevedo, casado en Lima.
- Juan Manuel Espinoza, casado en Loja.
- Mariano Tapia, casado en Cajamarca.
- Andrés Reinalte, que demostró con testigos su soltería.
- Juan Salado, que demostró su soltería.

De entre las varias causales que justificaron los comprehendidos en dichos autos encontramos la necesidad de finalizar los trámites de herencia paterna, el padecimiento de enfermedades como ahogos por vivir en lugares fríos y húmedos;[4] se añaden, además, *lue venérea* (gálico), artritis, tumores y fiebres,[5] estar desempeñando

[3] Sustento legal: Ley 14. Título 1º. Libro 2º y en todas las demás que comprendía la Ley 5ª. Título 3º. Libro 7º de la Recopilación de Indias.

[4] Archivo Regional de Piura (en adelante ARP). Causas criminales. 1716-1784. Leg. 56. Exp. 1183. Secretario de Cámara del crimen. Don Clemente Castellanos. Virrey Don Manuel de Guirior. Documento de Josef Mathias de Baldivieso. 1781.

[5] Ibídem. Documento de enfermedad presentado por Mariano Tapia. 1785.

cargos públicos en la Real Junta de Tabacos,[6] tener hacienda, otras enfermedades y licencia de la esposa;[7] a su vez, practicar el arte de la música, arreglar instrumentos y enseñar a tocarlos;[8] y el esperar cosecha y compra de algodón y ropa de Castilla.[9]

Las respuestas de las autoridades a estos casos coinciden en dos puntos: establecer un plazo de seis meses para que los esposos "pasen a vivir maridablemente con sus respectivas mujeres o las conduzcan y traigan a la dicha ciudad de su residencia".[10] Únicamente en un caso, en que el afectado no aportó justificación alguna, se procedió a darle quince días para salir de Piura, bajo pena de cárcel.

Como evidenciamos, las autoridades políticas pusieron los medios, ejecutando los mandatos de la Corona y colaborando con la restitución del esposo al hogar común. Aun así, no siempre sería posible el cumplimiento de las órdenes debido al cambio de autoridades o de la oposición de los maridos.

DEFENSA DEL MATRIMONIO POR PARTE DE ESCLAVAS Y LIBERTAS

Si en el problema anterior pudo hallarse una solución factible, no sería igual en el caso de los esclavos; en efecto, aquí las dificultades fueron mayores. Este grupo social estaba caracterizado por la unión sexual libre, promovida por sus amos con la finalidad de incrementar su número. Precisamente para poner fin a tal situación, el Concilio Limense de 1772 había estipulado que los dueños promovieran

---

6 Ibídem. Documento de Josef Miguel Zabala. 1781-1783. En 1776, José Antonio de Lavalle y Cuadra, corregidor de Piura, lo hizo volver a Lima, pero Zavala, amparado en las ordenanzas 39 y 40 de los Administradores, lo denuncia y no solo logra su reposición en el cargo sino también que dicha autoridad pague 200 pesos por los perjuicios ocasionados. Con este documento, en 1781, logra que el nuevo corregidor Juan Ignacio de León lo exceptúe durante cuatro meses, luego de lo cual el fiscal Castilla lo invita a salir en un plazo de seis meses. En 1783, el alcalde ordinario Joaquín de Adrianzén y Palacio retoma este tema y lo conmina a regresar a Lima, pero tras varias visitas no lo encuentran en su casa.

7 Ibídem. Documento de Juan Joseph Cárcamo y Cobeñas. 1781.

8 Ibídem. Carta de Ignacia de León y Obiedo. 1781. Documento de Josef Mariano Merino Guarisela. 1781.

9 Ibídem. Documento de Juan Manuel Espinoza. 1785.

10 Ibídem. Documento del fiscal Castilla. 1781.

los matrimonios, so pena de denuncia y pérdida de tales esclavos. Asimismo, había prohibido la venta de los esclavos y esclavas casados destinados a lugares lejanos donde no pudieran hacer vida marital, salvo justa causa a demostrar ante el Ordinario.[11] Podemos comprobar, sin embargo, el incumplimiento de los mandatos, por el reducido número de matrimonios de esclavos inscritos en los respectivos libros y, sobre todo, por los expedientes en los que estos defienden su vida marital, lo que nos lleva a corroborar que casi siempre se imponía el interés económico o personal de los amos al sacramento, pues preferían mantener su patrimonio a apoyar uniones maritales.

Un caso excepcional es el protagonizado en 1780 por la esclava parda María del Carmen Ternero, casada con Santos Bergara Rentería, hombre blanco vecino del pueblo de Lambayeque. Dicha esclava, propiedad de José Bernui, declarará una historia repleta de conflictos y venganzas. Así –contaba- que, para "satisfacer el odio" de su ama, de nombre Getrudis Ternero, por creerla amante de su esposo, fue enviada a Piura "después de cruelísimamente azotada y de otras injurias con la intención de poner mar de por medio, y en la mayor distancia que se pudiera conseguir".[12] Es de señalar en ambas mujeres dos sentimientos claros con sus respectivos actos: los lamentos de la esclava por la expulsión del terruño en el que vivía y por el maltrato físico recibido (motivos que la llevarían a iniciar un pedido ante las autoridades religiosas); la ira del ama, a su vez, supuestamente cegada por los celos, y los azotes consecuentes, así como la presión ejercida ante el esposo para conseguir su alejamiento.

Con este propósito, María del Carmen fue entregada a Vicente Vásquez Melendres, quien la tendrá prisionera en un cuarto de su casa, con un par de grillos y con resolución de conducirla al puerto de Paita para remitirla a la ciudad de Panamá. Sin embargo, conocedora de las leyes que la amparaban o, más posiblemente, instruida al

---

[11] Juan Tejada y Ramiro, *Colección de Cánones y de todos los Concilios de España y América*, tomo VI. Libro IV. Título Único. Cap. XII-XII, p. 377, 7 tomos.

[12] ARP. Documentos jurídicos. Causas civiles. Leg. 7. Autos seguidos por Don Luis Joseph Freire de Orbegoso contra Vicente Vásquez Meléndez para que le entregue una zamba que tiene en su poder. Carta de María del Carmen Ternero. 1780.

efecto, María del Carmen destacará en su defensa cómo este acto se oponía "directamente a la unión maridable" destruyéndola, pues no contemplaba lo expresado en "el capítulo 36 del Concilio Limense, que en la Acción Segunda y citando al Concilio de Trento se opone del todo a semejantes desuniones con la razón de que no se puede ni debe derogar la Ley del Natural Matrimonio por la Ley humana de la servidumbre". Por si este argumento fuera insuficiente, aclarará que, pese a la condición de libre de su esposo, no podía seguirla a cualquier lugar debido a una enfermedad grave que le impedía caminar; por tanto, no era posible exponer su vida a evidentes peligros de una navegación dilatada. Asimismo, cuestionaba sobre quién "dio facultad a los amos para disponer de sus esclavos casados remitiéndolos a lugares distantes en donde permanezcan o perpetuamente o por mucho tiempo separados de sus consortes"; y finalmente, pedía la verificación de su reclusión en casa de Vásquez, su traslado a cárcel pública y la concesión del beneficio de su libertad de servidumbre previo pago de 300 pesos.[13]

Tales reclamos fueron escuchados por el vicario de Piura, Luis José Freire de Orbegoso, quien, en unión del notario eclesiástico, José Domingo Vargas, trató de convencer a Vicente Vásquez para la liberación de María del Carmen a fin de que pudiera volver con su esposo. Como respuesta, Vásquez aducirá la donación de la esclava por Bernui, no estando dispuesto a venderla, y especifica: ni siquiera a su tío Isidoro de Alvear, oidor decano de la real audiencia de Quito. Además, receloso de que la esclava pudiera fugarse, confirmaba tenerla "aprisionada en un cuarto de su casa o para servirse de ella... o para enviarla a Panamá en donde, cuando no se vendiese, tenía hermanas a quien dedicarla".[14]

Ante esta negativa, las autoridades religiosas, destacando lo mandado por el capítulo 36 de la Acción Segunda del Concilio Limense y por el Quinto del Título V de *Sponsalibus et matrimonio* de las sinodales del Arzobispado de Lima (que prohibían "el que ni para siempre ni por dilatado tiempo sean separados de sus matrimonios

[13] Ibídem. Carta de María del Carmen Ternero. 1780.
[14] Ibídem. Carta de Vicente Vásquez. 1780.

los casados, ni que siendo esclavos los saquen a vender a otras partes"), procedieron a notificar a Vásquez la obligación de entregar la esclava bajo la pena de excomunión mayor, con citación a la tablilla. No haciendo caso a lo comunicado, el vicario Freire procedería a declararlo "por público excomulgado, con excomunión mayor de participantes", colocando cuatro cedulones en las puertas de las iglesias Matriz, del convento de San Francisco, del de Santa Ana de los padres betlemitas y de Nuestra Señora del Carmen, indicando, asimismo, se abstuviera de la comunicación con los fieles y de la asistencia a los oficios divinos.[15]

Como era de esperar, Vicente Vásquez, trabajador en la real administración de tabacos, no fue fácil de convencer. Procedió a su defensa en una extensa carta enviada a Miguel Otermín, subdelegado de la real comisión de renta de tabaco en Lambayeque quien, a su vez, hizo conocedores de este problema al superintendente general de la renta y al obispo de Trujillo, el conocido Baltasar Jaime Martínez Compañón. Sus alegatos se centraban en la imposibilidad de ejercer su oficio, al estar custodiados el frente y los lados de su casa con doce hombres armados de trabucos y sables, no pudiendo comunicarse con nadie ni recibir ningún tipo de auxilio, e interrumpiéndose todas las funciones y despachos necesarios a su ministerio, lo que, por lógica, atentaba indirectamente contra las rentas del rey, considerando no ser posible de este modo ni vender tabaco, ni coordinar negocios con los comerciantes piuranos ni con los estanqueros foráneos. En esta línea, Otermín afirmaba en su carta de respuesta que veía con "harto dolor el abandono con que vagan los tabacos labrados en cigarros que se remitieron desde la Administración General" hacia Piura; y calificaba de intempestiva y ligera la providencia del vicario de Piura, Luis José Freire.[16]

Los temas de excomunión eran complejos. En la metrópoli y en las colonias. Vicente Vásquez hará hincapié en el espíritu de las Leyes, defendiendo que la "Ley Real de estas yndias prohíbe a los jueces eclesiásticos el excomulgar a las personas seculares por causas

[15] Ibídem. Auto de Excomunión dado por el vicario Luis Joseph Freire de Orbegoso. Notificación del presbítero José Domingo Vargas. 1780.

[16] Ibídem. Carta de Miguel de Otermín. 1780.

leves... y que no se puede obligar a los amos [a vender a sus esclavos] si no es en caso de sevicia o de siervo común". Se notaba su afán de separar las causas ordinarias tratadas por autoridades civiles de las eclesiásticas, las cuales, a su parecer, no debían inmiscuirse en tales asuntos porque lo que estaba en el centro del debate era si podía o no disponer de esta esclava y no la propia separación conyugal. Su intromisión en asuntos civiles –según su apreciación– mostraba abuso y exorbitancia y convertían a los jueces eclesiásticos en indignos del oficio.

Vicente Vásquez recurrirá a otros argumentos. Así, recalcará haber existido "trato" carnal entre la mencionada esclava y su amo Bernui, poniendo "en debate y a movimiento la unión de su amo con su esposa; (que) descubrió su infamia con su propio marido que no ha venido a promover estos derechos sino por ella" y que, por ende, no debía ser admitido "este fingido pedimento". Con ello, tratará de desmerecer la causal defendida por los eclesiásticos de la ciudad de Piura, insistiendo en la existencia de una "oculta mano" en el proceso, al haberse sacado "airoso al corregidor a quien se consignaron 300 pesos en doblones para la libertad" de la esclava.[17]

Con éxito. Pues tal fue la presión de Vásquez, Otermín y el superintendente general de la renta ante el obispo de Trujillo Martínez Compañón, que conseguiría la emisión de dos provisiones urgentes; la primera: la absolución "ad cautelam" por el vicario de Lambayeque, Enrique Moreno, del citado Vicente "de la excomunión en que le declaró incurso el vicario de Piura", quitándose "los cedulones que en esa razón se hallasen fijados en cualquiera de los parajes de la ciudad". La segunda: la notificación al cura, José Domingo Vargas para comparecer, en el plazo de quince días, ante las autoridades eclesiásticas de Trujillo "sobre los graves capítulos que se le imputan en esta carta, como sobre otros diferentes... so pena de excomunión mayor... y citación a la tablilla".[18] Asumimos que tal disposición entristecería a la esclava María del Carmen Ternero, que hubo de salir de la real cárcel, viajar a Panamá y con ello asumir

[17] Ibídem. Carta de Vicente Vázquez. 1780.
[18] Ibídem. Despacho del obispo Baltasar Jaime Martínez Compañón. 1780.

que su esposo moriría sin tenerla a su lado. Una prueba más de que en estos casos tenía más importancia la renta del rey, la palabra de Vásquez y la presión de las autoridades administrativas que la defensa de la unión marital a cargo de una esclava. Pesaba también el supuesto trato carnal entre ella y su amo.

Caso parecido, si bien no implicó excomunión, pero sí defensa del matrimonio, fue el vivido por María del Rosario Serviga y Rivera, negra criolla, que en 1783 recibió la libertad por testamento de su amo, el presbítero Andrés de Rivera. Para su infortunio, los hermanos de dicho clérigo, Melchora y Francisco, en el año de 1785, sin conocimiento ni consentimiento del albacea, José Domingo Vargas, presbítero de Ayabaca, la llevaron al pueblo de Santo Domingo de Olmos, vendiéndola con un "contrato enteramente ilícito y nulo", por 450 pesos, a una mestiza llamada Silvestra Mendoza. Tras ello, María del Rosario huyó, manteniéndose prófuga durante veinte años, al cabo de los cuales se presentaría en la ciudad de Trujillo ante el albacea Vargas, entregándole, con la intención de finiquitar su litigio, 100 pesos recibiendo así su "instrumento de libertad".[19] Para entonces, María del Rosario ya estaba casada; pretendía continuar viviendo al lado de su esposo en entera libertad.

Pero su historia no había terminado. De retorno a Piura, pasó por la ciudad de Motupe; sería entonces cuando la citada Silvestra Mendoza, valiéndose de los alcaldes indígenas, lograría capturarla y trasladarla al pueblo de Lambayeque con la intención de eludir los recursos interpuestos por Esteban Larrea, esposo de María del Rosario, dado que ella, al estar cautiva, no podía continuar su causa. Ignoramos su final; si lograría evadirse y si el cónyuge conseguiría sus propósitos, pero una cosa estaba clara: tanto el albacea, el juez real subdelegado Juan Ascencio de Monasterio[20] y los esposos lucharon por lograr la libertad para continuar viviendo en su matrimonio.

Estos dos casos estudiados aportan datos e historias de actitudes en los que aparece la defensa del vínculo y de la convivencia conyugal por parte de mujeres restringidas de su libertad; de sus peticiones de

---

[19] ARP. Causas ordinarias. 1807-1810. Leg. 29. Carta de José Domingo Vargas. 1802.
[20] Ibídem. Carta de Juan Ascencio de Monasterio. 1807.

ayuda a las autoridades religiosas y civiles para retornar al lado de sus esposos y de sus demandas; si finalmente no consiguieron sus objetivos es porque prevalecieron otros intereses, esencialmente económicos.

DEFENSA DEL MATRIMONIO POR INTROMISIÓN DE AMANTES

Los distintos grupos sociales que conformaban la sociedad virreinal eran evangelizados los sábados o domingos después de misa con el *Catecismo mayor* emanado del Concilio Limense de 1772, en donde se reafirmaba que el matrimonio era el "concierto firme y perpetuo del varón y mujer cristianos, para engendrar y criar hijos en servicio de Dios, guardándose lealtad entre sí uno a otro".[21] Lo importante era que se tomara conciencia de la "grandeza de este sacramento, su eficacia y las gracias" que producía al recibirlo, considerando sus cargas. Asimismo, los curas insistían en las obligaciones de los casados entre sí y de sus funciones para con los hijos, mirando siempre al "bien de sus almas, su educación e instrucción en los principios de la Doctrina de la Religión así como las que respectan al sustento de los cuerpos... para que más adelante tomen el estado a que Dios los llamase"; de lo cual iban a depender la paz, la tranquilidad y la prosperidad de las familias y de la sociedad.[22]

La familia, en cualquier parte de la monarquía española, era considerada una institución fundamental para formar a sus integrantes (padres, hijos, parientes, sirvientes y esclavos) en la fe y la recta conducta, pero también concebida como un ámbito proclive al desorden, sobre todo por "la presencia de mujeres lascivas, gastosas o rebeldes, hijos irrespetuosos, parientes enemistados, madres negligentes y maridos tiránicos".[23]

---

[21] "Catecismo Mayor compuesto y aprobado por el Concilio Provincial de esta ciudad del año de 1583, reconocido, añadido y aprobado por el presente" (1772), en Juan Tejada y Ramiro, *Colección de Cánones y de todos los Concilios...* tomo VI, p. 395.

[22] *Cf.* "Auto de la Visita [de Baltasar Jaime Martínez Compañón]...", Orden Número 10, en Miguel Justino Ramírez, *Huancabamba. Su Historia, su geografía, su folklore,* Imprenta del Ministerio de Hacienda y Comercio, Lima, 1966, pp. 75-76.

[23] Isabel Morant y Mónica Bolufer Peruga, *Amor, matrimonio y familia. La construcción histórica de la familia moderna,* Síntesis, Madrid, 1998, p. 157.

En efecto, la vida matrimonial implicaba lealtad y fidelidad; sin embargo –se insistía– no escaseaban sentimientos y acciones que podían resquebrajar la unión por la presencia de terceras personas. El amancebamiento y el adulterio fueron entonces las principales dificultades con las que tuvieron que lidiar las autoridades eclesiásticas en todos los grupos sociales: los indios, por costumbres ancestrales que permitían la poligamia; los mestizos, por ambivalencia social e influencia de uno de sus progenitores; los negros esclavos, por su cosmovisión, movilidad espacial y situación social; y, en general, las más de cincuenta castas tuvieron clara tendencia a la informalidad en sus relaciones maritales. Todo lo cual se atribuye a una falta de convicción sobre el sacramento del matrimonio, fruto de un adoctrinamiento ineficiente y lento de arraigar. Ya el ilustrado José Ignacio de Lecuanda, tesorero y contador real, había advertido en 1793 que los indios eran muy "dados a las mujeres", pues convivían con varias de ellas al mismo tiempo, pese a las prohibiciones del Concilio de Trento. En este sentido, se conjugaba el amancebamiento con la bigamia o poligamia, haciendo más grave el contexto sociológico.

Analicemos pues cuáles fueron las reacciones emocionales de mujeres negras, mestizas, indias y españolas que defendieron a ultranza su matrimonio, honra y buen trato ante la presencia de otras mujeres que se convertían en amasias de sus consortes y que, por ende, generaban muchos lamentos.

Cuando se presumía o se tenía pruebas fehacientes de que el esposo tenía una amante, las esposas procedían a denunciarlos ante la autoridad civil (alcalde, corregidor o teniente) y eclesiástica, directamente o por intermedio de protectores, con una fórmula más o menos parecida: "me querello civil y criminalmente contra (nombre de la amante) porque sin temor de Dios y de la Real Justicia ha ofendido y agredido a (nombre de la esposa) en el estado de su matrimonio". Nótese que en este fragmento aparece Dios como autoridad máxima sobre la tierra con poder y facultad para castigar por tal pecado a los transgresores; a continuación, se menciona la justicia que ejercía el rey por medio de sus autoridades y que también debía ser temida por los castigos que podían aplicar. Por tanto, el adulterio por la gravedad del pecado y sus implicaciones en el "orden de la sociedad" se constituyó en delito de "fuero mixto".[24] Algunas veces se añadían otros valores: la conciencia, el honor, entre otros; así al aludirse "sin temor de su conciencia" se hacía referencia a la pérdida de todo tipo de remordimiento o sentido de culpa por la vida llevada.

Recalcaremos que, en las denuncias interpuestas por las esposas, estas mencionaban, en primer lugar, la calificación racial de la "manceba", lo que siempre implicaba menosprecio. Así lo expresó María Carranza, india residente en la ciudad de Piura, sobre la zamba (mezcla de indio con negra) Tiburcia de Morales[25] quien, en contraposición, se declaraba mulata (mezcla de negra con blanco), lo que implicaba cierta mejora racial por el color más claro de su piel y por tener un padre español o criollo.

Por supuesto, el calificar de esclava a una mujer significaba mayor ofensa racial, por la consideración de objeto de compra-venta que esto implicaba. Por ello, la mulata María Teresa de Talledo, defendiéndose de la denuncia de Nicolasa Vilela, le achacó el ser zamba y esclava de Luisa Cortés. Que era ofensa o desestimación se sabía: en su declaración Nicolasa replicaría que ya no era esclava.

Al margen de las distinciones raciales, en esencia las denuncias recalcaban que, a consecuencia de sus amistades ilícitas, los esposos se manejaban con total desapego sentimental y trataban a sus esposas con desamor, apreciando más a sus concubinas.[26] También subrayaban que, fruto de la separación, resultaba el maltrato y penalidades experimentadas por la esposa, a quienes negaban por lo mismo las precisas atenciones corporales, sin que las prudentes demostraciones con que se portaban las esposas –argumento de la demanda– les llegasen a moderar.[27] Se evidencian entonces dos cuestiones claves: la primera, la desatención material y sentimental experimentada

---

[24] María Luisa Candau Chacón, "Madres e hijas. Familia y honor en la España moderna", en Ofelia Rey Castelao y Miguel Pablo Cowen (eds.), *Familias en el Viejo y Nuevo Mundo,* Universidad Nacional de la Plata, La Plata, 2017, p. 204, recuperado de http://libros.fahce.unlp.edu.ar/index.php/libros/catalog/book/95

[25] ARP. Causas criminales. 1716-1784. Leg. 55. Exp. 119. María Carranza india contra Tiburcia de Morales por la injuria y ofensas con detrimento de su matrimonio. 1751.

[26] ARP. Causas criminales. 1799-1802. Leg. 61. Exp. 1150. Autos contra Manuel Rodríguez Palacios por su legítima mujer Antonia Coronel, sobre su mala conducta. 1800.

[27] ARP. Causas criminales. 1716-1784. Leg. 55. Exp. 119. María Carranza india contra Tiburcia de Morales por la injuria y ofensas con detrimento de su matrimonio. 1751.

por las mujeres, considerando la reducción de los sustentos para alimentación y vestido, al igual que para sus hijos, llegando, incluso a recibir maltrato físico; y la segunda: la actitud pasiva con la que algunas de ellas soportaban la infidelidad, buscando entre lágrimas el cambio de vida de sus consortes. Los lamentos recordaban los malos tratos recibidos por las mujeres honestas casadas pues en muy pocos documentos encontramos agresoras o amasias usando este tipo de justificaciones en sus defensas.[28]

Todas las mujeres abandonadas o compartidas con amantes planteaban en sus quejas la penuria económica. En realidad, la pobreza, de la que se culpaba a la relación adúltera, se convertía en protagonista de sus lamentos. Sobre el descuido de la manutención es un buen referente la causa seguida contra Juliana del Castillo, residente en el asiento de Chalaco, contra su esposo José de Córdoba. Acusado de convivencia adúltera durante cinco años con Tomasa de Morales, había desatendido por ello "sus obligaciones a que por Justicia Divina y humana estaba obligado y solo ha cargado el juicio en mantener a la concubina con el vestuario y mantenimiento corporal, [y ella estaba] pasando urgentes necesidades junto a sus siete hijos, [de tal manera] que ni aún el algodón le merecía para que con algún modo pudiera tapar a esos desgraciados sus hijos".[29] Este argumento común en casi todos los procesos por adulterio en España e Hispanoamérica es considerado, entre otros, por Alonso Manuel Macías Domínguez para la zona de Andalucía en el siglo XVIII y por Rosalba Márquez García para Zacatecas. En este último caso Márquez afirma que "el inadecuado suministro de prendas de vestir, denotaban, en algunos casos, evidencia clara de maltrato, y éste hecho era utilizado judicialmente" por las mujeres.[30]

Como era de esperar, el elemento económico está presente en casi todos los casos estudiados para el norte del virreinato peruano, ya sea

[28] María Luisa Candau Chacón, "Emociones y lágrimas. Llantos y lamentos de mujeres" en María Luisa Candau (ed.), *Las mujeres y las emociones en Europa y América: siglos XVII-XIX*, Universidad de Cantabria, Santander, 2016, p. 76.

[29] ARP. Causas criminales. 1716-1784. Leg. 56. Exp. 1155. Causa criminal contra Tomasa Morales, José de Córdoba y Paula de Córdoba sobre concubinato. 1764.

[30] Alonso Manuel Macías Domínguez y María Luisa Candau Chacón, "Matrimonios y conflictos: abandono, divorcio y nulidad eclesiástica en la Andalucía Moderna

para reclamar pensión alimenticia y vestido, para pedir devolución de herencias de hijastros, o bien para solicitar la devolución de algún bien inmueble cercano a la casa marital. Así lo pidió la mencionada María Carranza, tras vender una tienda a Tiburcia de Morales, a la postre amante de su marido y dispuesta, tras la denuncia pertinente, a devolver su dinero de compra con el mayor valor que hubiere adquirido.

En otro orden de temas, la defensa del matrimonio legítimo se unía a asuntos económicos de diverso orden. Como el reclamo de herencias. Veamos lo solicitado en 1800 por Antonia Coronel a su esposo, el español Manuel Rodríguez Palacios; defendía los bienes pertenecientes a sus hijos (habidos en un primer matrimonio), considerando que su cónyuge y padrastro de aquellos, los gastaba en mantener a su amante, Agustina Frías; bienes conformados por dinero, 200 cabezas de ganado cabrío y 40 cabezas de ganado vacuno que el español habría malgastado, entre otras cosas, en un viaje de Huancabamba a Piura en el que invirtieron, en opinión de María Carranza, una buena cantidad de dinero en desmedro de la mencionada herencia.[31]

En la vida cotidiana, y como era de esperar, esta situación tensa entre esposas y amasias casi siempre terminaba en enfrentamientos con insultos, actitudes de desprecio y golpes con profusión de sangre. Entre gritos y tonos descompuestos sobresale la palabra "prostituta" como uno de las ofensas más letales que podía proferirse contra una mujer; recordemos que el tema de la honra de la mujer –ligado a la guarda de la castidad– tenía su contraposición en el predominio del mal o la inclinación al mismo.[32]

(Arzobispado de Sevilla, siglo XVIII)", *Revista Complutense de Historia de América*, 42 (2016), Dossier: *El matrimonio en los siglos XVI-XVIII: Derecho canónico, conflictos y realidad social*, dirigido por Ana de Zaballa, pp. 119-146. Rosalba Márquez García, *Matrimonio y violencia en Zacatecas, siglo XVIII*, Editorial Académica Española, Alemania, 2012, pp. 81/102/160. En la misma línea, véase el artículo de Laura Benítez Barba, "Pido a Dios perdón y a la justicia piedad'. Matrimonio y adulterio en la Audiencia de Guadalajara. 1800-1824", en Miguel Isais, María Ochoa y Jorge Gómez (coords.), *Mujeres insurgentes, mujeres rebeldes*, Universidad de Guadalajara, Guadalajara, 2015, p. 193.

[31] ARP. Causas criminales. 1799-1802. Leg. 61. Exp. 1150. Autos contra Manuel Rodríguez Palacios por su legítima mujer Antonia Coronel, sobre su mala conducta. 1800.

[32] María Luisa Candau Chacón, "Madres e hijas. Familia y honor en la España moderna…", p. 200, recuperado de http://libros.fahce.unlp.edu.ar/index.php/libros/catalog/book/95

Las agresiones verbales eran amplias. Les acompañaban matices raciales, como ya dijimos, y otros insultos que tenían que ver con el aspecto físico. Nicolasa Vilela, por ejemplo, afirmaba en su declaración que María Teresa Talledo en "grande algazara de voces... prorrumpió distintas injurias... sobre que era una puta, zamba, guangochuda, y demás dicterios de menosprecio".[33] En la misma línea, María Carrasco culpaba a Tomasa Solano por haber realizado en su casa "una gran gorgona, provocación e insultos, llenándome de variedad de injurias y entre ellas de mayor repetición, la mayor de las putas, que mi mismo marido se lo había dicho y que ella lo tenía visto...".[34]

Y más insultos de semejante carácter. María Antonia Gallo Carrasco, española, esposa de Roque Raygada, denunció a su vecina Ubalda Arica (zamba libre) porque "a voces en calle pública le dijo... que estaba puteando y pariendo hijos de diferentes maridos". Estas frases que atentaban directamente contra su honor, su matrimonio y, obviamente, el de su marido, causaron la denuncia ante las autoridades porque además "del rubor y susto" estuvo a punto de abortar un hijo del que se hallaba embarazada. Como es entendible, lo que más le dolía a María Antonia era que dicho agravio no había sido satisfecho y que:

> el vulgo quasi duda quando mi pundonorosa honra, buena opinión y reputación con la de mi esposo, es tan falsa, ligera y públicamente calumniadas y agraviadas... por los filos de su atrevida lengua, batología o sindicación, con las referidas injuriosas palabras.[35]

E insistirá en que Ubalda era "persona vil, desvergonzada y de baja esfera" en contraposición de ella, "distinguida, conocida y limpia cuna".[36] En realidad, todos estos procesos solicitaban la retractación

[33] ARP. Causas civiles y criminales. Compulsas. 1780-1796. Causa criminal contra María Teresa Talledo a pedimento de Nicolasa Vilela, ambas mulatas libres vecinas de esta ciudad sobre riña. 1784.

[34] ARP. Causas criminales. 1806-1813. Leg. 68. María Carrasco contra Tomasa Solano por concubinato con el esposo de la primera. 1810.

[35] ARP. Causas criminales. Leg. 62. Exp. 164. Auto contra Ubalda Arica, samba libre sobre injurias a Doña María Antonia Gallo mujer legítima de Don Roque Raygada de esta vecindad. 1802.

[36] Ibídem.

de injurias recibidas personal o públicamente, así como el proceso contra sus personas y bienes, como veremos más adelante.

Entre las mujeres, los insultos proferidos continuaban en los procesos judiciales en los que esposas, concubinas y testigos hacían uso de los términos más comunes utilizados en el pueblo o la ciudad. En este sentido, las primeras acusan a las segundas de tener costumbres depravadas y vida licenciosa. Algunos testigos, como Sebastián Gallo, describieron a la esposa como "mujer muy honrada y a la amante como mujer inquieta y de mala conducta en las de su sexo". En el mismo expediente, hallamos un segundo testimonio que definía a María Carrasco, esposa, como "honrada, fiel y constante para su marido..." a diferencia de Tomasa Solano, "mujer prostituta, escandalosa y desvergonzada, que ha vivido durante más de cuatro años descaradamente con Jacobo Zapata".[37] Así las características adjudicadas a las concubinas se mostraban como fiel reflejo de las pasiones desordenadas, impulsos perturbadores del cuerpo y el alma.[38]

Respecto a las actitudes de menosprecio observadas en estas circunstancias, encontramos risas, burlas y pifias que afectaban a la sensibilidad de las esposas y que se agudizaban si no veían obediencia a lo dispuesto por las autoridades: Juliana del Castillo vivió en carne propia no solo la reincidencia del amancebamiento de su esposo, José de Córdoba, con Tomasa Morales; también tuvo que soportar que dejaran en libertad a Tomasa para vivir "con más soltura y escándalo y pifiándome que no ha valido mi querella".[39]

---

[37] ARP. Causas criminales. 1806-1813. Leg. 68. María Carrasco contra Tomasa Solano por concubinato con el esposo de la primera. 1810.

[38] Mónica Bolufer Peruga, "Estilos emocionales del siglo XVIII", en Juan José Iglesias, Rafael Pérez y Manuel Fernández (eds.), *Comercio y cultura en la Edad Moderna,* Universidad de Sevilla, Sevilla, 2015, p. 2058. Véase también María Tausiet y James S. Amelang (eds.), *Accidentes del alma: Las emociones en la Edad Moderna,* ABADA, España, 2009. Para el caso de Guadalajara la historiadora Graciela Abascal Johnson afirma que las amantes eran concebidas como mujeres "sin reputación, con conducta ligera y con un desconocimiento de los deberes religiosos". Graciela Abascal Johson, "Juntos hasta que el divorcio nos separe: divorcio eclesiástico y nulidad matrimonial en el obispado de Guadalajara, 1800-1865", tesis para obtener el grado de maestra en historia, Universidad de Guadalajara, Guadalajara, 2005.

[39] ARP. Causas criminales. 1716-1784. Leg. 56. Exp. 1155. Causa criminal contra Tomasa Morales, José de Córdoba y Paula de Córdoba sobre concubinato. 1764.

En la misma línea, María Teresa Talledo se defendía aduciendo que Nicolasa Vilela la tenía "hecha objeto de sus risas con otras mujeres perdidas como ella" y añadía: "zahiriéndome continuamente con palabras de conocida provocación", entre otras que decía no mencionar a la autoridad por moderación. Esta actitud, denunciada por María Teresa ante el alcalde Manuel Gregorio Carranza, supondría una amonestación que Nicolasa desobedeció, en efecto, en actitud

> rebelde y de la mayor altanería... pasó por la puerta de la tienda [de María] y levantándose el faldellín, la parte posterior, con la más inhonesta libertad, sin avergonzarse del cubrir públicamente sus propias carnes, me las manifestó y puso por la cara diciéndome a gritos que yo no merecía ser tratada, sino con iguales demostraciones y otras palabras destempladas.[40]

Tales escenas –que nos transportan a la vida cotidiana– generaban posteriormente agresiones físicas.[41] También aquí. Así lo describiría María Teresa, recordándose indignada y "ciega de cólera" abalanzándose sobre Nicolasa y dándose múltiples golpes, con efectos lógicos que la denunciante interesaba recalcar: que le fue arrancada "la piel de la cara en que están patentes las cicatrices... creciendo con esto mi sofocación y para defenderme... le mordí en la parte que pude de la cara.[42] Con estos ejemplos y otros podemos

---

[40] ARP. Causas civiles y criminales. Compulsas. 1780-1796. Causa criminal contra María Teresa Talledo a pedimento de Nicolasa Vilela, ambas mulatas libres vecinas de esta ciudad sobre riña. 1784.

[41] Sobre violencia contra mujeres en el ámbito matrimonial existen muchas investigaciones: Antonio Gil Ambrona, *Historia de la Violencia contra las mujeres. Misoginia y conflicto matrimonial en España,* Cátedra, Madrid, 2008. Tomás Antonio Mantecón Movellán, "La violencia marital en la Corona de Castilla durante la edad Moderna", en Antonio Irigoyen López y Antonio Pérez Ortiz (eds.), *Familia, transmisión y perpetuación (Siglos XVI-XIX),* Universidad de Murcia, Murcia, 2002, pp. 19-55. Alfredo Martín García, "Mujeres y violencia cotidiana en el departamento de Ferrol a finales del Antiguo Régimen", en Margarita Torremocha Hernández (ed.), *Mujeres, sociedad y conflicto (Siglos XVII-XIX),* Castilla ediciones, Valladolid, 2019, pp. 267-291. Margarita Ortega López, "Violencia familiar en el pueblo de Madrid durante el siglo XVIII", *Cuadernos de Historia Moderna,* 31(2006), pp. 7-37.

[42] ARP. Causas civiles y criminales. Compulsas. 1780-1796. Causa criminal contra María Teresa Talledo a pedimento de Nicolasa Vilela, ambas mulatas libres vecinas de esta ciudad sobre riña. 1784.

adentrarnos en ese mundillo de golpes, mordeduras, jaloneo de trenzas, arañazos, rasgado de ropas y demás.

En no pocas ocasiones, los varones intervinieron, con consecuencias letales para las esposas cuando no solo usaban su fuerza física sino también armas blancas.[43] Tal fue la situación vivida por María Carranza, que recibió de su esposo Pascual de Grados una terrible herida en la cabeza con una espada que a punto estuvo de matarla. De inmediato y, todavía sangrando, María se dirigió a la casa del alférez real para ser reconocida por el escribano y pudiese dar fe de sus heridas. Según el documento, no era la primera vez que recibía agresiones de su consorte, pues en días pasados había ingresado a su casa junto a su amante y dos hermanas de ella, "maltratándola gravemente de manos y palabras". Perdonaría entonces el agravio, pensando que su esposo cambiase de actitud y obedeciera los mandatos de la autoridad. Claramente se equivocó.[44]

Juliana del Castillo es otro ejemplo de agresión conjunta; en esta ocasión por parte de su esposo, su concubina y otros participantes. Así José de Córdoba, su amante, Tomasa Morales y Paola de Córdoba arremetieron contra ella, cogiéndola de los cabellos, tirándola al suelo y poniéndola –acusaba– "igual que un Cristo a golpes", de los que difícilmente pudo escaparse. Quedaría por ello "por bastante tiempo quebrada de la salud a causa de las patadas recibidas de ambas mujeres y demás injurias" y solicitaba, por lo mismo, prisión para los tres, restitución de su crédito u honra y, de ser posible, expulsión de Tomasa y embargo de sus bienes, con la intención de obtener dinero para pagar las curaciones y la restitución de su vestimenta.[45]

[43] Para el ámbito español María José de la Pascua Sánchez recalca que la violencia generalizada estaba permeada por las representaciones culturales de la masculinidad y la feminidad. María José de la Pascua, "Violencia y familia en la España Moderna", en Juan Castellano y Miguel López-Guadalupe (eds.), *Actas de la XI Reunión científica de la Fundación Española de Historia Moderna. Ponencias y conferencias invitadas*, Universidad de Granada, Granada, 2012, pp. 127-157. En la zona de Zacatecas, Rosalba Márquez recalca que una de las infracciones más frecuentes es el ataque directo al cuerpo con golpes, malos tratos y heridas producidas con objetos transformados en armas. Rosalba Márquez García, *Matrimonio y violencia en Zacatecas*..., p. 61.

[44] ARP. Causas criminales. 1716-1784. Leg. 55. Exp. 119. María Carranza india contra Tiburcia de Morales por la injuria y ofensas con detrimento de su matrimonio. 1751.

[45] ARP. Causas criminales. 1716-1784. Leg. 56. Exp. 1155. Causa criminal contra Tomasa Morales, José de Córdoba y Paula de Córdoba sobre concubinato. 1764.

Cuánto dolor espiritual y corporal debieron sentir las esposas agredidas, cómo se quejaron de ellos: los discursos reiteraban que no solo tenían que vivir cerca de las amantes, que algunas veces mostraban actitudes de "mayor altanería"; debían además soportar la vergüenza consecuente a las humillaciones, los insultos y las agresiones físicas y verbales. Este atentado contra su dignidad iba unido a los perjuicios económicos por los gastos que debían destinar a curar sus heridas. De dejar cicatrices profundas en el rostro o alguna parte visible del cuerpo, el estado de impotencia y humillación se incrementaba. Para paliar en cierta medida estos sentimientos recurrían a la autoridad acusando a los agresores.

No quiero dejar pasar la oportunidad de mencionar un caso peculiar: aquí la amante será quien reciba los golpes por parte los esposos. Se trata de María Manuela Vásquez; en 1816 la encontramos acusando a su ex amante, Casimiro Merino, y a su esposa, María Cándida Jiménez, de haber ingresado a medianoche a su casa, en la que se encontraba dormida junto a sus cuatro hijos, para –según su versión– cortarle las dos orejas y el cabello. Había recibido –mencionaba– insultos con palabras injuriosas de ambos, quienes la acusaban de haber hablado mal de las hijas de María Cándida. En su defensa, alegó que la verdadera razón de las agresiones era que ella se resistía a continuar con esa amistad ilícita. Por supuesto, la contraquerella no se haría esperar. María Cándida acusaría, a su vez, a María Manuela de adulterio y que, en dos oportunidades, tras verificarlo, había salido de la hacienda en la que se encontraba con sus hijos, con la única intención de consolar su dolor. Su marido la siguió en ambas oportunidades, y sin embargo corroboró que María Manuela había hecho lo mismo. Por ello, requería que la deportaran y le dieran azotes para que sirviera como escarmiento y ejemplo de otras.[46] En este caso notamos que el castigo solicitado es azotes porque asumo se trata de indígenas residentes en zona rural, en donde se acostumbraba a castigar con ese objeto

Pero volvamos al procedimiento. Tras la interposición de la denuncia –en la que detallaban los insultos y agravios recibidos–,

[46] ARP. Causas criminales. Leg. 71. Exp. 1421. Autos criminales María Manuela contra Casimiro Merino y su mujer legítima María Cándida Jiménez sobre haberle cortado el pelo y quitado las dos orejas. 1816.

se procedía a recibir testimonios de vecinos y de los denunciados y, de tratarse de una primera vez, se amonestaba severamente a la agresora, o en su caso a la manceba, con exigencia de retractarse y advertencias de mayores penas de reincidir. Así lo remarcó en 1802 Pablo Patrón de Arnao, juez real subdelegado del partido de Piura, ante Ubalda Arica, a quien pidió desdecirse de los agravios emitidos "para conservar ileso el honor del matrimonio" de María Antonia y Roque, exigiendo, además, su comparecencia al día siguiente, a las diez de la mañana al mismo sitio donde había vertido las injurias "a retractarse de ellas en forma pública y en presencia del escribano actuario"... para poner constancia en los autos, "apercibiéndosele seriamente guarde moderación en su conducta y palabras".[47]

En el mismo estilo, en el año de 1810 el encargado José Caballero exigió a Tomasa Solano que se retractara de los insultos dirigidos contra María Carrasco, aconsejándole abstenerse de provocaciones e insultos en lo sucesivo, así como alejarse de su vida licenciosa, especialmente del concubinato con Jacobo Zapata; de reincidir, se procedería a "escarmentarla por todo rigor de derecho y no se le trataría con la equidad que al presente". Como respuesta, Tomasa se justificaba, indicando que el exceso había sido debido "a su espíritu acalorado" y añadía: "que desiste y se retracta de la palabra puta con que había injuriado a María por pura voluntariedad y sin constarle cosa alguna contraria a su honrado proceder".[48] María aceptaría las disculpas; al fin y al cabo, así recuperaba estima personal y pública.

En algunos casos, las autoridades procedían a poner a los amantes en la cárcel pública, castigándoles con la pérdida de bienes e incluso el destierro por años y espacios establecidos; así se hacía en la Metrópoli y en las colonias Hispanoamericanas.[49]

---

[47] ARP. Causas criminales. Leg. 62. Exp. 164. Auto contra Ubalda Arica, samba libre sobre injurias a Doña María Antonia Gallo mujer legítima de Don Roque Raygada de esta vecindad. 1802.

[48] ARP. Causas criminales. 1806-1813. Leg. 68. María Carrasco contra Tomasa Solano por concubinato con el esposo de la primera. 1810.

[49] Además de las investigaciones mencionadas véase la publicación de Eduardo González y Silvia Molina denominado "Amores censurados: concubinato y adulterio ante los juzgados de Cartago (1783-1823). En Revista del Archivo Nacional de Costa Rica, 73 (2009), pp. 71-94.

Veamos ahora detenidamente las sentencias pronunciadas. En el caso de Nicolasa y María Teresa Talledo, se añadían acusaciones: primero las propias de adulterio cometido entre la primera y su esposo, Santiago Agurto; segundo, las agresiones físicas y verbales sufridas por la concubina (en respuestas –decía la denunciante–, a su provocación) y el coste consecuente de gastos médicos[50] que habían de correr a su cargo, gastos asumidos en principio por una antigua ama de la agredida, de nombre Luisa Cortés.

Creemos que la participación de esta vecina piurana constituyó la causa de la huida de María Teresa, luego llamada por edictos y pregones por el regidor decano, Luis de Mesones. Mantenido el llamamiento durante tres meses, sin respuesta, se emitiría sentencia contra Teresa, "condenada a seis meses de destierro fuera de las cinco leguas de la ciudad; y sus bienes servirían para las costas de la presente y de la causa". Condena incumplida ante el regreso de María Teresa nuevamente acusada por su antigua y perenne enemiga, Nicolasa que insistirá en su encarcelamiento y pérdida de bienes.[51] Al no constar nueva información intuyo un perdón privado que desviaría el final del proceso a las escrituras de protocolos.

En las causas probadas de adulterio continuado (amancebamiento adúltero) las sentencias eran más claras y firmes. En el caso del amancebamiento de Tiburcia de Morales con Pascual Grados, al observarse claras evidencias de concubinato, se procedió a su encarcelamiento y embargo de los siguientes bienes: "50 pesos de raspaduras, una mesa grande y otra pequeña, otra dicha con su cajón y llave, un cajón nuevo de guardar pan, una tarima, dos taburetes de madera, un velero nuevo y una frasquera". Tras 16 días en prisión, y por enfermedad, comprobada por el padre Felipe Santiago del hospital Nuestra Señora de Belén, sería excarcelada, supuestamente, temporalmente. Pero la antigua rea no volvería, de momento, a prisión. De ello se quejaba la esposa legítima, de nombre María,

[50] Los medicamentos (bálsamo y aguardiente) importaron un total de cuatro pesos, que se duplicaron por el valor de la camisa, más 20 reales por una pieza de zaraza despedazadas.

[51] ARP. Causas civiles y criminales. Compulsas. 1780-1796. Causa criminal contra María Teresa Talledo a pedimento de Nicolasa Vilela, ambas mulatas libres vecinas de esta ciudad sobre riña. 1784.

que –decía– veía peligrar de nuevo su matrimonio. Así, pasaron varios meses, al cabo de los cuales María insistirá en la cercanía de Tiburcia Morales, elevando, por ello, su causa al doctor Norberto Luis de Aranda, abogado de la Real Audiencia de Lima. La sentencia condenaría a la citada Tiburcia, mandándola que

> por tiempo de dos años mude su habitación a distancia de cuatro quadras de la casa de María sin que por ella ni sus contornos pase y que así mismo no comunique con su marido con motivo alguno, con apercibimiento que será desterrada a distancia de 50 leguas de esta ciudad... y que pague las costas presentes.

Una sentencia obedecida pues el proceso incluye la solicitud de la misma de restituirse a su casa, comprometiéndose a no generar discordia alguna.[52] Una nueva historia, además, que verifica la visión de la mujer pecadora, mujer Eva causante de las desgracias conyugales; no hallamos mención al marido, por lógica supuestamente "cómplice".

Y otras sentencias. En la disputa mantenida entre Juliana del Castillo y Tomasa Morales, el juez comisionado José López comprobaría in situ la relación adúltera entre esta última y el marido de la primera, de nombre José de Córdoba. En efecto, con la compañía de cuatro hombres, pasaría al sitio de Pambarumbe donde descubriría a los amantes, padres, además de tres hijos. Arrestada ella y embargada en los pocos bienes que tenía –cuatro reses y 10 cabras– no sabemos de su final. Por su parte la esposa legítima, Juliana continuaría: solicitará el destierro de su enemiga de quien temía venganza –de ambas– porque "no estaba puesta a que me suceda y me vengan grandes trabajos de que me mate o yo matarla".[53]

Pero ¿y los esposos? En otras causas les encontramos como reos culpables y sentenciados. La cárcel pública les esperaba, si bien alguno huyó ante su condena. Como Pascual de Grados, autor de

---

[52] ARP. Causas criminales. 1716-1784. Leg. 55. Exp. 119. María Carranza india contra Tiburcia de Morales por la injuria y ofensas con detrimento de su matrimonio. 1753.

[53] ARP. Causas criminales. 1716-1784. Leg. 56. Exp. 1155. Causa criminal contra Tomasa Morales, José de Córdoba y Paula de Córdoba sobre concubinato. 1764.

infligir heridas a su esposa, María Carranza, con una espada. Tras el maltrato, sacaría capa, sombrero y alforjas, ensillando mula y saliendo de la ciudad; no se volverá a tener noticias de su persona. Otros condenados prometieron presentarse ante la justicia para evitar el pago del traslado, pues, siendo pobres no podrían asumir el gasto. Así lo manifestó José de Córdoba ante su esposa Juliana del Castillo.[54]

Los militares españoles arrestados por concubinato solicitaron comúnmente su traslado al cuartel, huyendo de la infamia de la real cárcel por ser –decían– "inmunda" y contener presos comunes. Este pedido, realizado por el sargento español Manuel Rodríguez, iría acompañado de su descargo, declarando no ser la mencionada Agustina Frías su amante, y acusando a su esposa de celos infundados, por injurias de una vendedora mal pagada, que así vengó su impago.[55] Las acusaciones de la esposa incluían otras relaciones adúlteras que el esposo negará fundándose en las razones estipuladas: el carácter celoso de su cónyuge. En su descargo, argüirá estar continuamente trabajando en el campo, de lo que podrían dar fe personas dignas como el presbítero Manuel Vilela. Logrará con ello el levantamiento del arresto.[56]

Finalmente, otros retornaron al hogar tras desilusionarse y arrepentirse de sus escapadas y relaciones adúlteras. El perdón de las esposas, otorgado por motivos económicos y también religiosos a los maridos, era uno de los consejos que seguramente daban los sacerdotes y religiosos. María Carrasco, por ejemplo, perdonó a su esposo Jacobo Zapata "por arrepentido y por una razón de religión".[57] Esto, unido al interés de las mujeres por limpiar su imagen –y dejar de sentir humillación en una sociedad en la que mujeres abandonadas solían tener ese lastre sobre su fama– motivó a varias a permitir el retorno

---

[54] Citado en página 10.

[55] Los celos menguaron un tanto cuando se supo que Agustina era manceba de Vicencio Feliciano, pero se reanudaron en meses posteriores cuando esta relación terminó y Agustina hizo un viaje a Piura junto a Rodríguez. Al respecto, este aclara que realizó el viaje por pedido de Pedro Seminario y por súplica de la madre de Agustina, pues venía a cierto negocio

[56] ARP. Causas criminales. 1799-1802. Leg. 61. Exp. 1150. Autos contra Manuel Rodríguez Palacios por su legítima mujer Antonia Coronel, sobre su mala conducta. 1800.

[57] ARP. Causas criminales. 1806-1813. Leg. 68. María Carrasco contra Tomasa Solano por concubinato con el esposo de la primera. 1810.

de sus cónyuges infieles y continuar la vida marital. Por otra parte, las instituciones eclesiásticas buscaban siempre la reconciliación, de ahí que se buscase siempre la vuelta al hogar, castigando a la mujer y perdonando al varón.

CONCLUSIÓN

A modo de conclusión, hemos de recalcar que las autoridades civiles y religiosas unieron fuerzas para reconducir la vida "desordenada" de algunos de sus habitantes. Con grandes dificultades, sobre todo en el caso de esposos que residían, por diversos motivos, en otras ciudades, lo que se convertía en justificación de sus tardanzas.

Los clérigos exhortaban con sus predicaciones a dejar el amancebamiento y por ende a salir de las "garras del demonio," y en algunos casos aplicaban las máximas sanciones (excomuniones) a quienes se rehusaban a cumplir sus mandatos. Para ellos era primordial reforzar la unión marital aplicable a todos los componentes de los diferentes grupos sociales y, sobre todo, de los indios y esclavos, a causa de la pervivencia de creencias andinas y africanas. Se añadía la falta de escrúpulos de algunos amos. Sin embargo, verificamos que los intereses económicos ligados a la corona fueron más importantes que mantener la unión marital entre esclavos.

Los jueces, por su parte, aplicaban prisiones a los amantes, embargo de sus bienes o expulsión del poblado o ciudad, y junto a las esposas buscaron con denodado esfuerzo que los infieles se restituyeran a la vida maridable para reforzar una institución tan importante durante el virreinato: el matrimonio católico base de la familia colonial.

Todo lo mencionado generó situaciones en las que las esposas experimentaron el alejamiento de sus cónyuges, fuese porque, en el caso de las esclavas, fueran vendidas a otros amos, o por la presencia de amasias que se interpusieron en sus relaciones. En todos los casos aflorarán sentimientos de vergüenza y humillación al afectar a la honra y asumir que el abandono pudiera haber sido culpa suya –por su falta de virtudes y desatenciones hacia el esposo–, o, por el contrario, ante sus fracasos. En esta línea, debemos llamar la atención sobre cómo la opinión de la vecindad sobre la esposa tendría por lo menos dos modos de estimación y representación: como la pobre mujer "abandonada" a su suerte junto con sus hijos, o como la esposa "virtuosa y luchadora" que, a pesar de la traición, continuaba trabajando para sacarlos adelante. Y en el fondo: la inseguridad de sentirse solas sin apoyo ni sustento; el miedo y la incertidumbre sobre el presente inmediato y el futuro de sus vidas.

Están presentes también los sentimientos de impotencia, desasosiego, a veces ira, también odio ante la "traición" de los maridos. La precariedad económica en la que muchas se vieron sumergidas por culpa –decían– de las amantes era manifestada ante familiares y autoridades con llantos y lamentos. La evolución de la tristeza a la indignación se producía cuando se verificaba que las amasias y sus hijos naturales (si los había) estaban mejor atendidos económicamente por los infieles esposos que la familia legítima.

Todo ello se agravaba en caso de encontrarse una y otra mujer frente a frente, e iniciaban las riñas caracterizadas por insultos y por golpes de distinto calibre. La furia se apoderaba entonces de los participantes directos y eran las mujeres las que se agredían con el peor de los vocablos: "prostituta", unido o no a defectos corporales y a matices raciales que implicaban menosprecio. En el primer caso, mancillado honor y fama se solicitaba retractación de injurias públicamente. Así hemos comprobado cómo en varias sentencias el juez citaba a la agresora en el lugar de los hechos para que a viva voz se desdijese de las injurias proferidas. Si los golpes generaban heridas sangrantes, se exigía el pago de lo gastado en medicinas (bálsamos y aguardiente), que de acuerdo a la gravedad podían promediar los cuatro pesos. El pedido se reiteraba si había peligro de que quedaran cicatrices visibles a simple vista, porque serían blanco fijo de burlas e insultos.

La violencia explícita en estos enfrentamientos era fiel reflejo de los sentimientos de odio más profundo de las esposas por aquellas que consideraban causantes de la desgracia matrimonial. Por ello, si se llegaba a ese extremo, suplicaban a las autoridades que se encarcelara a la manceba, se le quitaran los pocos o muchos bienes que poseyera, se les azotara públicamente o se les expulsara de la localidad durante algunos meses. Con ello obtendrían cierta satisfacción personal y material y, de alguna manera, verían saciadas sus ansias de justicia.

Y, en el mejor de los casos, si el esposo infiel mostraba signos de arrepentimiento e interés por retornar al hogar, las esposas les perdonaban por razones religiosas, sociales y económicas: se aseguraban la manutención o por lo menos el apoyo económico para ellas y sus hijos; sentirían cierto orgullo de haber sido preferidas a la amante, porque en algunos casos estas mostraban altanería y prepotencia; y tendrían tranquila la conciencia como "buenas cristianas" porque perdonaban faltas y pecados del prójimo asegurándose la misma actitud de Dios para con ellas. En suma, lo importante era volver al estado marital con su fama y honra repuestas ante una sociedad en la que prevalecía la institución familiar formal como núcleo básico de la misma.

"ESTO SUCEDE DE LOS CASAMIENTOS A DISGUSTO". EL FINAL TRÁGICO DE UNA MAL CASADA: CARMEN PINO. CONCEPCIÓN, CHILE, SIGLO XIX[1]

Yéssica González Gómez
Universidad de la Frontera

INTRODUCCIÓN

A partir de las potencialidades de la historia sociocultural y los estudios de género, y en base al método de estudio de casos, este artículo busca avanzar en el estudio de las transgresiones a la moral matrimonial y los usos de la violencia como medio de resolución de las tensiones y conflictos acuñadas en torno a las relaciones de pareja, dentro de un espacio regional de características singulares, próximo a la zona de frontera, en la provincia de Concepción, en Chile, en la segunda mitad del siglo XIX.

El estudio se basa en análisis de un expediente judicial, por el delito de parricidio, en la Villa de La Florida en el año 1853. La protagonista de los hechos, una mujer, Carmen Pino. Las motivaciones: un matrimonio forzado, excesos, violencia e infidelidades. Los efectos: la condena a muerte de la parricida, ejecutada en noviembre del año 1854. Así Carmen Pino, nuestra protagonista, pasó a los anales de la historia de la criminalidad chilena como la segunda mujer ejecutada a "tiro de fusil" dentro de la provincia de Concepción, sellando el destino final de una vida marcada por la violencia material y simbólica derivada de una temprana orfandad materna, la exposición al maltrato y la sujeción a la voluntad de un padre autoritario que,

[1] Este artículo tributa al proyecto de Investigación *Pasiones en femenino. Europa y América, 1600-1950. Perspectivas históricas y literarias*, financiado por el Gobierno de España, Ministerio de Ciencia e Innovación (MICINN), Agencia Estatal de Investigación (AEI). Asimismo, al proyecto ANID-FONDECYT Regular n.° 1230798, *Violencia criminalidad femenina y emociones. La transgresión de los mandatos de género en el Departamento de Temuco: 1884-1950*, del que la autora es I.R.

siguiendo los mandatos más conservadores del orden de género, le impuso un matrimonio no deseado a los 15 años con Lucas Mendoza, como resultado de un acuerdo entre familias.

Su historia ha llegado a nosotros a través de la conservación de su expediente de proceso, en el Archivo Nacional de Santiago. Se trata de un documento compuesto por 145 fojas que da cuenta de su itinerario vital, y permiten poner en contexto el crimen, dentro de un marco más amplio y complejo, en un espacio próximo a la tierra adentro o zona de frontera, donde las formas de vida, la movilidad de las poblaciones y menor efectividad de los sistemas de control institucional y también familiar, favorecieron el diseño de estrategias de sobrevivencia y relación poco convencionales y, a veces radicales, en las que el uso de la violencia y el crimen constituyeron una agencia no descartable.[2] Todo lo anterior, en una etapa de ordenamiento del derecho, de las prácticas de justicia y de la propia sociedad, vinculada al proceso de transición desde las viejas formas de relacionamiento colonial, a la definición de nuevos códigos y marcos normativos propios de un estado republicano, laico y liberal. Dentro de estos márgenes reconocemos puntos de comunicación entre emotividades, tácticas e intereses, el saber judicial y las representaciones sociales, cruzados por las representaciones de género.[3]

Las reflexiones en torno al caso han sido orientadas en torno a tres ejes. El primero, la descripción de los hechos, como medio de aproximación al tejido social y a la vida cotidiana de una comunidad, donde la fuerza del rumor, así como la publicidad de los acontecimientos incidirían fuertemente en la evaluación de las actuaciones de los protagonistas, así como en el rumbo de la historia de principio a

[2] Yéssica González, "Malas mujeres. Adúlteras, criminales y transgresoras dentro de un espacio regional. Concepción en el siglo XIX, en Yéssica González Gómez (ed.), *Mujeres: Olvidos y memorias en los márgenes. Chile y América, siglos XVII-XXI*, Ediciones Universidad de La Frontera, Temuco, 2020, pp. 189-213.

[3] Víctor Brangier, *Saber hacer y decir en justicia. Culturas jurídico-judiciales en la zona centro-sur de Chile (1824-1875)*, Prohistoria, Rosario, 2019. El autor propone el reconocimiento de *culturas jurídico-judiciales*, en plural, para signar el reconocimiento de más de una forma de justicia operando en la fase de ordenamiento del sistema judicial chileno, en el XIX. Lo interesante de esta concepción es el reconocimiento de agencias y creatividad en los sujetos, así como expectativas de resultado en relación a los procesos legales, lo que permite pensar en estructuras de poder menos verticales y más ubicuas.

fin. Sobre el particular, resulta especialmente interesante a nuestros objetivos relevar la función de regulación y control que "el decir" de la vecindad o comunidad tuvo sobre la aprobación o rechazo de actuaciones y sentires de sus integrantes, especialmente en función del género de los mismos.

El segundo, la idea del honor, como categoría de valoración social que, convertida en honradez y reputación individual, definió las nuevas reglas del juego social para el periodo, en el marco de sociedades que intentaban avanzar desde el ordenamiento del antiguo régimen colonial al nuevo orden republicano y cuyos efectos pueden ser leídos de modo diferenciado según la condición de clase y género de los sujetos.[4] Sobre el particular y siguiendo la propuesta interpretativa de V. Undurraga, dentro de estos nuevos marcos, la honestidad femenina continuó siendo vista como extensión del honor masculino, justificando su tutela y disciplinamiento a nivel social e institucional y evidenciando la proyección en la larga duración del sistema de definición de roles de género.[5]

En nuestra evaluación, estas características pesaron en la evaluación de las circunstancias de vida de nuestra protagonista, así como en la valoración social y moral de sus actuaciones y sentires, definiendo finalmente el itinerario de su exposición dentro del escenario judicial como espacio de control destinado a restaurar el equilibrio social y el orden comunitario y de género fracturado por la parricida.

El tercero, la idea del disciplinamiento y el castigo como medios de restitución del honor individual y social, para el caso de un crimen que tocó a dos familias de prestigio y posición dentro de una comunidad de límites más bien estrechos, pero de gran impacto y mediatez a nivel provincial. Este fue un caso donde lo juzgado fue algo más que un crimen. Aquí estuvo bajo escrutinio de la opinión pública, los efectos sociales e institucionales de un acto de desacato

[4] Pablo Ortega del Cerro, "Del honor a la honradez: un recorrido por el cambio de valores sociales en la España de los siglos XVIII y XIX", *Cuadernos de Ilustración y Romanticismo*, n.º 24 (2018), pp. 597-618.

[5] Yéssica González, "Fracturas de un orden. Violencias, desbordes y transgresiones de mujeres en un espacio regional. Chile en el siglo XIX", en Yéssica González y Verónica Undurraga (eds.), *Hilvanando emociones. Rupturas y vínculos desde lo femenino Chile y Argentina, siglos XVII al XX*, UHU.es Publicaciones, Huelva, 2022, pp. 89-122.

considerado como peligroso y escandaloso, en una fase fundacional de un nuevo orden.

En efecto, las acciones de Carmen Pino no solo pusieron en entredicho la capacidad de autorregulación de emociones y actuaciones de la parricida por parte de familiares, autoridades y la propia comunidad, sino también la capacidad de control de una sociedad sobre las mujeres, en cuanto a los mandatos del género, en primer lugar; la relación de subordinación jerárquica de éstas dentro de dicho orden, en segundo; y los usos de la violencia, e incluso la muerte, como medio radical de solución a relaciones de conflicto, en tercero.[6]

En cualquiera de estos planos, el caso estudiado evidencia una clara tensión entre discursos e imaginarios sobre la naturaleza pasiva y dependiente de las mujeres, para abrir espacio a la idea de la temibilidad y peligrosidad de sus actuaciones en lo criminal.

Así entonces y de modo combinado, estos elementos nos aproximan al fenómeno de la violencia en escalada, al situar las relaciones de género, así como los sistemas morales y simbólicos que vinculan a hombres y mujeres, dentro de una escala de jerarquías y de negociaciones en las que existe una notoria diferencia de trato y resultados para las unos y otros, dentro de la escena social y las prácticas de justicia.[7]

La consideración de estas variables resulta pertinente para entender las dimensiones del andamiaje cultural y valórico a partir del cual los sujetos gestionaron y narraron sus actuaciones y emociones, frente a las instituciones de policía y justicia, de sus respectivas comunidades de pertenencia, definiendo maniobras de orientación más o menos asertivas dentro de un juego de poder en el que ni víctimas ni victimarios estuvieron desprovistos de agencia y conciencia.

Desde esta perspectiva, aquí se asume la comprensión histórica de la violencia y las emociones como construcciones culturales

[6] Marta Santillán, *Mujeres criminales. Entre la ley y la justicia*, Editorial Crítica, México, 2021. Aunque para un tiempo extemporáneo a nuestro estudio, el texto analiza las tensiones experimentadas por las sociedades, el estado y sus instituciones frente a las rupturas del ordenamiento de género, a través del delito y la criminalidad femenina.

[7] Igor Goicovic y Jaqueline Vasallo (com.), *América Latina: violencias en la historia*, Ediciones América en movimiento, Valparaíso, 2018, pp. 9-17. Los autores llaman comprender la violencia en un marco amplio, como un recurso y discurso vinculado a las estrategias del poder y una forma de interacción social, determinada por la cultura patriarcal y los códigos de la masculinidad.

en las que es posible reconocer una dimensión política (poder) y situada a la que es necesario atender para visualizar el conjunto de normas, rituales y prácticas que validan las formas de dominio sobre las actuaciones de los sujetos a nivel individual y colectivo, dentro de cualquier comunidad.[8] En otras palabras, a las producciones de sentido, los imaginarios, estereotipos y prejuicios a partir de los cuales la opinión pública y las instituciones develan, interpretan, juzgan y castigan lo prohibido, dentro de los universos culturalmente posibles en una comunidad.[9]

LOS HECHOS, EL CRIMEN Y SU PROTAGONISTA

La madrugada del 27 de octubre de 1853, en la Villa de La Florida, el subdelegado Rafael Rubio, el inspector Domingo Rivera y el cabo Pedro Mella, tomaron conocimiento de una denuncia sobre la presunta muerte de Lucas Mendoza y del ocultamiento de su cadáver en casa de su mujer, Carmen Pino,[10] en un granero al fondo del hogar conyugal.[11] Acto seguido, el Juez, Señor Domingo Ibrita, se constituiría en el lugar de los hechos para hacerse cargo de las averiguaciones, tras verificarse el hallazgo del cuerpo en el lugar sindicado, "dentro de un cajón con evidentes signos de estrangulamiento".[12]

Se iniciaba así el periplo de un proceso que, junto con dejar al descubierto las diversas formas de sociabilidad y conflicto dentro

[8] Javier Moscoso, "La historia de las emociones, ¿de qué es historia?", *Vínculos de Historia,* n.°4 (2015), pp. 15-27.

[9] Saydi Núñez Cetina, "Entre la emoción y el honor: Crimen pasional, género y justicia en la ciudad de México, 1929-1971", *Estudios de historia moderna y contemporánea de México,* n.° 50 (2015), pp. 28-44. https://doi.org/10.1016/j.ehmcm.2015.05.010.

[10] El caso de Carmen Pino ha sido objeto de diversas investigaciones y publicaciones, entre las que se cuentan la tesis de Karla Reyes "El fusilamiento de Carmen del Pino en la provincia de Concepción en 1854 vista desde las relaciones de poder", de la Universidad del Biobío, en 2011; el artículo de Paulo Alegría, "Disciplinamiento y drama social en Chile tradicional. Florida, Concepción, 1853-1854", *Historia social y de las Mentalidades*, vol. 19, n.° 2, (2015), pp. 43-77 y el libro de Alejandro Ruiz, *Carmen del Pino. La segunda mujer fusilada en Chile*, Lar ediciones, Concepción, 2020.

[11] Archivo Histórico Nacional (ANS). Fondo Judicial Criminal de Concepción (FJC), Leg. 179. Contra doña Carmen del Pino por homicidio y José Anacleto y María Matamala por complicidad. 26 de octubre de 1853 y el 28 de noviembre de 1854, fja. 26.

[12] ANS. FJC, Contra doña Carmen del Pino por homicidio, Fja. 1.

de la comunidad de La Florida (Provincia de Concepción), rompió la cotidianidad del lugar, en la medida que los detalles del crimen fueron adquiriendo las características de un verdadero drama social.[13] Propuesto originalmente por V. Turner, tomamos aquí dicho concepto para signar el estudio de la escalada de las tensiones y conflictos en las comunidades y los mecanismos de restitución de los equilibrios dentro de ellas. Según el citado autor, un hecho o acontecimiento se transforma en un drama social cuando es posible reconocer (1) el quiebre o fractura del orden social; (2) la crisis gatillada por la transgresión de dicho orden o equilibrio; (3) la movilización de acciones de desagravio; y por último (4) la reintegración del orden.[14]

En el caso que nos ocupa, la ruptura o quiebre estuvo dada por el asesinato de Lucas Mendoza. La crisis, por la transgresión de los mandatos del género por Carmen, una mujer que, junto con desistir de su matrimonio a través de una solicitud de divorcio, también incurrió en un adulterio, para decidir finalmente asesinar a su marido. En tanto la etapa de desagravio, la vinculamos en la activación de procedimientos judiciales y policiales destinados a responder a las demandas de justicia, orden y seguridad exigidos por los familiares de Lucas y los vecinos de la misma comunidad. Finalmente, la restitución del orden social y comunitario, lo relacionamos con la imposición del imperio de la ley, a través de la definición de una sentencia y castigo ejemplar que, en el caso de Carmen, implicó la aplicación de la pena de muerte. Así entonces, mientras Carmen pagaba con su vida la transgresión de un orden social, moral y de género, la comunidad de La Florida retornaba a su equilibrio tradicional.

La consideración de una serie de acontecimientos, entre los que se cuentan las declaraciones de una de sus hijas y de una sirvienta –como testigo presencial de los hechos–[15], sumado a la circulación

[13] Paulo Alegría, "Disciplinamiento y drama social en Chile tradicional...", pp. 44-45.

[14] Víctor Turner, *Dramas, Fields, and metaphors*, Cornell University Press, Ithaca, 1974, pp. 23-59. Sobre el mismo concepto y sus alcances. Véase además Luis Fernando Botero, "El conflicto como drama y ritual. Reflexiones sobre las luchas agrarias en Chimbonazo, Ecuador", *Gaceta de Antropología*, (2010).

[15] ANS. Contra Carmen Pino. Declaración de Dolores Pedraza, fja 2.

de rumores[16] entre vecinos del lugar sobre reiterados escándalos, episodios de violencia, excesos y transgresiones de la pareja, no solo colocó en la mira de autoridades, familiares y vecinos la naturaleza de las actuaciones e intenciones de una viuda poco recatada y doliente, sino que sellaron con sangre y muerte diez años de una tortuosa historia de desafectos en el marco de un matrimonio concertado y mal avenido, tal como reconocería la propia Carmen Pino al mencionar: "(...) me casé contra mi voluntad y solo por temor a las amenazas que me hacía mi padre...".[17]

Un año antes del fatal desenlace, los matices de esta relación llegaron, incluso, a motivar la autorización de un divorcio temporal de la pareja por el obispo de Concepción, Diego de Elizondo, por lo que Carmen consideraba y denunciaba como una convivencia insufrible, a causa de los celos, el maltrato y otros "vicios" de su marido.

La confirmación de las sospechas sobre Carmen, luego de su temprana confesión respecto de su participación en los hechos, en complicidad con José Anacleto y María Matamala,[18] ameritaron su inmediata detención y depósito en la cárcel pública, donde permanecería por trece meses, hasta la ratificación de su sentencia a la pena de muerte, de acuerdo a lo dispuesto en los cuerpos normativos vigentes en relación al delito de parricidio, en su caso agravado por el de adulterio. Pues, al igual que los detalles de su tortuosa convivencia marital, también era de público conocimiento su ilícita relación con José Laureano Carrasco, vecino del mismo lugar, estando aún casada con el occiso, en un trato que se habría extendido por casi tres años y que la pareja no se molestó en negar. En cualquier escenario, a los ojos e impresiones de vecinos y autoridades del lugar, este hecho

---

[16] Hans Saettele, "Oir-decir". Acerca de las dimensiones existenciales y discursivas del fenómeno del rumor", *Versión. Estudios de comunicación y política*, 23 (2010), pp. 169-196. Rescatamos del texto el sentido político y de poder, implícito en el fenómeno del rumor como fuerza que se manifiesta dentro del juego del lenguaje para vehicular impresiones, representaciones, emociones y acciones. Sobre el mismo tema citamos también las aportaciones de Mario Rufer, "Huellas errantes. Rumor, verdad e historia desde una crítica postcolonial de la razón", *Versión Estudios de comunicación y política*, 23 (2009), pp. 17-50.

[17] ANS. FJC, Contra doña Carmen del Pino por homicidio, fja. 13 y 13 vta.

[18] Gabriel Carrillo, *El inter criminis. Etapas de desarrollo del delito*, ediciones El Jurista, Santiago, 2021, p. 49.

parecía estar a la base de las motivaciones del homicidio de Lucas Mendoza y de la participación de su viuda en ellos.[19]

En cuanto a sus cómplices, José Anacleto y María Matamala, estos no solo conocían, sino que además mantenían tratos regulares con Carmen, cuestión que, sin duda, facilitó el contubernio en torno al crimen y la definición de sus roles en ello.[20] Según el testimonio de José, la noche del crimen, la expresada Pino, "...le dijo que le ayudase a matar a su marido, ... diciéndole que le pagaría bien, que para eso tenía en su poder la siembra de trigo que tenían en medias... y que con esto convino en lo que le decía la referida Carmen".[21] Ambos hermanos además coincidieron en señalar que la ahora viuda de Mendoza habría ofrecido pagar una onza y media de plata a José y borrar la deuda que mantenía en la tienda de su propiedad.

Sobre los detalles del crimen y la participación de Carmen en el mismo, otra pieza fundamental sería el testimonio de Dolores Pedraza, sirvienta en su casa, quien, bajo juramento, aseguró que:

> la noche veintiséis del corriente como a media noche, estando durmiendo la declarante, dice que recordó a los gritos que daba el referido finado, y vio que entre Doña Carmen Pino y María Matamala lo tenían (2vta) cargado sobre el estrado, y que lo estaban ahorcando con una correa, que después de muerto vio que lo llevaban entre las dos antes dichas y José María Matamala, para la pieza del granero; que vio que antes de ahorcarlo le echaron mucha agua, que después de muerto le volvieron a poner agua por la boca, que observó también que el dicho Matamala tenía en las manos los dedos hechos pedazos, pero que no vio que el dicho Matamala hubiese ayudado a asesinarlo, que a dicha Carmen le oyó que le

---

[19] René Salinas, "Fama pública, rumor y sociabilidad", en *Lo público y lo privado en la Historia americana*, Fundación Mario Góngora, Santiago, 2000, pp. 134 y ss.

[20] José Anacleto Matamala y María Matamala eran hermanos y vecinos de la misma Villa de La Florida, ambos eran solteros, el primero de 20 años y la segunda de 25 y de oficio costureros ambos. José Anacleto combinaba ese oficio con faenas agrícolas. Dentro de dicho rol, mantenía tratos de mediería con Carmen. Había estado preso en tres ocasiones. La primera por heridas a un tercero, y las otras por orden del Inspector de La Villa, don José Labrin, por desórdenes y consumo de alcohol. De acuerdo a la legislación, era menor de edad.

[21] ANS. FJC, Contra Carmen Pino, fja. 9.

> dijo a Matamala que al finado lo iban a llevar en la noche para el Itata a votarlo al río.[22]

De manera coincidente con lo señalado por Dolores, José Anacleto también señalaría que Carmen, junto con facilitar su ingreso y ocultamiento dentro de la casa el día del crimen, habría decidido ocultar el cuerpo en el granero para, luego, trasladarlo a las inmediaciones del rio Itata y fingir su ahogamiento encubriendo la verdadera causa de su muerte.[23]

Para efectos de los familiares y vecinos, la ausencia del difunto sería atribuida a un viaje de negocios, coartada coherente con la rutina de trabajo y vida del occiso. En efecto, su vinculación al comercio y a las tareas agrícolas le obligaban de cuando en cuando a ausentarse del hogar conyugal y de la villa inclusive, por lo que a nadie le extrañaría su ausencia. La proyección en el tiempo de aquel ficticio viaje tampoco resultaría extraña, en tanto la movilidad era un rasgo propio de las poblaciones de la región, así como la ausencia masculina del hogar conyugal de modo esporádico y/o permanente. En este caso, incluso, resultaba algo predecible, habida cuenta de la mala convivencia entre los cónyuges y el menoscabo al honor de Lucas por el público adulterio de su mujer. Como categoría de definición de las identidades de género, las disputas por el honor constituían una expresión de la masculinidad como capital. Las dudas o el cuestionamiento a la capacidad de defensa del mismo ocasionaban una grave lesión a la estima social, la fama y, por tanto, el lugar del sujeto dentro de la estructura comunitaria, que actuaría como garante y sensor de dichos códigos a través del lenguaje del rumor. [24]

Siempre en el marco de las declaraciones de José Anacleto, éste además agregaría que:

[22] ANS. FJC, Contra Carmen Pino. Declaración de Dolores Pedraza, fja. 2 y vta.

[23] ANS. Contra Carmen Pino. Declaración de José Anacleto Matamala, fja. 10. En el mismo libelo, y requerido respecto de porqué había accedido a cometer dicho homicidio, José mencionaría haber actuado bajo las amenazas de Carmen, quien le habría advertido que "(...) si no le ayudaba o la descubría le diría a Laureano Carrasco (con que en tenía trato ilícito) que le metiese dos balas, y que por este temor fue que lo hizo lo que tiene declarado".

[24] Jan Plamper, "Historia de las emociones: caminos y retos", *Cuadernos de Historia contemporánea*, vol. 36, (2014), pp. 17-29.

> la referida Pino se dejó caer sobre el pecho de su marido, que su hermana María Matamala lo tomó de los pies y que el exponente lo agarró de la mano derecha pisándole la dicha Carmen la otra mano, que ella misma con un látigo le dio dos vueltas en la garganta a dicho Mendoza para ahorcarlo; que en la fuerza que hacía dicho finado le mordió un dedo al exponente, que cuando ya estaba casi muerto, el exponente lo tomó de las dos manos y María Matamala le puso agua en la cara al premuerto, que luego dicha Pino le puso pantalones al finado que estaba en calzoncillos, y que entre la referida Carmen Pino, María Matamala y el declarante, (...) lo llevaron para el granero y que lo pusieron dentro de un cajón y (que) lo taparon con otro, que allí lo dejaron, y dice que la predicha Pino le dijo que lo fuese a botar al río del Itata, para que dijesen que se había ahogado, y para dicho efecto dice que le dijo que fuese buscar un caballo donde Matías Lara llevando de señas un anillo.[25]

Por su parte, María Matamala, la tercera involucrada, ratificó la misma versión señalando que:

> después de tomar algún poco de aguardiente, de a poco empezó a hablar de la muerte de su marido con mi hermano José Anacleto y conmigo encargándome que nadie lo sabría porque iba a mandar echar el caballo al rio Itata: me comprometió y me hizo jurar que a nadie le daría parte jamás, como a las nueve de la noche se ejecutó el delito siendo ella la más valiente e intrépida la que se cargó sobre el pecho, le puso una rodilla sobre el estómago y el látigo en el pescuezo, me pidió un pañuelo mojado y se lo echó al finado dentro de la boca en cuyo momento fue cuando le mordió un dedo y le rasguñó las manos, en estos momentos había dado él algunos gritos y por eso fue que le puso el pañuelo en la boca, murió luego, y entre los tres lo llevamos al granero.[26]

---

[25] ANS, FJC, Contra Carmen Pino, fja. 9, 9vta. y 10.
[26] ANS, FJC, Contra Carmen Pino. Declaración de María Matamala, fja. 19 y 19vta.

De este modo, Carmen Pino ingresó a los anales de la historia de la criminalidad en Chile como autora intelectual y material del parricidio de su marido, un hecho que le valió la condena a la pena de muerte, convirtiéndose así, en la segunda mujer ejecutada a tiro de fusil en la provincia de Concepción. La primera había sido Viviana Rodas, vecina de la misma localidad de La Florida, el 31 de enero de 1851, también por el delito de parricidio.[27] En ambos casos, las inculpadas fueron juzgadas de acuerdo al marco legal del antiguo régimen[28], dada la tardía codificación del código penal republicano y al peso de la tradición y los estereotipos de género vigentes en el periodo.[29]

Los márgenes de una comunidad más bien pequeña y de carácter rural favorecieron la circulación de informaciones, reales o ficticias sobre los hechos, sus protagonistas y los efectos que sus acciones y sentires llegaron desencadenar dentro y fuera de la comunidad, pues más temprano que tarde, las aristas del caso fueron de dominio público en toda la provincia de Concepción.

A juicio de T. Cornejo, las características del ordenamiento social de aquel entonces estaban fuertemente ancladas a la idea del orden social y familiar, dentro del cual el valor del matrimonio, la moral cristiano católica y el honor constituyeron no solo una cuestión social, sino también política, en tanto medio de intervención y modificación de los comportamientos de los hombres y mujeres

---

[27] Yéssica González, "A fin de poner el remedio que exige la tranquilidad y vindicta pública...", Memoria de dos conyugicidas del siglo XIX", *Revista de Humanidades*, n.º 43 (2021), pp. 145-172. En este artículo se proporcionan antecedentes del caso de Viviana Rodas. En Chile la pena de muerte se mantuvo vigente desde el periodo colonial, hasta el año 2001 (ley 19734).

[28] Mauricio Rojas, *Las voces de la justicia. Delito y sociedad en Concepción (1820-1875). Atentados sexuales, pendencias, bigamia, amancebamiento e injurias*, Centro de Investigaciones Diego Barros Arana, Santiago, 2008, pp. 28 y ss. Las autoridades republicanas acogieron y proyectaron la legislación indiana manteniendo su vigencia como sistema legal hasta avanzado el siglo XIX. Ello generó ambivalencia y confusión a nivel de procedimientos, como de interpretación de la norma y la aplicación de las penas y castigos. Ello impactó en procesos que involucraron a mujeres, donde a la ambivalencia y la confusión legal, se sumó la matriz del ordenamiento de género que explicó, por ejemplo, que, frente a hechos similares, las mujeres fuesen juzgadas por la gravedad de los hechos y su condición de género.

[29] Valentina Bravo, "Entre el ideal y la transgresión: el honor femenino en Chile 1800-1852, *Revista de humanidades*, n.º 22 (2010), pp. 165-188.

de un tiempo en que la disipación de las costumbres y los estilos de vida tendieron favorecer la transgresión porfiada y obtusamente.[30]

En el caso que nos ocupa y, a medida que se avanzó en el desarrollo de las averiguaciones, las declaraciones de los diversos testigos permitieron ir configurando los detalles de la historia de Carmen y Lucas, así como del perfil de los otros protagonistas de esta historia y del adulterio de la homicida con José Laureano.

Precisamente éste último, junto con reconocer su vínculo afectivo y sexual con la acusada, habría insistido dentro de su declaración en precisar que su trato con Carmen solo se habría iniciado después del divorcio, para prolongarse hasta unas cuantas semanas antes del deceso de Lucas, pues, según José Laureano,

> ella me buscaba siempre y yo dormí con ella varias noches en su propia casa, estando algunas veces allí su marido quien en una ocasión me encontró dormido al lado afuera del corredor interior de la casa.[31]

Al tenor de estas declaraciones, se observa un desplazamiento de responsabilidad de la transgresión hacia Carmen. El episodio aludido por José Laureano habría gatillado uno de los últimos incidentes de violencia entre la pareja de esposos, provocando una álgida discusión y el aireado agravio de Carmen al ser expuesta a la vergüenza pública por los dichos de su marido, en un hecho que comprometía su imagen y honra frente a la comunidad.

Es claro que, en estas representaciones sobre el honor vinculadas a la fama y la reputación pública, el chisme y las habladurías[32] podían actuar como un potente indicador de la calidad de los sujetos, para bien o para mal, constituyendo, por tanto, un sensor del factor de riesgo de su capital social en función de la aprobación o desaprobación de

[30] Tomás Cornejo, *Manuela Orellana, la criminal. Género, cultura y sociedad en el Chile del siglo XVIII*, Tajamar, Santiago de Chile, 2006, p. 7.

[31] ANS, FJC, Contra Carmen Pino, Segunda declaración de José Laureano Carrasco, fja. 30.

[32] Jafte Dilean Robles Lomedi, "El chisme como representación de la ausencia en Temporada de huracanes de Fernando Melchor", *Revista de Historia de América*, N°161 (2021), pp. 435-458.

la comunidad.[33] Esta era una variable sobre la que Carmen, creemos, tenía cierta conciencia, pues ella misma en algún momento había capitalizado la mala fama de su marido a su favor para obtener su separación. Ahora, en este nuevo escenario, su adulterio, el menoscabo del honor de su marido dentro de la opinión pública del lugar, sumado a las sospechas sobre su participación en el crimen, jugaban en su contra. Esto ratifica la idea del honor como un capital social dinámico y sujeto al escrutinio y vigilancia comunitaria.[34]

Según Carmen

> un mes antes de su muerte había tenido un gran disgusto conmigo porque le pareció que un hombre que encontró por la mañana durmiendo en el corredor de la casa, le pareció ser el expresado Carrasco: entonces me avergonzó públicamente, y José Anacleto Matamala que me vio a los dos días después del disgusto me dijo: "usted por qué quiere padecer con ese diablo ... yo me animo a matarlo...". [35]

Las desavenencias entre Carmen y Lucas estaban, para entonces, muy lejos de ser un asunto privado para constituir un verdadero escándalo público[36], cuyo desborde ameritó incluso la intervención del entonces gobernador Miguel Enríquez, quien, en resguardo de la moral y buenas costumbres del lugar, debió llamar al orden a los transgresores, conminándoles a separarse definitivamente y prohibiendo a Laureano "entrar a la casa de dicha mujer y aún al pueblo". [37] Sobre este hecho la autoridad reconocería haber

[33] Felipe Tessa Bassa, "Desviaciones, control social y administración de justica en el reino de Chile durante el siglo XVIII", *Intus-Legere Historia*, vol. 11, n.º 2 (2017), pp. 61-85.

[34] Barbara Rosenwein, "Worrying About Emotions in History", *The American Historical Review*, vol. 107, n.º 3, (2002), pp. 821-845.

[35] ANS, Contra Carmen Pino, Confesión de Carmen Pino, fja. 14 vta.

[36] Carolina Schillagi, "Problemas públicos, casos resonantes y escándalos. Algunos elementos para una discusión teórica", *Polis. Revista de la Universidad Bolivariana*, Vol. 10, n.º 30 (2011), pp. 245-266.

[37] ANS. FJC, Contra Carmen Pino, Segunda declaración de José Laureano Carrasco, fja. 30.

> ...privado y aún impuesto multa a D. Laureano Carrasco para que no viniese al pueblo, porque sabía el trato ilícito que tenía con esta mujer por demanda que su marido había puesto ante mí y ella lo confesó.[38]

Se trataba de acontecimientos que comprometían la buena fama y el honor de marido y mujer, pero también de sus familias, en una comunidad donde, si la fuerza del rumor y las habladurías eran difíciles de contener, el anonimato era algo imposible. Para este entonces, La Florida era una villa más bien rural, cuya población no alcanzaba a los 3.500 habitantes.[39] De aptitud esencialmente rural, carácter más bien fronterizo y próxima a la tierra adentro, existía entre sus habitantes cierta tendencia a las transgresiones de orden social, moral y sexual.[40] De acuerdo a P. Alegría, [41] en La Florida de mediados del siglo XIX solo 15 hombres y 8 mujeres sabían leer y, entre estas últimas, solo 5 dominaban también la escritura, siendo Carmen una de ellas.

En efecto, nuestra protagonista formaba parte de un reducido universo de sujetos instruidos, lo que, por una parte, la situaba en un lugar de ventaja, al tiempo que la hizo objeto de mayor cuestionamiento respecto de sus actuaciones y recato. La ignorancia, en su caso, no era excusa. Tal vez por lo mismo, Carmen no se esforzaría por negar los hechos, sino más bien por exponer las causas que los detonaron.

---

[38] ANS. FJC, Contra Carmen Pino, Informe del Gobernador de La florida, fja. 22 vta.

[39] Villa La Florida formaba parte del departamento de Puchacay, compuesto por las subdelegaciones de Florida, Quillón, Cerro Negro, Parrón, Hualqui y Palomares.

[40] Yésica González, "A fin de poner el remedio...", pp. 145-172. Entendemos aquí frontera, en una doble acepción. Como un constructo sociocultural y campo de producción de saberes influyentes, y determinantes, de la visión y las formas de valoración establecidas entre sujetos, géneros y grupos; y como espacio territorial, y margen material y físico de control del Estado y sus instituciones. En ambos casos, se alude a "espacios y sujetos en movimiento", atendiendo a la idea de los bordes como lugares polisémicos, de naturaleza compleja y dinámica variable en el tiempo.

[41] Paulo Alegría, "Disciplinamiento y drama social en Chile tradicional...", p. 48.

Fuente: Elaborado en base a informaciones de *Censo de población de 1835*, Imprenta Araucana, Santiago de Chile, y *La política en el espacio. Atlas histórico de las divisiones político administrativas de Chile, 1810-1940* de Rafael Sagredo y José González, DIBAN e IGM, Santiago, 2017, pp. 208, 216

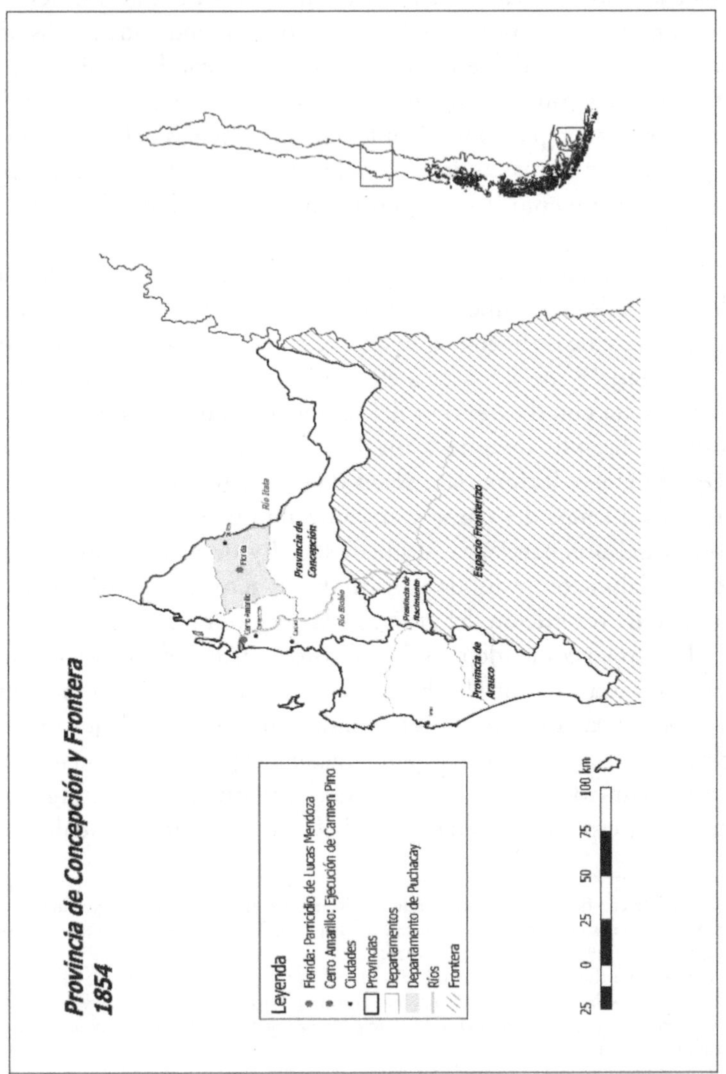

Dentro del escenario antes descrito, la idea del honor, como categoría de valoración social, fue resignificada para transformarse en una cualidad esencialmente individual, a partir de la cual se definía la estima social y el prestigio de los sujetos, respondiendo a consideraciones y efectos diferentes en función de su condición de clase y género. Así entonces, el honor tradicional, convertido en sinónimo de honradez y reputación, definió las nuevas reglas del juego social y político, en el marco de sociedades que intentaban avanzar desde el ordenamiento del antiguo régimen colonial al nuevo orden republicano.[42]

Sobre el particular, V. Undurraga ha sostenido que la sociedad decimonónica resignificó el concepto del honor para transformarlo en un referente de buena reputación y fama pública a nivel familiar, comunitario y social.[43] Pese a ello, la honradez femenina continuó siendo vista como extensión del honor masculino, justificando su tutela y disciplinamiento a nivel social como institucional.[44] De acuerdo a esta lectura, la actitud de Carmen iba más allá de los alcances mismos del crimen, en tanto remitía a una actuación en contra del ordenamiento jurídico, social y de género, por lo que su judicialización, y aún la sanción de sus actos, constituía un acto político de restitución del orden social y comunitario.

El crimen cometido no solo constituía un acto de desacato, sino una amenaza, en tanto los hechos evidenciaban la existencia de un "ánimo" en la protagonista –entendido aquí como fuerza que mueve a la acción–, de avanzar en la perpetración del parricidio de su marido y una voluntad de traspasar los límites. Tales divagaciones otorgaron, sin duda, especial gravedad a los hechos, en tanto escándalo que

---

[42] Pablo Ortega del Cerro, "Del honor a la honradez: un recorrido por el cambio de valores sociales en la España de los siglos XVIII y XIX", *Cuadernos de Ilustración y Romanticismo*, n.º 24, (2018), pp. 597-618.

[43] Verónica Undurraga, "Negociando el orden: comunidades locales y prácticas de conciliación en Chile, 1765-1821, en Yéssica González (ed.), *Diálogos de Historia. Miradas y alcances de la investigación en Chile con enfoque regional.* Ediciones Universidad de La Frontera, Temuco, 2015, pp. 45-65.

[44] Yéssica González, "Fracturas de un orden…", p. 97.

denotaba la fractura del entramado social y el temor respecto de la réplica de patrones similares entre otros de su clase, condición y género.[45] En efecto, el crimen de Lucas evidenciaba, por una parte, los entreveros de un orden pretendido como estable y homogéneo; y por otra, los conflictos y resistencias culturales entre grupos, géneros; y entre estos, las autoridades y grupos de élite.[46]

Según Thompson,[47] la noción de escándalo aplica cuando existe transgresión de los valores, normas o códigos morales; desaprobación pública; cierto grado de secreto u ocultamiento de los acontecimientos y daño a la reputación de los individuos, sea de modo individual o colectivo. Ello también supone la puesta en escena de cierta capacidad argumentativa sobre aquello considerado escandaloso, así como la movilización de estrategias y alianzas entre actores en función de objetivos individuales y/o colectivos. Así entonces, la configuración de un acontecimiento en escándalo implica la transformación de un acto privado en un hecho de intervención política y pública, y de un esfuerzo por estabilizar y/o restituir los equilibrios y convenciones sociales. Sobre el particular, y en torno a los efectos del escándalo dentro de las comunidades, V. Undurraga y S. Bergot observan el desarrollo de acciones de reacomodo y estrategias de negociación, orientadas a la administración de los capitales sociales ligados al honor y el orden, a través del uso del lenguaje, oral y escrito que, por lo común, fue movilizado entre los actores sociales a través de diferentes medios como la prensa y, por cierto, también a través de la validación de lo normativo.[48] En un tenor similar, en su más reciente publicación junto a J. Cerón, V. Undurraga llama la atención sobre los alcances de dichas formas de administración entre grupos que, ante un hecho o acontecimiento escandaloso, proyectan una lesión al edificio moral, social y político sobre el que se sustenta su

[45] Verónica Undurraga Schüler y Solène Bergot, "Administrando el escándalo: honor y reputación en Chile, 1840-1920", *Nuevo Mundo Mundos Nuevos* [Online], Colloquia, publicado el 14 de junio de 2018 , consultado el 22 de mayo de 2023 . URL : http://journals.openedition.org/nuevomundo/72193; DOI: https://doi.org/10.4000/nuevomundo.72193.

[46] Tomas Cornejo, *Manuela Orellana*..., p. 62.

[47] John Thompson, *Escándalo político: poder y visibilidad en la era de los medios de comunicación,* Paidós Ibérica, Barcelona, 2011, p. 32.

[48] Verónica Undurraga y Solène Bergot, "*Administrando el escándalo*...", p. 4.

valor dentro del orden de una comunidad, en un espacio y tiempo determinado.[49]

El caso que nos ocupa reúne estas características, pues Carmen trasgredió los códigos sociales y comunitarios de los mandatos de su género, el uso de la violencia y el recato moral y sexual esperado en ella. Asesinó a su marido en un acto premeditado, sin demostrar signos creíbles de arrepentimiento; antes bien, habría advertido con antelación los posibles efectos que la toma de decisiones de otros sobre su destino y deseos podía llegar a tener. Ese afán de voluntad propia, ese atrevimiento[50] y resistencia al imperio de la autoridad, era una cuestión que iba más allá de la transgresión a los límites impuestos por la ley. Por lo mismo, en este caso, la arena legal se transformaba en un escenario propicio para dar forma y poner en circulación un discurso respecto de los límites esperados y esperables en torno a las conductas y los sentires de los hombres y mujeres de aquel tiempo.[51]

De acuerdo a las declaraciones de Carmen, mientras se mantuvo casada fue objeto de diversos agravios y, más tarde, en su relación adúltera, Laureano la habría conminado en más de una ocasión a que "matase a su marido, para quedar libre y así poder casarse con ella".[52] En el hecho, y siempre en la versión de Carmen, la pareja habría recurrido a varias estrategias para avanzar en dicho cometido. Primero intentando envenenarlo, sin éxito; más tarde, fraguando una frustrada huida hacia el puerto de Valparaíso; y, por último, contratando los servicios de algún sicario, habida cuenta de que Carmen era, una mujer de negocios, desenvuelta y con acceso a recursos y redes dentro y fuera de los márgenes de la comunidad de La Florida, una agencia que claramente empelaría a su favor, primero para

[49] Verónica Undurraga y Elisa Cerón, "De "ángel" a "mártir": la victimización de Teresa Zañartu y su escandaloso asesinato por Eduardo Undurraga. Santiago de Chile, 1905", en Yéssica González y Verónica Undurraga (eds.), *Hilvanando emociones. Rupturas y vínculos desde lo femenino Chile y Argentina, siglos XVII al XX*, UHU.es Publicaciones, Huelva, 2022, pp. 123-152.

[50] De acuerdo al diccionario, la palabra "atrevimiento" implica determinarse, arriesgarse, traspasar un margen o límite impuesto por otro. Son sinónimos insolentarse, o sea, faltar al respeto mandatado o debido.

[51] María Eugenia Albornoz, *Experiencias de Conflicto*, Acto editores, Santiago, 2015, p. 174.

[52] ANS. FJC, Contra Carmen Pino, Acusación contra Carmen Pino, fja. 41. El destacado es propio.

acceder al divorcio temporal, luego para sustentar su ilícita amistad y, finalmente, para resolver de modo radical y definitivo los efectos de un matrimonio mal logrado.[53]

Desde el punto de vista del derecho, la existencia del *"animus necandi" o voluntad en el acto de matar* supone el reconocimiento de, a lo menos, dos condiciones agravantes en la ponderación de la falta, delito o crimen cometido: la existencia de conocimiento de la gravedad de la acción perpetrada y la voluntad de querer avanzar en la acción. Ambos elementos son reconocibles en el crimen de Carmen. Ambos elementos, además, actuarían como agravantes a la hora de evaluar la pena o el castigo, en tanto permiten descartar el arrepentimiento como una posible atenuante[54]. Así mismo, se reconoce que existe conspiración cuando dos o más personas se conciertan para la ejecución del crimen o simple delito. Sobre el particular, G. Carrillo sostiene que el concierto de voluntades considera el hecho delictivo, la forma o grado de participación de los concertados, así como la definición de roles y la forma de cooperación entre ellos, determinando la gravedad del delito y su castigo.[55] En el caso de Carmen, estas consideraciones se vieron reforzadas por la confesión[56], reafirmando la convicción entre las autoridades de justicia, en este caso de la conveniencia de la aplicación de la pena capital.[57]

---

[53] Paulo Alegría, "Disciplinamiento y drama social en Chile tradicional...", p. 48.

[54] Isabel Marzabal, "El *animus necandi* y factores de riesgo en el delito y asesinato de pareja o ex pareja. Predicción de la violencia", *Revista de derecho*, UNED, n.º 12 (2013), pp. 439-461.

[55] Gabriel Carrillo, *El inter criminis. Etapas del desarrollo del delito*, El jurista, Santiago, 2019, p. 34.

[56] Viviana Alonso, Rosa Buffone, *El valor probatorio de la confesión en el proceso penal*, Universidad de La Pampa, Santa Rosa, 2007, pp. 6-8. La confesión es la manifestación espontánea del acusado ante la autoridad para reconocer autoría, complicidad o encubrimiento de un delito. Goza de presunción de veracidad y no puede ser atribuida a un tercero. Desde el siglo XVIII, la confesión debe ir acompañada de otros elementos probatorios.

[57] Claudia Arancibia, José Tomás Cornejo, Carolina González, *Pena de muerte en Chile colonial. Cinco casos de homicidio de la real Audiencia, estudio preliminar y transcripción*, DIBAN/RIL Editores, Santiago, 2003.

DISCIPLINAMIENTO Y CASTIGO COMO RESTITUCIÓN DE HONOR INDIVIDUAL Y SOCIAL

A diferencia de otras historias de violencia, ésta tocaba la fama y honor de familias de prestigio y posición dentro de la comunidad de La Florida. Flamiano del Pino, padre de Carmen, había llegado a ostentar el cargo de subdelegado y comandante del batallón cívico de dicha localidad, gozando además de una buena posición económica, derivada de los beneficios de sus rentas agrícolas, mejoradas, por cierto, con el auge de la articulación de las economías regionales a los mercados externos de trigo y cereales en el periodo.[58] En tanto Justo Mendoza, padre del fallecido Lucas, también pertenecía a una de las familias más ricas de la vecindad. No extraña entonces que el matrimonio de Lucas y Carmen respondiera a una cuestión de negociación familiar, concertada en función de intereses económicos y de aspiraciones sociales, en la que poco o ningún peso tuvo la inclinación afectiva y la voluntad de los esposos.

Para entonces, el matrimonio era una cuestión de acuerdos y no de afectos, en el marco de una concepción de familia marcada por la jerarquía y los vínculos de dependencia y obediencia entre sus miembros, especialmente en el caso de las mujeres cuyo status quedó subordinado al gobierno del padre de familia, el esposo o los hijos[59]. Así mismo, la institución del matrimonio, en este periodo, operaba entre los grupos sociales más acomodados, como medio de resguardo de posiciones, fortunas y movilidades sociales, así como de prevención de riesgos morales, y garantía de honor y honra, especialmente en comunidades, donde las formas de relacionamiento social jugaban en contra de la institución de la familia y el matrimonio tradicional.[60]

La inminencia de conflictos en torno a dicha institución habla de insubordinaciones, así como del ensayo de estrategias de resistencia y acomodo frente al control marital en una fase de construcción del

[58] Paulo Alegría, "Disciplinamiento y drama social en Chile tradicional…", p. 46.

[59] Francisca Rengifo, "El hogar conyugal. Derecho, divorcio y violencia marital en el siglo XIX en Chile", *Latin American Legal Studies*, vol. 10, n.º 2 (2022), p. 102.

[60] Yéssica González, "Fracturas de un orden…", p. 103. Tras la guerra de independencia, las tasas de nupcialidad en la provincia de Concepción descendieron dramáticamente de un 67%, en 1835, a solo un 23% en 1895, en tanto aumentó de modo

concepto del hogar como escenario de feminidad y de sustitución de la coacción femenina por mecanismos de autocontrol.[61]

Los hechos desencadenados la noche del 27 de octubre revestían especial gravedad. Se trataba de la subversión de un orden, un desacato a la autoridad y un atentado a la sujeción de la mujer al dominio masculino y a los mandatos propios de su género. Las acciones detonadas por Carmen no solo ponían en entredicho la capacidad de autorregulación de sus emociones y actuaciones, sino también la capacidad de control de una sociedad sobre las mujeres, los usos de la violencia y la muerte como medio de resolución de conflictos[62] al alero de la institución matrimonial, tensionando los discursos sobre su naturaleza pasiva y subordinada.

Según las afirmaciones del fiscal acusador, las acciones y declaraciones de Carmen no hacían otra cosa que ratificar

> (...) la fría premeditación ferocidad y alevosía"[63], con que Carmen planificó y ejecutó el crimen de su marido, no hallándose en ello "un punto de apoyo a su ignorancia, pues desde tiempos muy atrás su conducta respecto del infortunado Mendoza no es otra cosa que una serie ininterrumpida de riñas, adulterios escandalosos y sucesivos proyectos de homicidio.[64]

De acuerdo a este relato, Carmen se figuraba como la antítesis del estereotipo de la mujer sumisa y débil, que, en un arrebato pasional, entendido como propio de su débil naturaleza mujeril, pudiera explicar la irracionalidad de sus acciones, mitigando la culpa y aminorando el castigo. Por el contrario, cada declaración aportada al proceso por testigos, su amante e incluso ella misma, llevó a la autoridad y a la propia opinión pública al convencimiento de una

---

exponencial la ilegitimidad. Cuestión que constituyó una preocupación creciente para las autoridades tanto civiles como eclesiásticas.

[61] Ana Lidia García, Reseña de Francisca Rengifo, Vida conyugal, maltrato y abandono. El divorcio eclesiástico en Chile, 1850-1890, pp. 2091-2096.

[62] Marta Santillán, *Mujeres criminales. Entre la ley y la justicia*, Editorial Crítica, México, 2021.

[63] ANS. FJC, Contra Carmen Pino, Libelo acusatorio contra Carmen Pino, fja. 46.

[64] ANS. FJC, Contra Carmen Pino. Libelo acusatorio contra Carmen Pino, fja. 47.

actuación calculada y premeditada, muy lejana a los sentimientos de culpa o arrepentimiento esperables. Tales impresiones alimentaron los imaginarios y una narrativa judicial respecto de la maldad y el instinto criminal de una mujer "feroz" y de temer.

> si el arrepentimiento… esa inquietud tardía que destroza la conciencia del criminal después de haber cometido el delito, no esa noble convicción que refrena nuestras pasiones, pues todo conspira a demostrar que tal sentimiento nunca llegó a predominar los *instintos feroces* que la animaban. Los movimientos del corazón siempre se determinan por actos o manifestaciones exteriores que revelan la índole del sentimiento que los inspira, y en Carmen Pino ningún signo se ha advertido que dé a conocer ni ostensible ni aparentemente el abandono de su inicuo concierto.[65]

A diferencia de otras conyugicidas[66], y de la asociación de sus crímenes con la precarización material y cultural, Carmen era una mujer letrada, pertenecía a una familia más bien acomodada y con redes en la provincia, lo que revestía de mayor gravedad su ausencia de pudor, al tiempo que exponía gravemente el honor familiar[67], así como su propia honra y la de su descendencia, en los códigos de aquella época.[68]

A estas alturas, además, el caso había cobrado connotación pública. No solo por las características mismas del homicidio, sino por el origen de las familias involucradas; los antecedentes de mala convivencia de la pareja previos al crimen y por el escándalo público derivado de la ilícita amistad y adulterio que:

---

[65] Ídem.

[66] Yéssica González. "A fin de poner el remedio…", pp. 145-172.

[67] Demetrio Sodi, "Circunstancias que excluyen a la responsabilidad criminal. Defensa legítima del honor", *Criminalia*, IX, n.° 11 (1943), p. 682.

[68] Elisa Speckman, "De méritos y reputaciones. El honor en la ley y la justicia (Distrito Federal, 1871-1931)", *Anuario Mexicano de Historia del derecho*, v. XVIII, (2006), pp. 331-361. Hemos considerado las ideas sobre la transformación del honor como una categoría sociocultural con peso dentro de la escena judicial en el siglo XIX.

> (...) ella se curaba muy poco de ocultar en la sombra del misterio y al que por el contrario daba una publicidad escandalosa", originando "...amargos sinsabores y de frecuentes disturbios domésticos, hasta que, apercibida de ellos, las autoridades libraron bien que, sin resultado, diversas providencias ya de oficio ya a requisición del ofendido, dirigidas a estorbar la comunicación de los amantes y restituir a la Pino a las vías del honor y del deber conyugal.[69]

La diferencia de edad, sumado a la ausencia de afectos y a los excesos de un marido que se develó tempranamente violento y celoso se vieron agudizados por el consumo excesivo de alcohol y los delirios de locura padecidos por Lucas, motivando su solicitud de divorcio, autorizada por un año y revocada a consecuencia de las reclamaciones del propio Lucas ante el Obispo José Hipólito Salas, quien conminó a ésta a volver con su esposo, Lucas Mendoza, no sin que ésta sentenciara "si puede ocurrir una desgracia quien sabe sobre quien recae (...)".[70] En este "decir", Carmen expresa una advertencia al tiempo que pone sobre aviso a la autoridad.

De modo combinado, estos elementos daban cuenta de un cuadro de violencia en escalada que condicionó en Carmen la convicción de la muerte como una vía de escape frente a un futuro poco halagüeño que ya había mermado su seguridad material a manos de la mala administración y dilapidación de los bienes de la sociedad conyugal por un marido vicioso y poco previsor, y que ahora amenazaba su integridad física y su felicidad junto a su amante, José Laureano.

Según Saydi Núñez, la idea de violencia en escalada permite entender la deriva de los conflictos de pareja en crímenes con resultado de muerte, al situar las relaciones de género, los sistemas morales y simbólicos que vinculan a hombres y mujeres dentro de una escala de jerarquías y negociaciones en las que existe una notoria diferencia

---

[69] ANS. FJC, Contra Carmen Pino, Libelo acusatorio, fja. 41.
[70] ANS. FJC, Contra Carmen Pino, Libelo acusatorio, fja. 48 vta.

de trato y resultados para las unos y otros, a nivel social y, por cierto, también dentro de la arena judicial.[71]

Para el caso de Carmen, concluida las averiguaciones del caso, la sentencia emitida en primera instancia fue ratificada por la Corte de Apelaciones de Concepción y ejecutada el 9 de noviembre del año 1854 en el patíbulo de Cerro Amarillo, tras la denegación del beneficio del indulto por el entonces presidente Manuel Montt.

De acuerdo al decreto, Carmen y sus cómplices fueron trasladados a la cárcel pública de Concepción,

> debiendo ser ejecutados en esta ciudad "a tiro de fusil", arrastrándoseles al patíbulo en un jirón y haciéndose en figura el aparato de echarlos al río más inmediato –esto es el río Andalien o el Bio Bío–, en un saco de cuero con un perro un mono un gallo y una culebra...[72]

Las características del mandato y su ejecución revestían un rasgo ritual singular[73], cuyo objetivo era disuadir a otros posibles infractores y transgresores de las graves consecuencias que conllevaba quebrar el orden de la sociedad.

De la lectura del expediente y, particularmente, del decreto de sentencia rescatamos la palabra "jirón", que remite a diversos significados, de entre los cuales aquí, destacamos dos. En primer lugar, la referencia a Jirón como pendón. En segundo lugar, su asociación con la estructura urbana de una villa o ciudad, compuesta por varias calles o tramos entre esquinas del trazado urbano.

En el primer caso, ello conminaba a trazar sobre el jirón y de modo figurativo "el aparato de lanzarlos al río, en este caso el Biobío, que marcaba, desde la época colonial, el límite de la zona fronteriza, entre el territorio ordenado y en policía del espacio agreste y salvaje

[71] Saydi Núñez Cetina, "Entre la emoción y el honor: crimen pasional, género y justicia en la Ciudad de México, 1929-1971", *Estudios de historia moderna y contemporánea de México*, n.º 50 (2015), pp. 28-34.

[72] ANS FJC, Contra Carmen Pino por homicidio, Sentencia de muerte, fja. 143. La sentencia remite a las leyes 12 titulo 8° y 19 título 5° y 4° partida 7°; la ley 2° título 3 partida 3°, y al Decreto Supremo del 7 de marzo de 1837.

[73] Yéssica González, "A fin de poner el remedio que exige...", pp. 165.

dominado por las poblaciones indígenas. El río marcaba el límite entre el "adentro" y el "afuera", entre orden y desorden, entre la vida en policía y el desacato. Así mismo, el citado desacato remite al incumplimiento a las normas, lo que está sobre el mismo delito y, si bien atenta contra la sociedad, también lo hace contra el estado, agravando la falta.[74] De modo figurativo y con un sentido claramente ejemplar, las indicaciones de la sentencia, junto con dar cumplimiento a la ley, también buscaban exponer la conducta de Carmen y sus cómplices en una condición de liminalidad, o margen de aquello que no era tolerable en cualquier miembro de una comunidad, especialmente si ese miembro era una mujer.

En el segundo caso, el concepto permite entender la exposición pública y notoria de la mujer criminal y sus cómplices por las calles de la ciudad capital, en una suerte de peregrinaje ritual y expiatorio de la naturaleza culpable y alevosa de sus actuaciones. Una cuestión que, junto con evocar antiguas prácticas de castigo medieval, parece especialmente significativa para un crimen apegado a la noción de peligrosidad[75]. Aunque dicho concepto fue acuñado por la psiquiatría francesa de modo tardío en el siglo XIX, nos parece interesante remitirlo aquí, para denotar las características del discurso y las prácticas de justicia.

La idea de peligrosidad fue acuñada por la psiquiatría francesa en el siglo XIX, para justificar las formas de tratamiento sobre los enfermos mentales, considerados también como sujetos anormales. Más tarde, ya desde el campo de la criminología, Rafael Garofalo lo usó como sinónimo de temibilidad, en la definición de parámetros para la clasificación de la delincuencia y sus métodos de prevención. Ambos conceptos remiten a la idea de la perversidad constante y actuante del delincuente, visto como el enemigo interno del orden social. Particularmente interesantes resultan estas consideraciones, cuando a la condición social del sujeto criminal se suma su género.

---

[74] En el desacato técnicamente no hay víctima, aunque si incumplimiento de las normas y un desafío de la autoridad.

[75] Enrico Ferrari, *Sociología de la criminalidad*, Imprenta de J. Góngora, Madrid, 2004, pp. 64-148, y Guillermo González Moyar, *Peligrosidad*, tesis para obtener el título de Maestro en Ciencias penales, Universidad Autónoma de Nuevo León, México, 1995, pp. 27-32.

En ese momento, a la condición de peligrosidad, se añade la idea de la temibilidad de quienes están llamados a ser los más dóciles dentro del orden comunitario. Carmen era peligrosa y temible porque fue capaz de matar, pero sobre todo porque demostró poseer una capacidad de agencia no esperable en las de su género y clase, desafiando la lógica del pacto social, sexual y moral implícito en la teoría de la domesticidad.[76]

El caso de Carmen, sin duda, había acaparado la atención de la opinión pública, que siguió atentamente, a través de la prensa, los pormenores del proceso, generando encendidos debates y bandos de condena y/o solidaridad hacia la inculpada, en la medida que fueron de dominio público las circunstancias del crimen.

La edición especial del periódico El correo del Sur de fecha 11 de noviembre recababa así los hechos:

> Desde las 7 de la mañana del día 9 un inmenso gentío asediaba la calle de la cárcel y antes de las 10, ya miles y miles de curiosos de toda edad y sexo, de todo rango y condición atestaban todo el largo de la calle de la cárcel desde la esquina de la plaza hasta el cerro amarillo... Jamás se ha visto tan gran número de gente reunida...[77]

La prensa no solo relativizó la culpabilidad de Carmen, compadeciéndose de su historia, así como de la orfandad en que quedarían sus dos pequeñas hijas tras su ejecución.[78] Tampoco faltaron las especulaciones respecto de eventuales tránsitos de la condenada libre por la ciudad, ni quienes aseguraron que todo el episodio de la ejecución formaba parte de un montaje destinado a favorecer su fuga, habida cuenta de los recursos y posición de su familia.

De este modo, su vida incierta y trágica muerte experimentaron una suerte de transfiguración, dentro de la comunidad, desde el imaginario sobre su monstruosidad, a la piedad por el destino

[76] Giomar Dueñas Vargas, *La buena esposa: ideología de la domesticidad*, Universidad Nacional de Colombia, Escuela de Estudios de Género, Grupo Mujer y Sociedad/ Corporación Casa de la Mujer de Bogotá, Colombia, 1999, pp. 32-39.

[77] *El Correo del sur*, 11 de noviembre de 1854, n.° 412.

[78] Uno de los momentos más dramáticos de la detención de Carmen se vivió cuando una de sus hijas clamó a las autoridades que no fusilasen a su madre.

dramático de una mujer condenada por el peso de las estructuras sociales y culturales y por la naturaleza de su género.[79]

Sobre Carmen entonces se escribieron semblanzas, pintaron retratos y su lugar de ejecución fue prontamente transformado en un sitio de peregrinación para amantes desdichados, mujeres defraudadas y esposas malqueridas, en un hecho que mantuvo viva su historia y memoria más allá del crimen y su fusilamiento, considerando la valoración pública en el tiempo de sus sentires y sus circunstancias de vida.

El 11 de noviembre de 1854, el periódico *EL correo del sur* publicaba:

> Conocida es ya la desgraciada historia de la Srta. Pino, casada a los quince años de edad contra su voluntad y solo cediendo a las amenazas de su padre..., llevó una vida azarosa y poco honesta que terminó con el crimen que la ha llevado al cadalso.[80]

La prensa, como poderoso instrumento de mediación de la realidad[81], apuntaba su relato a las circunstancias de vida de la ejecutada como el marco explicativo de un crimen, en el que se plantaba la duda respecto de sus posibilidades de maniobra ante el peso de un sistema de ordenamiento sociocultural en el que el acatamiento formaba parte de su "deber ser". Frente a dicho contexto, cabía preguntarse entonces ¿cuánto podía Carmen oponerse a un sistema normalizado de roles y emociones sin caer en el desacato o el crimen?, como efectivamente ocurriría.

---

[79] Paula Quintano, "El monstruo femenino en el imaginario occidental: pervivencias y mutaciones. A partir de la teoría de la monstruosidad propuesta por Jeffrey Cohen (1996)", en María Pallarés-Renau y otros (ed.), *Investigacions transversals i integradores en Ciéncies Humanes y Socials,* Colección Emergents n°3, Universitat Jaume I, Castellón, pp. 129-144. La autora analiza la idea de la monstruosidad como producto cultural e imaginario que encarna la ruptura de las normas establecidas social y comunitariamente, al tiempo que reflejo invertido de las convenciones sexuales y de organización genérica que vertebran cualquier sociedad.

[80] *El Correo del sur*. 11 de noviembre de 1854, n.° 412.

[81] Verónica Undurraga, "Uno de esos raros caprichos del amor. Crímenes pasionales en Santiago de Chile a finales del siglo XIX", en María Luisa Candau (ed.), *Pasiones en femenino. Europa y América, 1600-1950,* Universidad de Sevilla, Sevilla, 2019, pp. 209-232.

Aquella catástrofe no era otra cosa que la crónica de una muerte anunciada que se verificó el 27 de octubre con el asesinato de su marido, pues, desde el momento en que Carmen fue obligada a retornar junto a Lucas. decidió que dentro de esta historia de malos afectos, de haber una muerte, no sería la suya.

COMENTARIO DE CIERRE

A partir del análisis del expediente criminal de Carmen Pino, confesa del asesinato de su marido Lucas Mendoza, este trabajo ha pretendido aproximarse a las aristas de la vida cotidiana y las formas de tensión y conflicto de una comunidad de características más bien rurales y fronteriza en la provincia de Concepción, en la segunda mitad del siglo XIX. Para aquel entonces, el Estado nacional, buscaba romper con los viejos códigos de ordenamiento colonial, aunque en lo social y, especialmente, en torno a instituciones como la familia y el matrimonio, persistió la matriz de corte tradicional, con fuerte arraigo a la normalización de un sistema de relaciones de género de fuerte connotación patriarcal.

No obstante, la pretendida subordinación del género femenino a las jerarquías de autoridad, dentro y fuera del espacio íntimo y privado, no caló lo suficientemente profundo para evitar que, de cuando en cuanto, algunos episodios de violencia rompieran la monotonía de la vida comunitaria, dejando al descubierto cuadros de furor en escalada, donde el uso de la violencia e incluso la muerte constituyeron formas radicales y definitivas de resolución de desavenencias entre parejas de esposos, amantes, conocidos y familiares. Por lo común la estrechez de los lugares otorgaba a tales hechos la connotación de drama social y escándalo, toda vez que por sus características atentaba contra el conjunto de normas y valores que garantizaban el pretendido orden social.

Aunque el uso de recursos como la violencia cruzó de modo transversal las relaciones sociales, cuando dicha agencia fue empleada por mujeres, de modo directo o solapado, ésta solía estar asociada a la efusión de sentimientos por relaciones malavenidas hasta el desborde de arrebatos y pasiones insanas. Así, las actuaciones femeninas al borde de la violencia fueron reducidas a la idea de transgresiones y crímenes pasionales, obviando la complejidad de los contextos y las variables que las gatillaban. El caso analizado responde a estas características.

Carmen Pino, una mujer singular, en el seno de una comunidad rural y de frontera, debió enfrentar las vicisitudes de una vida regida por los mandatos del género que, en su caso, implicaron asumir a temprana edad un matrimonio concertado que, más temprano que tarde, desencadenaría una tragedia que comprometería honores familiares, esquemas comunitarios y normas legales. Más allá de las aristas propias del caso y los detalles morbosos del crimen, los hechos constituyen una vía de entrada a la comprensión de las dinámicas de relacionamiento de una sociedad en proceso de transformación, al tiempo que sitúan las relaciones de género, los sistemas morales y simbólicos que vinculan a hombres y mujeres, dentro de una escala de jerarquías y negociaciones en las que existe una notoria diferencia de trato y resultados para las mujeres en la arena de la justicia.

Frente a estas consideraciones, el crimen y la violencia pusieron en tensión discursos, normas y representaciones respecto del pretendido control de las comunidades e instituciones sobre sus integrantes, con énfasis en aquellos del género femenino. La inestabilidad introducida por sujetos como Carmen, dentro de tales regímenes de ordenamiento, ameritaron la imposición de formas de disciplinamiento, control y castigo eficientes y ejemplares, como la pena capital, que adquirió un sentido ritual y de restitución del orden natural y moral de las cosas, desde arriba y desde abajo.

Desde el ámbito disciplinario, las potencialidades de nuevos enfoques y formas de aproximación al estudio de la realidad social, entre los que se cuentan la historia sociocultural, la justicia y las emociones, constituyen puntos de avanzada sobre la comprensión de los fenómenos aquí abordados en la larga duración.

MUJERES HOMICIDAS EN MORELIA, 1936-1959

Mónica Lorena Murillo Acosta
Universidad de Guanajuato

INTRODUCCIÓN

Como es bien sabido, el delito de homicidio constituye la afrenta máxima contra un ser humano debido a que afecta al mayor bien jurídico salvaguardado por el Estado.[1] Para analizar las implicaciones penales que, consecuentemente, posee el acto de privar de la vida a otro, es necesario considerar el tiempo y el espacio, ya que las nociones bajo las cuales ha sido entendido, normado y castigado han variado históricamente.

En este artículo se analizará el delito de homicidio, mostrando las rupturas y continuidades que ha tenido desde la legislación local. Sirviéndonos de los casos cometidos por mujeres en el periodo de 1936 a 1959, en el distrito de Morelia, se vislumbrarán las razones de la comisión de dicho delito, los procesos de socialización de las ejecutantes, las particularidades de su idiosincrasia, entornos y circunstancias específicas que, pese a su especificidad, reflejaron situaciones generales, así como la manera en que fueron concebidas estas mujeres por la justicia y la sociedad al trasgredir la ley.

Morelia es la capital político-administrativa del estado de Michoacán, sede de los poderes civiles y eclesiásticos, cabecera del distrito judicial del mismo nombre[2] y la ciudad más grande y poblada en

---

[1] La Declaración Universal de los derechos Humanos postula que todo individuo tiene derecho a la salvaguarda de la vida y de la seguridad.

[2] Este distrito judicial además de administrar la ciudad capital incorporó las tenencias de Charo, Tarímbaro, Chiquimitío, Teremendo, Cuto, Capula, Tacícuaro, San Nicolás, Undameo, Atécuaro, Santa María, Jesús del Monte y San Miguel del Monte y las municipalidades de Santa Ana Maya, Cuitzeo, Chucándiro, Quiroga y Acuitzio véase: Ley Orgánica de División Territorial de Michoacán, promulgada el 20 de julio de 1909.

este periodo de estudio en el contexto de un inusitado crecimiento económico que devino de una política de modernización impulsada a nivel nacional.

DISCUSIONES HISTORIOGRÁFICAS SOBRE EL DELITO DE HOMICIDIO

Debido a la alta incidencia que presenta el delito de homicidio desde diversas áreas del conocimiento se ha tratado de entenderlo y explicarlo; las ciencias penales han indagado en las características que presenta,[3] que se han ido complejizando con el paso del tiempo,[4] destacando elementos procesuales y factores intrínsecos en él.[5] Desde el Derecho se han analizado la tipología y las diferencias que presenta su comisión y algunas características de los sujetos ejecutantes, pues se ha demostrado que existen motivaciones y tipologías con distinciones de género.[6]

Desde las ciencias exactas como la Demografía, se han elaborado estudios cuantitativos que observan la tendencia en aumento del homicidio,[7] señalándolo como una problemática vinculada a la salud pública.[8] En México, el Instituto Nacional de Estadística y Geografía elabora investigaciones anuales que indagan en sus factores,[9] sosteniendo que actualmente constituye una de las principales causas de muerte en la Nación. A su vez, la Criminología, la Medicina y la Psicología han estudiado los móviles, destacando una relación con la personalidad, como trastornos psicológicos y/o psiquiátricos que

---

[3] Martín Barrón Cruz, "Homicidios seriales en la ciudad de México, un fenómeno viejo o nuevo", *Revista Cenipec*, 25, (2006), pp. 148-154.

[4] Lidia Álvarez Gázquez, "El delito de homicidio en perspectiva histórico-jurídica", Tesis de grado, Universidad de Almería, 2015, pp. 13-33.

[5] Rodrigo Meneses y Miguel Quintana, "Homicidios e investigación criminal en México", *Perfiles Latinoamericanos*, (2016), pp. 300-309.

[6] María Victoria López y otros, "Muertes por homicidio, consecuencia fatal de la violencia. El caso de México, 1979-1992", *Revista Sude Pública*, 30, (1996), pp. 47-50.

[7] Francisco Javier Rivas (dir.), "Homicidio una mirada a la violencia en México", *Observatorio Nacional Ciudadano, Seguridad, Justicia, Legalidad*, (2015), pp. 154-196.

[8] César Fuentes y Omar Sánchez, "Contexto sociodemográfico de los homicidios en México D.F. un análisis espacial", *Salud Pública*, 38, n.° 6, (2006), pp. 450-456.

[9] Instituto Nacional de Estadística y Geografía "En números, documentos de análisis y estadísticas patrones y tendencias de los homicidios en México", (2019), pp. 1-14.

repercuten en el comportamiento incidiendo de manera directa en la socialización.[10]

Asimismo, desde la perspectiva social se ha indagado en el entorno, a fin de encontrar sus posibles causas,[11] sosteniendo que factores como el hacinamiento, el caos,[12] la pobreza, la desigualdad y la falta de oportunidades repercuten en su incremento.[13] Otras variables como el narcotráfico, la delincuencia organizada, el aumento en el consumo de alcohol, drogas, etc. que se presentan en contextos localizados[14] también han incidido.[15]

Esta discusión ha permitido el surgimiento de investigaciones que combinan metodologías entre el análisis espacial y los factores que convergen y propician el delito,[16] aunado a que con el paso del tiempo las condiciones sociales se han modificado, dando lugar a la aparición de nuevas modalidades.[17]

La producción historiográfica sobre el homicidio desde la Historia, además de ponderar las categorías de tiempo y espacio, ha vinculado otras disciplinas con el objetivo de explicar este fenómeno, disciplinas que van desde el análisis de las tendencias criminales hasta las condiciones del sujeto y del entorno.[18] El homicidio en México ha ganado visibilidad y capacidad comunicativa dada su alta incidencia

[10] Concepción Serradet, Abelardo Román y otros, "Conducta homicida en el trastorno esquizotípico", *Salud pública*, (2017), pp. 7-9.

[11] Olga Islas González, "Comentarios sobre los delitos contra la vida y la integridad corporal", en acervo IIJ/UNAM disponible en: http://biblio.juridicas.unam.mx/bjv

[12] Brayant Armando Vargas, "¿Por qué se producen altos niveles de homicidio doloso en las alcaldías de la Ciudad de México? Una aproximación configuracional desde la teoría de la desorganización social", *Sociológicas*, vol. 36, n.º 102 (2021), pp. 187-226.

[13] Héctor Hirám Bringas, "Homicidios en América Latina y el Caribe: Magnitud y factores asociados," *Notas de Población*, n. 113 (2021), pp. 144-199.

[14] Guillermo González-Pérez y otros, "Mortalidad por homicidios en México, tendencias variaciones sociográficas y factores asociados", *Abrasco*, Asociacao Brasileira de Saude Coletiva, n.º 17 (2012), pp. 3196-3205.

[15] Salvador Maldonado Aranda, "Drogas, violencia y militarización en el México rural: el caso de Michoacán", *Revista Mexicana de Sociología*, vol. 74, 1 (2012), pp. 5-39.

[16] Carmen Viqueira y Ángel Palerm, "Alcoholismo, brujería y homicidio en dos comunidades rurales de México", *América Indígena*, vol. XIV, 1 (1954), pp. 7-36.

[17] Tal es el caso de los homicidios en razón de género, como el feminicidio o debido a las preferencias sexuales como los asesinatos a miembros de la comunidad LGBTI+, ver: Jorge Mondragón, "Intolerancia a la diversidad sexual, crímenes por homofobia. Un análisis sociológico", *Sociológica*, vol. 24, 69 (2009), pp. 133-151.

[18] Robert Buffington, *Criminales y ciudadanos en el México Moderno*, Siglo XXI editores, México, 2001, pp. 21-61.

y debido a que la administración de justicia ha visibilizado las debilidades del Estado.[19]

En la mayoría de las investigaciones sobre este tema no se han considerado las distinciones de género, por lo que hemos creído necesario su incorporación. Las desigualdades de género se fortalecen con las condiciones del entorno y se hacen evidentes en los móviles del delito, y en su ejecución; incluso en el proceso de administración de justicia. Los varones han sido históricamente sus principales ejecutantes,[20] han utilizado mayor grado de violencia[21] y han contado con ciertas garantías reforzadas en la legislación.[22] Las mujeres usaron la violencia en menos proporción[23] y en contra de grupos vulnerables a su cuidado como infancias y personas mayores o contra su mismo género, como consecuencia de la dominación masculina y como una cuestión de clase.[24]

Cuando la categoría de género fue aplicada al proceso de administración de justicia se advirtieron distinciones en la valoración de algunas conductas, como resultado de los estereotipos de género. La violencia o el consumo de alcohol fueron situaciones aceptadas cuando eran cometidas por varones, pero denostadas en el caso de las mujeres.[25] La emoción violenta solo ha sido validada como atenuante en el caso de los hombres[26] pues sobre estos prevalecieron ideas de

---

[19] Pablo Piccato, "El significado político del homicidio en el siglo XX", *Cuicuilco Revista de la Escuela Nacional de Antropología e Historia*, 43, vol. 15 (2008), pp. 76-78.

[20] María Victoria López y otros "Muertes por homicidio, consecuencia fatal de la violencia. El caso de México, 1979-1992", *Revista Sude Pública*, 30 (1996), pp. 46-50.

[21] Rosario Román y Zonia Sotomayor Petterson, *Masculinidad y violencia homicida*, Plaza y Valdez, México, 2007, pp. 21-28.

[22] Elena Azaola, *El delito de ser mujer, hombres y mujeres homicidas en la ciudad de México: historias de vida*, CIESAS, Plaza y Valdez, México, 1996, pp. 63-70.

[23] Hilda Marchiori, *Personalidad del delincuente*, Porrúa, México, 1978, pp. 22-25.

[24] Jorge Alberto Trujillo Bretón, "Ángel del hogar, ángel de la muerte", en Cathy Fourez y Víctor Manuel Martínez (eds.), *La mort sous les yeux? La mort dans tous ses,* ètats *á la charnière du XX et du XXI siècle*, Universitè Charles de Gaulle, Institut des Amériques, París, 2013, pp. 247-250.

[25] Pablo Rodríguez Jiménez, "Rabia y vergüenza en el crimen cometido por María Teresa Landa. México, 1929", *Historia Crítica*, 78 (2020), pp. 111-128.

[26] Saydi Núñez Cetina, "Entre la emoción y el honor: Crimen pasional, género y justicia en la ciudad de México, 1929-1971", *Estudios de Historia Moderna y Contemporánea de México*, vol. 50 (2015), pp. 28-34.

superioridad.[27] La defensa propia y la defensa del honor no fueron aplicadas a las mujeres, lo que demuestra que los estereotipos fueron rígidos[28] aunque la expresión del delito mostrara una realidad distinta.[29]

Se ha comprobado que la participación femenina en el homicidio está relacionada con el tipo de sociabilidad establecida y que la pervivencia de los estereotipos vinculados al comportamiento incidió en la administración de justicia. Aquellas mujeres que, además de delinquir, transgredieron su rol, fueron castigadas más severamente e incluso señaladas por la sociedad;[30] así, las autoridades mostraron "una mayor simpatía de la justicia con aquellas mujeres que conservaron el estereotipo y se ajustaron a las normas sociales y morales aceptadas".[31]

Otras investigaciones sobre el homicidio han tratado de mostrar la transcendencia de este fenómeno estudiando su impacto social; por ejemplo, la prensa denominada de "nota roja"[32] que vinculó a la sociedad en esta problemática,[33] funcionando de soporte contextual, inmiscuyéndose en algunos procesos[34] y publicándolos a modo de entregas. Esta función comunicativa de la prensa y posteriormente

[27] Lisette Griselda Rivera Reynaldos, "Crímenes pasionales y relaciones de género en México, 1880-1910", en *Simposio Heridas en el cuerpo, heridas en el alma. Injurias, violencias y sensibilidades, siglos XVIII-XIX*, ICA, Sevilla, 2006, pp. 67-72.

[28] Elisa Speckman, "De matadores de mujeres, amantes despechadas y otros sujetos no menos peligrosos: crímenes pasionales en la nota roja y la literatura porfirianas", *Allpanchis*, vol. 30, 52 (1998), pp. 113-139.

[29] Águeda Venegas y Josalath Hernández, "Entre lo irracional y la defensa del honor. Los crímenes pasionales durante el Porfiriato", *Revista*, vol. 10, 21, (2020), pp. 118-122.

[30] Elisa Speckman, "Morir a manos de una mujer. Homicidas e infanticidas en el Porfiriato", en Felipe Castro y Marcela Terrazas (coord.), *Disidencia y disidentes en la historia de México,* Universidad Nacional Autónoma de México, México, 2003, pp. 295-300.

[31] Martha Santillán, *Mujeres criminales, entre la ley y la justicia*, Crítica, México, 2021, pp. 120-122.

[32] La nota roja es un género de periodismo que se centra en acontecimientos relacionados con violencia física, crimen, accidentes y desastres naturales. En México en el siglo XIX el término comenzó a ser usado para noticias relacionadas con crímenes violentos, especialmente asesinatos y con el desarrollo de la industria periodística este tipo de noticias se escribieron de manera larga y detallada incluyendo imágenes explícitas.

[33] Carlos Monsiváis, *Los mil y un velorios*, Alianza Editorial Mexicana, México, 1994, pp. 100-107.

[34] Saydi Núñez Cetina, "Los estragos del amor. Crímenes pasionales en la prensa sensacionalista de la ciudad de México durante la posrevolución", *Revista Trashumante*, Revista Americana de Historia Social, vol. 7, (2016), pp. 45-51.

del cine fortalecieron las normas sociales y los estereotipos de hombres y mujeres.[35]

El homicidio cometido por mujeres es un tema complejo, pues en la sociedad mexicana ha representado una contradicción en el estereotipo de pasividad asociado a las mujeres. En la actualidad, según informes de las Naciones Unidas, éstas participan de forma más recurrente en este delito, sobre todo debido a su incursión en los grupos de delincuencia organizada,[36] lo que modifica las interpretaciones e incluso las normativas en torno a dicha problemática.

REGULACIONES PENALES Y DISPOSICIONES LEGISLATIVAS SOBRE EL HOMICIDIO EN MICHOACÁN

Los Códigos Penales son un conjunto de normas jurídicas por medio de las cuales el Estado define las conductas que constituyen delitos, así como las medidas de seguridad para sancionar a quienes las cometen.[37] Tienen la función de regular jurídicamente la convivencia normando lo permitido y sancionando las acciones que se consideran fuera del marco legal, de acuerdo con un criterio socialmente establecido en un espacio y tiempo determinados.

Esta investigación tiene como marco legal el Código Penal del estado de Michoacán de 1936, creado en un periodo de transformaciones sociales, políticas, económicas y culturales que incidieron en nuevas concepciones sobre el delito, los infractores de la ley y el castigo. A modo de antecedentes, es preciso señalar que el estado de Michoacán contó con tres Códigos Penales anteriores.[38] Esta normativa se definió como un Código moderno que incluía nuevas nociones criminológicas, dejando atrás las formas bajo las cuales se

[35] Martha Santillán Esqueda, "Mujeres delincuentes e imaginarios, criminología, cine y nota roja en México 1940-1950", *Historia Varia*, pp. 415-418.

[36] Oficina de las Naciones Unidas contra la Droga y el Delito, *Estudio mundial contra el homicidio,* Viena, 2019.

[37] https://mexico.justia.com/derecho-penal/

[38] Los Códigos de 1880, 1896 y 1924 los cuales se fueron modificando como consecuencia de debates legislativos derivados del incremento en la incidencia delictiva en la entidad, sobre todo en los delitos contra la propiedad.

había entendido al criminal. Según Alejandro González Gómez, esto representó un antes y un después en la administración de justicia, debido a las posibilidades brindadas y a las nociones sobre delincuente, delito y pena,[39] ya que ponderó la readaptación del sujeto y otros factores que confluían en el acto de delinquir, como las condiciones del entorno.[40]

Aunque guardó relación intrínseca con su referente federal, presentó especificidades locales, como la atenuante de precarización económica aplicada en algunos delitos, y consideró la pena de muerte para el homicidio con premeditación, el parricidio y el infanticidio; sin embargo, no se encontraron registros que demuestren que se haya llevado a cabo.

El homicidio se situaba en el título decimosegundo, en los denominados delitos contra la integridad corporal y la vida, abordando las figuras del instigador[41] y ampliando la responsabilidad a la tentativa. La definición fue concreta, observándose un incremento en la sanción que llegó a los quince años[42] en concordancia con la normativa federal. Se amplió además el arbitrio judicial con lo que el castigo pasó a depender de la responsabilidad de la autoridad, desapareciendo el jurado popular.[43]

Dentro de las atenuantes, se contempló la riña y, pese a que para el siglo XX los duelos ya no se cometían con frecuencia, siguió

---

39 Alejandro González Gómez, *Consideraciones básicas en torno al origen y evolución de la legislación penal michoacana*, Universidad Michoacana de San Nicolás de Hidalgo, Supremo Tribunal de Justicia, Instituto de Especialización Jurídica, Morelia, 2003, pp. 66-67.

40 Elisa Speckman, "Reforma legal, cambio social y opinión pública: Los Códigos de 1871, 1929 y 1931", en *Reforming the administration of justice in México at the center for US mexican Studies,* 2003, pp. 7-9.

41 Código Penal de Michoacán, 1936, pp. 104-106.

42 En las últimas normativas del siglo XIX, el mínimo fue seis meses de cárcel y en este fue de seis años

43 En las investigaciones de Elisa Speckman sobre la administración de justicia en el siglo XIX se encuentra un jurado popular, integrado por un juez profesional y nueve ciudadanos. Hacia el siglo XX este proceso fue llevado a cabo únicamente por jueces profesionales. Véase Elisa Speckman, "Crónica de una muerte anunciada: la suspensión del juicio por jurado en el Distrito Federal", en Elisa Speckman y Andrés Lira (coord.), *El mundo del derecho II: Instituciones, justicia y cultura jurídica,* UNAM, Instituto de Investigaciones Jurídicas, México, 2018), pp. 395-420.

legislándose sobre ellos, continuando su presencia en el Código Penal.[44] Las agravantes de ventaja y alevosía se mantuvieron incorporando la reincidencia. Hacia finales de la década de los cincuenta, las modalidades contempladas en la normativa penal resultaron insuficientes, por el surgimiento de la delincuencia organizada y la complicidad en los delitos, y se observaron índices más altos de violencia en la ejecución. Así, al incrementarse la incidencia criminal, fue necesaria una reforma de la normativa penal que se venía fraguando desde 1949. Una década más tarde comenzaron las tareas de redacción del nuevo Código Penal, que fue publicado en 1961.

EXPRESIONES, TIPOLOGÍA Y COMPORTAMIENTO CRIMINAL DEL DELITO DE HOMICIDIO COMETIDO POR MUJERES EN MORELIA 1936-1959

El proyecto de modernización y el crecimiento económico experimentado en la capital michoacana provocaron un aumento exponencial de la población en un periodo corto, lo que generó numerosas problemáticas, como la insuficiencia en la oferta de empleos y en el acceso a los servicios. Así, buena parte de la Población Económicamente Activa se encontró fluctuando en empleos sin garantías laborales y salarios bajos. Unimos a lo anterior, la zona de tolerancia de la ciudad, los centros nocturnos, los espectáculos y las denominadas diversiones públicas, que permitieron mayor posibilidad de abusar de las bebidas alcohólicas; así comprenderemos cómo, en un entorno precarizado con poca vigilancia, los estallidos de violencia se sucedieron con frecuencia.

Los espacios donde de forma más reiterada se presentaron episodios contra la ley fueron los siguientes: la zona de tolerancia, las inmediaciones de colonias populares, los límites de la ciudad y las tenencias, que, pese a estar incorporadas al distrito judicial de la

---

[44] "si el homicidio es en riña, la pena sería de cuatro a diez años si fue el agresor y de cuatro a seis años si lo comete el agredido", Art. 293, "si el homicidio fue cometido en duelo la sanción iba de cuatro a doce años", Art. 294, "al que asesine a su cónyuge se le impondrá una pena de seis a quince años", Art. 299, Código Penal de Michoacán, 1936, pp. 106-109.

capital michoacana, no gozaron de las mismas garantías. El delito de homicidio tuvo una incidencia alta en las denuncias en el distrito de Morelia para el periodo de 1936 a 1959, solo por debajo del de lesiones, con un total de 2771 y una media de 115 por año.[45]

Enlazando con lo que anunciábamos, el delito de homicidio presentó distinciones en la ejecución de acuerdo al género; así se manifestaba como un asunto esencialmente masculino llevado a cabo bajo los móviles de ajustes de cuentas, asaltos, robos, riñas y situaciones imprudenciales. De este modo, del total de homicidios encontrados en el distrito de Morelia, el 99.12% fue cometido por varones, generalmente en contra de otros hombres.

El análisis de los móviles bajo la premisa de las distinciones de género nos permite conocer el delito con una mayor profundidad. En efecto, aunque las mujeres participaron de forma marginal numéricamente, podemos advertir que su irrupción en el crimen se encontró en ascenso y estuvo condicionada, de un lado, por factores internos relacionados con su propia valoración y concepción y, de otro, por causas externas, como las condiciones del entorno o las contradicciones evidentes en los modelos de desarrollo y crecimiento social que generó condiciones que las conminó a romper con la legalidad.

HOMICIDAS POR OCASIÓN. PERFILES, CIRCUNSTANCIAS, MÓVILES Y PROCESO DE ADMINISTRACIÓN DE JUSTICIA

La participaron femenina en el delito de homicidio en Morelia entre 1936 a 1959 fue muy escasa, con un total de veintitrés procesos, lo que representa un 0.83% del total de denuncias por ese delito. Esta marginalidad numérica podría indicar que las mujeres resolvían sus diferencias de manera diferente a los varones, quienes iban generalmente armados y se enfrentaban con mayor frecuencia; pues

[45] Información obtenida del Archivo Histórico del Poder Judicial de Michoacán (en adelante (AHPJM), de los juzgados, Primero, Segundo y Tercero materia penal del distrito de Morelia para el periodo de 1936 a 1959.

si bien las mujeres participaron en riñas a menudo, no solían ir armadas, razón por la cual sus finales fueron menos drásticos.

La tabla que se muestra a continuación condensa la información más relevante de los procesos donde las mujeres fueron ejecutantes en el delito de homicidio en el distrito de Morelia de 1936 a 1959:

Tabla I. Mujeres procesadas por el delito de homicidio. Morelia 1936-1959

AÑO	DEMANDANTE& DEMANDANDA	TIPOLOGÍA	CONSIDERACIONES
1937	Luis Jacobo & Petra García	Imprudencial	Tiró unos hongos contaminados y unos niños los comieron y se intoxicaron
1938	Altagracia Meza & Luisa Dueñas	Premeditado	Los vecinos aseguraron que Luisa entró a la casa de Altagracia, le disparó y huyó
1938	Gregorio Valdés & Olga Dueñas	Imprudencial	De forma imprudencial disparó un arma que se encontraba cargada y el disparo causó la muerte inmediata de Gregorio
1938	Ofelia Pérez & María Martínez	En defensa	En medio de una disputa María logró quitarle el arma a Ofelia y le disparó en defensa propia
1939	Zenaida Pérez & Ma. Dolores Lemus	Imprudencial	Mala práctica en la partería, pero la partera lo asocia con bebidas ácidas
1939	Fortunata Barajas & Elodia Pardo	Imprudencial	Acusada de recetar ácido oxálico, ella niega haber recetado eso
1940	Esteban Rincón & Adelaida Hernández	Imprudencial	Le hizo unos lavados estomacales a base de manzanilla, manteca, sal y cal y murió
1941	Carmen Robledo & Josefina Herrejón	En riña	Estaban peleando en la vecindad en estado de ebriedad

1941	Fausto Reséndiz & Natalia Olayo	En defensa	Entró un hombre a su casa e intentó violar a su hermana, ella le disparó en defensa propia
1944	Rafaela Melgarejo & Martha Espinoza	En riña	Martha la atacó con un cuchillo porque le comentó que debería conseguirse un marido
1947	Ma. Concepción Clemente & Paula García	Imprudencial	Acusaron a la partera por mala práctica, le dio a beber altamisa
1948	Graciela López & Consuelo Chávez	Por abandono	Dejó sola a una menor de 18 meses sin comida y enferma por lo que murió
1950	Enedina Alvarado & Juana Sánchez	Imprudencial	La partera asegura que la muerte ocurrió debido a no seguir las instrucciones posparto
1953	Juana Barrera & Josefa Tapia	Imprudencial	Le hizo unas curaciones y le causó quemaduras de tercer grado que le provocaron la muerte
1954	Ma. Teresa Ortega & Rosa Ortega	Imprudencial	Estaba bebiendo y cuando estaba alimentando a su hija se quedó dormida y la asfixió
1954	Consuelo Rincón & Guadalupe Rincón	Por abandono	Desnutrición de tercer grado y toxicosis, la madre dejó en las vías del tren a la menor y huyó
1954	Zeferina Téllez & Sara Rico	Imprudencial	El coche que conducía Sara se quedó sin frenos y atropelló a Zeferina causándole la muerte
1954	Ma. Inés Celaya & Ma. Guadalupe Rodríguez	Imprudencial	La partera le dio a beber chihuarape y la muerte ocurrió debido a una hemorragia

1958	Trinidad Arreygue & Ma. de los Ángeles Arreygue	Imprudencial	Producto de un disparo accidental de una escopeta que se encontraba en su casa la cual estaba cargada
1958	Ma. de la Luz Orozco & Ma. Salud Calderón	Imprudencial	Un perro con rabia propiedad de Salud Calderón mordió a Ma. de la Luz y lo que le provocó la muerte
1958	María Díaz & Cecilia Vázquez	En riña	"La China" fue atacada por su suegra con un cuchillo a causa de chismes
1959	Juan Mendoza & Ma. Pilar Murillo	En defensa	Su marido la estaba golpeando y ella al defenderse lo golpeó en la cabeza causándole la muerte
1959	Hermenegildo Torres & Esperanza Piñón	Premeditado	Lo mató porque tenía muchos problemas y él era un hombre violento y no permitiría que ella lo abandonara

Tabla n.º 1 elaborada con información contenida en el AHPJM de los Juzgados Primero, Segundo y Tercero Penal del distrito de Morelia de 1936 a 1959

El análisis de los homicidios cometidos por mujeres se realizará por medio de los ejes analíticos de tipología, permanencia en las prácticas tradicionales en la atención a la salud, honor, violencia, procesos de sociabilidad y precarización económica. A través de ellos, será posible observar las particularidades de la comisión del delito y del proceso de administración de justicia.

Entre otras consideraciones de interés, observamos que los casos de homicidio ejecutados por mujeres presentaron características menos violentas y las víctimas fueron, asimismo, mayoritariamente mujeres; además, según el factor de la ocasión, bajo el eje analítico de la tipología, se advierte que los imprudenciales fueron los más recurrentes, representando un 65% del total; es decir, 15 de los 23 casos denunciados fueron derivados de actos considerados como ajenos a la voluntad; todo lo cual nos lleva a sostener que las mujeres fueron homicidas por ocasión, es decir, que no existió premeditación, siendo otras las circunstancias que detonaron la comisión de los homicidios.

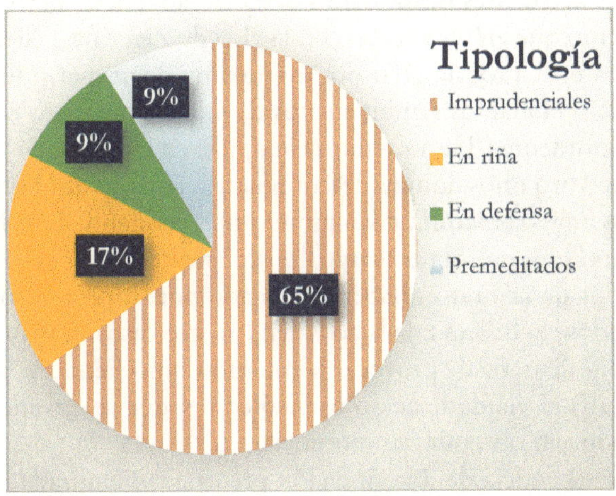

Gráfica n.º 1, Tipología, Elaborada con información contenida en el AHPJM de los Juzgados Primero, Segundo y Tercero Penal del distrito de Morelia de 1936 a 1959

En su mayoría, las situaciones que generaron los homicidios cometidos por mujeres mostraron una falta de voluntad en el acto de matar, pues ocurrieron a causa de accidentes, siendo posible observar la inexistencia de premeditación, advirtiéndose estrategia únicamente en un solo caso de la muestra. Así, dos homicidios ocurrieron como consecuencia de disparos incidentales de armas de fuego. El primero en la zona de tolerancia de la ciudad, al disparar, asimismo accidentalmente, Olga Dueñas[46] la pistola dejada por Gregorio Valdés en la mesa del cabaret. El segundo en la tenencia de Chiquimitío, cuando María Trinidad Arreygue[47] accionó por error una escopeta cargada, causando la muerte de su hermana. En ambos casos se demostró

[46] AHPJM, 1938, J2, L7, E262, Homicidio, Gregorio Valdés contra Olga Dueñas.
[47] AHPJM, 1958, Juzgado 1°, Legajo 12, Expediente 339, (en adelante solo la inicial) Homicidio, Trinidad Arreygue contra Ma. de los Ángeles Arreygue.

que fueron actos involuntarios, producto de la escasez de pericia y del nulo conocimiento del uso de armas por parte de las acusadas.

Otros accidentes ocasionaron desenlaces fatales, como el atropellamiento que en 1954 acabó con la vida de Zeferina Téllez.[48] O el ataque en 1958 a María Díaz por mordedura de un perro infectado con rabia.[49] Hallamos también casos de envenenamiento efecto de actos imprudentes. He aquí unos ejemplos: en el año de 1937, Petra González[50] tiró unos hongos descompuestos al patio de la vecindad, que unos niños tomaron y cocinaron; el más pequeño –Luis Jacobo– murió en el hospital. Sin embargo, las declaraciones de los otros niños implicados demostraron haberlos tomado por su propia voluntad, decretándose la libertad de la acusada. En otro caso, en 1939, Elodia Pardo[51] fue acusada de provocar la muerte a una clienta de la botica que atendía al venderle acido oxálico con el que se envenenó, demostrando, no obstante, su inocencia.

A consecuencia de una situación precaria generalizada, algunas mujeres se incorporaron en las cantinas y cabarets como meseras, bailarinas, ficheras o prostitutas; debido a la naturaleza de sus actividades, solían beber con frecuencia, ocasionándose accidentes fatales. Mayoritariamente migrantes, estas mujeres procedían de otros estados o localidades cercanas a Morelia. María Consuelo Chávez[52] migró de la ciudad de México y en 1948 fue acusada de abandonar a una hija que moriría por inanición; declaró haberla dejado encargada con una señora que vivía en la vecindad; los testigos, sin embargo, argumentaron ausencias frecuentes, dejando sola a la menor. Trabajaba en un cabaret y fue condenada a ocho años de cárcel.

Guadalupe Rincón[53] había migrado de Guanajuato y trabajaba en una cantina como mesera, tenía una hija de un mes de nacida; al no contar con apoyos, en 1954 tomó la determinación de abandonarla en las vías del tren, huyendo a continuación. La autopsia determinó que la causa de muerte fue desnutrición avanzada y toxicosis. Nada

[48] AHPJM, 1954, J3°, L8, E215, Homicidio Zeferina Téllez contra Sara Rico.
[49] AHPJM, 1958, J3°, L2, E67, Homicidio, María Díaz contra Cecilia Vázquez.
[50] AHPJM, 1937 J1 L4, E186 Luis Jacobo & Petra González.
[51] AHPJM, 1939, J1, L4, E107, Homicidio Fortunata Barajas contra Elodia Pardo.
[52] AHPJM,1948, J2°, L1, E22, Homicidio, Graciela López contra Ma. Consuelo Chávez.
[53] AHPJM, 1954, J2°, L2, E38, Homicidio, Consuelo Rincón contra Guadalupe Rincón.

sabemos de Guadalupe con posterioridad, contra la que se dispuso orden de búsqueda. Sin éxito.

En el caso de Rosa Ortega,[54] también en 1954, fue acusada de cometer homicidio imprudencial por asfixia, pues, encontrándose en estado de ebriedad, se quedó dormida encima de su hija de tres meses de edad. Fue condenada a 3 años de cárcel, pese a demostrar no existir intención de hacer daño debido a que trabajaba como mesera y bailarina en un cabaret y a que se encontraba ebria en el momento del deceso.

Resulta interesante puntualizar el rigor de la justicia en los casos de las mujeres que trabajaban en cantinas y cabarets. Así, fueron consignadas con penas más altas, independientemente de ser, a veces, producto de actos imprudenciales. Con ello se advierte que las cuestiones morales y los roles de género se encontraron ineludiblemente presentes en los procesos de administración de justicia, pues para los varones la ebriedad significaba una atenuante; para las mujeres, sin embargo, representaba un factor agravante. Así pues, la delincuencia femenina se explicó como consecuencia de la propia pérdida de valores y de cierta descomposición social.

Otro tipo de homicidios imprudenciales ocurrieron como consecuencia de cuestiones de salud y representaron el 51% de esta tipología por lo que es el segundo eje analítico. En la ciudad, el "Hospital General Dr. Ignacio Chávez" brindó servicios públicos de salud. Sin embargo, debido a su ubicación –en el centro de Morelia– el acceso resultó complicado para quienes vivían en las tenencias y en otras poblaciones, aunado a los costos que implicó. Es posible advertir una permanencia en las prácticas tradicionales de la atención a la salud, como la partería, curaciones, remedios herbolarios, ungüentos, masajes, etc.

Efecto de la especialización femenina en las labores de parteras y curanderas, en algunas ocasiones quienes acudían a solicitar estos servicios experimentaban situaciones de enfermedad grave, pudiéndose presentar complicaciones fatales. De los casos reportados como homicidios imprudenciales, el 26,6% ocurrió como resultado de

[54] AHPJM, 1954, J3°, L17, E331, Homicidio, Ma. Teresa Ortega contra Rosa Ortega.

procesos de parto mal atendidos o complicaciones postparto y un 20% como consecuencia de curaciones mal realizadas. Esto evidencia cierta particularidad del espacio de estudio, ya que, a pesar de ser una ciudad media, con un creciente proceso de urbanización y en vías de modernización, mantuvo permanencia en estas prácticas.

Otros delitos serían achacados a labores de curanderas. Así Adelaida Hernández[55] y Josefa Tapia[56] cometieron homicidios imprudentes por aplicar, cuando no debían, remedios caseros. En 1940, Esteban Rincón estaba muy enfermo y sus familiares fueron hasta la citada Adelaida, quien le dispensó un bebedizo con el que "empezó a vomitar abundantemente"; ahora bien, no existiendo prueba demostrable en la autopsia realizada, el deceso fue atribuido al estado avanzado de enfermedad de Esteban. Por su parte, en 1953 Juana Barrera padecía una enfermedad que se vería agravada al indicarle Josefa Tapia estar embrujada, recetándole para su curación unos remedios calientes, bebedizos y ungüentos que, al ser aplicados con frecuencia, ocasionaron a la paciente quemaduras y posteriormente toxicosis. En ambos casos se demostraron actuaciones imprudenciales, siendo colateral la acción de las curanderas, por presentar ambos occisos afecciones previas; por ello, la culpabilidad fue sopesada por el juez; solo Josefa Tapia sería sentenciada a un año de cárcel, por demostrarse que los ungüentos recetados causaron quemaduras y por existir huellas visibles, lo que constituiría un elemento probatorio de responsabilidad penal.

Como ha quedado enunciado, la partería fue tarea desempeñada mayoritariamente por mujeres que facilitaron no pocos alumbramientos, pese a que la práctica médica ya se encontraba en ascenso y que para la década de los cincuenta ya existían mujeres que ejercían la medicina de forma profesional. Aun así, muchas mujeres prefirieron seguir siendo atendidas por parteras, por lo que esta práctica pervivió aún en contextos urbanizados, prevaleciendo sobre todo en espacios aislados, en el medio rural y con altos índices de marginación.

En cinco procesos las muertes ocurrieron como resultado de complicaciones en los alumbramientos atendidos por parteras. En

[55] AHPJM, 1940, J2°, L3, E127, Homicidio Esteban Rincón contra Adelaida Hernández.
[56] AHPJM 1954, J2°, L1, E15, Homicidio Juana Barrera contra Josefa Tapia.

1939, María Dolores Lemus[57] atendió a Zenaida Pérez que murió después de dar a luz; la partera sostuvo que la muerte se debió a la ingesta de bebidas ácidas, si bien la autopsia arrojaría desnutrición severa como causa del deceso.

A su vez Paula García,[58] en 1947, dio a beber "altamisa"[59] a María Concepción después de parir; las contracciones causadas por dicha hierba en el útero generaron una hemorragia que le provocaría la muerte. También, en 1947, Julia Sánchez[60] atendió a Enedina Alvarado, a quien dijo haberle dado instrucciones de fajado; sin embargo murió como consecuencia de una hemorragia. En tres de los casos anteriores se determinó que los homicidios ocurrieron a consecuencia de actos imprudentes, razón por la que no serían condenadas.

En 1954, María Guadalupe Rodríguez[61] fue acusada de la muerte de María Inés Celaya. No obstante, ella sostuvo tener más de 15 años de experiencia y ejercer el oficio de partera de forma profesional y demostró su muerte a consecuencia de complicaciones en las venas varicosas. Es evidente que en estos oficios encontramos el género como determinante, pues en la muestra, el 100% de las personas involucradas pertenecía al sexo femenino.

Es bien sabido que las mujeres se constituyeron en depósito de la honra de los varones de su familia, honor que preservaban por medio de la castidad y de lo que se ha denominado "buena fama", entendida como su estimación en la sociedad; viene a colación por el hecho de que en un caso encontramos a una implicada que, pese a trabajar como prostituta, fue determinada como de "buena fama" al ignorar el juez su vida y costumbres.

Consideramos estos temas de interés, razón por la cual lo incluimos como tercer elemento de análisis, dada su evidente perspectiva

---

[57] AHPJM, 1939, J1°, L1, E19, Homicidio Zenaida Pérez contra Mª Dolores Lemus.

[58] AHPJM, 1947, J2°, L7, E222, Homicidio Mª Concepción Clemente contra Paula García.

[59] La altamisa es el nombre común de la planta ambrosia peruviana que es utilizada para dolores menstruales y regular la menstruación. Se ha encontrado que en dosis altas puede producir hemorragias. Véase https://www.naturalista.mx/taxa/289377-Ambrosia-peruviana.

[60] AHPJM, 1947, J3°, 1947 L9, E181, Homicidio Enedina Alvarado contra Julia Sánchez.

[61] AHPJM 1953, J3°, L12, E157, Homicidio Mª Inés Celaya contra Mª Guadalupe Rodríguez.

de género. Tal fue el caso de Natalia Olayo, quien en 1941 asesinó a un hombre y cuyo atenuante –la defensa del honor– se manifestó en su historia criminal; pero la justicia se negó a asumir que actuó bajo esa causa por ser mujer.

Sobre las cuestiones de honor tenían mucho que aportar los testimonios de los testigos, pues, además de poseer la función de sumar elementos sobre los hechos, sus declaraciones incluían aspectos de interés en este punto de análisis, pues, en general hubieron de responder a cuestiones morales o de honorabilidad, emitiendo sus impresiones personales sobre las implicadas en asuntos como su reputación, su forma de socialización, aficiones, conducta doméstica o temperamento.

El cuarto elemento de análisis aportado aquí es la violencia, en incremento en el espacio de estudio. Esto se sustenta, por un lado, en lo dispuesto en la normativa penal y, por otro, en lo encontrado en los expedientes. Así, es notorio el aumento en las especificaciones de las modalidades y agravantes sobre la ejecución de los delitos; en el caso del homicidio, se fueron integrando prácticas como la remuneración económica, la tortura, la brutalidad o la bestialidad.

Tal violencia fue ejercida de forma sistemática, manifestándose, tanto en el espacio público como en el privado. En este sentido, Rocío Corona observó que en el espacio doméstico los actos violentos en relaciones de pareja fueron cotidianos, sobre todo en personas provenientes del espacio rural;[62] en la capital michoacana se manifestó de modo similar. En el contexto doméstico, la fuerza pública no intervino al no ser considerado competencia del Estado el frenar los episodios de violencia conyugal; incluso la sociedad se mantuvo al margen debido a la idea de la privacidad, por lo que muchos abusos sucedieron sin la intervención de nadie.[63]

La existencia de familias extendidas era frecuente en la ciudad de Morelia y el uso de la violencia por parte de esposos y de otras personas

[62] Rocío Corona Azanza, "La sombra de la violencia. Mujeres víctimas y victimarias en Guanajuato (1871-1933)", Tesis de doctorado en historia, UNAM, México, 2020, pp. 171-175.

[63] Juan Diego Rojas, "Violencia doméstica y medidas cautelares", *Medicina Legal* 1 (2002), pp. 12-15.

del núcleo fueron escenas comunes. En este sentido tenemos el caso por el que fue denunciada Cecilia Vázquez, apodada "la China";[64] en 1958 tuvo un altercado con su suegra María Díaz; la discusión pasó a mayores, acabando la citada Cecilia agrediendo a su suegra con un cuchillo. En su defensa arguyó haberlo hecho para huir de sus constantes golpes, lo que no concordaba con la realidad, pues se demostró que María estaba desarmada; dados los antecedentes de Cecilia -que bebía a menudo y constantemente discutía con los vecinos- fue considerada culpable y consignada a seis años de cárcel.

He aquí otros ejemplos. El homicidio cometido por María Pilar Murillo[65] en 1959, en contra de su marido Juan Mendoza, maltratador habitual, según las declaraciones de los testigos, efecto de su afición a la bebida. Así ocurrió el día de autos –se hallaba golpeándola brutalmente– ocasionando que la esposa se defendiese usando una tranca y asestándole un golpe en la cabeza que le causó la muerte instantánea. El juez le asignó una pena de tres años de cárcel porque se demostró que tenía buena conducta, al ser procesada por primera vez, derivándose el homicidio hacia un acto de defensa por las agresiones de su marido.

Como se ha venido apuntando, la defensa propia constituyó un elemento argüido de continuo en los procesos. En base a ella se confesaba haber cometido homicidios en no pocos casos en la capital michoacana, motivo por el cual la normativa penal consideraba penas atenuadas en los llamados homicidios en riña. Como ejemplos los siguientes casos: en 1941, Josefina Herrejón[66] atacó a Carmen Robledo por una cuestión de celos y amores. La primera se veía con el amante de la segunda, a quien –afirmaba– ella "quería demasiado". No ayudaba que las dos mujeres habían estado bebiendo en la cantina donde trabajaban, por lo que, en medio de la discusión, Carmen comenzó a golpear a Josefina, tomando esta un cuchillo que tenía a mano causándole la muerte.

---

[64] AHPJM, 1958, J3°, L2, E67, Homicidio, María Díaz contra Cecilia Vázquez.
[65] AHPJM, 1959, J3°, L5, E117, Homicidio, Juan Mendoza contra Mª Pilar Murillo.
[66] AHPJM, 1941, J1°, L5, E159, Homicidio, Carmen Robledo contra Josefina Herrejón.

En el caso de Martha Espinoza[67] su argumento fue el haber actuado motivada por la ofensa nacida en los comentarios de Rafaela Melgarejo quien, al parecer, le dijo que: "se consiguiera un marido", ante lo cual y, sin pensarlo dos veces, atacaría a la citada Rafaela con un cuchillo de cocina. Movida por un impulso momentáneo, según reconocerá posteriormente, ella misma se entregó a la policía. Los testigos reafirmaron la versión, pero el juez la encontró culpable y, a pesar de las atenuantes, se le impuso una pena de ocho años de cárcel por haber actuado contra alguien indefenso.

Como podemos observar, las motivaciones sobre los homicidios antes referidos nacieron –según el discurso– de un impulso momentáneo o en defensa de ataques previos. Ninguna de las mujeres involucradas en esta tipología tuvo la intención de asesinar a su oponente.

Los procesos de sociabilidad de las mujeres constituyen el quinto elemento de análisis. Algunas de las implicadas mantuvieron relaciones ocasionales y de amasiato que ocasionaron disputas, culminando a veces en homicidio. Como ya quedó mencionado, durante el periodo de estudio se encontraron 165 denuncias por homicidios cometidos por hombres en contra de mujeres, en los que, en la mayoría de los casos, existía un vínculo sentimental. Las razones de este tipo de asesinatos se han clasificado como crímenes pasionales. No obstante, en la normativa de 1936 no fue contemplada esa modalidad; solamente se dejó establecido que: "se impondrá una pena de seis a quince años[68] en el caso de asesinato del amante del cónyuge, excepto si la muerte se producía como consecuencia de un descubrimiento "in fraganti" –en el acto carnal o en uno próximo a su consumación"[69]– porque en este caso no había pena de cárcel.

Lo anterior refuerza las distinciones sobre el comportamiento masculino y femenino. Según vemos, para ellas existió un modelo de socialización que sancionó acciones como beber, salir, platicar o bailar con otros hombres y, por supuesto, mantener relaciones extramaritales. Para los varones hubo más permisividad. Este tipo de connotaciones indeseables de socialización femenina permeó en

[67] AHPJM, 1944, J1°, L3, E110, Homicidio, Rafaela Melgarejo contra Martha Espinoza.
[68] Código Penal de Michoacán, 1936, Artículo 299, p. 107.
[69] Código Penal de Michoacán, 1936, Art. 279, p. 104.

la sociedad, lo que puede observarse en una nota periodística de la ciudad de finales de los años treinta, donde se advierte que:

> Se encontró un cadáver flotando en el río chiquito, se trata de una mujer asesinada, revisando los antecedentes de la mujer se supo que un día antes había sido puesta en libertad después de haber cumplido un arresto por faltas a la policía, ya que su conducta no era muy recomendable porque, además de dedicarse a una vida de ligerezas, frecuentaba cantinas y cometía escándalos. La extinta Sara había tenido un amante que en varias ocasiones afirmó que si no cambiaba terminaría por matarla.[70]

Tal texto evidencia diferentes criterios de juicio y actuación: por un lado, relata la manera en la que los varones solían resolver cuestiones de celos; por otro, denota ciertos matices moralizadores, ya que el hecho de tratar la conducta de la víctima, más que indagar sobre el asesino, advierte del destino fatal de aquellas mujeres cuya reputación no era intachable.

El sexto elemento de análisis es la precarización y la desigualdad en el acceso a las oportunidades. Como se pudo advertir, en algunos casos las mujeres desempeñaron actividades estigmatizadas como la prostitución; otras veces trabajaron como meseras o realizaron trabajos como parteras o curanderas; sin embargo, el sueldo percibido resultó insuficiente para cubrir sus necesidades. Las mujeres, en su mayoría, no contaron con ingresos económicos propios debido a sus circunstancias de amas de casa y a que, en la época de estudio, las labores femeninas se circunscribieron al hogar; por esta razón se hallaron en desventaja material.

Todas las mujeres involucradas eran pobres, vivieron en colonias de reciente creación o arrendaron pequeños cuartos de vecindad; ninguna contrató los servicios de un abogado y llevaron su proceso mediante defensores asignados de oficio. Se puede sostener que algunas mujeres morelianas experimentaron situaciones límites que las condujeron a decisiones desesperadas y, algunas veces, a cometer

---

[70] *Para Todos*, 14 marzo de 1938, Morelia, Michoacán.

delitos. En el caso concreto del homicidio, se ha demostrado que la mayoría de las veces se trató de actos imprudenciales surgidos en el momento como forma de resolución de una dificultad.

El séptimo eje analítico tiene relación con la eficiencia del proceso de administración de justicia, que en el delito de homicidio fue expedito. La mayoría de casos denunciados contó con sentencia, lo que no ocurrió con otros delitos cuya resolución fue inferior al 50%. Es interesante mencionar que, en el homicidio, las resoluciones en su mayoría fueron absolutorias, ya que en el proceso se comprobó la inexistencia de elementos suficientes para encarcelar a las acusadas; de los 23 procesos encontrados, en nueve se decretó su libertad por falta de elementos, en seis casos las implicadas fueron condenadas con cárcel y en los ocho restantes se dejó de actuar y, pasado el tiempo decretado por la ley –tres años–, el caso se cerró y fue archivado.

Exponemos a continuación, más extensamente, una historia específica y particular, por contener elementos básicos del delito de homicidio cometido por mujeres y mostrar connotaciones de interés

NATALIA OLAYO. HONOR FEMENINO Y LEGÍTIMA DEFENSA

En el caso de Natalia Olayo[71] se advirtió la socialización diferenciada, el honor, la violencia y un proceso de administración de justicia con sesgos de género. El homicidio ocurrió en la Ranchería de la Soledad, espacio que carecía de electrificación, transporte público y vigilancia. Los caminos eran, además, de terracería, azorados por cuadrillas de bandoleros. Como en la mayoría de comunidades rurales, pervivían arraigadas tradiciones y costumbres, como la idea de que el hogar y los integrantes femeninos debían ser custodiados y defendidos por los varones.

El honor familiar era responsabilidad masculina y esto pudo advertirse incluso en la normativa penal; pues contaron con prerrogativas legales como "la defensa del honor", que funcionó como atenuante en los casos de lesiones e incluso de homicidio. Este tipo

---

[71] AHPJM, 1941, J2°, L1, E21, Homicidio Fausto Reséndiz contra Natalia Olayo.

de comportamientos diferenciados por género produjo formas de ser y hacer que repercutieron en la sociedad; en este caso, la ejecutante fue vista como transgresora al realizar acciones que idealmente les correspondían a los varones.

Natalia Olayo tenía 30 años, no sabía leer ni escribir, se dedicaba a las labores del hogar y profesaba la religión católica; pertenecía a una familia extendida y compartía la casa con su esposo, hijos, madre y hermanos. La menor era Antonia, de 19 años. En la Soledad, ranchería donde vivía la familia Olayo, no había mercado y, al ser una población muy pequeña, los habitantes acostumbraban a ir a la cabecera municipal a comprar alimentos una vez por semana.

El día de los hechos, los hermanos de Natalia y su madre salieron de casa a hacer la compra semanal de "mandado y herramientas para su trabajo", por lo que Natalia y Antonia se quedaron solas en la casa. Llamaron a la puerta para preguntar por el hermano mayor; al responderle la citada Antonia que no había allí nadie más que su hermana y ella, dio a conocer la soledad y la consecuente posibilidad de ataque. Veamos de quién.

Fausto Reséndiz era un bandolero y asaltante de caminos que solía ir armado, había vigilado a Antonia durante algún tiempo y, tras asegurarse que no había hombres en la casa, ingresó por la fuerza con la idea de raptarla y estuprarla. Ante tales intentos, los gritos de la mujer alertaron a Natalia quien acudió en su auxilio. Seguirían los disparos del bandolero que la mujer lograría esquivar, sacando una daga que llevaba escondida en el vestido e hiriendo al atacante "en repetidas ocasiones" para salvar el honor de su hermana.

La defensa del honor, como se indicó antes, fue un asunto masculino, es decir, idealmente los encargados de evitar o resarcir este tipo de afrentas eran los varones, pero, dado que no había ninguno que pudiera hacerlo, Natalia, por ser la hermana mayor, asumió el rol de la defensa, poniendo en riesgo su vida, algo imprevisto por el agresor. En efecto, Fausto Reséndiz no había planeado tal actitud, pues había enviado a un niño a preguntar si estaba el hermano mayor, asegurándose así que las mujeres se encontraban solas.

El cuerpo inerte de Fausto quedó en la casa; Natalia, que había acudido a una vecina para desahogo y contar lo sucedido, encontraría por entonces al jefe de tenencia a quien llevaría al lugar de los hechos; este remitió a las autoridades a las hermanas Olayo, la una acusada del delito de homicidio y la otra de complicidad. El bandolero se encontraba en calidad de desconocido, pues ni la familia Olayo, ni las autoridades conocían su identidad.

La defensa de las hermanas Olayo fue designada por oficio al abogado Mariano Domínguez que solicitó la declaración de los testigos Secundino Tovar y de la vecina Petra Guzmán, así como la de los hermanos de las acusadas, Diego y Santiago Olayo. Todos corroboraron las versiones de las acusadas, insistiendo en su inocencia y alegando haberse tratado de un acto de legítima defensa. Se estimó, entonces, que, debido a las características del crimen, podía solicitar la libertad bajo fianza para lo cual se solicitó el apoyo de Leopoldo Zamudio, un comerciante de arraigo en la ciudad, a fin de que fungiera como aval. Su testimonio, asegurando que "las conocía desde hace muchos años y eran mujeres honestas, castas y trabajadoras", sería de suma importancia en este proceso.

Con tal información y declaraciones, el abogado interpuso un amparo en favor de Antonia Olayo, en base a que "la orden de detención era infundada", considerando, además, que se habían violado sus derechos, ya que había sido aprehendida al ir "a declarar por voluntad". Solicitaría entonces su libertad condicional, que le fue concedida.

La autopsia dejó ver que el cuerpo presentaba nueve heridas, lo que no parecía coincidir con la versión de un homicidio en defensa propia. Ante esto el Ministerio Público argumentó:

> … la agresión de que fue víctima Antonia Olayo no entrañaba para Natalia ningún peligro a virtud de haber dominado a su injusto agresor, eso quiere decir que la agresión había cesado y que por ende no se derivaba al momento de cometerse el delito un peligro para ninguna de las acusadas, por tanto su manera de obrar no encaja dentro de la exculpante por legítima defensa, la cual consiste en repeler una agresión antijurídica y actual, agresión que en el caso de haberse hecho fue anterior al momento mismo en que la homicida privó de la vida a Faustino Reséndiz, es de

> hacerse notar que los testigos no hacen referencia al hecho de que el occiso haya disparado un arma ni tampoco que oyeron tales disparos. Además, la autopsia revela que hay nueve heridas por instrumento punzocortante, situadas en el brazo derecho, pared anterior de tórax, región precordial, cara anterior del hombro, al borde de las ultimas costillas, antebrazo izquierdo, parte lateral del tórax, dorso lumbar y rodilla por lo que no es posible haber actuado en defensa propia porque con la primera herida letal era suficiente para matarlo.[72]

¿Qué sabemos del atacante y de su familia? A la morgue acudió el padre de Fausto a reconocer el cadáver, indicando que tenía 28 años; sabemos que contaba con antecedentes penales, pues, un año antes, había tratado de violar a una mujer de nombre Columba Martínez y había asesinado a un hombre. Frente al difunto, Natalia y Antonia eran consideradas por los testigos como mujeres "cuya reputación era intachable"; sin embargo, el que Natalia hubiera herido varias veces a Fausto y que ella, y no Fausto, no presentara "ni un rasguño", despertó la desconfianza del juez que acabaría por declararla culpable de homicidio, imponiéndole seis años de prisión. Antonia fue sentenciada a tres por el delito de complicidad.

La defensa interpuso el recurso de apelación, argumentando que no habían huido a la acción de la justicia, que era la primera ocasión que delinquían y que la comisión del delito se había realizado en un momento en el que "en sus ánimos se produjo un arrebato o excitación", añadiendo que "su ignorancia extrema, así como la conducta abonada quedó plenamente demostrada", lo que –según su discurso– era suficiente para pedir la revocación de la sentencia.

En este caso es evidente que existió un sesgo de género en la administración de justicia pues el argumento de la legítima defensa fue desacreditado por el juez y serían la buena conducta y no haber rehuido a la acción de la ley lo que les permitiría un resultado favorable en la apelación.

---

[72] AHPJM, 1941, J2°, L1, E21, Homicidio Fausto Reséndiz contra Natalia Olayo sentencia Juez José Cortés Marín.

CONSIDERACIONES FINALES

Las mujeres morelianas infringieron las normas penales al cometer delitos graves de la envergadura del homicidio, pero, como ha quedado demostrado, fueron muchas veces motivadas por problemáticas que parecían irresolubles o por cuestiones momentáneas, lo que les situó como homicidas ocasionales.

Pese a existir la igualdad ante las leyes, observamos procesos de administración de justicia diferenciados; así, al ejercer el arbitrio judicial, las autoridades tuvieron la facultad de realizar un ajuste en la sentencia y algunas veces los factores morales intervinieron en esa determinación

Se han advertido ciertos estereotipos vinculados en los procesos; en efecto, cuando las mujeres homicidas mostraron arrepentimiento y "posibilidades de regenerarse" o contaron con buena conducta tuvieron una sentencia más favorable. Incluso cuestiones como "la suma ignorancia" o la rudeza funcionaron como mecanismos que redujeron las sanciones.

SOBREVIVIENDO

◉

DUEÑAS DE SU DINERO. LIBRES Y EMPODERADAS EN EL GUANAJUATO ILUSTRADO

José Luis Caño Ortigosa
Universidad de Cádiz

INTRODUCCIÓN

Viudas, solteras, vecinas y abandonadas; mujeres sin hombre. Pero también casadas, hijas, hermanas, sobrinas y tuteladas en general. A todas ellas, pese a la condición política, social y moral que les imponía su lugar y su tiempo histórico, la ley reconocía su derecho a la propiedad. Un aspecto clave para las posibilidades de desarrollo personal y en el que nos centraremos sin entrar a describir el bien conocido rol social que la civilización occidental le tenía asignado a las mujeres durante la Edad Moderna.[1] A diferencia de otros aspectos ampliamente abordados, el estudio de la mujer como propietaria y administradora directa de sus bienes para beneficio propio aún es un tema poco trabajado, solo tímidamente visible en textos sobre la historia económica de algunas grandes familias novohispanas.[2]

---

[1] Entre otras muchas obras: Isabel Pérez Molina, *Las mujeres en el antiguo régimen. Imagen y realidad (ss. XVI-XVIII)*, Icaria, Barcelona, 1994. Isabel Morant Deusa (dir.), *Historia de las mujeres en España y América. El mundo moderno*, Cátedra, Madrid, 2005. María Luisa Candau Chacón (ed.), *Las mujeres y el honor en la Europa Moderna,* Universidad de Huelva, Huelva, 2014. Miguel Pablo Cowen, Ofelia Rey Castelao, *Familias en el Viejo y Nuevo Mundo,* Universidad Nacional de La Plata, Buenos Aires, 2017. Yéssica M. González y Verónica Undurraga (eds.), *Hilvanando emociones. Rupturas y vínculos desde lo femenino. Chile y Argentina. Siglos XVII-XX,* Servicio de Publicaciones de la Universidad de Huelva, Huelva, 2022.

[2] Doris M. Ladd, *La nobleza mexicana en la época de la Independencia, 1780-1826*, Fondo de Cultura Económica, México, 1984. John E. Kicza, *Empresarios coloniales. Familias y negocios en la ciudad de México durante los Borbones*, Fondo de Cultura Económica, México, 1986. Marina Silvia Arrom, *Las mujeres de la ciudad de México, 1790-1857*, Siglo XXI, México, 1988. María Vargas-Lobsinger, *Formación y decadencia de una fortuna. Los mayorazgos de San Miguel de Aguayo y de San Pedro del Álamo 1583-1823*, Universidad Nacional Autónoma de México, México, 1992. Laura Pérez Rosales, *Familia, poder, riqueza y subversión: los Fagoaga novohispanos 1730-1830*, Universidad

Afortunadamente, en los últimos años este vacío ha empezado a ser llenado con estudios pioneros, normalmente asociados a la participación de la mujer en la economía minera.[3]

En Guanajuato, ese derecho a la propiedad de bienes materiales, y en ocasiones también a su administración, cobra especial importancia al insertarse en un fenómeno que se extendió igualmente por otras provincias novohispanas. Regiones donde las mujeres de la élite jugaron un papel fundamental en la producción agropecuaria y en el abastecimiento de las ciudades, dirigiendo sus haciendas sin necesidad de la intermediación de sus maridos.[4] Algo que se hizo posible a partir de dos aspectos bien diferenciados, pero que, al complementarse, permitieron a las mujeres del virreinato ganar mayor capacidad de actuación, al menos en comparación con la que tenían en la mayor parte de la metrópoli.[5] Ambos aspectos son, por un lado, la posibilidad de manejar sus posesiones en beneficio propio, buscando las mejores

Iberoamericana, México, 2003. Guillermina del Valle Pavón, "Bases del poder de los mercaderes de plata de la Ciudad de México. Redes, control del Consulado y de la Casa de Moneda a fines del siglo XVII", *Anuario de Estudios Americanos*, 68, (2011), pp. 565-598.

[3] Isabel M. Povea Moreno, "Mineras y parcioneras. La participación de las mujeres en la minería de San Luis Potosí. Una aproximación a través de los pleitos, siglo XVIII", *Chronica Nova*, 46 (2020), pp. 53-82. Margarita Villalba Bustamante, "Empresarias mineras de Guanajuato, 1714-1803", *Chronica Nova*, 46, (2020), pp. 21-52. María Concepción Gavira Márquez, "Azogueras, trapicheras y dueñas de minas en los centros mineros de Charcas (Bolivia), siglo XVIII", *Chronica Nova*, 46 (2020), pp. 83-110.

[4] María José Encontra y Vilalta, "Mujeres españolas emprendedoras y dinámicas en el siglo XVI novohispano: Ana de Estrada y Jerónima Gutiérrez", en María Cristina Torales Pacheco (coord.), *Empresarios, sociedad y cultura, siglos XVI al XVIII. De la Europa del Renacimiento al México nacional,* El Colegio de San Luis, México, 2017, pp. 52-56. Ana Guillermina Gómez Murillo, "Mujeres en actividades agroganaderas en el norte de Nueva España, siglos XVII-XVIII", en Carlos Moreno Amador y José Luis Caño Ortigosa, *Encuentros y desencuentros. América entre dos fuegos, 1521-1821*, Ariadna Ediciones, Santiago de Chile, 2022, pp. 177-199.

[5] María Luisa Candau Chacón, "En torno al matrimonio: mujeres, discursos, conflictos", en Manuel Peña (ed.), *La vida cotidiana en el mundo hispánico (siglos XVI-XVIII),* Abada Editores, Madrid, 2012, pp. 97-119. Alonso Manuel Macías Domínguez y María Luisa Candau Chacón, "Matrimonios y conflictos: abandono, divorcio y nulidad eclesiástica en la Andalucía moderna (Arzobispado de Sevilla, siglo XVIII)", *Revista Complutense de Historia de América*, 42 (2016), pp. 119-146.- Para el caso específico de las mujeres gallegas: Ofelia Rey Castelao, "Las campesinas gallegas y el honor en la Edad moderna", en María Luisa Candau, *Las mujeres y el honor en la Europa Moderna,* Universidad de Huelva, Huelva, 2014, pp. 417-440.

condiciones de vida posible para ellas y para el resto de las féminas de sus familias. Por otro, el hecho de que en algunos casos llegaron a suponer cantidades realmente cuantiosas, al tratarse de bienes y capitales que se generaban en los principales centros extractores de plata en aquel tiempo. Ello les permitió una capacidad de acción suficiente como para que algunas de ellas llegaran a elevar pleitos, incluso, hasta instituciones centrales del imperio, como el Consejo de Indias y la Casa de Contratación. Fue el caso de las hermanas Ana, María y Francisca Pardo Verastegui, que lucharon por obtener la parte que les correspondía del valor del oficio de alguacil mayor de Guanajuato. Asimismo, María Francisca Landeta, hija del Conde de Casa Loja e Ignacia de Quintana y Aranda no tuvieron más remedio que llevar sus peticiones hasta la Corte. La primera fue nombrada conjuntamente a su marido, José Mariano Loreto de la Canal, como regidora de San Miguel el Grande por expreso deseo de éste, para lo que fue necesario una confirmación de oficio expresa en ese sentido. Mientras que la segunda mantuvo un pleito en el corregimiento de Bilbao, a través del Consejo de Indias al ser vecina de Guanajuato, para no perder su derecho sobre el mayorazgo de Yurrebaso, que había pertenecido a su difunto marido.[6]

Desde luego, los dos fenómenos ya son conocidos, toda vez que en los últimos años han ido siendo esclarecidos paulatinamente. Así, ya ha sido explicado el fuerte desarrollo político, económico, social y demográfico que experimentó Guanajuato desde fines del siglo XVII hasta el final de la colonia. Una ciudad donde las minas ejercían de motor del resto de actividades, creando una opulenta y diversificada economía en la que los capitales que conformaban todo su tejido de producción se convertían en fuentes crecientes de riqueza.[7] Convertido ya El Bajío en una de las regiones más prósperas del

[6] Archivo General de Indias (AGI en adelante), México, 504. Autos de renuncia del alguacilazgo mayor de Guanajuato, 1731. AGI, México, 1196, Confirmación de oficio de regidor de San Miguel el Grande, 1762. AGI, México, 1763. Solicitud de Ignacia de Quintana y Aranda, 1772.

[7] David A. Brading, *Mineros y comerciantes en el México borbónico*, Fondo de Cultura Económica, México, 1993. José Luis Caño Ortigosa, "La Revolución Industrial también comenzó en México. Evolución del paisaje económico y ambiental en El Bajío tardocolonial", *Ichan Tecolotl*, 354 (2021).

imperio en el último siglo de colonización española, es lógico que las principales vías de comunicación y rutas comerciales globales pasaran por su interior, haciendo de Guanajuato una ciudad global, diversa y vanguardista. Una población donde los fundamentos ilustrados no solo llegaban, sino que también se construían. No extraña entonces la conformación paulatina de una élite ilustrada, de una estructura social compleja y precursora de la que vendría a imponerse en el siglo siguiente. Una población que daba cabida a las nuevas ideas políticas y sociales, incluyendo las que empezaban a reconocer a la mujer, aunque todavía tímidamente, ciertas capacidades y libertades fundamentales. Reconocimiento que de facto ya venían ejerciendo las mujeres de la élite guanajuatense desde al menos finales del siglo XVII, al ser ellas los ejes fundamentales sobre la que se transmitieron los bienes materiales y sobre los que se construyeron y pivotaron las principales redes familiares, económicas, políticas y de sociabilidad durante el siglo XVIII. De todas ellas, el mejor y más conocido ejemplo fue el de Josefa Teresa de Busto y Moya, vinculada al marquesado de San Clemente, principal propietaria de la localidad y matriarca de la red familiar y clientelar que controlaba la ciudad a mediados de la centuria. Y ella no era un ejemplo aislado, como se ha demostrado para otras prominentes familias locales como la de los marqueses de Rayas y los condes de Valenciana, entre otras, así como en el papel desempeñado por las mujeres en estratos sociales más humildes.[8] Una dinámica también extendida más al norte, en Zacatecas por ejemplo, donde encontramos a la condesa de San Mateo del Valparaíso y a su heredera, Guadalupe Moncada y Berrio.[9]

Por nuestra parte, la importancia del papel desempeñado por la mujer en el desarrollo de la actividad económica de El Bajío colonial la hemos ido poniendo de manifiesto a partir de su participación en

---

[8] Aurora Jáuregui de Cervantes, *Los marqueses de Rayas*, Ediciones La Rana, Guanajuato, 1998, pp. 59-114. María Guevara Sanginés, "Testamentos de mujeres en Guanajuato. Primera mitad del siglo XVIII", *Folios*, 9 (1999), pp. 73-90. José Luis Caño Ortigosa, *Guanajuato en vísperas de la independencia: la élite local en el siglo* XVIII, Universidad de Sevilla/Universidad de Guanajuato, Sevilla, 2011, pp. 103-156. Margarita Villalba Bustamante, "Empresarias mineras de Guanajuato, 1714-1803", *Chronica Nova*, 46 (2020), pp. 21-52.

[9] María Dolores Gómez Murillo, "Mujeres en actividades agroganaderas…", p. 189.

sectores concretos, como el de la minería y el del tráfico de esclavas. Pero también en el estudio de las jefaturas de hogar que ellas ejercieron en la vecina villa de León, en sus dinámicas de transmisión de bienes, capitales y oficios, así como en sus estrategias de ascenso y de consolidación social.[10]

No obstante, somos conscientes del amplio campo que aún queda por explorar para entender profundamente la importancia del rol de la mujer en esta región novohispana a lo largo de las tres centurias que duró la colonización. Sirva como ejemplo de ello el enorme campo de investigación que se abre para entender el papel de la mujer guanajuatense en la propiedad de las tierras y en la producción agropecuaria, donde es obvio también su protagonismo. Así lo atestiguan expedientes documentales relevantes, como el que se constituyó en 1710 a raíz de la visita del juez de *composiciones*, o en casos como el de Petrona de Puelles defendiendo el agua de riego que le correspondía frente a otro hacendado que se la estaba consumiendo para su propia hacienda.[11] Una complicación que se acentúa cuando se comprueba la fuerte imbricación de las redes existentes en aquel tiempo entre las distintas familias poderosas de la región, lo que obliga a la revisión de documentación referida a distintas ciudades si se pretenden resultados completos. Algo que se entiende mejor conociendo casos como los de las esposas de Manuel

[10] José Luis Caño Ortigosa, "Mineras en el Guanajuato colonial", *Temas Americanistas*, 18 (2005), pp. 4-39. José Luis Caño Ortigosa, "Las redes de poder en Guanajuato a través de la dote femenina y el matrimonio (1606-1821)", en Nora L. Siegrist de Gentile y Edda O. Samudio (coords.), *Dote matrimonial y redes de poder en el Antiguo Régimen en España e Hispanoamérica*, Universidad de los Andes, Mérida, 2006, pp. 97-122. José Luis Caño Ortigosa, "La integración económica y social de la mujer en la élite de Guanajuato (1700-1750)", en Juan José Sánchez Baena, Lucía Provencio Garrigós (eds.), *El Mediterráneo y América: Actas del XI Congreso de la Asociación Española de Americanistas*, Editora Regional de Murcia, Murcia, 2006, pp. 417-430. José Luis Caño Ortigosa y Sandra Olivero Guidobono, "Casas sin hombre, mujeres sin dueño: jefas de hogar en León (Nueva España) a principios del siglo XVIII", en María Salud Elvás Iniesta (coord.), *Redescubriendo el Nuevo Mundo: Estudios americanistas en homenaje a Carmen Gómez*, Universidad de Sevilla, Sevilla, 2012, pp. 153-178. José Luis Caño Ortigosa, "Mujeres y compraventa de esclavas en Guanajuato colonial (1700-1750)", *Temas Americanistas*, 49 (2022), pp. 308-333.

[11] AHUG, Tierras, Guanajuato, Caja 1, 1598-1785, Carpeta 2, Expediente 4. Expediente de composición de tierras, 1710. Archivo Histórico Municipal de León (AHML en adelante), Fondo Colonial, AM, RNF, AGS, C. 1, Exp. 8, 1651. Demanda de riego, León, 1651.

Sardaneta Legaspi y Martín Muñoz Ledo, quienes poseían importantes propiedades rurales en la jurisdicción de León. Las tierras de la primera, a su muerte en 1729, tuvieron que ser gestionadas por su viudo antes de traspasárselas a sus once hijos; mientras que la segunda las adquirió en 1743 por muerte de su esposo.[12]

Y es esta la razón fundamental del presente texto, donde abundaremos en el empoderamiento de la mujer guanajuatense durante el siglo ilustrado a partir de la administración efectiva de sus capitales y en relación con sus relaciones sociales, familiares, afectivas y pasionales.

ALGUNAS ACLARACIONES METODOLÓGICAS

En este trabajo nos ceñiremos, esencialmente, a la primera mitad del siglo XVIII, coincidiendo con el comienzo del esplendor económico de la región de El Bajío a partir de la bonanza experimentada por las minas de Guanajuato. Desarrollo económico que se vio acompañado de un lógico crecimiento demográfico, de la expansión de las instituciones de la Corona, así como de los oficios e instrumentos anejos a su gobierno. Así, la cantidad de documentación generada con carácter oficial y particular creció exponencialmente en la ciudad con respecto a los dos siglos anteriores. Unas fuentes que se encuentran relativamente bien conservadas, sobre todo las notariales, y que permiten un esclarecimiento de la propiedad material de los capitales y modos de producción en la ciudad, además de una incipiente cuantificación propia de una etapa pre estadística. Ahora bien, por sus propias características, en el presente estudio optaremos por una metodología de carácter cualitativo. También cabe decir que la elección de este tipo de documentación seriada no evita que seamos conscientes de que existen otros tipos de fuentes muy valiosas para analizar la participación de la mujer en la economía colonial, como las de carácter judicial y administrativo,

[12] AHML, Fondo Colonial, AM, JTC, SUC, C. 68, Exp. 12, 1729. Inventario y avalúos de bienes, León 1729. AHML, Fondo Colonial, AM, JTC, SUC, C. 70, Exp. 4, 1733. Expediente de herencia, León 1733. AHML, Fondo Colonial, AM, JTC, SUC, C. 74, Exp. 5, 1743. Pleito por herencia, León, 1743.

ya utilizadas para la identificación de compañías comerciales y de importantes haciendas de beneficio y agropecuarias que eran propiedad de féminas en El Bajío y en Zacatecas, por ejemplo.[13]

Aparte, trabajaremos primordialmente el mismo período de tiempo utilizado tanto por nosotros como por otras autoras ya mencionadas para el caso de Guanajuato, permitiendo contextualizar, relacionar y dar consistencia a las afirmaciones vertidas. Así, con base en las escrituras notariales formalizadas en esa ciudad minera entre 1699 y 1750, de las que alrededor de un tercio de ellas estuvieron protagonizadas por mujeres, hemos podido realizar un acercamiento más profundo a la administración que las féminas hicieron de sus bienes en momentos claves de sus vidas. Desde su obtención por medio de herencias, compraventas, traspasos, donaciones o dotes, hasta que dejaron de ser suyos por las mismas razones, y todo ello pasando por la gestión directa que en muchos casos hicieron de ellos. Una información que nos permite ver la intensa actividad ejercida por las mujeres y su protagonismo a la hora de decidir sobre aquello que garantizaba su bienestar material y el de sus allegadas. De forma que, a su vez, podemos vislumbrar implícitamente cómo fueron sus decisiones en relación con los afectos y desafectos que las condicionaban.

Es por esa razón que hemos elegido una estructura argumental basada en la relación establecida con su entorno de actuación. Es decir, hemos seleccionado y ordenado la documentación en función de su estatus social, jurídico y familiar, lo que interesa para determinar cómo les condicionaba o no a la hora de actuar de una manera más o menos libre. En este sentido, a partir de la aparición que hacen en la documentación, explicaremos cómo ejercieron sus derechos sobre los capitales de los que eran propietarias y la manera en la que decidieron constar en las escrituras, evidenciando el rol que les determinaba en el momento de la firma. Así, abordaremos el ejercicio de sus disposiciones desde el ámbito social público como vecinas de la ciudad y como dueñas de su capital; o desde el ámbito más íntimo y familiar por su condición de esposas, viudas, madres,

---

[13] María del Carmen Reyna, *Opulencia y desgracia de los marqueses de Jaral de Berrio*, INAH, México, 2002, p. 63. Eugenio del Hoyo Cabrera, *Pleito de mineros en Zacatecas, siglo XVI*, Crónica del Estado de Zacatecas, Zacatecas, 2016, pp. 202 y 243.

hijas, tías, sobrinas, abuelas y nietas. Estamos convencidos de que esta manera de abordar la problemática del empoderamiento material de la mujer nos ayudará a seguir arrojando luz sobre la importancia del quehacer de las mujeres en la vida económica y social de aquella ciudad novohispana.

En cuanto a la elección de las fechas para enmarcar esta investigación, los motivos son varios. El primero es continuar con la explicación que venimos dando sobre la historia de la mujer guanajuatense en la primea mitad del siglo XVIII, ayudando a completar el análisis exhaustivo de ese período concreto. Un marco cronológico que se inicia a la par que el gobierno borbónico y que termina con la consecución del título de ciudad, lo que vino acompañado de cambios profundos en la localidad. Unos cincuenta años que, creemos, suponen un ciclo temporal suficiente para obtener resultados firmes y contrastados. No obstante, la principal razón es la disponibilidad en el Archivo Histórico de la Universidad de Guanajuato de la serie casi completa de protocolos notariales de la ciudad a partir de 1699, siendo las escrituras anteriores conservadas mucho más escasas y discontinuas. Una abundancia de documentos de una misma característica cuya relevancia ya ha sido destacada por Marina Rodríguez.[14] Además, a estas escrituras notariales podemos sumar algunas de las concernientes a las que entonces eran pedanías de la ciudad, como Irapuato y Silao, si bien debe indicarse que hoy esas poblaciones cuentan con sus propios archivos locales, cuya consulta ayudaría a complementar la información que ahora ofrecemos. Sirva de ejemplo el Archivo Histórico Municipal de Silao, que resguarda protocolos notariales en los que aparecen féminas desde 1720 en adelante. Un ejemplo de ellos es el escriturado por Rosa Cisneros en 1750 para pagar a sus hermanas la renta del alquiler de la casa en la que vivía con su marido. Inmuebles que en otras ocasiones se prefería vender, como hizo María de Cervantes a su hermana Nicolasa en 1737. Arrendamientos y ventas que entre hermanos eran habituales en Silao, como la puesta

[14] Marina Rodríguez, "El protocolo de cabildo del Archivo Histórico de la Universidad de Guanajuato", *Testimonios. Órgano de difusión del Archivo Histórico de la Universidad de Guanajuato*, 4 (1994), pp. 10-15.

en alquiler que Ana y Estefanía Cervantes hicieron de unas tierras suyas en Silao en favor de su hermano Cayetano.[15]

De hecho, lo cierto es que, no siendo la única fuente, sí han sido los protocolos notariales los que hasta ahora han permitido mayores adelantos para demostrar la enorme importancia de la participación femenina en la vida guanajuatense durante el siglo ilustrado, especialmente en los ámbitos económico y social. Un quehacer, el de las mujeres, que adquiere aún mayor valor si se pone en comparación con el que desempeñaban las mujeres en la metrópoli.[16]. Tanto es así que difícilmente podría entenderse el trajín diario de aquella población colonial sin tener en cuenta que más del 30% de las escrituras notariales –testamentos, alquileres, hipotecas, créditos, donaciones, compraventas, compañías comerciales, poderes, etc.– fueron protagonizadas por mujeres. En algunos casos, además, superando a la presencia de los hombres, como es el caso de las escrituras de venta de esclavos. Y es que, a través de los protocolos, se ha podido dilucidar también que la trata en Guanajuato durante la primera mitad del siglo XVIII fue mayoritariamente una cuestión femenina, tanto en el caso de las victimarias como en el de las víctimas, al ser mayor el número de dueñas y de sometidas que aparecen en los documentos que el de amos y esclavos varones. Unas esclavas que, además, fueron frecuentemente utilizadas por sus propietarias como capital con el que avalar hipotecas y préstamos. Todo lo cual hace que la utilización de este tipo de fuente resulte idónea para el objetivo que nos planteamos, tal y como también han señalado ya otros autores con anterioridad.[17]

Para concretar las características y posibilidades de la serie documental utilizada, indicaremos que entre 1699 y 1726 utilizamos

---

[15] Archivo Histórico Municipal de Silao (AHMS en adelante), Libro 3, ficha 877. Alquiler de casa, Silao, 1750. AHMS, Libro 3, ficha 734. Arrendamiento de tierras, Silao, 1745. AHMS, Libro 2, ficha 429. Compraventa de casa, Silao, 1737.

[16] Antonio Peñafiel Ramón, *Mujer, mentalidad e identidad en la España moderna (siglo XVIII)*, Universidad de Murcia, Murcia, 2001.

[17] Ivonne Mijares Ramírez, "Mujeres en la Nueva España: entre la autonomía y la dependencia. México en el siglo XVI", en *Actas del IX Congreso Internacional de Historia de América*, Junta de Extremadura, Mérida, 2002, pp. 135-143. Pilar Gonzalbo Aizpuru, "Las mujeres novohispanas y las contradicciones de una sociedad patriarcal", en Pilar Gonzalbo Aizpuru y Berta Ares Queija, *Las mujeres en la construcción de las*

la totalidad de protocolos notariales de la ciudad que se han conservado, ya que durante ese período de tiempo no existió ninguna otra escribanía más que la del cabildo. En 1726 y 1734 aparecieron dos nuevas notarías, una de hacienda y otra de presos, aunque su actividad fue bastante menor que la de la decana.[18] No obstante, advertimos la necesidad de revisar detenidamente cada una de las escrituras de ambas oficinas si se pretende trabajar la totalidad de escrituras protagonizadas por féminas a partir de 1726 en adelante. Más aún, teniendo en cuenta que las escrituras firmadas por mujeres en la del cabildo descendió en la segunda mitad del siglo con respecto a la primera, lo que indica una evidente dispersión de los protocolos entre un mayor número de notarías. Como ejemplo de ello podemos acudir a los casos de Petra de la Campa Coz y de las hermanas Velázquez de la Rocha, que utilizaron en 1745 la escribanía de presos para sus asuntos. La primera formalizó el pago que se le debía de más de 1.000 pesos por un préstamo que había concedido su difunto marido, mientras que las segundas escrituraron la venta de una hacienda que habían heredado de su padre, depositario general de Guanajuato.[19]

Eso sí, no hemos seleccionado previamente las escrituras a trabajar, revisando todas las existentes concernientes a mujeres en la escribanía utilizada. De ella, únicamente, no ha sido posible consultar los libros de 1705, 1706, 1711, 1713, 1716, 1717, 1721 y 1722 debido a que los correspondientes a esos años han desaparecido. Sea como fuere, creemos, no quita validez estadística a la labor realizada, al poseer

sociedades iberoamericanas, Consejo Superior de Investigaciones Científicas y El Colegio de México, Sevilla y México, 2004; Isabel M. Povea Moreno, "Mujeres y minería en la América colonial: una introducción", *Chronica Nova*, 46 (2020), pp. 11-20. José Luis Caño Ortigosa, "Mujeres y compraventa de esclavas...", pp. 308-333. José Luis Caño Ortigosa, *Guanajuato en vísperas...*, p. 147.

[18] Archivo General de Indias (AGI en adelante), México, 448. Licencia a favor de Manuel Joaquín de Aguirre para nombrar teniente que sirva el oficio de escribano público y del número de Guanajuato, con el agregado de entradas y salidas de presos de la cárcel de la ciudad. Aranjuez, 23 de junio de 1756.

[19] AHUG, Protocolo de Presos, Caja 1, volumen 2, fs. 3-3v y 43v-46. Obligación de pago, Guanajuato, 5 de enero de 1745. Compraventa de hacienda, Guanajuato, 18 de febrero de 1745.

toda la información de 43 años de un total de 51.[20] El conjunto de escrituras notariales que componen ese corpus documental consta de 23.645 y comprende las fechas entre 1606 y 1821.[21] Todas pueden ser identificadas por descriptores a través del motor de búsqueda del catálogo del Archivo Histórico de la Universidad de Guanajuato, lo que nos ha permitido reconocer más fácilmente 438 escrituras útiles para nuestro análisis enmarcadas en las fechas que nos interesan. Una cifra que se obtiene, también, ya eliminados los 730 protocolos correspondientes a propietarias de esclavas y los 410 en los que aparecen como dueñas de bienes inmuebles, toda vez que ya los hemos utilizado en trabajos anteriores.[22] Un número de escrituras protagonizadas por féminas que, en cualquier caso, representan alrededor de un 7% de la actividad total de la escribanía guanajuatense entre 1699 y 1750.

De esos 438 documentos revisados, alrededor del 54% (236 protocolos) los protagonizan mujeres que se identificaron como vecinas, viudas o dueñas, frente a un 31% (136 escrituras) en las que lo hicieron como esposas. De todas formas, en la mayoría de estas escrituras donde se vinculan a su cónyuge también se especificaba claramente que eran ellas las propietarias del capital que se estaba gestionando. El 15% de escrituras restante corresponde a las que aparecieron en su condición de hijas, hermanas, sobrinas, nietas, abuelas y tías, lo que junto a las anteriores sumaría un 46% del total. Sin embargo, este porcentaje disminuiría significativamente si aplicáramos un factor corrector, como sería el hecho de que en muchas de esas ocasiones la relación familiar especificada lo era con respecto a otras mujeres, no a un hombre.

Por último, es necesario mencionar que no abordaremos el caso específico de las religiosas, muy destacado en otras poblaciones novohispanas. Pero la decisión no es arbitraria, sino el resultado del

[20] Archivo Histórico de la Universidad de Guanajuato (AHUG en adelante), Protocolos de Cabildo Libros (PCL en adelante), 1700, 1701, 1702, 1703, 1704, 1707, 1708, 1709, 1710, 1712, 1714, 1715, 1718, 1719-20, 1723, 1724, 1725, 1726, 1727, 1728, 1729-30, 1730, 1731, 1732, 1733, 1734, 1735, 1736, 1737, 1738, 1739, 1740, 1741, 1742, 1743, 1744, 1745, 1746, 1747, 1748, 1749 y 1750.

[21] AHUG, PCL, serie completa de 1606 a 1821.

[22] José Luis Caño Ortigosa, "Mujeres y compraventa de esclavas...", pp. 308-333. José Luis Caño Ortigosa, "El mercado inmobiliario en una ciudad minera colonial: Guanajuato (1699-1750)", *América Latina en la Historia Económica*, (en prensa).

insignificante número de protocolos formalizados en Guanajuato por este tipo de mujeres durante esas fechas. Únicamente son cinco, lo que tampoco debe extrañar debido a la inexistencia de un cenobio femenino en la localidad.

DUEÑAS EN EL GUANAJUATO COLONIAL

Lo primero que debe señalarse es que, como se ha visto más arriba, este estudio se basa primordialmente en el análisis de protocolos notariales, por lo que el perfil mayoritario de la mujer que aquí abordaremos será el de aquellas que disfrutaban de una vida algo más desahogada que las del común. En realidad, solo un conjunto selecto de féminas podía tener fácil acceso a las notarías, por el elevado coste que suponía escriturar los bienes y la nula necesidad de acudir al escribano si las posesiones poseían un valor prácticamente insignificante. No obstante, aunque sea más tímidamente, también aparecen otras mujeres, algunas de las cuales supieron aprovechar su percepción social como seres desvalidos para obtener la ayuda que necesitaban a la hora de traspasar o recibir bienes y capitales. Tal fue el caso de "María", que en 1729 obtuvo en propiedad parte de una casa por donación de su hermano, al considerar que "por ser mujer necesita ayuda". Algo parecido a lo que le ocurrió a la sevillana María Rita Sánchez Campomanes, que recibió de su hermano, avecindado en Guanajuato, la propiedad de una casa en Triana, aunque en este caso lo justificó por el amor fraternal que le profesaba.[23]

Muy al contrario, aquí probaremos que las mujeres guanajuatenses no fueron seres pasivos ni indolentes, aunque la ley limitara su iniciativa sometiéndolas a la tutela de algún varón. Fueron dueñas y directoras en bastantes ocasiones de los principales medios de producción locales, como minas, haciendas de beneficio y de labor, compañías comerciales, tiendas, etc. E incluso ejercieron como

[23] AHUG, PCL, 1729-30, f. 655v. Escritura de donación otorgada por José Mejías Solís, Guanajuato 19 de noviembre de 1729. AHUG, PCL, 1760, f. 391v. Donación de casa, Guanajuato, 8 de octubre de 1760.

mercaderes, rescatadoras de plata, ganaderas, asentistas, rentistas, prestamistas, entre un sinfín de otras muchas actividades. Y no siempre debido a la ausencia de la figura masculina en el ejercicio de esa responsabilidad por muerte, enfermedad o viaje.

En efecto, muchas de ellas no permitieron que sus esposos gestionaran su patrimonio personal, frecuentemente diferenciado en la América colonial de los gananciales.[24] En Guanajuato, claro ejemplo de ello fue la separación de bienes escriturada por un matrimonio principal de la localidad, el de María Gertrudis Busto y José Liceaga, especificando que doce barras de la mina Vivanco y la hacienda de beneficio aneja eran de ella. Como también el afianzamiento realizado en 1752 sobre los bienes de Josefa Antonia Diaz Madroñero para que estos jamás se vieran envueltos en posibles embargos realizados a las propiedades de su esposo.[25] Tan elocuente era este tipo de separaciones de bienes que podemos ver como en 1748 Manuela García le vendía un solar a su propio esposo.[26] De hecho, cuando situaciones de este tipo no se aclaraban, las mujeres con posibilidades económicas terminaban pleiteando con sus maridos para recuperar sus dotes o patrimonio personal, tal y como hicieron María de Gama en 1702 o María Sopeña y María Pérez Hermida en 1733.[27] Abundando en el papel adquirido por la mujer dentro del matrimonio, en el Guanajuato colonial podemos observar que no fueron pocas las ocasiones en las que los maridos aparecen, sencillamente, como añadidos necesarios a la acción de sus esposas. Por ejemplo, mucho antes de nuestro período de análisis, en una de las pocas escrituras que se conservan de principios del siglo XVII, María de Busto ya se

[24] Ellen G. Friedman, "El estatus jurídico de la mujer castellana durante el Antiguo Régimen", en María del Carmen García-Nieto Paris, *Ordenamiento jurídico y realidad social de las mujeres, siglos XVI a XX: Actas de las IV Jornadas de Investigación Interdisciplinaria*, Universidad Autónoma de Madrid, Madrid, 1986, pp. 41-54.

[25] AHUG, PCL, 1729-30, f. 451. Convenio matrimonial, Guanajuato el 7 de noviembre de 1729. AHUG, PCL, 1752, f. 199. Fianza de bienes, Guanajuato, 23 de noviembre de 1752.

[26] AHUG, PCL, 1748, f. 264. Compraventa de solar, Guanajuato, 30 de octubre de 1748.

[27] AHUG, PCL, 1702, f. 24v. Escritura de poder para pleito, Guanajuato, 21 de febrero de 1702.- AHUG, PCL, 1733, fs. 190, 288v y 289v. Escrituras de poder para pleito, Guanajuato, 17 de enero y 16 de julio de 1733, y escritura de revocación de poder general al marido, Guanajuato, 18 de enero de 1733.

dedicaba a la venta de inmuebles en otras localidades, algo para lo que su marido le había otorgado un poder.[28]

Y es que, en suma, las guanajuatenses evidenciaron una fuerte capacidad para defender sus intereses, a veces en ocasiones tan difíciles como la ruina o la muerte de sus esposos, haciéndose cargo de las deudas, de la gestión de los testamentos, de los negocios que dejaban al morir, de la recuperación y defensa de su patrimonio personal, etc. Son múltiples los ejemplos existentes, pero únicamente señalaremos algunos. María Regina de Vera se hizo cargo de los negocios inmobiliarios de su marido en 1733 por ausencia de éste, mientras que Isabel Sopeña dio poderes en 1748 para avalar con su patrimonio préstamos a su cónyuge. Lo mismo que hizo Ángela de Zavala en 1766 para evitar el embargo decretado a su esposo. Por su parte, María Núñez Villavicencio e Isabel Benavides otorgaron los testamentos de sus esposos en 1696 y 1734, respectivamente. Aunque quizá el caso más curioso fue el acaecido en 1608, cuando Ana Chajoya se responsabilizó de entregar personalmente y a tiempo la pipa de vino que había vendido su marido justo antes de que lo matara un rayo.[29]

En otras ocasiones, la defensa de sus intereses no iba pareja a los de sus esposos, sino directamente enfrentados a ellos, lo que tampoco las frenó. En 1761 Antonia Díez Madroñero retiraba la fianza que avalaba a su esposo, dejándole solo frente a los 12.750 pesos que tenía de deuda en Valladolid. En 1788 Rita de Arcocha mantenía la demanda interpuesta por adulterio contra su marido, a pesar del coste que estaba asumiendo por ello. Al igual que Ana Josefa del Castillo en 1794, que había denunciado a su consorte en la Audiencia por los insultos y golpes que recibía de él. Denuncias similares a las interpuestas en 1700, 1714 y 1755, respectivamente, por Leonarda García, Magdalena Mendoza y Josefa Enciso, que

[28] AHUG, PCL, 1606, f. 128. Compraventa de casa en Pachuca, Guanajuato, 28 de septiembre de 1606.

[29] AHUG, PCL, 1608, f. 71. Recibo de mercancía, Guanajuato, 27 de abril de 1608.- AHUG, PCL, 1696, f. 94v. Apertura de testamento, Guanajuato 19 de mayo de 1696.- AHUG, PCL, 1733, f. 346. Licencia de compraventa, Guanajuato, 22 de agosto de 1733.- AHUG, PCL, 1734, f. 213. Apertura de testamento, Guanajuato, 22 de octubre de 1734.- AHUG, PCL, 1748, f. 57. Escritura de poder, Guanajuato, 23 de febrero de 1748.- AHUG, PCL, 1766, f. 355. Obligación de pago, Guanajuato, 21 de noviembre de 1766.

no dudaron a la hora de demandar a sus maridos por malos tratos. Aunque el caso más extremo fue el de María Cecilia Espinosa en 1807, capaz de obtener avales para su fianza de excarcelación tras matar a su marido.[30]

Por todo ello no extraña que las mujeres en la América española llegaran a conformarse como una pieza clave de la sociedad y de la economía indiana, figurando de una forma u otra la práctica totalidad de tipos documentales que se generaban en ese siglo.[31] Ahora bien, dentro del sobresaliente rol que, en general, desempeñó la mujer en el Guanajuato colonial, es cierto que pueden identificarse actividades en las que destacaron más que en otras. En este sentido, aparte de su aparición como dueñas de cargos públicos –entre ellos la escribanía que aquí utilizamos como fuente y el de ensayador y balanzario de la Caja Real–,[32] ya se ha demostrado su papel principal de propietarias y administradoras en sectores económicos clave como la minería, la producción agropecuaria y el tráfico de esclavos. En el caso del mercado inmobiliario, si bien su presencia no es mayor que la del hombre, tampoco podría entenderse esta actividad sin su participación, ya que ellas protagonizaron en exclusiva el 19% de esa actividad y aparecen junto a hombres en otro 42%. Es decir, participaron directamente en el 61% del total de las transacciones de bienes inmuebles en la ciudad durante la primera mitad del siglo XVIII.

---

[30] AHUG, PCL, 1700, f. 38v. Fianza de buen trato, Guanajuato, 25 de marzo de 1700. AHUG, PCL, 1714, f. 258. Fianza de buen trato, Guanajuato, 26 de septiembre de 1714. AHUG, PCL, 1755, f. 17v. Fianza de buen trato, Guanajuato, 25 de febrero de 1755. AHUG, PCL, 1761, f. 371. Escritura de poder, Guanajuato, 15 de septiembre de 1761.- AHUG, PCL, 1778, f. 72. Escritura de poder, Guanajuato, 16 de febrero de 1778.- AHUG, PCL, 1794, f. 234. Escritura de poder, Guanajuato, 14 de mayo de 1794.- AHUG, PCL, 1807, f. 119. Fianza, Guanajuato, 4 de mayo de 1807.

[31] Pilar Gonzalbo Aizpuru, "Las mujeres novohispanas y las contradicciones...". Juan Andreo García y Guardia, Sara Beatriz Guardia, *Historia de las mujeres en América Latina*, Universidad de Murcia, Murcia, 2002.

[32] AHUG, PCL, 1709, f. 89v. Renuncia del cargo de escribano de cabildo que otorga Juan Martínez de León a favor, entre otros, de Gertrudis de Aguilar, Guanajuato 5 de marzo de 1709. AHUG, PCL, 1729-30, f. 655v. Escritura de donación otorgada por José Mejías Solís, Guanajuato, 19 de noviembre de 1729. AHUG, PCL, 1733, f. 64. Pago de un tercio del valor del oficio de ensayador y balanzario, Guanajuato, 24 de marzo de 1733.

Gráfica 1

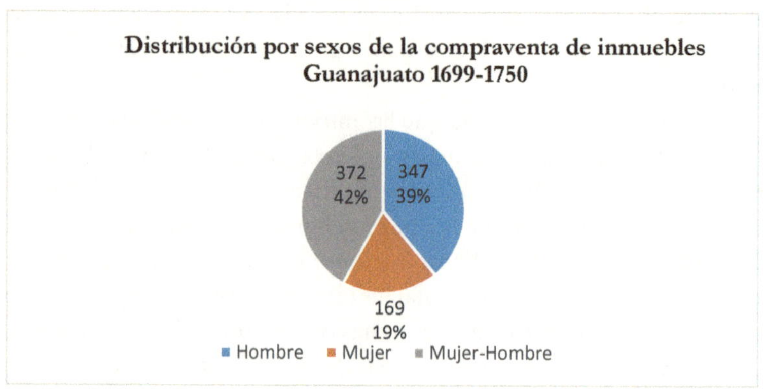

Fuente: Elaboración propia

También cabe decir que es frecuente que aparezcan de forma independiente en los protocolos negociando, litigando y tratando entre ellas, siendo lo más habitual encontrarlas como otorgantes o receptoras de dotes y de testamentos. Dos tipos de escrituras, estas últimas, que para el caso de las mujeres del Guanajuato colonial han corrido diferente suerte en su uso por parte de la historiografía. Mientras que las dotes han disfrutado de trabajos específicos, para el caso de los testamentos queda mucha labor por hacer a pesar de algunos adelantos.[33]

En cambio, ya se ha mencionado más arriba que las guanajuatenses fueron identificadas en los protocolos notariales de la ciudad, mayoritariamente, como vecinas y viudas, por encima de la condición de esposas o de cualquier relación de parentesco que las vinculara a un hombre, tales como hija, hermana, sobrina, nieta, etc. Un dato revelador dentro de una sociedad que marcaba el sometimiento jurídico

[33] María Guevara Sanginés, "Testamentos de mujeres en Guanajuato. Primera mitad del siglo XVIII", *Folios*, 9 (1999), pp. 73-90. José Luis Caño Ortigosa, "Dowry and Marriage in Colonial Guanajuato", *The Journal of the Oxford University History Society*, 6 (2009), pp. 1-19.

y la minoría legal de la mujer con respecto al varón, necesitada de tutela y consentimiento en sus actos administrativos.

VIUDAS, VECINAS Y DUEÑAS

Mucho se ha tratado en la historiografía acerca del protagonismo de las viudas en la vida social de las Indias, receptoras de unas libertades y posibilidades de acción que no habían disfrutado durante sus matrimonios. Incluso, es frecuente la afirmación de que las mujeres podían realmente empoderarse en el mundo de los negocios, en general, solo cuando desaparecían sus esposos.[34] Ahora bien, no dudando nosotros de que las féminas se veían claramente favorecidas a la hora de decidir sobre sus propias vidas y capitales una vez que enviudaban, pudiendo convertirse incluso en jefas de hogar, lo cierto es que podemos comprobar que muchas de ellas, casadas o tuteladas, no encontraron inconveniente a la hora de actuar sobre sus bienes de forma independiente. Así lo atestigua el hecho de que en un número muy similar al de escrituras notariales firmadas por viudas, donde se reflejaban sus compraventas, negocios, donaciones, poderes, testamentos, hipotecas, etc., figuraran otras de manera individual como *vecinas*, sin necesidad de apostillamiento de varón responsable. Por ello nos permitimos hacer la distinción que marca la propia documentación pues, aunque las viudas también eran vecinas de la ciudad, a la hora de aparecer en el documento el

[34] Robert McCaa, "La viuda viva del México borbónico: sus voces, variedades y vejaciones", en Pilar Gonzalbo Aizpuru (ed.), *Familias novohispanas, siglos XVI al XIX*, El Colegio de México, México, 1991, pp. 299-324. Edith Couturier, "Una viuda aristócrata en la Nueva España del siglo XVIII: La condesa de Miravalle", *Historia Mexicana*, 41/3, (1992), pp. 327-363. Josefina Muriel, "Las viudas en el desarrollo de la vida novohispana", en Manuel Ramos Medina (comp.), *Viudas en la historia*, Centro de Estudios de Historia de México CONDUMEX, México, 2002, p. 97. Scarlett O'Phelan, "Las viudas de empresarios mineros en el Perú borbónico", *Histórica*, 27/2 (2003), pp. 357-381. Isabel M. Povea Moreno, "El papel de las viudas en los negocios mineros del virreinato de la Nueva España, siglo XVIII: Propiedad, legislación y estrategias", *Americanía*, 16 (2022), pp. 63-94.

escribano decidía cual era la característica que mejor las definía en sociedad. A su vez, obviamente, no todas las vecinas eran viudas.

En Guanajuato, hasta 1750, se conservan 133 escrituras de vecinas, frente a las 134 referidas a viudas, si bien las encontradas para antes de 1699 son 9 en el primer caso y 28 en el segundo, haciendo que en nuestro período de análisis las de vecinas superen en número a las de viudas. Por otro lado, solo en contadas ocasiones que no superan la decena coincide el hecho de que una mujer figure como vecina y viuda al mismo tiempo. Una de ellas fue Ascensión Gómez, que decía ser vecina de Salvatierra y viuda del encomendero de harinas de la hacienda San Nicolás, propiedad de los agustinos, cuando en 1743 solicitó los más de 6.000 pesos que le debía un minero de Guanajuato por la cantidad de ese tipo de género que se le había entregado.[35]

Más determinante aún nos parecen los datos que arrojan los protocolos en cuanto a sus tipos. Y es que, siendo prácticamente igual la cifra de los escriturados por viudas y vecinas, lo cierto es que hay algunas diferencias significativas. Principalmente, llama la atención que entre las viudas fue mucho menor el número de transacciones comerciales realizadas (compraventas y arrendamientos de bienes inmuebles y mercancías mayoritariamente), aun cuando también supusieron el principal porte de sus protocolos. En cambio, las viudas superaron ampliamente a las vecinas en las escrituras de poder otorgadas para que otros gestionaran algunos de sus asuntos, normalmente cobros y juicios de carácter mercantil y familiar. Ambas situaciones determinan una mayor libertad de actuación de las vecinas, más activas que las viudas en cuanto al movimiento de sus capitales y menos necesitadas de apoderados que gestionaran sus pleitos y negocios. Ahora bien, la situación cambia cuando se trata de obligaciones de pago y préstamos –tanto recibidos como otorgados–, así como de testamentos, ya que las viudas también utilizaron mucho más que las vecinas estos instrumentos. En efecto, las escrituras nos hablan de unas vecinas que solicitaban y otorgaban menos préstamos que las viudas, suponiéndoseles a estas últimas, por tanto, una mayor capacidad y estabilidad financiera, con mayores

[35] AHUG, PCL, 1743, f. 45. Acuerdo comercial, Guanajuato, 10 de mayo de 1743.

posibilidades de arriesgar y de avalar. Es decir, la solvencia de las viudas era superior y encontraban quienes les avalaran o les ayudaran en caso de imposibilidad de pagar o de cobrar los montos escriturados. En cualquier caso, vecinas como Jacinta Martínez, María Manríquez y Ana Hernández, vecinas de Irapuato, Silao y San Miguel, también dieron poderes a sus representantes legales para conseguir préstamos de 1.000, 500 y 300 pesos en 1713, 1737 y 1746, respectivamente.[36]

Tabla 1. Escrituras notariales de viudas y vecinas de Guanajuato (1606-1750).[37]

PROTOCOLOS	Viudas	Vecinas
Transacciones	45	75
Poderes	43	26
Obligaciones de pago y préstamos	19	7
Testamentos	15	6
Donaciones	8	2
Fundación de capellanías	4	3
Otras	19	4
TOTAL	134	133

Fuente: Elaboración propia

Pero si los números esclarecen algunos fenómenos, el contenido de todos esos protocolos también lo hace. Como manera de comprobar el nivel de empoderamiento de la mujer en la alcaldía mayor guanajuatense, utilizaremos algunos de ellos como ejemplos. Empezando por el caso de las viudas, queda en evidencia la gestión y administración que hicieron de importantes capitales y medios de producción en Guanajuato. Es el caso de Josefa de Cuenca, que no

[36] AHUG, PCL, 1713, f. 350. AHUG, PCL, 1737, f. 316v. AHUG, PCL, 1746, f. 135v. Escrituras de poder, Guanajuato, 2 de enero de 1713, 13 de diciembre de 1737 y 29 de julio de 1746.

[37] En esta tabla no se contabilizan las escrituras referidas a traspasos (onerosos o no) de esclavos hombres y mujeres, como tampoco a sus manumisiones. Estas escrituras ya han sido trabajadas en José Luis Caño Ortigosa, "Mujeres y compraventa de esclavas...".

solo era dueña de la mina La Cruz, sino que la dirigía directamente, como evidenció el trato que hizo en 1686 con el propietario de la mina vecina cuando éste le dañó algunas galerías. También Teresa de Jasso supo defender sus intereses diez años más tarde, incluso frente a un eclesiástico como el cura de Silao, cuando éste le reclamaba 1.400 pesos del valor de unas fanegas de maíz que decía haberle entregado. Entrado ya el siglo ilustrado, en 1702, Isabel Cano hacía valer en el concurso de acreedores sobre los bienes de su difunto esposo la diferencia existente entre su patrimonio y el del fallecido, exponiendo que era ella la principal acreedora, pues le había prestado más de 9.000 pesos para la tenería que regentó.[38]

Una separación de bienes, pues, absolutamente necesaria si las mujeres pretendían conservarlos si enviudaban. Por ello no extraña que la gran propietaria Antonia de Busto Alcocer escriturara hasta en dos ocasiones, en 1735 y 1740, su relación completa de bienes una vez que se volvió a casar. Listas en las que podemos comprobar que era ella, y no su marido, la dueña y administradora de algunas de las más importantes haciendas de la provincia, como la hacienda de beneficio San Antonio o las de labor llamadas Mendoza y San Nicolás que, junto a muebles, ganados y pertrechos, sumaban alrededor de 80.000 pesos de capital. Por su parte, María López de Aguirre administraba la hacienda de labor San Diego, gran productora de maíz. Cereal que le dejaba pingües beneficios, si bien en ocasiones no tenía más remedio que suministrarlo a débito por la insolvencia de sus compradores, como le sucedió en varias ocasiones en 1707. Unas dificultades que, a veces, acababan en pleitos que debían iniciar para poder cobrar las cantidades adeudadas o en los que eran ellas las que se veían denunciadas por supuestos fraudes o perjuicios ocasionados. Un ejemplo de esto último fue María Francisca Barrera, acusada en

[38] AHUG, PCL, 1686, f. 219. Transacción y concierto entre partes, Guanajuato, 2 de diciembre de 1686. AHUG, PCL, 1696, f. 121. Escritura de poder, Guanajuato, 28 de mayo de 1696. AHUG, PCL, 1702, f. 161v. Escritura de poder, Guanajuato, 18 de septiembre de 1702.

1715 por un eclesiástico minero dueño de una mina vecina a la suya por la obra llevada a cabo en su contramina.[39]

Pero no solo en la gestión de sus intereses materiales destacaron las viudas guanajuatenses de ese tiempo, sino también en la defensa de su dignidad y del bienestar de su prole. En el primer caso, incluso cuando la otra persona era un destacado funcionario del estado, como le pasó a Petrona Núñez en 1714, que no dudó en denunciar al ensayador y balanzario de la Caja Real por haberla difamado. En el segundo caso, por ejemplo, Juana Gil de Taboada aseguró el futuro de su hijo en la ciudad de México a través del asentista conductor del Real Tesoro, al que encomendó que lo situara en un taller del oficio por el que se sintiera más inclinado, escriturando con el gremio la entrega del vástago como aprendiz. En este sentido, las que poseían un capital suficiente, optaban por garantizar el futuro de alguno de sus hijos a través de la Iglesia, fundando capellanías para ellos. Así lo hicieron por ejemplo Juana de Cáceres y Micaela de Herrera, aumentando esta última incluso la renta de la pensión de su hijo, el presbítero Rosendo de la Rosa, cuando tuvo ocasión.[40]

En cuanto a las vecinas, se evidencia también su independencia y capacidad a la hora de responsabilizarse de sus propias vidas y la de sus allegados, sin necesidad de tutela masculina e incluso llevando ellas los asuntos de algunos varones. En su testamento, Gertrudis Saballa Santurce declaraba, entre otros bienes, la posesión de numerosos inmuebles y esclavos en Irapuato y Salamanca, pero además hizo constar que era apoderada de su marido. Ocho años más tarde, Juana León recibía un poder de un tal Juan de Portugal para impedir la venta de unas casas en Querétaro, mientras que en 1726 María del Valle recibió otro de un presbítero para que le cobrara unas deudas. Por su parte, Manuela Valdez invertía sus capitales en censos a un

[39] AHUG, PCL, 1707, fs. 254 y 259. Obligaciones de pago, Irapuato, 10 de febrero y 24 de marzo de 1707. AHUG, PCL, 1715, f. 393. Escritura de poder, Guanajuato, 26 de junio de 1715. AHUG, PCL, 1735, f. 188 y PCL, 1740, 132v. Memorias de bienes, Guanajuato, 4 de septiembre de 1735 y 5 de septiembre de 1740.

[40] AHUG, PCL, 1707, f. 195v. Fundación de capellanía, Guanajuato, 15 de octubre de 1707. AHUG, PCL, 1733, f. 410v. Aumento de renta de capellanía, Guanajuato, 26 de noviembre de 1733. AHUG, PCL, 1714, f. 363v. Escritura de poder, 30 de julio de 1714. AHUG, PCL, 1743, f. 274v. Escritura de poder, Guanajuato, 20 de abril de 1743.

interés anual del 5%, tal y como hizo en 1738 al prestar 2.000 pesos a los hermanos Albite, quienes debieron asegurar el pago con su tendejón y su casa en la mina de Mallado.[41]

También entre las vecinas resulta interesante resaltar una peculiaridad que se produce solo en algunas de sus escrituras, nunca en las de las viudas. Un fenómeno que abre una enorme cantidad de posibilidades a la interpretación y, sobre todo, a futuras investigaciones. El hecho es que únicamente en ciertos protocolos firmados por *vecinas* se especifica su calidad fenotípica. En todos los casos que hemos encontrado se trata de mujeres con elemento biológico negroide, y en los que se declaraba su condición de libres. Por citar algunos, son los casos de Petrona Cisneros, *mulata libre*, que en su testamento de 1727 legaba todo a sus hijos y dejaba lo necesario para la fundación de una capellanía. También el de Manuela de Vargas, *parda libre* que vendió varios solares y jacales entre 1734 y 1735; y el de María Teresa de la Candelaria, *parda libre,* interesada en vender un solar en Guanajuato en 1741.[42]

Pero si libres eran las anteriores, en cuanto a la gestión de sus propiedades mucho menos duda queda de esa condición en aquellas que fueron identificadas en los protocolos directamente como *dueñas*. Realmente no representan un número significativo de la documentación conservada, pero su valor es suficiente para dedicarle unas líneas. En efecto, ya en 1629 no solo nos encontramos a Mariana Medina como dueña de la estancia La Calera, sino también demostrando su administración de la finca cuando daba poderes para sus empleados para comprar mulas en circunscripciones aledañas. Otras grandes propietarias de medios de producción fueron las dueñas de haciendas como las de Cervera, Corralejo, San Andrés de la Sierra, San Lorenzo del Lobo, Santa Teresa y San Cristóbal en Salvatierra,

[41] AHUG, PCL, 1714, fs. 365v y 368. Testamento de Gertrudis Saballa, Guanajuato, 3 de octubre de 1715. AHUG, PCL, 1723, f. 97. Escritura de poder, Guanajuato, 2 de mayo de 1723. AHUG, PCL, 1726, f. 277v. Escritura de poder, Guanajuato, 24 de octubre de 1726. AHUG, PCL, 1738, f. 184v. Escritura de préstamo, Guanajuato, 16 de octubre de 1738.

[42] AHUG, PCL, 1727, f. 4. Testamento, Guanajuato, 3 de enero de 1727. AHUG, PCL, 1734, fs. 22 y 25 y AHUG, PCL, 1735, f. 26v. Ventas de solares, Guanajuato, 1 de febrero de 1734 y 4 de febrero de 1735. AHUG, PCL, 1741, f. 199v. Escritura de poder, Guanajuato, 10 de octubre de 1741.

que dedicaron sus vidas a la producción agropecuaria, abasteciendo a las poblaciones de la región y solucionando todos los problemas y litigios que, como administradoras de sus bienes, se fueron encontrando constantemente. Problemas en los pagos, cobros, entregas, préstamos, lindes, herencias, particiones, acciones fueron solo algunos de los más comunes.[43]

Toma de decisiones sobre sus propiedades que también ejercía Josefa de Cuenca, dueña de la mina La Cruz, llegando a acuerdos en 1686 con los propietarios de minas contiguas para no dañarse unos a otros en los trabajos de extracción. No era la única minera que dirigía sus explotaciones, también María Ana Fernández Sopeña hacía todo lo necesario en 1731 para conseguir el mercurio que le correspondía como poseedora de la mina San Juan. Como en 1732 especificaba claramente ante notario el hijo de la propietaria de la mitad de la que llegaría a ser la mina de plata más productiva del imperio, La Valenciana, aclarando que quien dirigía la explotación era su madre. Del mismo modo, otra enriquecida guanajuatense, Ana Francisca Sardaneta Legaspi, dueña de la mina Santa Gertrudis de Carrera, que, como administradora, se vio en la obligación de afianzar su explotación debido a un pleito que mantenía, así como a llevar ella misma un libro de cuentas donde asentar los valores producidos. Desde luego, no nos detendremos aquí más en ejemplificar la importancia de las mujeres mineras, toda vez que ya ha sido objeto de trabajos anteriores. No obstante, no podríamos dejar de mencionar aquí el destacado papel jugado en la ciudad por la más ilustre de sus mujeres, accionista de gran parte de las principales minas guanajuatenses, como Cata, Mellado y El Sol, además de haciendas de beneficio, de campo y de un sinfín de inmuebles. Ella fue Josefa de Busto y Moya, benefactora y fundadora del Colegio jesuita de

[43] AHUG, PCL, 1629, f. 72. Escritura de poder, Guanajuato, 9 de diciembre de 1629. AHUG, PCL, 1686, f. 213v. Convenio entre partes, Guanajuato, 3 de diciembre de 1686. AHUG, PCL, 1738, f. 135v. Compraventa, Guanajuato, 20 de junio de 1738. AHUG, PCL, 1744, f. 32. Obligación de pago, Guanajuato, 20 de febrero de 1744. AHUG, PCL, 1754, f. 131v. Escritura de poder, Guanajuato, 19 de septiembre de 1754. AHUG, PCL, 1764, f. 171. Recibo de fianza, Guanajuato, 2 de mayo de 1764. AHUG, PCL, 1797, f. 23. Recibo de préstamo, Guanajuato, 19 de enero de 1797. AHUG, PCL, 1801, f. 324. Obligación de venta, Guanajuato, 11 de diciembre de 1801. AHUG, PCL, 1804, f. 106. Compraventa de casa, Guanajuato, 31 de marzo de 1804.

la ciudad –precedente de la actual Universidad de Guanajuato–, al que dedicó 60.000 pesos de su fortuna, entre otros bienes. Si bien, tampoco está de más recordar la figura de otra insigne benefactora guanajuatense, algo más olvidada, como lo fue María Francisca de la Barrera, patrona de la fundación del convento y hospital de Belén, al que dedicó 30.000 pesos de su pecunio en 1733.[44]

Todo lo señalado hasta aquí es claro testimonio de que las viudas, vecinas y dueñas que firmaron protocolos ante los notarios guanajuatenses en la primera mitad del siglo XVIII no solo lo hicieron con bastante independencia, sino que disfrutaron de la suficiente libertad y capacidad de acumular y gestionar sus capitales e, incluso, los de algunos hombres. Y es que algunas llegaron a ser receptoras de poderes por parte de varones que les confiaban sus asuntos jurídicos y de negocios, sin que se haya localizado ningún documento donde se alertara de ello como una anomalía o irregularidad. Un extremo que, en cualquier caso, mucho menos se hubiera podido producir en las escrituras donde, aun demostrando su libertad de acción, las féminas aparecen ligadas a algún hombre por relación de parentesco o tutelaje de cualquier tipo.

ESPOSAS, HIJAS, HERMANAS, SOBRINAS, NIETAS

El grupo de escrituras notariales en las que las mujeres se identificaron como esposas y junto al nombre de sus maridos se constituye como el tercer conjunto más numeroso si descontamos las escrituras anteriores a 1699.[45] Una cantidad que justificaría la importancia que siempre se le ha venido otorgando al rol de la mujer como esposa, aunque con necesidad de matización al no ser el principal.

---

[44] AHUG, PCL, 1731, f. 460v. Escritura de poder, Guanajuato, 6 de julio de 1731. AHUG, PCL, 1732, f. 323. Escritura de cesión, Guanajuato, 9 de septiembre de 1732. AHUG, PCL, 1748, f. 190. Fianza de explotación, Guanajuato, 23 de julio de 1748. AHUG, PCL, 1732, f. 111. Escritura de donación, Guanajuato, 23 de mayo de 1732. AHUG, PCL, 1733, f. 220v. Escritura de poder, Guanajuato, 14 de agosto de 1733.

[45] Para el siglo XVII este tipo de protocolos se han conservado en un número desproporcionadamente mayor, lo que de ser utilizado en la cuantificación distorsionaría las conclusiones.

En cualquier caso, también en estos documentos se comprueba la acción libre y responsable de las mujeres sobre su patrimonio, fuera éste administrado por ellas o por sus cónyuges. Y es que, aparte de la habitual tutela marital, es manifiesto que en la mayor parte de estos protocolos la aparición de los esposos es simplemente testimonial, como acompañantes en la propiedad, siendo ellas las protagonistas últimas de la acción. De hecho, lo más frecuente es que cuando el hombre era el protagonista de la escritura no necesitara de la firma de su mujer, exceptuando las ocasiones en las que estuviera manejando propiedades que eran exclusivamente de ellas.

De esta capacidad de acción conservamos muchos testimonios. Ya en 1603, más allá de que en la obligación de pagar casi 18.000 pesos figurara el nombre del cónyuge de Mariana de Soria, era ella la que evidentemente estaba comprando ganado y mercancías. También en otro tipo de escrituras se exhibe la acción femenina, como cuando ese mismo año de 1603 Magdalena Hernández recibía el perdón de su marido ante notario por adúltera. Precisamente, son varias las escrituras que se conservan referentes a adulterios cometidos por ellas, siendo unas veces perdonados y otras no, lo que habitualmente en Guanajuato les costaba el destierro. Eso en el caso de que ellas no hubieran tomado ya la decisión de fugarse con sus amantes, tal y como hicieron algunas mujeres que llegaron a Guanajuato tras abandonar a sus esposos en otras ciudades del virreinato. Un abandono de hogar que, en efecto, también llevaron a cabo guanajuatenses como Petra Gertrudis de Espejel y Jerónima de Sandoval en 1736 y 1752, respectivamente, algo que sus maridos no aceptaron, solicitando a la justicia que lo solucionara. En algún caso el abandono se consideró justificado, como lo fue el de María Dolores Taboada en 1746 quien, "herida por celos", consiguió una fianza de su marido y de sus cuñados para asegurarse de que jamás volvería a ser "mortificada". Al contrario, obviamente, también se produjeron casos del mismo tipo, siendo frecuente que el hombre desapareciera y ellas se quedaran con las propiedades materiales del marido huido.[46]

[46] AHUG, PCL, 1603, fs. 25 y 33. Obligación de pago y escritura de perdón. Guanajuato, 19 y 24 de marzo de 1603. AHUG, PCL, 1736, f. 267. Escritura de poder, Guanajuato, 21 de octubre de 1736. AHUG, PCL, 1746, f. 34v. Fianza de buen tratamiento,

Sea como fuere, si realizamos un acercamiento a los tipos de protocolos que más frecuentemente firmaron observaremos que, aun siendo más parejas las cantidades entre ellos, las cantidades de cada uno se presentan prácticamente en el mismo orden que el de las viudas y vecinas, acercándose más a las primeras que a las segundas y, únicamente, siendo más significativo aquí el porcentaje de las donaciones.

Tabla 2. Escrituras notariales de esposas en Guanajuato (1603-1750)[47]

PROTOCOLOS	Esposas
Transacciones	34
Poderes	30
Obligaciones de pago y préstamos	28
Testamentos y herencias	27
Donaciones	20
Fundación de capellanías	2
Otras	20
TOTAL	161

Fuente: Elaboración propia

Ahora bien, al analizarlas cualitativamente sí observamos algunas diferencias que merecen la pena destacar. La primera de ellas es la referida a las donaciones, tanto las otorgadas como las recibidas por ellas. Son más las recibidas, y normalmente de parte de hombres vinculados a las redes económicas y sociales en las que se englobaba el matrimonio.[48] Parece bastante obvio que los mineros y comer-

Guanajuato, 9 de enero de 1746. AHUG, PCL, 1751, f. 218. Escritura de poder, Guanajuato, 18 de diciembre de 1751. AHUG, PCL, 1761, f. 49. Compraventa, Guanajuato, 22 de enero de 1761. AHUG, PCL, 1791, f. 222. Fianza de cárcel, Guanajuato, 1 de junio de 1791. AHUG, PCL, 1792, f. 279. Fianza de destierro, Guanajuato, 2 de junio de 1792. AHUG, PCL, 1801, f. 192. Fianza de cárcel, Guanajuato, 4 de julio de 1801.

[47] En esta tabla no se contabilizan las escrituras referidas a traspasos (onerosos o no) de esclavos hombres y mujeres, como tampoco a sus manumisiones. Estas escrituras ya han sido trabajadas en José Luis Caño Ortigosa, "Mujeres y compraventa de esclavas…". Asimismo, si se eliminan las escrituras anteriores a 1699, contabilizando únicamente las comprendidas entre esa fecha y 1750 el número total ascendería a 136.

[48] Para las redes establecidas en Guanajuato véase José Luis Caño Ortigosa, *Cabildo y redes de poder en Guanajuato (1656-1741)*, Universidad de Sevilla, Sevilla, 2011.

ciantes de la ciudad utilizaron este tipo de instrumento notarial para completar, a través del trasiego de propiedades femeninas, los acuerdos comerciales a los que se llegaban. Se entenderían así, más fácilmente, las ostentosas concesiones recibidas por las esposas del escribano de cabildo y del ensayador de la Caja Real, Gertrudis Aguiar Seijas e Isabel Salinas Figueroa, respectivamente. La primera obtuvo en "regalos" de distintos mineros 8 barras de la mina Santo Domingo, 2 barras de la mina Asunción y 2 barras de la mina El Calichal en el intervalo de pocos meses entre 1700 y 1701. Unas escrituras que más tarde su marido calificaría en el libro de becerro como finalmente no formalizadas. Por su parte, en 1702 Isabel recibió 8 barras de la mina El Pabellón y 4 barras de la mina San Nicolás, también de diferentes mineros, y éstas sí pasaron en el libro notarial.[49] Otras esposas de prominentes vecinos también recibieron donaciones difíciles de justificar como simples regalos, tales como el solar recibido por parte de María del Álamo en 1700, las 6 barras de la mina La Soledad a favor de Ana Márquez Garrido en 1703, 12 barras de la mina San José a Mariana Vázquez en 1712 y las 8 barras de la mina San Buenaventura a favor de Ana Busto Rodríguez en 1719; todas donaciones de otros vecinos mineros no emparentados directamente con las beneficiarias.[50]

En alguna ocasión, también, recibieron donaciones de sus esposos, como fue el caso de Petronila Torres beneficiada por su marido en 1704 con 21 barras de tres minas; el de María de Vargas que pasó a ser la propietaria de una casa regalada por su consorte en 1736, y el de Manuela Valdés que recibió de su cónyuge una tienda en la mina de Rayas en 1737.[51] Ellas, por su parte, cuando donaron bienes lo habitual fue que lo hicieran a hijos o familiares cercanos, asegurándoles una base material sobre la que sustentarse. Fue el

[49] AHUG, PCL, 1700, f. 267. AHUG, PCL, 1701, fs. 4v y 5v. AHUG, PCL, 1702, f. 85v. AHUG, PCL, 1703, f. 2v. Donaciones, Guanajuato, 14 de noviembre de 1700, 3 de enero de 1701, 9 de mayo de 1702 y 7 de enero de 1703.

[50] AHUG, 1700, f. 263v. AHUG, PCL, 1703, f. 60. AHUG, 1712, f. 260v. AHUG, PCL, 1719-20, f. 100. Donaciones, Guanajuato, 7 de noviembre de 1700, 1 de mayo de 1703, 5 de diciembre de 1712 y 24 de marzo de 1719.

[51] AHUG, PCL, 1704, f. 29v. Donación, Guanajuato, 18 de enero de 1704. AHUG, PCL, 1736, f. 4v. Donación, Guanajuato, 9 de enero de 1736. AHUG, PCL, 1737, f. 262v. Donación, Guanajuato, 9 de agosto de 1737.

caso de Juana Errada Capetillo, que aprovechó la dilatada ausencia de su marido para donar un solar del matrimonio a José Capetillo especificando que era "para su manutención". De la misma forma que en 1748 María Josefa Cea regalaba una casa de su propiedad a su hija recién casada.[52]

Por tanto, no cabe lugar a la duda sobre la importancia de la mujer, también en su rol como esposa, a la hora de entender el manejo de los capitales y medios de producción en el Guanajuato ilustrado. De forma que, una vez más, se demuestra que, ni siquiera dentro del matrimonio y bajo la responsabilidad legal del hombre, ellas terminaran por adoptar un papel marginal en la administración, defensa y mejora de sus propiedades e intereses económicos. Más bien a la inversa, lo que se percibe es el anclaje sobre la propiedad femenina de una parte muy importante de la economía del principal centro minero del imperio español. Anclaje sobre el que las actividades económicas pivotaban en función de las decisiones que, en última instancia, solo ellas podían y querían adoptar, respondiendo en muchos casos a sus propios intereses particulares, familiares, afectivos y pasionales.

Unas relaciones y afectos fácilmente verificables a través del análisis de la administración de capitales por parte de mujeres cuya vinculación con ellos se sustentaba en una relación familiar directa, como hija, hermana, sobrina o nieta, con un hombre o también con otra mujer. En este sentido, las apariciones en su condición de hijas y hermanas son bastante superiores a las de sobrinas, nietas, tías o abuelas, lo cual es perfectamente lógico en la medida en la que el grado de parentesco se va haciendo cada vez más lejano. Sea como fuere, lo cierto es que prácticamente la totalidad de estos protocolos, salvo algunas excepciones casi testimoniales, está relacionada con herencias y donaciones que ellas recibían de sus familiares directos, o que ellas mismas les hacían a ellos. No obstante, dentro de ellas se localizan algunas que merece la pena reseñar por su carácter menos habitual, como el hecho de que sea la madre la receptora de la herencia de su

---

[52] AHUG, PCL, 1714, f. 73v. Donación, Guanajuato, 10 de marzo de 1714. AHUG, PCL, 1748, f. 244. Donación, Guanajuato, 28 de septiembre de 1748.

hija, como le ocurrió a María Rodríguez en 1744. En otro caso fue el de María Rosa Villarreal, que en 1750 se hizo responsable de recibir los 9.000 pesos que su hija había prestado a un vecino de Irapuato.[53]

Pero fuera de las escrituras más comunes referidas a herencias y donaciones con las cuales las familias intentaban mejorar o dar estabilidad económica a sus miembros, nos encontramos con algunas singularidades que dan prueba del manejo de los afectos y de las pasiones entre las guanajuatenses y su entorno más cercano, incluyendo algún que otro caso de bigamia como el de la guanajuatense Francisca Binilla, llamada Micaela Petra Padilla en sus segundas nupcias.[54] También, por ejemplo, hoy nos sorprendería el hecho de que una madre como María de Aguilar, como hizo en 1714, desestimara la demanda interpuesta contra el violador de su hija a cambio de 150 pesos.[55] Otras madres, mucho más protectoras, en su intento de conservar o mejorar el estatus de sus hijas las molestaban en sus decisiones, como hizo la condesa de la Valenciana en 1790. Contraria a la relación de su hija María Gertrudis con un miembro de la familia rival de los Pérez Gálvez, con el que pretendía casarse y con el que se encerró en el Mesón de San Antonio, la madre puso todos los recursos a su alcance para denunciar la situación, esperando incluso la intervención del virrey. María Gertrudis, por su parte, no solo se defendió con sus abogados, sino que a través de ellos en 1792 pidió incluso el adelanto de todos los bienes que le correspondieran por dote y herencia de su padre.[56]

Es cierto que prácticamente la totalidad de este tipo de escrituras entre mujeres de una misma familia tuvo un carácter positivo que demostraba la querencia que se profesaban. De hecho, no hemos encontrado ningún enfrentamiento entre mujeres de un mismo

---

[53] AHUG, PCL, 1744, f. 200v. Recibo de herencia, Guanajuato, 1 de agosto de 1744. AHUG, PCL, 1750, f. 174. Obligación de pago, Guanajuato, 11 de septiembre de 1750.

[54] Archivo Histórico Nacional de España (AHN en adelante), Inquisición, 1731, exp. 11. Proceso judicial por bigamia, 1729.

[55] AHUG, PCL, 1714, f. 81. Desestimación de demanda, Guanajuato, 22 de marzo de 1714.

[56] AHUG, PCL, 1790, fs. 206v, 285v, 575, 578 y 579. Cartas de poder, Guanajuato, 14 de junio, 13 de julio, 6 y 7 de diciembre de 1790. AHUG, PCL, 1792, f. 167. Carta de poder, Guanajuato, 31 de marzo de 1792.

núcleo familiar antes de 1750. Pero sabemos que no siempre fue así, aunque resulte curioso que solo empiece a demostrarse de una forma habitual una vez entrado el siglo XIX y siendo el caso anterior de la condesa y su hija un caso excepcional dentro del siglo XVIII. Sirvan de ejemplo los casos de Tomasa Pineda y de Margarita Martínez, en el que la primera reclamó judicialmente en 1839 la entrega del valor de los alimentos dados a su sobrina y, de llegarse a quedar a cargo de ella definitivamente, que se le diera la propiedad de la casa que le correspondía en herencia a la niña. Por su parte, la segunda desheredaba a su nieta de 16 años en 1855 por prostituirse.[57] Probablemente, ya entrado el nuevo siglo y con todos los cambios políticos e ideológicos que se habían producido, la repercusión sobre la imagen social derivada del enfrentamiento entre mujeres de una misma familia fuera mucho menor y asumible que en tiempos de la colonia.[58]

En definitiva, a través de todo lo expuesto, estamos convencidos de que las mujeres que vivieron en el Guanajuato colonial merecen muchas más investigaciones que sigan permitiendo conocer la verdadera importancia del rol que jugaron en la economía y sociedad locales. Y es que cada acercamiento a ellas no hace más que demostrar su acción directa sobre gran parte de los modos de producción, su dominio sobre los principales capitales y la transmisión que de ellos se hacía de unas a otras, manteniendo el control matriarcal sobre el que giraban las redes de poder locales más notables.

[57] AHUG, PCL, 1839, f. 498v. Carta de poder, Guanajuato, 12 de octubre de 1839. AHUG, PCL, 1855, f. 258. Escritura de modificación de testamento, Guanajuato, 12 de abril de 1855.

[58] Sobre la importancia de la sororidad, Ángela Atienza, *Historia de la sororidad, historias de sororidad,* Marcial Pons, Madrid, 2022.

MUJERES SOLAS Y MUJERES ¿POBRES? DINÁMICAS FEMENINAS ANTE SITUACIONES DE DIFICULTAD EN QUITO 1665 A 1705

Diana Eva Lamana Campo
Universidad Complutense de Madrid

> ...soy notoriamente pobre de toda solemnidad y que he venido a esta ciudad a pie por no tener ni aún con qué poderme aviar y que me hallo mujer viuda, sola y forastera sin tener a quien volver los ojos ni de quien valerme. Para el seguimiento de mi justicia se ha de servir vuestra alteza de declararme pobre de solemnidad porque honestamente no tengo ni aún con qué comprar papel ni con qué sustentarme, como es público y notorio...[1]

INTRODUCCIÓN

Aflicciones, miserias, angustias, dolor, ruegos, llantos y vergüenza...La necesidad vivida de forma pública y notoria empujó a las mujeres aquí presentadas a escenarios de ruptura y cambio, viéndose abocadas, en ocasiones irremediablemente, a la transgresión de unas normas que se alejaban de sus necesidades más acuciantes. Como otras muchas, María de Pazmiño caminaba descalza por las calles de San Francisco de Quito en el año 1704, desesperada por encauzar su situación de extrema vulnerabilidad. Tiempo atrás, en agosto de 1689, se lamentaba Juana de Abad de que, después de responder a las deudas de su difunto marido con sus bienes dotales, había quedado en tal situación de imposibilidad y pobreza que necesitaba del tribunal para su auxilio. Ambas, viudas y solas,

[1] Expediente de pobreza, 31 de octubre de 1704, ANE.

representaban el grupo de mujeres más expuestas a la quiebra de sus caudales y a la penalidad personal y material.

Ciertamente, la soledad femenina estuvo casi siempre acompañada de imágenes de desolación, pobreza, dificultades y penurias cuando no de oposición al orden establecido y ruptura de las normas sociales del Antiguo Régimen. Sin embargo, a lo largo del presente artículo, las vidas de las mujeres de la Real Audiencia irán adquiriendo matices que las alejarán del modelo de desvalimiento, al menos teórico, mostrando, al tiempo, algunos de los mecanismos puestos en marcha en momentos clave de sus cursos vitales.

Por tanto, son las vidas cotidianas de estas mujeres de la Real Audiencia de Quito las que dan contenido a esta investigación en dos direcciones. Por un lado, contamos con un primer acervo documental compuesto por el fondo de protocolos notariales del Archivo Nacional de Ecuador en la segunda mitad del siglo XVII, de donde se seleccionó el reinado de Carlos II, a fin de atenernos a una horquilla cronológica concreta. De esta forma, se establecieron catas en profundidad cada 10 años –1665, 1675, 1685, 1695 y 1705– en las matrices notariales de los escribanos de Quito. Durante esta labor, se seleccionaron aquellos documentos donde apareciese como protagonista una mujer, un total de 986 actas notariales de distintos negocios jurídicos.

Por otro lado, se ha cruzado la información obtenida de las actas notariales con otra fuente de primer orden en lo referente a momentos de precariedad y necesidad: estamos hablando de los Expedientes de Pobreza. Este documento se utilizó en la época moderna como símbolo paradigmático de extrema necesidad y vulnerabilidad y, aunque más adelante nos detendremos en diversas cuestiones sobre esta fuente, cabe adelantar en estas líneas que se han analizado siete expedientes[2] entre los años 1665 a 1705; gracias a ellos, hemos podido conocer los discursos relatados por las viudas y allegados ante

[2] Siete expedientes de pobreza con protagonismo femenino: expedientes de pobreza (ANE) 17 de agosto de 1689, 13 de mayo de 1694, 15 de septiembre de 1694, 19 de septiembre de 1704, 31 de octubre de 1704, 30 de enero de 1705 y 12 de diciembre de 1705.

los hombres de la Audiencia así como las tácticas[3] que pusieron en marcha estas mujeres en estos críticos y decisivos instantes.

Así pues, gracias al diálogo establecido entre las actas notariales y los expedientes judiciales, el retrato de las dinámicas femeninas en los momentos de necesidad adquiere mayor profundidad, contrastando los relatos recogidos en los expedientes con las prácticas y dinámicas femeninas en el plazo más largo.

En lo teórico, cabe avanzar que la investigación aquí presentada propone valorar la capacidad de acción de las mujeres y de sus dinámicas sociales, siendo estas las encargadas de explicar sus destinos. Tal y como se ha venido incidiendo desde hace décadas, destacamos la importancia de la capacidad del individuo de actuar más allá, aunque no al margen, de las normas en las que se encuentra inserto,[4] corriente en la que se inscribe esta investigación. Es decir, se atiende a la construcción de la identidad como algo dinámico y temporal. Entendemos que los individuos se construyeron en relación con las normas y modelos que cada época establecía como adecuados, pero también, estos mismos individuos habían de negociar con sus vivencias y coyunturas concretas, por ello, lejos de realizar un consumo pasivo de los modelos teóricos de virtud y rectitud, establecieron sus propios equilibrios, valoraron las consecuencias y, al fin y al cabo, decidieron sus destinos.

En especial, estas mujeres encontraron limites muy definidos en las posibilidades que se les brindaban como mujeres solas; así, fueron

---

[3] "(...) un cálculo que no puede contar con un lugar propio, ni por tanto con una frontera que distinga al otro como una totalidad visible. La táctica no tiene más lugar que el del otro. Se insinúa fragmentariamente, sin tomarlo en su totalidad, sin poder mantenerlo a distancia. No dispone una base donde capitalizar sus ventajas (...) la táctica depende del tiempo, atenta a "coger al vuelo" las posibilidades de provecho. Necesita constantemente jugar con los acontecimientos para hacer de ellos "ocasiones". Sin cesar, el débil debe sacar provecho de fuerzas que le resulten ajenas. Lo hace en momentos oportunos en que combina elementos heterogéneos (...) pero si síntesis intelectual tiene como forma no un discurso, sino la decisión misma, acto y manera de aprovechar la ocasión", en Roger Chartier, "Michel de Certau lo cotidiano. Estrategias y tácticas", en Manuel Peña (coord.), *La vida cotidiana en el Mundo Hispánico (s. XVI-XVIII)*, Abada Editores, Madrid, 2012, cit. p. 25, pp. 21-28.

[4] Pilar Ponce Leiva y Arrigo Amadori, "Redes sociales y ejercicio del poder en la América hispana: consideraciones teóricas y propuestas de análisis", *Revista Complutense de Historia de América*, 34 (2008), pp. 15-42.

abocadas a realizar una negociación constante entre sus posibilidades reales y los modelos sociales a los que deseaban corresponder.

LA REAL AUDIENCIA DE QUITO

La Audiencia de Quito estaba ubicada en la sección norte del Virreinato del Perú; además en el siglo XVII la ciudad fue el centro de la Real Audiencia. Aunque su jurisdicción era geográficamente bastante extensa, el control español efectivo se concentró principalmente en el altiplano andino, región en la que se ubicaba la ciudad de Quito.[5] En ella, la ciudad de San Francisco comprendía un entorno urbano contenido en las seis parroquias que componen la traza, a saber, Santa Bárbara, San Blas, San Roque, San Marcos, San Sebastián y Santa Prisca. Sin embargo, podemos ampliar esta frontera a espacios contiguos que resultaron determinantes en la vida de la urbe, los pueblos considerados "cercanos a la ciudad", esto es, cinco leguas divididas para los alcaldes de indios, entre Urinsayas y Anansayas y que incluían tanto parroquias como pueblos: Santa Bárbara, San Blas, Santa Prisca, Guápulo, Cotocollao

[5] Correspondiendo a dicho pedido, el 29 de agosto de 1563 Su Majestad don Felipe II expidió en la ciudad de Guadalajara, España, la Cédula Real por medio de la cual se creó la Real Audiencia de Quito, la cual, en su parte pertinente dice: "En la Ciudad de San Francisco de Quito, en el Perú, resida nuestra Audiencia y Cancillería Real, con un Presidente, cuatro Oidores, que también sean Alcaldes del Crimen, un Fiscal, un Alguacil Mayor, un Teniente de Gran Cancillería, y los demás Ministros y Oficiales necesarios, y tenga distrito la ciudad de Quito y por la Costa hacia la parte de la ciudad de los Reyes, hasta el Puerto de Paita exclusive, y por tierra adentro hasta Piura, Cajamarca, Chachapoyas, Moyobamba y Motilones, exclusive, incluyendo hacia la parte susodicha los pueblos de Jaén, Valladolid, Loja, Zamora, Cuenca, La Zarza y Guayaquil, con todos los demás pueblos que estuvieren en sus comarcas y se poblaren; y hacia la parte de los pueblos de la Canela y Quijos ha de tener los dichos pueblos con los demás que se descubrieren, y por la costa hacia Panamá hasta el Puerto de Buenaventura inclusive, y por adentro hacia Pasto, Popayán, Cali, Buga, Champnachica y Guarchicona, porque los demás lugares de la Gobernación de Popayán son de la Audiencia del Nuevo Reino de Granada, con lo cual y la Tierra Firme, parten términos con el Septentrión, y con la de los Reyes por el Mediodía, teniendo al Poniente la Mar del Sur y hacia adelante provincias aún no especificadas ni descubiertas" (*Recopilación de Indias.*– Ley X, Tit. XV, Lib. II).

Calacalí, Pomasqui, etc.[6] En cuanto a la geografía de la urbe, sería precisamente la orografía de la ciudad uno de los factores más influyentes en la mezcla espacial que terminaría haciendo confluir en sus calles a españoles e indígenas.[7]

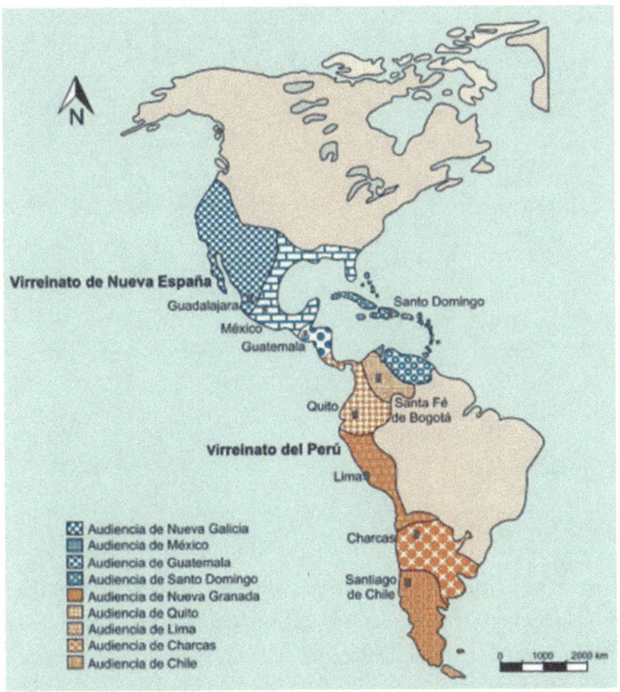

Mapa 1: Virreinatos y audiencias. Siglo XVII. Fuente: Palmira García Hidalgo, *La emigración española a América en el siglo XVII. Mujeres cruzando el Atlántico.* Tesis Doctoral. Universidad de Huelva, Huelva, 2021, p. 125

[6] (Continua) San Antonio, Perucho, Puéllaro, Guayllabamba, Quinche, Yaruquí, Puembo, Pifo, Tumbaco, Cumbayá, Zámbiza y Nayón para Urinsayas, El Sagrario, San Roque, San Marcos, San Sebastián, Chimbacalle, Guajillo, Magdalena, Sangolquí, Uyumbicho, Chillogallo, Machachi, Alangasí, Pintac, Amaguaña, Lloa, Mindo y Zape para Anansayas, en Carlos D. Ciriza Mendívil, *Naturales de una ciudad multiétnica. Vidas y dinámicas sociales de los indígenas de Quito en el siglo XVII*, Sílex, Madrid, 2019, p. 37.

[7] Kimberly Gauderman, *Women's Lives in Colonial Quito: Gender, Law, and Economy in Spanish America*, University of Texas Press, Austin, 2003.

Mapa 2. Larry V. Larrichio, *The Audiencia of Quito, Seventeenth Century*. Fuente: Kimberly Gauderman, *Women's Lives in Colonial Quito: Gender, Law, and Economy in Spanish America*, University of Texas Press, Austin, 2003

En general, en su mayoría, las fuentes consultadas[8] sostienen que el XVII fue un periodo de prosperidad para la Audiencia de Quito,[9]

[8] Si bien Christiana Borchart analiza una situación de expansión económica de obrajes y manufacturas que comienza en el siglo XVI y se consolida en el siglo posterior, explica que esa dinámica benefició a unos pocos propietarios españoles, poniendo en cuestión esa bonanza económica; el resto de las fuentes consultadas, como la propia Christiana Borchart en investigaciones posteriores, afirman que durante el siglo XVII se vivió un momento de relativa prosperidad para la Audiencia y su comercio colonial. Christiana Borchart de Moreno, *La Audiencia de Quito: aspectos económicos y sociales (siglos XVI-XVIII)*, Abya Ayala, Quito, 1998 (disponible en https://digitalrepository.unm.edu/abya_yala/149) y Enrique Ayala Mora, *La Nueva Historia de Ecuador. Época colonial I*; vol. III, Universidad Andina Simón Bolívar, corporación Editora Nacional, Quito, 1998.

[9] Kimberly Gauderman, *Women's Lives in Colonial Quito...*

si bien a finales de la centuria se asiste a un deterioro de la situación socio-económica de la zona,[10] como veremos más adelante. Mientras las poblaciones del resto del virreinato mermaban a comienzos del 1600, las poblaciones española e indígena en la región de Quito vivieron años de crecimiento que proporcionaron la mano de obra necesaria para producir los excedentes agrícolas y manufactureros que, ya en la década de 1580, habían convertido a Quito en un importante centro de producción y comercio en el Perú español, después de Lima y Potosí.[11]

En efecto, el sector textil quiteño,[12] que implicó una alta participación femenina, estaba, a su vez, ligado a una serie de economías regionales cuyas conexiones se extendían a lo largo y ancho del virreinato del Perú. Gracias a la minería de la plata que conectaba los Andes con la economía internacional por un lado, los mercados regionales más pequeños nutrían de alimentos, vino, licores, ropas y mano de obra a las zonas mineras.[13] Fue en la conexión de estas economías regionales donde la Real Audiencia de Quito jugó un papel determinante durante la mayor parte de la centuria, transportando lanas desde los ingenios textiles en la sierra centro– norte de la ciudad hasta Perú y Nueva Granada.[14] No solo obrajes y textiles eran producidos en la Audiencia, destacó también la diversidad de productos con cueros curtidos, azúcar, galletas (para el abastecimiento de los grandes barcos que pasaban por la ciudad portuaria de Guayaquil) y pólvora. Quito exportaba productos artesanales como botones, encajes finos y rosarios.[15] No obstante, a finales del siglo XVII, una serie de catástrofes naturales desembocó en un descenso demográfico y en un declive económico prolongado para su economía principal, el sector textil. La disminución de la demanda de textiles en las minas de plata junto con sequías, terremotos y epidemias interrumpieron los mercados regionales

[10] Kenneth J Andrien, *The Kingdom of Quito, 1690-1830: the State and Regional Development*, Cambridge University Press, Cambridge, 1995, p. 92.

[11] Kimberly Gauderman, *Women's Lives in Colonial Quito...*., p. 3.

[12] Ibídem, p. 4.

[13] Kenneth J Andrien, *The Kingdom of Quito: 1690-1830...*

[14] Javier Yoer Castaño Pareja, *Eslabones del mundo andino: comercio, mercados y circuitos pecuarios en el Nuevo Reino de Granada y la Audiencia de Quito (1580-1715)*, Editorial EAFIT, Medellín, 2020.

[15] Kimberly Gauderman, *Women's Lives in Colonial Quito...*, p. 4.

y supusieron un golpe duro en la década de los 90's, especialmente para Quito, situada lejos de sus mercados naturales en Perú y Nueva Granada. A esto habría que añadir, además, la decisión de la corona de permitir la introducción de textiles de calidad europeos a precios bajos. Esta situación había comenzado, primero, con las importaciones de los mercaderes franceses durante la guerra de Sucesión española (1700-1716), vendiéndose a mejores precios que los tejidos quiteños, particularmente en el mercado de Lima, empeorando las condiciones económicas de la industria textil de la Real Audiencia, situación que se consolidó con los permisos reales para continuar con las importaciones europeas. En resumen, para las fechas del estudio, las finanzas de la región pasaron de ostentar un lugar privilegiado en 1665 a vivir un declive profundo a principios del 1700 que continuaría a lo largo del siglo XVIII. Tal será el contexto de sus habitantes y tales las causas de cierto empobrecimiento que trataremos aquí.

En lo concerniente a la demografía de la ciudad, Diego Rodríguez Docampo calculaba para el 1600 unos "3.500 vecinos y moradores dentro de la ciudad y sus cinco leguas" y alrededor de 25000 personas "sin los indios que asisten en ella; criollos y traginadores, mujeres, niños y de todos sexos".[16] Si bien es cierto que, para aquellos años, hay que tratar estas cifras con cautela, la mayoría de los historiadores parece fijar entre los 40.000-50.000 habitantes la población de aquel entonces.[17]

[16] Pilar Ponce Leiva (ed.), "Descripción y Relación del estado eclesiástico del Obispado de San Francisco de Quito de Diego Rodríguez Docampo" (1650). Relaciones Histórico-Geográficas de la Audiencia de Quito (Siglo XVI-XIX), CSIC, Madrid, 1992, T. II, p. 212.

[17] John Leddy Phelan, *El Reino de Quito en el siglo XVII: la política burocrática en el imperio español, Volumen XX de Colección histórica del Banco del Ecuador*, Banco Central de Ecuador, Quito, 1995, p. 92. Karen Powers, *Prendas con pies: migraciones y supervivencia cultural en la Audiencia de Quito*, ABYA-YALA, Quito, 1994, p. 329.

Veamos su población. La Real Audiencia fue un espacio de dominación, interacción, conflicto y cohabitación entre españoles, indígenas, mestizos y demás castas; como ejemplo de ello, San Francisco de Quito, que estuvo caracterizada por los procesos de mestizaje, responde mejor (durante el siglo XVII) al calificativo de ciudad de "españoles e yndios" que al de urbe "mestiza",[18] dinámica que no hizo sino aumentar en los territorios de ámbito rural pertenecientes a la Audiencia.

QUIEBRAS, AUSENCIAS Y POBREZA: MANIOBRAS ANTE LA DIFICULTAD

"Es mi papel la aflicción, es la angustia, es la miseria, la desdicha, (...) el nunca tener que dar, el siempre haber de pedir (...)".[19] Como retratara perfectamente Calderón en este texto, en los siglos XVII y XVIII la condición de pobre no se ajustaba exclusivamente a la definición que haría Covarrubias en 1611, (quien define pobre como menesteroso y necesitado),[20] de forma que, en tanto que en el medievo la pobreza podía entenderse como sinónimo de virtud y santidad y la doctrina eclesiástica insistía en su bondad como medio de acercamiento a Dios, el panorama durante la Edad Moderna apuntó cada vez más hacia el cuestionamiento de la figura del pobre tal y como se conocía con anterioridad.[21] Los defensores del "santer sampere" conviven ahora con posturas que plantean una concepción de la pobreza que transforma al pobre en un instrumento de utilidad hacia el trabajo, incluso apostando por su obligatoriedad. En cualquier caso, parece que este cambio de mentalidad, que fue

---

[18] Carlos D. Ciriza Mendívil, *Naturales de una ciudad multiétnica. Vidas y dinámicas sociales de los indígenas de Quito en el siglo XVII*, Sílex, Madrid, 2019.

[19] "Es mi papel la aflicción, es la angustia, es la miseria, la desdicha, la pasión, el dolor, la compasión, el suspirar, el gemir, el padecer, el sentir, importunar y rogar, el nunca tener que dar, el siempre haber de pedir. El desprecio, la esquivez, el baldón, el sentimiento, la vergüenza, el sufrimiento, el hambre, la desnudez, el llanto, la mendiguez, la inmundicia, la bajeza, el desconsuelo y pobreza, la sed, la penalidad, y es la vil necesidad, que todo esto es la pobreza", Pedro Calderón de la Barca, *El gran teatro del mundo* (en formato HTML) [1600-1681], Biblioteca Virtual Miguel de Cervantes, Alicante, 2001.

[20] Rafael Zafra Molina, *La edición integral e ilustrada del "Tesoro de la lengua castellana" de Sebastián de Covarrubias*, Biblioteca Virtual Miguel de Cervantes, Alicante, 2008, p. 591.

[21] Gloria Franco Rubio, *Cultura y mentalidad en la Edad Moderna*, Mergablum Ed., Sevilla, 1998, pp. 91-92.

avanzando de forma paulatina, estuvo sustancialmente unido a la cantidad de población que deambulaba por las calles en situación de extrema necesidad, así como a la capacidad de las ciudades para integrarlos dentro de los sistemas de apoyo y beneficiencia.

En el caso de Quito, y otras ciudades americanas, estos debates tuvieron variaciones autóctonas y se contextualizaron en función de las situaciones que allí se daban. De esta forma se propagaron dos imágenes de pobreza: los pobres vergonzantes y los pobres solemnes.[22] La primera estuvo asociada a conductas impropias ocasionadas por la falta de sustento ya que los pobres de solemnidad, a pesar de su extrema necesidad, mantenían la apariencia y se comportaban de acuerdo a las normas imperantes.

De hecho, esta necesidad de vestir la precariedad de virtud y de concordar con las apariencias que se tenían diseñadas para estas mujeres se observa claramente en los expedientes de pobreza. Para ellas el boceto de la mujer honesta trazaba imágenes de mujeres invisibles, silenciosas, sumisas y castas; estas "mujeres calladas y mujeres sin nombre"[23] fueron dirigidas según el discurso a los encierros, retraimientos, retiros y silencios que guardaban la honra[24] y al modelo que tanto se había apuntalado desde todos los órdenes. No obstante, estas premisas de virtud que se erigieron como meta inalcanzable en multitud de casos también ayudaron a construir identidades que operaron en favor de algunas de ellas en momentos clave, como veremos más adelante. Si bien es cierto que estas coordenadas morales condicionaron sus vidas afectando a su libertad y a cómo eran vistas

[22] Enrique N. Cruz, "Pobreza, pobres y política social en el Río de la Plata", en *Boletín del Instituto de Historia Argentina y Americana Dr. Emilio Ravignani*, n.º 30/12 (2007), pp. 101-117.

[23] María Luisa Candau Chacón, "En torno al matrimonio. Mujeres, conflictos, discursos", en Manuel Peña (coord.), *La vida cotidiana en el Mundo Hispánico (s. XVI-XVIII)*, Adaba, Madrid, 2012, pp. 97-118.

[24] Trataremos en este caso de la honra en la forma que lo define Candau Chacón como "honra doméstica" (María Luisa Candau Chacón, "En torno al matrimonio. ...", p. 99): El concepto de mujer "perdida" que entiende como tal aquellas que perdieron su estima y, por siguiente su honra. No se trata de estimas legales ya que una gran parte de las mujeres de antaño, por su inclusión en el estado llano, carecían estrictamente hablando de ellas "sino de estimas sociales, de honras domésticas y del efecto, privado y público, de la desviación de sus conductas. De lo que perdían con ella y de sus intentos por conservarla".

por sus coetáneos. En esta línea han destacado los estudios sobre la construcción del discurso de mujer honesta, de los destinos previstos –matrimonio o convento– de quienes quedaron solas –fuese o no una vida elegida–, estudios que han abarcado desde la literatura moral que afectaba a la otra cara de una realidad de mujeres abandonadas tras la ruptura de las promesas de matrimonio, de mujeres transgresoras a la moral (amancebadas, adúlteras, prostitutas) como de mujeres demandantes de divorcio o separación legal o, también, de nulidad de matrimonio.[25]

Por último, no deja de resultar llamativo el hecho de que esta ausencia de la figura del varón, asociada a la pobreza y falta de sustento en el imaginario colectivo, estigmatizara de tal forma a los hogares de jefatura femenina; en realidad, se trataba de una circunstancia bastante común. De la Pascua afirmaba que, si bien, "no se puede precisar su proporción relativa respecto a los hogares con jefatura

[25] María José De la Pascua, *Mujeres solas: historias de amor y de abandono en el Mundo Hispánico*, Servicio de Publicaciones de la Universidad de Cádiz; Centro de Ediciones de la Diputación de Málaga, Málaga, 1998. Isabel Testón y Rocío Sánchez Rubio, "Mujeres abandonadas, mujeres olvidadas", *Cuadernos de Historia Moderna*, 19 (1997), pp. 91-120; María Luisa Candau Chacón (ed.), *Las mujeres y el honor en la Europa Moderna*, Universidad de Huelva, Huelva, 2014; María Luisa Candau Chacón (coord.), *Pasiones en femenino: Europa y América, 1600-1950*, Universidad de Sevilla, Sevilla, 2019; Marta Ruiz Sastre y Alonso Manuel Macías Domínguez, "Cuando el amor desaparece. Ruptura de noviazgo y separación matrimonial en el Antiguo Régimen. El caso del arzobispado de Sevilla", en Eliseo Serrano Martín (coord.), *De la tierra al cielo: Líneas recientes de investigación en historia moderna*, Fundación Española de Historia Moderna, Institución Fernando el Católico, Zaragoza, 2012, pp. 997-1014; Alonso Manuel Macías Domínguez y Marta Ruiz Sastre, "Conflictos matrimoniales en los siglos XVII y XVIII: el caso del occidente andaluz. Una mirada de conjunto" en *Chronica nova: Revista de historia moderna de la Universidad de Granada*, 45 (2019), pp. 107-130; Bernard Lavallé, *Amor y opresión en los Andes Coloniales*, Estudios Históricos, Lima, 1999. Pilar Ponce Leiva, "El poder informal: ..."; Pilar Gonzalbo Aizpuru, "Por decisión o necesidad. La jefatura femenina en los hogares de México virreinal", *Revista de historiografía* (RevHisto), 26 (2017), pp. 47-66; María Mónica Ghirardi y Antonio Irigoyen López, "El matrimonio, el Concilio de Trento e Hispanoamérica", *Revista de Indias*, 69/246 (2009), pp. 241-271; Ann Twinam, *Vidas públicas, secretos privados. Género, honor, sexualidad e ilegitimidad en la Hispanoamérica colonial*, Fondo de Cultura Económica, Buenos Aires, 2009; Verónica Undurraga Schüler, *Los rostros del honor. Normas culturales y estrategias de promoción social en Chile colonial, siglo XVIII*, Editorial Universitaria, DIBAM, Centro de Investigaciones Diego Barros Arana, Santiago de Chile, 2013; Carlos Ciriza-Mendívil, "«Con mi sudor y esfuerzo». ..."; María Teresa Arteaga, "Aproximaciones al estudio de los testamentos de mujeres en Cuenca: memoria y herencia, 1860-1900", *Procesos: Revista ecuatoriana de historia*, 45 (2017), pp. 35-64.

femenina, (...) sí tenemos indicios de una existencia significativa".[26] Así, por ejemplo, para el siglo XVIII peninsular –que cuenta con un buen número de fuentes– los porcentajes de hogares con jefatura femenina se mueven entre el 10 y el 30% del total, siendo este fenómeno mucho mayor en el territorio americano.[27]

Ahora bien, a la hora de situar a las protagonistas y entender cuáles fueron sus condicionantes, seguiremos en este caso a María José de la Pascua[28] haciendo nuestra la premisa de que estos modelos influyeron en las decisiones y personalidades de nuestros sujetos de estudio, de forma que muchos de ellos y de ellas ansiaron, desearon y pretendieron corresponder a estas imágenes de pulcritud y fineza moral que tanto reclamaban desde las altas instituciones.

"QUE ME HALLO MUJER VIUDA, SOLA Y FORASTERA, SIN TENER A QUIEN VOLVER LOS OJOS NI DE QUIEN VALERME".[29] POBREZA FEMENINA EN LAS CALLES DE LA REAL AUDIENCIA: ¿UN DISCURSO REAL?

Desde que la declaración de pobre se institucionalizara en Castilla, su uso fue abundante,[30] bien porque existían numerosas situaciones de precariedad que buscaron el abrigo del Estado, bien porque poseer dicha acta notarial podía suponerles el acceso a ayudas y

[26] María José de la Pascua, "A la sombra de hombres ausentes. Mujeres malcasadas en el mundo hispánico del Setecientos", *Studia Histórica, Historia Moderna*, 38/2 (2016), pp. 237-285.

[27] Susan Socolow, "La población de la América Colonial", en Carmen Bernard (comp.), *Descubrimiento, conquista y colonización de América a quinientos Años*, Consejo Nacional para la Cultura y las Artes, México, 1994, pp. 218-148. Ofelia Rey Castelao, "Las campesinas gallegas y el honor en la Edad Moderna", en María Luisa Candau Chacón, *Las mujeres y el honor...*, pp. 417-440.

[28] María José de la Pascua Sánchez, "Pensar la Historia social y cultural: Entre el desafío de los modelos y la inercia de las prácticas", en Juan José Iglesias Rodríguez, Isabel María Melero Muñoz (coord.), *Hacer historia moderna: Líneas actuales y futuras de investigación*, Editorial Universidad de Sevilla, Sevilla, 2020, pp. 74-105.

[29] Expediente de pobreza, 31 de octubre de 1704, ANE.

[30] Fernando Manuel Sánchez Escobar, "Las declaraciones de pobreza como fuente histórica", *Anales del Instituto de Estudios Madrileños* 51 (2011), pp. 157-179. Cynthia E. Milton, *The Many Meanings of Poverty. Colonialism, Social Compacts, and Assistance in Eighteenth-Century Ecuador*, Stanford University Press, Standford, 2007; Jorge Moreno Egas, "Hacia una historia social de la pobreza en la Audiencia de Quito", *A Contracorriente: Revista de Historia Social y Literatura en América Latina*, vol. VI/1 (2008), pp. 310-322.

privilegios que de otra forma hubiera sido muy difíciles de alcanzar. Lo cierto es que estas declaraciones experimentaron una tendencia al alza, sobre todo en la Península. No obstante, se trata de una fuente que hay que tomar con cautela pues, como expone María Ángeles Ortego,[31] pudieron encubrir cierto tipo de fraudes.[32] Por lo que, en la práctica, el uso de la declaración de pobre pudo suponer una manera de esquivar acreedores o limitar la merma del patrimonio personal, además de distribuir las cargas de los entierros y las misas de caridad a la parroquia.

Entre las protagonistas de los expedientes de pobreza, traídos a colación aquí, se concentra un abanico de coyunturas que va desde la necesidad más acuciante hasta la contradicción de la gestión de obrajes en abundancia. Por tanto, hemos de tratar con cautela este tipo de fuentes, según los objetivos planteados. Así, pese a ser una fuente que recopila las quejas y supuestas penurias de las declarantes para conseguir gozar del fallo del fiscal, entre sus propios relatos, apoyados posteriormente por las informaciones solicitadas al tribunal para corroborar sus causas, las diferencias materiales son sustanciales.

Las siete mujeres de los Expedientes de Pobreza se hallaban en estado de viudez cuando decidieron buscar amparo en la Real Audiencia de Quito. Algunas defendían vidas modélicas pese a estar solas y ser mujeres sin varón. Así sus discursos explicaban a los hombres del tribunal cómo, tras enviudar, habían llevado una vida honesta y recogida en sus casas, presentando testigos que confirmaban estas conductas de rectitud, lo que las hacía merecedoras del privilegio de corte. De modo que el modelo de conducta femenina que postulaba el retraimiento y la honradez fue condición sine qua non para que

[31] María Ángeles Ortego Agustín, *Familia y matrimonio en la España del siglo XVIII: ordenamiento jurídico y situación real de las mujeres a través de la documentación notarial*, Universidad Complutense de Madrid, Madrid, 2003.

[32] Uno de los casos que la autora enuncia para Madrid, por ejemplo, el de Inés de Velasco es un modelo de solvencia material inequívoca. Inés, que había realizado declaración de pobreza un día antes de fallecer, reunía en su persona ni más ni menos que tres herencias que ascendían a bienes de bastante entidad tales como "19 pinturas que se tasan en 1625 reales (...) una extensa biblioteca compuesta por más de 130 libros, y bienes en ropa y muebles que acaban teniendo un valor de cerca de 70,000 reales" en Protocolo 17103 del Archivo histórico de protocolos notariales de Madrid en María Ángeles Ortego Agustín, *Familia y matrimonio en la España del siglo XVIII: ordenamiento jurídico y situación...*, p. 463.

el tribunal tramitara sus peticiones. Veamos a continuación varios casos. Comenzaremos por atender, en primer lugar, a Micaela López Moncayo.[33]

Año 1694. Micaela López debió ser una persona bastante influyente en Riobamba, su ciudad natal. Esta viuda, dueña de haciendas y obrajes, encontró en el corregidor y justicia mayor, Francisco de Meneses Bravo y Sanabria, un enemigo poderoso. Su estrategia fue clara: Micaela pedía que se le despachase una real prohibición inhibitoria a fin de evitar que el corregidor conociera "(...) sus causas y dependencias y de las de su familia y casa, haciendas y obrajes, si no los alcaldes ordinarios de esta villa y que uno de ellos asista a las pagas de dichos obrajes". Al parecer, los conflictos declarados con Francisco de Meneses habían comenzado ante la negativa de la citada Micaela a continuar concediéndole préstamos y tras solicitar la devolución de algunos que habían sido realizados en vida de su marido; negativa que propiciaría –según su discurso– el "odio" contra ella y su familia, provocando una situación de clara desventaja debido a la influencia lógica del corregidor en la ciudad.

El caso de esta viuda destaca por varios motivos. Para comenzar, Micaela fue obrajera; al menos se había hecho cargo de los obrajes y las haciendas familiares una vez fallecido su esposo. Nos introducimos de esta forma en el mundo de las investigaciones sobre el trabajo de las mujeres en la Edad Moderna, y a sus dificultades. Así, no es tarea fácil acercarse al mundo laboral femenino, debido principalmente a la escasez de fuentes documentales al respecto; en concreto, en lo se refiere a la documentación consultada para esta investigación, las mujeres habitualmente no hicieron declaración de sus trabajos remunerados o labores de sustento ante el escribano. Aunque es cierto que, en ocasiones, se puede confirmar una unión, cuanto menos indirecta, con algún oficio, por los aperos declarados en los testamentos[34] o los vendidos tras enviudar, obligadas normalmente por la presión que ejercían los gremios para que estas no se hicieran

[33] Expediente de pobreza, 15 de septiembre de 1694, ANE.
[34] Carlos Ciriza-Mendívil, "«Con mi sudor y esfuerzo». Poder y presencia de las mujeres indígenas quiteñas en el siglo XVII", *Hipogrifo: Revista de Literatura y Cultura del Siglo de Oro*, 10 (2022), pp. 175-186.

cargo de los negocios de titularidad masculina.[35] En este caso, Micaela López formó parte de un pequeño grupo privilegiado, ya que actuó como sujeto protagonista encargándose de los negocios familiares tras fallecer su marido.

En segundo lugar, el préstamo como motivo del conflicto con el corregidor nos sirve para subrayar una dinámica que aparece en el expediente de forma tangencial pero que afectó a una parte nada desdeñable de la población femenina y que, por ello, merece un breve análisis. Al parecer, pese a la buena situación económica, la Real Audiencia experimentó una alarmante escasez de capital líquido por lo que el recurso al préstamo de distintas sumas resultó ser habitual, convirtiéndose en una buena fuente de ingresos. Este mecanismo no pasó inadvertido para una población femenina a la que solían poner muchas trabas para participar activamente en el mercado de trabajo, de forma que muchas encontraron en el préstamo la manera ideal de acceder a ingresos monetarios que de otra forma les estaban vedados.[36]

Esta iniciativa femenina en la economía del territorio tiene su reflejo documental, en su mayor parte, en las obligaciones notariales, por cuanto son documentos que recogen la obligación de devolver una suma de dinero estableciendo un plazo para ello, si bien lo usual era disponer de un año para realizar la devolución. Entre las más de novecientas actas consultadas, un 26% de ellas –112 de 986– respondieron a este negocio jurídico; es más, de las 112 obligaciones, 29 tuvieron como beneficiarios a hombres, mientras que 78 lo fueron

[35] Lo cierto es que la relación de los gremios con las mujeres que solicitaron autorización para continuar con sus labores, como ocurría en Europa, constituyó motivo de conflicto y, asimismo, una frontera, insalvable en buena parte de las ocasiones, para hacerse con el oficio que habían desempeñado en vida de sus maridos.

[36] La obligación, como documento notarial, es un acto en donde una parte se compromete a realizar una actividad o a pagar una cantidad en caso de que se den determinadas circunstancias. Un 26% (112 de 986) de las actas notariales de nuestra investigación fueron obligaciones. De las 112 obligaciones 29 de las mismas tienen como beneficiarios a hombres, 78 son a favor de mujeres, dos a favor de matrimonios y en una de las obligaciones la mujer aparece como avalista/ fiadora y por último, dos son a favor de conventos. Esto significa que en el 69,5% de los casos de estudio, las quiteñas fueron las protagonistas activas en el préstamo de dinero o bienes. Sobre la importancia del préstamo en las dinámicas de la mujer indígena véase Christiana Borchart de Moreno, "La imbecilidad y el coraje…"; Carlos D. Ciriza Mendívil, *Naturales de una ciudad multiétnica. Vidas y dinámicas sociales…*; Kimberly Gauderman, *Women's Lives in Colonial Quito…*

a favor de mujeres. Esto significa que en el 69,5% de los casos de estudio, las quiteñas fueron las protagonistas activas en el préstamo de dinero o bienes.

Ahora bien, esta relación tan estrecha con el crédito y los préstamos a sus allegados también sería fuente de conflictos, como vemos en el caso de la obrajera de Riobamba, pues le generó enemistades y obstáculos a los que hubo de enfrentarse con las herramientas disponibles a su alcance. En el caso que nos ocupa, lo cierto es que el testimonio de Micaela y las informaciones recabadas por los magistrados fueron tomados por verdaderos y ciertos quedando constatadas las vejaciones, acosos y malas obras de dicho personaje en contra de la declarante, razón por la cual el tribunal expidió la inhibitoria contra Francisco de Meneses, impidiéndole acceder a las causas de Micaela, así como a realizar los cobros en sus negocios. Tal victoria judicial, que apuntaló la capacidad de acción de Micaela en el gobierno de sus obrajes y finanzas, blindó su figura frente a los abusos, permitiendo, en consecuencia, la gestión de sus empresas con una mayor tranquilidad. Sirva, pues, el caso de Micaela de Solórzano, como ejemplo de que la solicitud de amparo para ser declarada "pobre de solemnidad" no siempre fue asociado a situaciones de miseria material. Más bien, vemos casos donde la solicitud de auxilio a las autoridades era presentada y concedida atendiendo a un modelo de supuesta invalidez y necesidad femenina, lo cual fue empleado en su propio beneficio, como hemos podido comprobar.

El segundo expediente de pobreza en el que nos detendremos, recogido el 30 de enero de 1704 cuya protagonista fue María de Solórzano,[37] es bien distinto. La orfandad y desamparo en las explicaciones presentadas por poder notarial, a través de Domingo Bernabé, corroboraron el arquetipo de desdicha asociado a la mujer viuda, sola e incapaz, y le valieron un auto provisional en contra de Ana de Espinosa y Francisco Álvarez. María decía poseer, desde hacía más de cincuenta años, un hato de vacas y hacienda para siembra. No obstante, por ser –declara– mujer "cargada de dilatados años y sin tener persona que le ayude ni defienda", se encontraba expuesta

[37] Expediente de pobreza, 30 de enero de 1705, ANE.

a la acción de intereses particulares en su contra; así querían introducirse en "dicho hato y hacienda Aneta Pacasa[38] y Francisco Álvarez, mestizos, sin más derecho ni acción a dichas haciendas que su depravada malicia" para cuyo remedio pedía una real provisión. Veamos otras versiones.

Apoderaba a la tal Ana Pacasa –de nombre real Ana de Espinosa– un vecino llamado Hernando Rodríguez Lepe. Tras su declaración, la visión se tornaba diferente: no parecía que María se hallase tan desvalida como a priori se podía suponer. Los argumentos contrarios defendieron que María de Solórzano nunca había poseído esas tierras, alcanzando aun así la provisión de amparo, "subrepticiamente y callando el litigio que había tenido mi parte contra Tomas de Solórzano, hijo de la dicha María de Solórzano, sobre dichas tierras ante la justicia ordinaria de la ciudad de Cuenca". Litigio fallado a favor de Ana de Espinosa, cuya resolución llevó a "la dicha María a la Real Audiencia, a hacer la representación siniestra que llevo expresada", se quejaba Ana. Las pruebas se amontonaron en contra de la presuntamente desventurada y apenada viuda, lo que llevó al tribunal a anular el auto provisional de María de Solórzano. En definitiva, para la mencionada María de Solórzano el arquetipo de mujer sola, vieja y pobre le valió como mecanismo para granjearse el favor del tribunal inicialmente y conseguir beneficios gracias a su supuesta "invalidez" aunque, a pesar de ello, no pudo vencer las evidencias presentadas por la otra litigante. Curiosamente, Francisco Álvarez, el hombre que acompañaba a Ana de Espinosa en la declaración de María, queda relegado en la documentación a un segundo plano, quizás como estrategia de la pareja para confrontar el arquetipo de María equiparándolo, en fin, a la necesidad de justicia y reparación de otra mujer, Ana de Espinosa.

Vemos cómo en su mayoría, las viudas optaron por presentar sus casos ante la audiencia a través de terceros, otorgándoles poder para ello, lo que delata una cierta solvencia económica para costear el proceso. Sin embargo, no todas tuvieron esta suerte. María de

[38] En el documento parece que "Ana Pacasa" se trata de un apodo con el que se refiere la declarante a Ana de Espinosa.

Pazmino y Valdivieso,[39] vecina del asiento de Ambato, viuda, declaró ante el tribunal ser pobre de toda solemnidad:

> atento a que soy notoriamente pobre de toda solemnidad y que he venido a esta ciudad a pie por no tener ni aún con qué poderme aviar y que me hallo mujer viuda, sola y forastera sin tener a quien volver los ojos ni de quien valerme. Para el seguimiento de mi justicia se ha de servir vuestra alteza de declararme pobre de solemnidad porque honestamente no tengo ni aún con que comprar papel ni con que sustentarme, como es público y notorio no solo en esta ciudad sino también en dicho asiento.

Tras obtener la aprobación del fiscal para ser declarada pobre de solemnidad, María de Pazmiño expondrá haber comprado a su hermano, albacea testamentario de su difunta madre, tres solares de tierra próximos a otro, propiedad de la susodicha. Para su desgracia, Tomas Pumina, cacique principal de un pueblo cercano, en acuerdo con su hermano, había sembrado en dichas tierras caña de Castilla. El periplo ante las autoridades le concedería autos a su favor para la devolución de las tierras y el pago de la mitad de sus cosechas; pese a ello, no obtendría su ejecución, pues el alguacil encargado de ejecutarlo mantenía amistad estrecha con el citado cacique, muestra de que independientemente de un ejercicio de justicia acorde a las necesidades y la veracidad de los hechos, las particularidades de los personajes y sus intereses imperaban:

> tampoco se ejecutó porque no quiso hacerlo el dicho alguacil mayor por decir que era su amigo el dicho don Juan de Punina y viendo esto y que yo estaba destituida de todo favor y sin poder, por mi suma pobreza, venir a esta ciudad a los pies de vuestra alteza, hube de estarme.

María de Pazmiño nunca recibiría una sentencia del tribunal; al menos no consta en su expediente; parece que pesaron en su contra

[39] Expediente de pobreza, 31 de octubre de 1704, Fondo Corte Suprema, ANE.

las conexiones del cacique, vínculos que prevalecieron sobre sus éxitos judiciales junto con la precariedad y necesidad que relató ante los oidores.

Por último, terminaremos con el caso de María Atienza en 1694.[40] La búsqueda de justicia y necesidad se mezclaron en el caso del expediente expuesto a continuación. Esta viuda del alférez Joseph del Villar se declaraba sumamente pobre con seis hijos menores a su cargo. Tras ser declarada pobre de solemnidad, María continuó con el pleito –causa de sus desvelos– sobre la legítima de su difunto marido. Se quejaba de que un hermano, ya fallecido, de su esposo, se había apoderado de los bienes del padre de ambos, Juan del Villar, sin hacer ninguna división. Entre estos bienes, hace mención expresa de una hacienda valorada en tres mil reales, posesión que, junto con otras, había recaído finalmente en la viuda de Nicolas del Villar, Manuela de Valdivieso.

María pedía a los magistrados dos cometidos fundamentales; por un lado, que corroborasen la legitimidad de Joseph del Villar como hijo legítimo de su padre y, por tanto, con legítimo derecho a estos bienes, y por otro, que, tras los testimonios de testigos que presentaba, declarasen favorablemente acerca de la legitimidad de sus propios hijos. Por ellos-decía– pedir justicia, ya que:

> Nicolas Diaz del Villar se apoderó de los bienes que dejó, por su fin y muerte, Juan Diaz del Villar, por haber muerto abintestato sin herederos, el cual dejó en la dicha hacienda una yegua de mulas y ganado mayor y menor, en mucha cantidad, y cantidad de sal y pescado y otras muchas alhajas que todo lo que se ha apoderado importa, con la hacienda, ocho o diez mil pesos, sin haber querido hacer división de todos estos bienes entre sus hermanos (...) los dejó a Doña Manuela de Valdivieso y a sus herederos, encargando su conciencia[41] sin atender a que yo soy una pobre mujer y cargada de seis hijos, de que me ha obligado, por las necesidades que paso, parecer ante vuestra alteza.

[40] Expediente de pobreza 13 de mayo de 1694, Fondo Corte Suprema, ANE.
[41] Hacer testamento.

Se atiende aquí a una característica fundamental de las sociedades americanas y claro está, de las familias de la Real Audiencia de Quito: la flexibilidad y heterogeneidad en la formación de las distintas realidades familiares donde la legitimidad no era necesariamente la norma, como sí parecía ocurrir al otro lado del océano, en tierras peninsulares. Estas transgresiones tuvieron que negociar por contrapartida, como vemos, con la legislación indiana y buscar el cumplimiento de los modelos diseñados para ellas cuando así lo necesitaron para alcanzar sus fines, en este caso, optar a la herencia –según María– legítima, de su difunto marido.

Debemos proseguir con el denominador común en los deseos y disputas de estas mujeres que fueron, ni más ni menos, que sus casas y tierras. De esta forma, las siete quiteñas explicaron ante los oidores y presidentes de la Real Audiencia su necesidad de ser declaradas pobres de solemnidad para poder proseguir con los pleitos sobre posesiones inmuebles que estaban en liza, ya que, según sus explicaciones, sus apuros materiales les impedían continuar con su periplo judicial.

Bien es cierto que la dinámica sobre la propiedad femenina de tierras[42] en la Real Audiencia no se circunscribe, por lógica, a estos expedientes de pobreza. Las mujeres como protagonistas en la gestión de sus fincas, tierras y casas, al menos en las que habitan, son una constante en la documentación notarial. Es más, se trata de un fenómeno que no se extingue en las calles de la Real Audiencia de Quito, siendo, al contrario, una dinámica compartida en el territorio americano, y de muy singular implantación en ámbitos como Guanajuato, temática recogida por el doctor Caño Ortigosa en este mismo volumen.[43] Así, observamos que la gestión femenina de propiedades inmuebles se mantuvo como una constante, ascendiendo a una importante cantidad –al menos, una propietaria por cada cuatro propietarios en la documentación que hemos analizado

[42] Paula Daza Tobasura, "Con el sudor de mi frente. Las cacicas de la Audiencia de Quito en la economía del siglo XVIII", *Procesos: Revista ecuatoriana de historia*, 52 (2020), pp. 11-38; Christiana Borchart de Moreno, "La imbecilidad y el coraje...".

[43] José Luis Caño Ortigosa, "Dueñas de su dinero. Libres y empoderadas en el Guanajuato Ilustrado", en este volumen.

para el siglo xvii-.[44] Como ejemplo de ello, traemos a colación aquí el hecho de que en un mismo volumen del notario Pedro de Aguayo encontramos innumerables muestras de la capacidad femenina en la gestión de estas casas y tierras: Francisca Fernández[45] comprando unas cuadras en 1675, o la venta de unas tierras por parte de Julio Olmedo y su mujer a Francisca de Flores,[46] o la adquisición de una casa de Maria Chumosa,[47] india, a Joseph Cadenas.

Para finalizar, entraremos en el matiz de los distintos discursos y la forma en la que estas mujeres se proyectaron hacía dentro y hacia fuera, según las circunstancias. En este caso nos situaremos más allá de los expedientes declarados ante la Audiencia, acudiendo a su esfera privada de gestión, es decir, a los documentos notariales. En ellos, las mujeres no hicieron uso habitual de la fórmula[48] "pobre de

[44] El siglo xvii adolece de censos y catastros sistemáticos tan abundantes en el siglo xviii y que tanta producción historiográfica han facilitado. Si bien, no se trata de una fuente de información a tal nivel, hemos encontrado en la descripción de linderos una fotografía de la vecindad quiteña que destaca por su capacidad de mostrar la realidad cotidiana más allá de la propia actividad del acta notarial. En primer lugar, la descripción de los linderos se encuentra asociada a casas, tierras, caballerías que entran en juego en el momento del acto notarial: ventas, obligaciones, etc. donde consta la hipoteca de una casa, censos y por último, los testamentos. Curiosamente en investigaciones anteriores con testamentos como fuentes documentales exclusivas no había destacado esta información de la vecindad y es porque en los testamentos no siempre nos encontramos descritos los linderos ya que se trata de un documento largo y los escribanos a veces se contentan con expresiones como "las casas donde al presente vivo" o con "declaro por mis bienes las casas de mi morada que al presente vivo en el barrio de Santa Marta (...) de los linderos que consta con la escritura de venta que tengo en ella (...)" o "declaro por mis bienes las casas de mi morada que al presente ... por los linderos de la escritura de venta que entregó al padre procurador (...)". Es, por tanto, en la descripción de los linderos donde encontramos esta proporción de una propietaria cada cuatro casas descritas, proporción que fue incluso mayor; tal es el caso de la venta de media cuadra de tierra de Mariana Villega a Sebastián del Posso: "Linda por un lado con tierras de María Jiménez mulata, y en medio que divide con tierras de Francisco Costero, y por el otro con tierras de Sebastián de Valencia, y por abajo de la dicha iglesia de la dicha parroquia de San Marcos, y de frente con tierras de Angelina Puachan. Con todas sus entradas y salidas". (Venta de media cuadra de tierra de Mariana de Villega en favor de Sebastián del Posso. Escribanía de Miguel Ortega, 1665, vol. 210, f.169r).

[45] Venta a Francisca Fernández, 1675, vol. 242, f. 105r-106r, Pedro de Aguayo.

[46] Venta de Julio Olmedo y su mujer a favor de Francisca de Flórez, 1675, vol. 242, f. 112-113r, Pedro de Aguayo.

[47] Venta de Joseph Cadenas a favor de María Chumosa, india, 1675, vol. 242, f.112-113r.

[48] Cuestión que sí es habitual en la documentación privada, sobre todo testamentos, en la Península.

solemnidad" como sí ocurre en otros territorios de la Monarquía Hispánica, en especial, en la Península. De forma que, cuando ellas acudían al escribano para realizar sus gestiones cotidianas, dibujaban con sus argumentos los apuros y sus necesidades, pero sin utilizar la declaración de pobreza. Un ejemplo para mostrar esto lo tenemos en el testamento de María Rodríguez Corbacho,[49] en el que confesaba ser pobre y no poder hacerse cargo de los gastos asociados a su cortejo y entierro, razón por la cual lo dejaba en manos de sus albaceas. Añadía no tener deudas y explicaba no haber traído a su matrimonio otros bienes "más que tan solamente la parte que tengo en las casas de mi morada, la cual al presente vivo", posesión cedida a su marido, Tomas de Araujo, "por los días de su vida"; propiedad que –estipulaba– habría de pasar, tras la muerte del cónyuge, a sus hermanos, una vez vendida. Ello nos hace pensar que el concepto de pobreza en la ciudad americana estuvo asociado más a la falta de sustento, precariedad material o situación de penalidad, en tanto que la posesión de sus casas constituiría una pequeña parcela de gobierno nada desdeñable que pudo permitir solventar las situaciones de extrema necesidad en otros territorios hispánicos.

Es más, la inclusión de la pobreza en las declaraciones de algunas mujeres quiteñas va asociada a la reivindicación del mérito y el esfuerzo personal, donde la propiedad sobre una tierra y su casa fueron determinantes en la construcción de relatos sobre fortalezas y amor propio. Lo explicaba así Pascuala Apontes, india:

> y cuando así casé con el dicho Gaspar Díaz no tuvimos capital alguno porque nos casamos pobres y sin tener bienes algunos. Y durante el dicho matrimonio, con mi solicitud y esfuerzo personal compré las casas en que al presente vivo, en precio y cuantía de cuatrocientos pesos de a ocho reales y no había en ellas, más de un aposento de paja, cayéndose (...) Haciendo muchos aposentos cubiertos de teja y cercas de calicanto (...) con que tienen hoy al presente muchas mejoras. Declaro lo así para que conste.[50]

[49] Testamento María Rodríguez Corbacho.

[50] Testamento de Pascuala Apontes, india. Escribanía de Miguel Ortega Ossorio, 1665, vol. 210, ff. 139-141.

Este reconocimiento de la capacidad personal no fue tampoco exclusivo del territorio americano y proliferó en aquellos contextos en los que las mujeres tenían o debían desempeñar las funciones tradicionalmente asociadas al varón, y que, por algún motivo, no estaban cubiertas[51]. En cualquier caso, esta construcción de sí mismas como seres capaces se trató de una declaración de competencia y suficiencia que acompañó a las mujeres que habitaron la Audiencia del siglo XVII y que merece un lugar en el imaginario femenino de la Edad Moderna.

CONCLUSIONES

El contexto de la Real Audiencia de Quito y sus posibilidades económicas resultan fundamentales en la comprensión de las prácticas y dinámicas que desarrollaron las mujeres de nuestro estudio. La capacidad de acceder a un mercado de trabajo, aun de forma informal, su situación privilegiada para realizar préstamos de pequeñas cantidades, el desempeño de los oficios y el gobierno de los negocios en vida y muerte de sus maridos dibujan una sociedad donde la pobreza femenina se enfrentó con mayor amplitud de movimientos y posibilidades que en otros territorios de la Monarquía Hispánica.

De igual forma, la propiedad de las casas, símbolo de independencia y autonomía frente a una sociedad de preeminencia del varón, fue declarada en los protocolos quiteños femeninos constatando, así, una característica fundamental en sus prácticas cotidianas, cuestión que no es baladí ya que, gracias a estas posesiones, aunque modestas, su capacidad de sustento fue siempre mayor que en aquellos lugares donde esta dinámica no estuvo presente. Esto es cierto, sobre todo, en lo referente a la repercusión para las quiteñas de estas dinámicas de propiedad de casas y tierras, por cuanto eran bienes de una entidad importante cuyo acceso, uso y posesión han sido tradicionalmente asociados a la esfera masculina. En muchas ocasiones, las vidas femeninas han sido estudiadas alejadas de estos espacios de poder donde la

[51] Ofelia Rey Castelao, "Las campesinas gallegas y el honor...".

gestión de sus hogares quedaba circunscrita al ámbito doméstico, de forma que las propiedades, sobre todo las inmuebles, no existían en las investigaciones más que de forma puntual o bien asociadas a un estado civil como ocurre con los estudios sobre viudas propietarias. De esta forma, se devolvía una imagen de dependencia del hombre, propietario del hogar y las tierras, y de una mujer que debía negociar con esa realidad material.

Ahora bien, las protagonistas de esta documentación hubieron de negociar con la asunción y el deseo de corresponder a los modelos atribuidos, recluyéndolas en universos de silencio, recato e inactividad, tal y como ellas se describieron al presentarse ante los magistrados de la Real Audiencia –honestas y recogidas– y sus posibilidades reales de sustento. Hemos tratado ejemplos, incluso, en los que estos modelos fueron usados en su beneficio; tal es el caso de María de Solórzano, manipulando situaciones para engañar a los magistrados y conseguir un trato de favor, gracias al arquetipo de mujer anciana, sola e impedida. También se relacionaron con distintos modelos de familia que funcionaron según en qué momento de sus vidas se encontrasen, de forma que buscaron adherirse a ellos a la hora de usar esas normas en beneficio propio, como el caso de la búsqueda de la legitimidad del linaje en el litigio de María de Atienza.

Es más, entre estas identidades ideales trazadas para ellas, existió otra no prevista por los arquetipos femeninos del Antiguo Régimen, que recorrió las calles del territorio americano, construyéndose así un modelo asociado al esfuerzo, identidad que hace gala de su superación y orgullo, hechos que se atisban sobre todo en el acto de testar ante el escribano. Frente a los expedientes de pobreza que recogen las palabras de indefensión, soledad y recogimiento, los documentos notariales describen mujeres que, ante las necesidades, declararon su coraje. Un coraje que las acompañó en sus vidas y que supuso el motor fundamental para mejorar sus destinos.

PARTE SEGUNDA

AVENTURERAS, ESCRITORAS, EMPRENDEDORAS. EL REFLEJO DE LOS ANHELOS Y LOS CAMINOS DE LA REALIZACIÓN PERSONAL

EL CORAZÓN EN LA PLUMA: EVOCACIÓN, NOSTALGIA E INTELECTUALIDAD EN LA OBRA DE AMELIA AGOSTINI DEL RÍO (1896-1996)[1]

María Nieves Verdugo Álvez
Universidad de Huelva

Yo te he soñado, hermana,
en un corcel de guerra, como Juana...
¡y, escudero valiente,
me he sentido morir una mañana
por mi patria y por ti gloriosamente![2]

INTRODUCCIÓN

Con estos versos dedicados a Amelia Agostini del Río, y publicados en 1917 por el escritor y político José de Diego, comenzamos este estudio sobre la vida, personal e intelectual de la profesora y escritora puertorriqueña. Nuestro propósito ha consistido en reconstruir algunas facetas de su trayectoria que no han sido cubiertas por la historiografía. En efecto, existen pocos trabajos académicos que aborden a Agostini desde un perfil personal, o acometan su figura de manera integral. Este estudio lo hemos realizado centrándonos en el análisis de sus propias emociones, vertidas repetidamente en sus obras. Queríamos tener la capacidad de examinar ámbitos como el amor, el dolor o la nostalgia para, a través de ellos, poder avanzar en la reconstrucción de su vida. Como indica

---

[1] Este trabajo se realiza al amparo del Proyecto de Investigación I+D+I titulado *Pasiones y afectos en femenino. Europa y América, siglos XVII-XX. Perspectivas históricas y literarias*. Referencia: Gobierno de España. Proyecto I+D, referencia PID2020-113063RB-100.

[2] José de Diego, "A Amelia Agostini", en *Cantos de rebeldía*, Editorial Maucci, Barcelona, 1917, p. 186.

Carolina Rodríguez-López: "Dimensiones humanas, como el dolor y el sufrimiento, la ansiedad (...) en contextos históricos especialmente propiciadores de esas emociones" consolidan "el aparato conceptual y analítico que la historia de las emociones ha venido proporcionando y sobre el que se sustenta ya una base investigadora cada vez más sólida".[3] Y ello teniendo en cuenta que han sido analizadas desde la antigüedad, al amparo de la filosofía, y que disciplinas como la literatura o la medicina fueron cambiando su espectro de acción hasta llegar a la actualidad, donde lo emocional ha sido abordado por áreas como la psicología o la neurociencia.[4]

En el trabajo que nos ocupa, cuyas fuentes principales son obras literarias, podemos analizar las emociones desde dos vertientes: por un lado, ahondando en las percepciones de quien escribe y, en la otra orilla, de quien lee; así que el escritor se sustenta en sus propias experiencias y al mismo tiempo el lector se adentra en ellas y puede conmoverse con la misma intensidad. Como indica Steven Bermúdez:

> La respuesta emocional puede dispararse desde diferentes distancias, esto es, podemos internarnos en ella y permitir que nos arrope hasta hacernos olvidar el entorno empírico, pero también podemos permanecer distantes, contemplando el espectáculo imaginativo que se ofrece.[5]

En base a estos presupuestos, este trabajo se propone alcanzar un objetivo principal, que no es otro que vislumbrar el mundo emotivo de Amelia Agostini y analizarlo a través de algunas de sus obras literarias más sugerentes.

A esos efectos, contamos con diferentes fuentes, como documentos personales: su expediente profesional de *Barnard College*,[6] –Centro

[3] Carolina Rodríguez-López, "Historia de las Emociones", Introducción, *Cuadernos de Historia Contemporánea*, 36 (2014), pp. 11-16.

[4] Begoña Barrera y María Sierra, "Historia de las emociones: ¿qué se cuentan los afectos del pasado?", *Historia y Memoria*, Número Especial (2020), p. 107.

[5] Steven Bermúdez Antúnez, "Las emociones y la teoría literaria. un encuentro enriquecedor para la comprensión del texto literario", *En-claves del pensamiento*, 8 (2010), p. 149.

[6] *Barnard College*, Institución fundada en 1889, forma parte de la llamada *Seven Sister Colleges*, (*Barnard College, Bryn Mawr College, Mount Holyoke College, Radcliffe*

universitario femenino adscrito a la Universidad de Columbia, Nueva York, desde principios del siglo xx– y la correspondencia generada en sus años de trabajo en esta institución.[7] A otras fuentes primarias hemos accedido a través de algunos repositorios en línea destacando *Familysearch.org*, el repositorio digital de *Vassar College*, –junto a *Barnard* y otros cinco *colleges* antes referidos, forma parte del prestigioso grupo nombrado *Seven Sisters*– y, en cuanto a la prensa histórica, el Archivo Digital del Caribe. No obstante, nuestro trabajo se sustenta principalmente en dos de sus propias obras: su libro de cuentos *Viñetas de Puerto Rico* (1965),[8] en el que, desde la nostalgia, rememora su infancia y adolescencia en su país natal, y *Más acá de la muerte. Conversaciones con mi hijo* (Zaragoza, 1980),[9] monólogo dedicado a la memoria de su hijo recién fallecido, al que la autora se dirige haciendo un repaso de toda la vida de ambos.

Disponiendo de toda esta documentación y su posterior examen, planteamos algunas hipótesis. Nos preguntamos ¿se puede hacer una historia de vida a través de un libro de cuentos y un monólogo? ¿El análisis de dimensiones como la nostalgia, el dolor, el amor o el recuerdo podrá permitir adentrarnos en su trayectoria íntima y personal? ¿La emoción en la literatura es solo ficción o, por el contrario, puede ser un reflejo del alma de quien escribe? Todas estas cuestiones las iremos resolviendo a medida que vayamos avanzando en el estudio de las fuentes presentadas a continuación.

En la primera de las obras citadas, *Viñetas de Puerto Rico*, Agostini va describiendo personajes que, de uno u otro modo, han formado parte de su infancia: narra su vida, en forma de cuentos, de antepasados,

---

College, Smith College, Wellesley College y *Vassar College*) las siete primeras universidades creadas en Estados Unidos exclusivamente para mujeres. Fueron fundadas entre 1837 y 1889 en la costa este (Massachusetts, Nueva York y Pensilvania) y son conocidas por su gran prestigio y elitismo desde el comienzo de sus fundaciones. Helen Lefkowitz Horowitz, *Alma Mater: Design and Experience in the Women's Colleges from Their Nineteenth-Century Beginnings to the 1930s*, University of Massachusetts Press, Amherst, 1993, pp. 3-8.

[7] A estas fuentes hemos podido acceder directamente en el archivo histórico de *Barnard* durante una estancia de investigación realizada en mayo de 2023 y financiada por el proyecto I+D. Ref. PID2020-113063RB-I00, mencionado con anterioridad.

[8] Amelia Agostini del Río, *Viñetas de Puerto Rico*, Alfaguara, Madrid, 1965.

[9] Amelia Agostini del Río, *Más acá de la muerte: conversaciones con mi hijo*, Ediciones Río Duero, Zaragoza, 1980.

vecinos, conocidos, descritos al amparo de sus propias emociones y, sobre todo, realizando una evocación del pasado. Aborda en él la existencia de la diferenciación racial tras el abolicionismo de la esclavitud; la emigración corsa y su fuerte impronta económica y política, así como su choque con la población de origen mallorquín; las costumbres, los estereotipos, etc. Su texto nos permite, por tanto, examinar el paisaje social y cultural de Puerto Rico a principios del siglo XX.

La lectura de *Más acá de la muerte. Conversaciones con mi hijo,* cuyo hilo conductor es un repaso de la vida de su hijo y, por ende, de la suya propia, nos ha permitido completar su biografía desde aspectos íntimos y personales: sus emociones, sus convicciones, su idea de la religiosidad. Pero, sobre todo, hemos podido indagar en algunas de las relaciones intelectuales que mantuvo desde que se instaló con su esposo en Nueva York en 1929.

MAESTRA Y ESCRITORA. EL PERSONAJE Y SU ENTORNO

Pero ¿quién fue Amelia Agostini? Profesora de español y escritora, su figura es estudiada esencialmente de manera trasversal, a la sombra de su esposo Ángel del Río, profesor de Literatura española en la universidad neoyorquina de Columbia;[10] o en estudios sobre la visita de Federico García Lorca a Nueva York en 1929; asimismo al hilo de la propia obra lorquiana *Poeta en Nueva York.*[11] También es

[10] Ángel del Río (Soria, 1901-Nueva York, 1962) fue un destacado hispanista afincado en Nueva York. Profesor en la *New York University* y en la Universidad de Columbia desde 1929, donde desarrolló toda su carrera académica formando parte de un grupo de intelectuales como fueron Federico de Onís, Eugenio Florit y Andrés Iduarte. Sería, junto a Onís, un referente del *Hispanic Institute,* institución preeminente en los estudios hispánicos en Estados Unidos. También, de la *Revista Hispánica Moderna,* órgano del *Hispanic Institute,* ocupando el cargo de director del *Institute* y de la revista a partir de 1954, tras la jubilación de Federico de Onís. Fue autor de libros de referencia literaria y de innumerables artículos de revistas y de reseñas bibliográficas. "La muerte de Ángel del Río", *Thesaurus,* Tomo XVII, n.º 2, 1962. https://cvc.cervantes.es/lengua/thesaurus/pdf/17/TH_17_002_269_1.pdf

[11] Véase: James D. Fernández, "The Discovery of Spain in New York, circa 1930", en Edward J. Sullivan, *Nueva York: 1613-1945*, Scala, New York Historical Society, New York, 2010.

abordada por Carmen de Zulueta[12] y Pilar Piñón Varela,[13] en trabajos referentes a la Residencia de Señoritas de Madrid y al intercambio de estudiantes entre España y Estados Unidos. La encontramos, además, en monografías sobre autoras latinas en Estados Unidos.[14]

Amelia Agostini Bonelli nació en Yauco, Puerto Rico, en 1896, cuando la isla era todavía una colonia española. Su padre fue Alejandro Agostini Negroni y su madre Isaura Bonelli, pertenecientes a familias acomodadas descendientes de emigrantes corsos asentados en la parte suroeste de Puerto Rico.[15] Le pusieron de nombre Amelia en honor a su hermana, fallecida cuatro años antes.[16] Una holgada situación económica familiar le permitió crecer en un ambiente propicio para realizar estudios, así como disponer de una biblioteca que la convirtió, desde pequeña, en una gran lectora. Con estos presupuestos, obtuvo una beca para estudiar en la Escuela Normal de la Universidad de Puerto Rico, graduándose en 1917.[17] En esos años de estudio formó parte del ambiente intelectual de la capital y lideraba las actividades culturales que se realizaban desde la universidad, en

---

[12] Carmen de Zulueta y Alicia Moreno, *Ni convento ni college. La Residencia de Señoritas,* Publicaciones de la Residencia de Estudiantes, Madrid, 1993.

[13] Pilar Piñón Varela, ¡Go West Young Woman! *Redes transatlánticas e internacionalismo cultural. Las mujeres como protagonistas del intercambio académico entre España y los Estados Unidos (1919-1939),* Tesis doctoral, Universidad Nacional de Educación a Distancia, Madrid, 2017.

[14] Edna Acosta Belén, "Amelia Agostini del Río", en Vicki L. Ruiz y Virginia Sánchez Korrol, *Latinas in the United States, set: A Historical Encyclopedia,* Indiana University Press, Blomington, 2006.

[15] A principios del siglo XIX, tras la pérdida de su imperio, España temió que el efecto independentista se extendiera a sus colonias caribeñas, por lo que emitió el Real Decreto de Gracias de 1815 (Real Cédula de Gracias) que fomentó y alentó la inmigración de europeos católicos a sus colonias del Caribe. Tras una crisis de subsistencia en Córcega, cientos de familias de esta isla mediterránea emigraron a Puerto Rico, a la zona suroeste, especialmente a las ciudades de Yauco y Guayanilla. Los corsos y sus descendientes jugaron un papel fundamental en el desarrollo de la economía de la isla, especialmente en la industria del café. Otto Sievens Irizarry, "La presencia en la historia de Guayanilla: marineros, comerciantes y agricultores", *Ceiba,* 1 (2014), pp. 71-83. https://revistas.upr.edu/index.php/ceiba/article/view/3347

[16] Certificado de defunción. Registro del juzgado municipal de Aguadilla, Puerto Rico, Family Search, 22 de junio de 2021. https://www.familysearch.org/search/record/results?q.givenName=amelia&q.surname=agostini%20bonelli&m.defaultFacets=on&m.queryRequireDefault=on&m.facetNestCollectionInCategory=on&count=20&offset=0

[17] Edna Acosta Belén, "Amelia Agostini del Río...", p. 11.

las que coincidía con agentes importantes de la cultura; entre ellos, el escritor y político José de Diego.[18]

En 1918 viajó a Estados Unidos para continuar su educación en *Vassar College*.[19] Su estancia en esta universidad fue muy prolífera; en 1922 se le otorgó la prestigiosa Phi Beta Kappa[20] y también la beca de posgrado que le permitió realizar una estancia de un año en la Residencia de Señoritas de Madrid, en el curso 1922-1923.[21] Sin embargo, si bien fue beneficiada con esta aportación económica, la cantidad no resultaría suficiente, por lo que su círculo de amistades intelectuales de Puerto Rico llevaría a cabo una fiesta en el teatro Olimpo de la capital a fin de recaudar fondos para su permanencia en Madrid.[22] Allí encontraría la amistad de otros intelectuales. Con la directora de la residencia, la insigne pedagoga María de Maeztu, mantuvo relación y correspondencia tras finalizar su estancia. Valga de ejemplo esta carta que le escribió en el verano de 1935, cuando Amelia pasaba las vacaciones con su familia en España:

---

[18] "Desde Río Piedras", *Boletín Mercantil de Puerto Rico*, 9 de febrero de 1915, p. 3. José de Diego, (Aguadilla, 1867-Nueva York, 1918) fue un político y abogado puertorriqueño además de un renombrado poeta, reconocido como uno de los más prestigiosos de Puerto Rico. En política, fue un gran defensor de la independencia de Puerto Rico de Estados Unidos y gran hispanófilo en términos identitarios. "José de Diego", *Biografías y Vidas*, 5 de septiembre de 2021, https://www.biografiasyvidas.com/biografia/d/diego_jose.htm

[19] "In the Spanish Department", *Vassar Miscellany News*, vol. III/32, 19 de febrero de 1919. https://newspaperarchives.vassar.edu/?a=d&d=miscellany19190219-01.2.5&srpos=4&e=-------en-20--1--txt-txIN-agostini. Amelia detalla a Carmen de Zulueta que pudo estudiar en *Vassar College* gracias a la intervención de Susan Huntington Vernon, directora del *International Institute for Girls in Spain* desde 1910 y que había sido profesora de la Universidad de Puerto Rico hasta 1909. Carmen de Zulueta, *Ni convento ni college…*, pp. 215-225; Pilar Piñón Varela, *¡Go West Young Woman!…*, p. 199.

[20] "PHI BETA KAPPA. ELECCTION ANNOUNCED", *Vassar Miscellany News,* vol. VI, n.º 36, 4 de marzo de 1922. https://newspaperarchives.vassar.edu/?a=d&d=miscellany19220304-01.2.4&srpos=3&e=-------en-20--1--txt-txIN-agostini

[21] Concesión de beca de posgrado, *Vassar Miscellany News,* vol VI, n.º 58, 17 de junio de 1922, p, 8. https://newspaperarchives.vassar.edu/?a=d&d=miscellany19220617-01.2.34&e=-------en-20--1--txt-txIN

[22] "Gran fiesta en el Olimpo", *La Correspondencia de Puerto Rico,* 13 de julio de 1922, p. 2. https://original-ufdc.uflib.ufl.edu/AA00031601/02539/2?search=amelia+agostini

> Esta mañana fui a verla a la Residencia con la casi certeza de no hallarla y sin embargo con la esperanza de que algo la retuviera en Madrid en estos días. (...) A Pura Arias le dejé un mensaje de afecto para usted; ella me dio sus señas y con gusto le escribo estas líneas. Cuando llegué de New York, estuvimos sólo dos días en Madrid y no salí por tener al chico febril un día y el otro por la lluvia. Le dije a Felisa que iba a verla (a usted) en mi próxima venida a Madrid dentro de dos semanas y una infección intestinal del niño me lo impidió. Hoy, ya ve usted qué mala suerte. Y ya no vuelvo pues el once nos vamos de Soria a París para embarcar el 17 de septiembre. (...) Este verano he conocido la montaña y Asturias –borracha estoy de tan maravillosos paisajes– y D.M. dentro de tres años pasaremos parte del verano en el norte. La Residencia –tan simpática como siempre– sólo que desierta, claro. Ya ve usted como no dejo de darme mis paseítos por ella. (...) Mi hijo –Miguel Ángel (...) ha ganado mucho en España, en peso, colores y gracias. Ya usa pantalón y está muy majo. Siento que no lo conozca. Espero y deseo que el verano le sea muy grato y como siempre, éxito y felicidad.[23]

Amén de estas relaciones, durante su estancia en la Residencia publicaría algunos cuentos en la revista *Baleares*, como el titulado *El héroe soldado*, en 1922, y *La Mártir*, editado en 1923.[24] Una vez graduada y de nuevo en Puerto Rico, daría clases en secundaria en la

---

[23] El corpus de cartas intercambiadas entre ambas está depositado en los fondos de la Residencia de Señoritas. En estas, Agostini le escribe desde la Universidad de Miami, donde ejerce de profesora hasta 1929, postulando a alumnas para estudiar en la Residencia. También mantienen correspondencia mutua cuando Agostini se encuentra de vacaciones en España pasando el verano en casa de sus suegros en Soria. Las cartas abarcan una cronología desde 1923 hasta 1935. Archivo de la Residencia de Señoritas, Fundación José Ortega y Gasset-Gregorio Marañón, Madrid. La pedagoga María de Maeztu (1881-1948), formada en la Junta para la Ampliación de Estudios (JAE), sería la directora de la Residencia de Señoritas de Madrid y una de las más destacadas intelectuales en las primeras décadas del siglo xx. Véase: Isabel Pérez-Villanueva Tovar, "María de Maeztu y la Residencia de Señoritas", en Paloma Alcalá Cortijo, Capi Corrales Rodrigáñez y Julia López Giráldez, *Ni tontas ni locas: las intelectuales en el Madrid del primer tercio del siglo xx*, FECYT, Madrid, 2009, pp. 128-169.

[24] "El héroe soldado", *Baleares*, n.º 168, 15 de noviembre de 1922, pp. 12-14 y "La mártir", *Baleares*, n.º 180, 15 de mayo de 1923, pp. 11-13.

escuela de Santurce, alternando esta actividad profesional con la escritura y el teatro.[25]

En 1926 cambiará su vida, al contraer matrimonio con el profesor español Ángel del Río (con quien tuvo dos hijos, Miguel Ángel y Carmen). Él había sido su mentor en la Universidad de Puerto Rico. Tras una breve estancia impartiendo docencia en la Universidad de Miami, la pareja se trasladó a Nueva York, donde, según quedó mencionado, su esposo enseñó en la *New York University* y más tarde en el Departamento de español de la Universidad de Columbia.[26]

En Nueva York, la pareja iniciaría una serie de relaciones personales con algunos intelectuales de renombre, como León Felipe, Fernando de los Ríos, Víctor Andrés Belaunde, Federico García Lorca, Julio Camba, Gabriel Maroto y Federico de Onís. Sin duda, la importancia de la amistad con Onís y su familia, así como el encuentro íntimo con Federico García Lorca, merecen un análisis más profundo que haremos más adelante. Asimismo, su amistad con el poeta citado León Felipe, de quien informará en el libro ya mencionado titulado *Más acá de le muerte* (Zaragoza, 1980): "Todos los atardeceres salían a dar vueltas y más vueltas a la manzana (...) acompañada de tu padre y del poeta León Felipe Camino, gran amigo".[27] Esta amistad íntima se mantuvo durante todo el tiempo que el poeta vivió en Nueva York, aunque el matrimonio Del Río

[25] Edna Acosta Belén, "Amelia Agostini del Río...", p. 35.

[26] "Certificado de matrimonio. Registro del juzgado municipal de Aguadilla, Puerto Rico", *Family Search*, 22 de junio de 2021. https://www.familysearch.org/search/record/results?q.givenName=amelia&q.surname=agostini%20bonelli&m.defaultFacets=on&m.queryRequireDefault=on&m.facetNestCollectionInCategory=on&count=20&offset=0

[27] Amelia Agostini del Río, *Más Acá de la Muerte...*, p. 12. Felipe Camino Galicia de la Rosa, más conocido como León Felipe (Tábara, 11 de abril de 1884-Ciudad de México, 18 de septiembre de 1968) fue uno de los mayores poetas españoles del siglo xx En 1922 había viajado por primera vez a México, donde conoció a su futura esposa, Berta Gamboa, profesora de español en Nueva York. Se instala con ella en la ciudad norteamericana y, tras un tiempo trabajando en la escuela Berlitz, consiguió un puesto de profesor de español en la Universidad de Cornell, gracias a la mediación de Federico de Onís. En 1929 formaba parte de ese círculo influyente de hispanistas amparados bajo el marco protector de Onís y del departamento de español de la universidad de Columbia. Posteriormente volvió a España, pero con el estallido de la guerra civil, volvió a México, donde vivió hasta su muerte. Margarita Garbisu Buesa, "León Felipe en Nueva York", *Rinconete*, 7 (2019). https://cvc.cervantes.es/el_rinconete/anteriores/junio_19/07062019_01.htm

continuaría en contacto con el poeta. Así lo pone de manifiesto la correspondencia mantenida con Ángel del Río y que Amelia recoge en su obra mencionada con anterioridad *León Felipe, el hombre y el poeta*, publicada en 1980, en la que examina la trayectoria personal e intelectual del insigne poeta.

De igual modo, coincidió e intimó con el pintor español perteneciente a la Generación del 27, Gabriel Maroto.[28] Lo define como un hombre franco pero, al mismo tiempo, impredecible. Y le cuenta a su hijo:

> Recuerdo que una noche que bailábamos en la Casa Italiana, de pronto, a boca de jarro me preguntó: ¿Qué tal bailo? Bien. Me alegro porque si me llega a decir que mal, la dejo plantada en medio del salón de baile. ¡Y vaya que si lo hubiera hecho! Atemorizada, subí el bien a muy bien. En aquel entonces no se separaban las parejas como lo hacen hoy y a mí me habría azorado verme sola en medio del salón.[29]

El matrimonio Del Río recibió en su casa a Maroto y su familia, manteniendo la amistad hasta que el pintor se marchó a vivir a México, exiliado tras la guerra civil española. A partir de ese momento fueron perdiendo el contacto, pues Amelia no sabía si el pintor permanecía en México, ni siquiera si seguía vivo.[30] De hecho, Gabriel Maroto había fallecido en el exilio, en México, en 1969, diez años antes de que Amelia Agostini escribiera a su hijo estas líneas sobre su relación con el pintor español.

---

[28] Gabriel García Maroto, (1889-1969), pintor, escritor y poeta español. Autor de numerosos libros de poesía, y, participante en diferentes exposiciones de Bellas Artes. En 1927 marchó a México, de donde era su esposa, Amelia Narezo. En 1930 vivieron en Nueva York, y, formaron parte del círculo de amistades hispanistas, entre ellos el matrimonio Del Río. Miguel Cabañas Bravo, "De La Mancha a México: la singular andanza de los artistas republicanos Gabriel García Maroto y Miguel Prieto", *Migraciones y Exilios: Cuadernos de la Asociación para el estudio de los exilios y migraciones ibéricos contemporáneos*, 6 (2005), p. 51.

[29] Amelia Agostini del Río, *Más acá de la muerte...*, p. 15.

[30] Ibídem, p. 15.

Por último, hemos de mencionar al escritor gallego Julio Camba,[31] con el que el matrimonio Del Río compartiría sesiones de juego de cartas y paseos, durante la estancia de este en Nueva York como corresponsal del diario *ABC*, a partir de finales de 1930. En sus conversaciones imaginarias le relata a su hijo cómo Camba actuaría en defensa suya, ante las travesuras propias de un niño:

> Julio Camba fue tu defensor luego cuando ya tenías dos años y te empeñabas en llevarte las cartas de la mesa en la que jugábamos al tute. Te corregíamos, sobre todo tu padre, hasta que saltó Camba: No abuse usted del niño, del Río. A usted le gusta jugar; a él también, está en su derecho. Pero usted con su autoridad de padre e por ser el más fuerte, quiere imponerse.[32]

En un artículo publicado años antes, en 1971, en el periódico puertorriqueño *El Imparcial*, y dedicado a Julio Camba, Amelia ponía de relieve la estrecha amistad que conservaron ella y su esposo con el periodista gallego hasta el fallecimiento de este en 1962. Relataba que frecuentaba a menudo su casa neoyorquina, realizando frecuentes paseos con Ángel del Río por Harlem o por el barrio judío, pues Camba sentía fascinación por la cultura sefardita y afroamericana, sobre todo por las mujeres. Así lo describe Amelia: "Le fascinaban las *fermosas doncellas* sefarditas y el español que hablaban, y los negros, tan sinuosos y rítmicos y elegantes. Le entusiasmaba mi sirvienta por ser una negrita puertorriqueña graciosa y juncal". Amelia concluye este artículo indicando el cariño con el

[31] Julio Camba (1884 -1962) es uno de los grandes escritores del siglo xx, aunque la mayor parte de su obra se realiza al amparo de su labor periodística. Viajó varias veces a Estados Unidos: en 1916 como corresponsal del diario español *ABC*, estancia que dio lugar a la publicación del libro *Un año en el otro mundo* (1917). Invitado por la Fundación Carnegie regresa en 1929 y un año después vuelve otra vez como enviado de *ABC*. Julio Camba, "Notas del editor", *Nueva York Un Año en el Otro Mundo*, Reino de Cordelia, Madrid, 2020, p. 13. (Es reedición de *Un año en el otro mundo*: Primera edición: Biblioteca Nueva, Madrid, 1917).

[32] Amelia Agostini del Río, *Más acá de la muerte...*, pp. 15-16.

que recuerda a Camba, porque con su humor irónico la hacía reír y le alegraba la vida en aquellos encuentros cotidianos.[33]

Amelia Agostini vivió durante cuarenta años en esta ciudad, trabajando en la docencia universitaria y en otras actividades académicas y culturales, incluida la escritura creativa y el teatro. Fue profesora de Lengua y Literatura españolas en *Barnard College* desde 1929 y presidenta del Departamento de español en esta institución universitaria desde 1942 hasta 1962, año de su jubilación.[34] Reemplazó en tal centro, siguiendo su estela, a la docente española afincada en Estados Unidos Carolina Marcial Dorado.[35] Agostini –en unión de su esposo–, enseñó en el programa de verano de Lengua española de *Middlebury College*.[36] La pareja también coeditó el libro de texto, ampliamente utilizado, *Antología general de la literatura española* en 1960.[37] Asimismo Amelia Agostini, en coautoría y en solitario, escribió más de 40 libros entre ensayos, poesía, cuentos y antologías, además de realizar numerosas reseñas de importantes autores, como ponen de manifiesto sus aportaciones en la revista *Hispánica* de la Universidad de Columbia.[38] Fue académica de número de la Academia

[33] Amelia Agostini del Río, "Recuerdos de un gran humorista", *El Imparcial,* 20 de mayo de 1971, en Amelia Agostini del Río, *Rosa de los vientos...*, pp. 135-137.

[34] "Amelia Agostini del Río, 100, Professor, Poet and Playwright", *New York Times,* 14 december, 1996, p. 52. https://www.nytimes.com/1996/12/14/arts/amelia-agostino-del-rio-100-professor-poet-and-playwright.html

[35] Para saber de Carolina Marcial Dorado, véanse: Rosario Márquez Macías, "In defense of hispanic culture: Carolina Marcial Dorado (1889-1941), a peculiar woman in the intellectual scene of North America", *Jangwa Pana,* 16 (2017); Ídem, "Carolina Marcial Dorado (1889-1941): embajadora de lo hispano en Estados Unidos. El Bureau de Información pro-España", en Pilar Cagiao, *Donde la política no alcanza: el reto de diplomáticos, cónsules y agentes culturales en la renovación de las relaciones entre España y América, 1880-1939,* Iberoamericana Vervuert, Madrid, 2018; Ídem, "Carolina Marcial Dorado (1889-1941): una española en California", en Carlos Aguasaco, *North America and Spain: Transversal Perspectives-Norteamérica y España: perspectivas transversales,* Escribana Books, Nueva York, 2017; ídem, "Pasión e intelectualidad: la relación epistolar entre Carolina Marcial Dorado y María de Maeztu", en María Luisa Candau Chacón, *Pasiones en femenino: Europa y América, 1600-1950*, Universidad de Sevilla, Sevilla, 2019.

[36] Roberto Véguez y Tom Woodward, *En las montañas de Vermont: los exiliados en la Escuela Española de Middlebury College, 1937-1963*, Middlebury Language Schools, Middlebury, 2017.

[37] Edna Acosta Belén, "*Amelia* Agostini del Río...", p. 11.

[38] Además de las ya citadas, destacan sus obras: Amelia Agostini del Río y Ángel del Río, *Del solar hispánico: lecturas de literatura española e hispanoamericana*, The Dryden Press, New York, 1945; Amelia Agostini del Río, *A la sombra del arce*, Papeles de

Norteamericana de la Lengua Española, siendo postulada por esta institución para el Premio Cervantes en 1986, en unión de otros importantes académicos como José Agustín Balseiro, Juan Avilés, Odón Betanzos y José Ferrater;[39] y académica correspondiente de la Real Academia Española. En 1954 recibió el premio a la ciudadana del año del Instituto de Puerto Rico en Nueva York, siendo distinguida, unos años después, en 1960 con la llave de la ciudad de Nueva York por el alcalde Robert Wagner.[40] A su vez, en 1977, Juan Carlos I, rey de España, le otorgaría el lazo de dama de Isabel la Católica.[41]

Volvería a Puerto Rico tras enviudar en la década de 1960; allí continuó sus actividades profesionales, escribiendo con frecuencia

Son Armadans, Madrid, 1965; Amelia Agostini del Río y Francine A. Dunlay, *Así es España*, Holt Rinehart and Winston, New York, 1965; Amelia Agostini del Río, *Mitos para niños*, Editorial del Departamento de Instrucción Pública, San Juan de Puerto Rico, 1965; Ídem, *Poesía hispánica: unos momentos líricos*, Holt Rinehart and Winston, New York, 1965; Ídem, *El teatro cómico de Cervantes*, Imprenta Aguirre, Madrid, 1965; Amelia Agostini del Río y Margarita Ucelay, *Visión de España*, Holt Rinehart and Winston, New York, 1968; Amelia Agostini del Río, *Hasta que el sol se muera*, Ediciones Río Duero, Zaragoza, 1969; Amelia Agostini del Río y Laura de los Ríos de García Lorca, *Lengua viva y gramática*, Holt Rinehart and Winston, New York, 1969; Amelia Agostini del Río, *Por el camino de Joglar Cacho*, Cooperativa de Artes Gráficas Romualdo Real, San Juan de Puerto Rico, 1969; Ídem, *Flores del romancero*, Prentice-Hall, New Jersey, 1970; Ídem, *Puertorriqueños en Nueva York: cuentos*, Editorial Mensaje, Nueva York, 1970; Ídem, *Gramática y teoría literaria: guión para el estudiante*, Universidad de Río Piedras, San Juan de Puerto Rico, 1971; Ídem, *Dime cómo hablas y te diré quién eres*, Industrias Gráficas M. Pareja, Barcelona, 1973; Ídem, *El español es nuestra lengua: libro de lectura, gramática y canciones para niños de habla española*, Editorial Cordillera, San Juan de Puerto Rico, 1973; Ídem, *Canto a San Juan de Puerto Rico y otros poemas*, Ediciones Río Duero, Madrid, 1974; Ídem, *Gramática y teoría literaria*, Editorial Universitaria, San Juan de Puerto Rico, 1974; Ídem, *Canto a San Juan de Puerto Rico, y otros poemas*, Ediciones Río Duero, San Juan de Puerto Rico, 1974; Ídem, *Compañero del estudiante del Quijote*, Editorial Cordillera, San Juan de Puerto Rico, 1975; Ídem, *Compañero del estudiante del Quijote*, Editorial Cordillera, San Juan de Puerto Rico, 1975; ídem, *Duerme hijo*, Industrias Gráficas M. Pareja, San Juan de Puerto Rico, 1978; Ídem, *León Felipe: el hombre y el poeta (1884-1968)*, Editorial Mensaje, Nueva York, 1980; Ídem, *Rosa de los vientos*, Instituto de Cultura Puertorriqueña, San Juan de Puerto Rico, 1980; Ídem, *Unamuno múltiple: antología*, Universidad Río Piedras, San Juan de Puerto Rico, 1981; Ídem, *Del Yunque a los Pirineos: (cuentos para adultos)*, Editorial Mensaje, Nueva York, 1982; Ídem, *Mi Santa Teresa de Jesús*, Biblioteca de Autores Puertorriqueños, San Juan de Puerto Rico, 1983.

[39] Carta de Juan Avilés a José Ferrater, 5 de septiembre de 1986. Informe de la Academia Norteamericana de la Lengua Española, 1986.

[40] "A Century comes to an end, a new one begins", *Vassar Quarterly*, vol. XLVI, n.º 4, 1 April 1961, p. 25. https://newspaperarchives.vassar.edu/?a=d&d=vq19610401-01.2.4&srpos=30&e=-------en-20--21--txt-txIN-agostini

[41] Amelia Agostini del Río, *Más acá de la muerte…*, p. 182.

la columna cultural del periódico puertorriqueño *El imparcial.* Los artículos de su autoría contenidos en este periodo serían recogidos en el libro *Rosa de los vientos*, publicado en 1980; en él relata anécdotas personales relacionadas con intelectuales que formaron parte de su vida –como hemos escrito antes respecto a su relación con Julio Camba– y que, en cierta medida, influyeron positivamente en ella. Falleció a los 100 años, en 1996 en Nueva Jersey, rodeada de su familia y tras haber desarrollado una prolífica carrera literaria y profesional prácticamente hasta el final de su longeva vida.[42]

VIÑETAS DE PUERTO RICO: AMELIA AGOSTINI EN YAUCO

Este libro ha sido una fuente primordial en esta investigación. La propia Amelia Agostini es consciente del valor de esta obra y así lo manifiesta haciéndonos un "guiño" en la página de presentación de un texto posterior, *Puertorriqueños en Nueva York,* en la que escribe:

> Si en *Viñetas de Puerto Rico* iban soterradas las añoranzas de mi niñez y mi juventud, aquí van mis nostalgias por la tierra donde aprendí a amar y a compadecer, nostalgias que hago sentir a algunos de los compatriotas que aparecen en *Puertorriqueños en Nueva York.*[43]

Compuesto de diecisiete cuentos –de los que seleccionamos tres por reflejar en mejor medida vida y recuerdos– algunos repletos de reminiscencias de su infancia y juventud, sería descrito por José Juan Báez, en su artículo "Trayectoria del Cuento en Yauco", el primero de los contenidos en el libro:

> En el cuento que da inicio a Viñetas de Puerto Rico, "¡Ah, primer amor!", la biografía de la autora desborda la ficción. Veamos.

[42] Pega Ann Bliss, "Amelia Agostini del Río (1896-1996)", *Hispania,* vol. 80/2 (1997), pp. 373-378.

[43] Amelia Agostini del Río, *Puertorriqueños en Nueva York*, Editorial Mensaje, Valencia, p. 7.

> La historia cuenta los avatares del primer amor (y de la primera decepción) de la protagonista. Pero, al leer sobre el cura del pueblo, nos enteramos de que era "un holandés espigadísimo, rubio, alegre" (sacerdotes holandeses fueron asignados a la parroquia de Yauco en los años iniciales del régimen norteamericano en 1904, en la niñez de Amelia Agostini).[44]

Báez remarca que la autora escribe esta obra con humor, ironía y gracia, como destaca en otro pasaje del primer cuento:

> En la escena final, al entrar en la sala de la casa de la amiga que se casó con quien había sido su "primer amor" escucha a un hombre roncar. Sólo le alcanza ver un pie, del que por un agujero en el calcetín "asoma la uña inmensa del dedo gordo": Llegó mi amiga y con los saludos se despertó su marido, no su suegro como había supuesto yo.... Su voz era acariciadora, sí que lo era, pero aquel calcetín roto y el indiscretísimo dedo gordo me quitaron la ilusión de mi primer amor. Yo estoy segura de que el Señor, compadecido de mi tontería, quiso curarme de una vez para siempre. ¡Ya era hora! Aquel amor a lo adivino (*sic*) se llevó los cinco años más lozanos de mi juventud.[45]

De modo que, según este autor, aparecen implícitas cuestiones como la realidad de su pueblo, sus primeras experiencias, su carácter alegre, etc. Amelia evocaba en este capítulo cuáles habían sido sus primeros anhelos amorosos, su encandilamiento platónico y la pérdida de cuatro años –que consideraba cruciales– a causa de tales sentimientos.

En el cuento *Pecadillos* la autora trata el tema de la emigración española y corsa a la isla, esta última muy numerosa en su pueblo natal, de la que ella era descendiente, como hemos señalado antes. Por tanto, al escribir sobre ellos, está evocando la historia y la idiosincrasia

---

[44] José Juan Báez Fumero, "Trayectoria del Cuento en Yauco, una aproximación", *Revista Horizontes*, (2011), p. 5. https://publicaciones.pucpr.edu/version_digital/revista_horizontes_LIV_104-105/5/

[45] Ibídem, p. 5.

de su propia familia, así como la de su comunidad, destacando la práctica de la endogamia y, por ello, el choque cultural con los descendientes españoles, mayoritariamente mallorquines, en esta zona de Puerto Rico. Un choque respetuoso en todo caso. A este respecto, conversan los personajes del cuento:

> Asómese, doña Josefa, que por allá viene Napoleón acaramelao con la pata del Cid. ¿Qué jerigonza estás hablando, muchacha? ¿Señora, pero va a ser un insulto llamar Napoleón al corso Filippi? A él le gusta (...) Lo de la pata del Cid no sé con qué se come, pero eso lo dice usted de las personas orgullosas, y ese gallego es más orgulloso que... No es gallego, es mallorquín. ¡A ver si no es lo mismo![46]

Amelia introducirá aquí conceptos característicos de su comunidad, así como estereotipos con los que eran juzgados los descendientes españoles, a los que se denominaba gallegos en general, por la enorme emigración aportada desde esta región española a toda América Latina. En un pasaje posterior del mismo cuento, la autora explicará el proceso de expansión de la citada emigración corsa en su pueblo; y, así, escribe: "Predominaban los corsos en aquella zona porque como el primero que llegó se hizo rico con unos cafetales, aquello fue lo de las cerezas; fueron cayendo franchutes (...) y nada, que en poco tiempo, medio pueblo era corso y rico".[47]

En esta diatriba entre los descendientes corsos y mallorquines, Agostini presenta a los primeros como alegres y generosos. Por el contrario, a través del relato muestra a los mallorquines como recios, serios, aunque formales. Pero en el fondo el mensaje resulta ser una crítica a aquellos estereotipos con los que se clasificaba a las personas pertenecientes a grupos migratorios concretos que tenían que convivir en un mismo espacio. La escritora utiliza aquí la sorna, el humor y la evocación de su propia infancia, para tratar esta convivencia

[46] Amelia Agostini del Río, *Viñetas de Puerto Rico...*, p. 21.
[47] Ibídem, p. 22.

entre comunidades dispares y endogámicas en el suroeste de su país a principios del siglo xx.

El último cuento que vamos a analizar, *Encarnación,* afronta la situación de la población mulata y negra tras ser abolida la esclavitud en Puerto Rico en 1873. A pesar de la adquisición de la libertad, seguían existiendo prejuicios raciales. Los anteriores dueños mantenían un trato diferenciador y paternalista. De hecho –al igual que en otras zonas del Caribe– los siguieron atendiendo en los trabajos de servicio doméstico. El criado o la criada mulatos o negros podían ser queridos, admirados, protegidos, pero su lealtad y disciplina debían ser totales. Se podían perdonar faltas (como en este relato, en el que la señora disculpa a su sirvienta mulata por un robo de un ave de un vecino), pero las violaciones o abusos cometidos por parte de los antiguos amos y señoritos resultaban doblemente nefastos para la persona objeto de abusos; y se volvían las tornas, pues en los casos de violación manifiesta, las acusaciones se dirigían hacia la víctima, culpabilizándose a criadas y sirvientas de los actos de quienes abusaron de ellas. Así lo expresaría, en la ficción, la sirvienta Encarnación al ser despedida: "Me echa, me echa por esto, por la limosna[48] que di al hijo suyo, al hambriento... y no me echó por ladrona. No lo entiendo, no lo entiendo, señor.[49] Una "limosna" que no había sido sino la entrega de su propio cuerpo al amo.

Este cuento esconde una dura crítica de Agostini a la hipocresía de la sociedad en la que le tocó vivir su infancia, además de ser un ataque a la situación de desamparo en la que quedaron las esclavas liberadas. Estas, a pesar de haber alcanzado la libertad, seguían ocupando la escala inferior de la sociedad, continuando en los mismos puestos de servicio a la élite blanca y rica.

[48] Así alude la protagonista del cuento al hecho de haber mantenido relaciones sexuales con el hijo de su señora.

[49] Amelia Agostini del Río, *Viñetas de Puerto Rico...*, p. 71.

EMOCIÓN Y DESGARRO. LA VIDA DE AMELIA AGOSTINI A TRAVÉS DE SU OBRA *MÁS ACÁ DE LA MUERTE. CONVERSACIONES CON MI HIJO*

En este monólogo, publicado en el año 1980, escrito en primera persona y dirigido a su hijo Miguel Ángel Del Río (1929-1977), fallecido tres años antes, a la edad de 48 años, Amelia Agostini comienza con emotivas palabras que denotan dolor y ausencia; y, sin embargo, a medida que avanza, utilizará de nuevo la sorna, la ironía y el humor tan característicos de su personalidad y de sus obras. Al finalizar el texto, el discurso pondrá al trasluz sus experiencias, protagonistas del discurso y creadoras de un libro que es, en realidad, su biografía, con su hijo en el centro. Amelia Agostini comienza así estas imaginadas conversaciones:

> Yo no sé si solo eres polvo. Si es así, ni por el pensamiento ni por el sentimiento padecerás. Como te llevo en el corazón, te hablaré como si fueras el nene de meses que no hablaba aún pero que parecía reconocer mi voz al agitar los bracitos. Y te recordaré unas cosas de tu adolescencia y juventud y te contaré otras para entretener tu soledad, y hasta imaginaré tu picardía. Todas las noches te rezo. La costumbre trae un consuelo. Pero, qué irónico me resulta pedir a Dios tu descanso.[50]

Con estas palabras ponía de manifiesto el dolor por la pérdida y, sobre todo, la no aceptación de la muerte; parece que el rezo la consuela, pero reflejan el no entendimiento de la muerte de su hijo. Un hijo rememorado en su infancia: "como si fueras el nene de meses", luciendo así una maternidad que resulta más tierna por ejercitarse ante un ser débil, por su corta edad. Para ella hablar a su hijo se convierte en una necesidad, también en un consuelo, como expresa en el segundo capítulo: "Quiero conversar contigo, quizás así se aminore la desolación sin ti, al volver a vivir la dicha y los infortunios pasados".[51]

---

[50] Amelia Agostini del Río, *Más acá de la muerte...*, pp. 9-10.
[51] Ibídem, p. 11.

Por otro lado, como es obvio la autora quería dejar patente su amor maternal. Llamado Miguel Ángel, era el segundo de sus hijos. El primero, de igual nombre, había fallecido al nacer, con el lógico y consecuente dolor que le acarrearía una depresión de la que tardó en recuperarse, siendo la razón por la que aquél heredó su nombre: el recuerdo al hermano muerto. Resulta paradójico que a ella le pasara lo mismo: también Agostini había heredado el nombre de una hermana fallecida con anterioridad.[52]

El libro, entre otras cuestiones, repasa el nacimiento y los años escolares de Miguel Ángel, así como su paso por la universidad; a partir de estas experiencias hemos podido acceder al perfil más íntimo de Agostini; nos ha permitido realizar un análisis de su entorno más próximo y hemos podido poner nombre a aquellas personas, intelectuales e hispanistas, que fueron importantes para ella y su familia, y de cuyo círculo formaron parte desde su llegada a Nueva York. Esas amistades se vieron aumentadas posteriormente, cuando el matrimonio Del Río ya se había asentado definitivamente en la ciudad. Sobre esta cuestión destaca la obra de Carmen de Zulueta *Caminos de España y América,* en la que bautiza con el nombre *Spain on the Hudson* ese espacio común ocupado por algunos de estos hispanistas. Escribe:

> En un piso grande de Riverside Drive, como una familia más en el vecindario de la Universidad de Columbia y Barnard College, en lo que ya era *Spain on the Hudson.* Allí vivían, además de don Fernando de los Ríos, Margarita Ucelay y su marido Ernesto Dacal; Teresa Castroviejo, casada con Pedro Escobal, que fue un famoso futbolista, y el profesor de la Universidad de Columbia Ángel del Río, con su esposa Amelia Agostini del Río, jefa del departamento de español de *Barnard College.*[53]

Por otro lado, su testimonio en esta obra nos ha permitido valorar tanto sus convicciones religiosas como sus divergencias con algunas

[52] Ibídem, p. 12.

[53] Carmen de Zulueta, *Caminos de España y de América,* Residencia de Estudiantes, Madrid, 2004, p. 100. Leído en María Luz Arroyo Vázquez, "España y Estados Unidos

prácticas de la Iglesia católica, a la que pertenecía. De todo ello hablaremos más adelante.

Amelia Agostini irá describiendo su llegada a Nueva York, donde se instalan en una pensión de españoles situada en la calle 92, próxima a la avenida Ámsterdam. Eran días previos al nacimiento de su hijo que ella dedicaba a pasear con su esposo y el gran poeta León Felipe, uno de sus amigos más importantes. Y tras la espera, el parto, que Agostini relatará recordando cómo se inició estando su esposo cenando con León Felipe –cuya amistad ya comentamos líneas atrás– y con quien acudía al hospital: "León Felipe nos acompañaba diariamente en el hospital. (...) Iba a verme con tu padre y daba tales voces que hubo quejas. ¿Cómo aplacar el entusiasmo de nuestro amigo, con tal vozarrón? Lo curioso era que en la pensión se pasaba largos ratos silencioso."[54]

Es entonces cuando la escritora realiza un repaso de las importantes relaciones que comenzó a cultivar desde su llegada a Nueva York, según quedó citado, y así quería transmitirlo a su hijo ausente: "En nuestra habitación se hacía la tertulia porque tu padre no quería dejarnos solos. Yo te encerraba en el cuarto de baño para que no respiraras el humo de los cigarrillos".[55] De este modo, su relato nos informa, como ya vimos, no solo de su vida; también del grupo de intelectuales que se reunían en aquella pensión de la calle 92.

Resaltaba la amistad con todos ellos, dedicando, por lógica, una atención especial a dos de sus relaciones más estrechas. Qué duda cabe que uno de los más importantes fue el profesor de español de la Universidad de Columbia Federico de Onís,[56] su mentor en Puerto Rico y uno de los artífices de su nombramiento como profesora en

en la obra de Carmen de Zulueta", en Mercedes Arriaga Flórez, Ángeles Cruzado Rodríguez, Estela González de Sande y Mercedes González de Sande, *Escritoras y figuras femeninas (literatura en castellano)*, ArCiBel Editores, Sevilla, 2009, p. 54.

[54] Amelia Agostini del Río, *Más acá de la muerte...*, p. 13.

[55] Ibídem, p. 14.

[56] Importante profesor, filólogo e hispanista español asentado desde 1916, con algunas idas y venidas a España, en Estados Unidos. En 1926 fundó el departamento de español en la universidad Río Piedras, de Puerto Rico, volviendo a Nueva York en 1929, donde ocupaba la cátedra de español en la Universidad de Columbia. En la década de los años veinte se había hecho cargo del departamento de español de la Columbia y había creado el famoso Instituto de las Españas, referente del hispanismo de la época. Un estudio completo de su vida y trayectoria profesional lo encontramos en

Barnard College. Así lo pone de manifiesto la carta de recomendación de Onís, dirigida a la decana de este Centro, en la que pide la incorporación de Agostini al Departamento de Español para impartir algunos cursos:

> My dear Dean Gildersleeve
>
> I have just returned to the city and find your letter of September 19th.
>
> As you say, it would be difficultd for anyone else to give the courses that Concha Espina was offering, as they were designed especcially for her. But others could be substituted, and I think either Proffesor del Río or Mrs. Del Rio would be very good. Probably Mrs. Del Río would have more time than Professor del Rio. I know her very well; her preparation is excellent, she has tought at Vassar, and she is a very capable and agreeable person, from every point of view.[57]

Su presencia en la vida de Agostini supera las relaciones académicas, razón por la cual quedaron conectados con sus recuerdos familiares, en las conversaciones con su hijo y en su influencia posterior. Onís y su mujer, Harriet, fueron una familia para Ángel del Río y Amelia, lo que explica que fuesen elegidos como padrinos de su hijo, pese a la condición de judía de la esposa. Federico de Onís y Harriet Vivian Wishnieff –su nombre de soltera– se habían casado en agosto de 1924; siendo este el segundo matrimonio del profesor salmantino, divorciado unos años antes de su primera mujer, Andrea Rodríguez Bondía.[58]

---

la obra: Octavio Ruiz-Manjón, *Entre España y América. Federico de Onís (1885-1966)*, Universidad de Salamanca, Salamanca, 2019.

[57] Traducción: "Mi querida Decana Gildersleeve, Acabo de regresar a la ciudad y he encontrado su carta del 19 de septiembre. Tal y como dices, sería difícil para cualquier otro dar los cursos que Concha Espina estaba ofreciendo, ya que estos estaban diseñados especialmente para ella. Pero otros pueden ser sustituidos, y creo que tanto el profesor Del Río como la señora Del Río serían muy buenos. Probablemente la señora Del Río tenga más tiempo que el profesor Del Río. La conozco muy bien, su preparación es excelente, ha enseñado en el Vassar, y es una persona muy capaz y agradable, desde todos los puntos de vista". Carta de Federico de Onís a Virginia C. Gildersleeve, 23 de septiembre de 1929. Barnard College Archives, BC 5.1, correspondence 1929-1930, Box number: 87. Nueva York.

[58] Onís pudo divorciarse de su esposa en Estados Unidos, en España no fue reconocido hasta 1934, durante la Segunda República. El matrimonio tuvo tres hijos; los dos

Esta segunda esposa, Harriet, sería una importante traductora de español, ejerciendo una gran influencia intelectual en su marido, al introducirle en la cultura sefardita.[59] Tuvieron un hijo en común, Juan, importante en la vida de Miguel Ángel, como le recuerda Amelia: "Juan fue para ti una especie de héroe a quién admirar".[60]

En los recuerdos de Amelia Agostini, Harriet representa una figura importante. Rememorada con gran afecto, es dibujada como una mujer cariñosa, muy inteligente y muy buena amiga. Una pareja de final trágico y de gran importancia en su vida, lo que queda reflejado en sus palabras, cuando aborda el suicido de Harriet, tres años después de la muerte de Onís, quien también se quitó la vida: "Su suicidio me acongojó".[61] A este respecto, podemos indicar que Harriet de Onís intentó justificar la decisión de su marido de no seguir con vida al no poder soportar los dolores que sufría por una enfermedad facial;[62] pasado el tiempo, la ausencia y el vacío por la pérdida pudieron con ella. Así lo pone de manifiesto Adriana Ramos, profesora y vecina del matrimonio Onís en su retiro de Puerto Rico:

> Muy temprano en la mañana del 14 de octubre me notificaron que don Federico de Onís se había negado a seguir viviendo (...) Tiempo después Harriet se negó a seguir viviendo sin don Federico. Murió de amor y admiración. Sus restos descansan a su lado, en el mismo Cementerio del antiguo San Juan.[63]

Otro de los personajes importantes –en su vida intelectual y personal, y rememorado aquí en relación con su hijo– sería Federico García Lorca. La pareja fue anfitriona del insigne poeta cuando se

mayores se quedaron con el padre en Estados Unidos y el pequeño regresó con su madre a España. Aunque Federico de Onís luchó por la custodia de este hijo, nunca pudo conseguirla. Octavio Ruiz-Manjón, *Entre España y América...*, pp. 153-154 y 184-185.

[59] Ibídem, p. 154.

[60] Amelia Agostini del Río, *Más acá de la muerte...*, p. 14.

[61] Ibídem, p. 14.

[62] Carta de Harriet de Onís a Magdalena Arce, 4 de diciembre de 1966, Puerto Rico. Colección: Archivo del Escritor / Magda Arce, http://www.bibliotecanacionaldigital.gob.cl/bnd/623/w3-article-624197.html

[63] Adriana Ramos Mimoso, "Don Federico de Onís en mi recuerdo", *Revista de Estudios Hispánicos,* 12 (1985), pp. 53-55.

encontraba de estancia en Nueva York en 1929. Acogieron a Lorca durante un par de semanas en su residencia de verano en *Shandaken*.[64] En principio presenta a un hombre cariñoso: "mientras yo preparaba los biberones, tu padre y Federico te cuidaban".[65]

Más adelante, la autora dejará entrever la personalidad fascinante del poeta, su ternura, sus miedos y su carácter peculiar.[66] Para Amelia, Federico fue un gran amante de la infancia y de los niños; así lo recordará luego al relatar cómo asumió sus cuidados una noche que ella se encontraba enferma, encargándose Lorca del hijo durante unos días, hasta su recuperación. De nuevo el poeta y su personalidad. Al parecer el escritor granadino aceptó encantado, pero, a los dos días, alicaído, adujo no poder dormir, imaginando la muerte del niño en la inmovilidad del sueño infantil. Una anécdota que ella reconvierte al recordar la propia idea de la muerte posterior, esta vez real: "Cuarenta y ocho años después te toqué yo porque me dijeron que estabas muerto. Entonces sí lo estabas. Acabé de cerrarte los párpados y así se cubrió para siempre el azul de tus bellos ojos".[67]

Mencionábamos con anterioridad, al hilo de sus recuerdos, los comportamientos religiosos de Amelia Agostini. Volveré a ello. ¿Fue una mujer creyente? ¿Practicante? Siguiendo el hilo conductor de su vínculo con Harriet de Onís y de su decisión de que fuera ella la madrina de Miguel Ángel, pese a su condición de judía y no católica, queremos abordar el conflicto interno de Amelia con el catolicismo y, a través del análisis de las estancias de su hijo en escuelas protestantes,

---

[64] Esta estancia de Lorca en la ciudad norteamericana y en la residencia de verano de la familia Del Río fue descrita por el propio escritor en su obra *Poeta en Nueva York* y abordada por numerosos autores que, desde diferentes disciplinas, han escrito sobre ella. Al respecto, véase: Philip Levine, "Poeta en Nueva York en Detroit", *Boletín de la Fundación Federico García Lorca*, vol. 6, 10-11 (1992); Cristina Torres, "Lorca y Poeta en Nueva York. Amor y muerte de un poeta", *Alcántara: revista del Seminario de Estudios Cacereños*, 78 (2013); Marcela Raggio, "Dos poetas en Nueva York: Federico García Lorca y Thomas Merton", *Boletín GEC: Teorías Literarias y prácticas críticas*, 24 (2019); Juan Arroyo Martín, "El sacrificio en Poeta en Nueva York, de Federico García Lorca", *Biblioteca de Babel: revista de filología hispánica*, 3 (2022).

[65] Amelia Agostini del Río, *Más acá de la muerte...*, p. 17.

[66] Recuerda ciertos episodios de suspicacia del poeta el día en que llegó a la granja en un taxi, acusando al taxista de querer asesinarlo; la realidad radicaba en el idioma: ni Lorca ni el taxista se entendían, dando estas vueltas por la zona. Ibídem, p. 18.

[67] Ibídem, p. 19.

dejar patente la influencia que tuvo en ella el hecho de vivir rodeada de otras religiones. Así, encontramos claros exponentes de su defensa de las personas judías de su entorno que, en ciertas situaciones, seguían siendo apartadas de algunos círculos conservadores de la ciudad. Por ello Amelia recordaba en su "monólogo" situaciones vividas de exclusión de personajes cercanos. Como cuando su hija Carmen invitó a incorporarse a una academia de baile a una amiga judía, rechazada por pertenecer a esta comunidad religiosa; pese a las excusas de la profesora: "Yo no tengo prejuicios contra los judíos pero los tienen las madres de mis alumnos y me quedaría sin estos si admito niños judíos".[68] Amelia realizará una severa crítica a esta actitud, reforzada por las numerosas experiencias positivas fruto del contacto con algunos judíos que, de una u otra manera, fueron importantes en su vida. Entre ellos nombra a Elena Klasky, que pagó su estancia en el hospital cuando, recién llegada a Estados Unidos en 1918, padeció la llamada gripe española; a Bertran Wolfe y su mujer;[69] a Stanley Burnshaw;[70] también a Sara Shapiro,[71] promotora en 1956 de una beca –con el nombre de Amelia Agostini– para que una estudiante de Puerto Rico pudiese cursar estudios en *Barnard College*.[72]

En otro orden de cosas, y pese a mantener una fe profunda, quedan patentes sus conflictos con el catolicismo y con lo que ella consideraba una actitud hipócrita y de conveniencia en la práctica

[68] Ibídem, p. 69.

[69] Bertrand Wolfe (1896-1977) fue un destacado escritor estadounidense, comunista y judío. Fue defensor y promotor del comunismo en Estados Unidos y México, escribiendo numerosas obras sobre personajes marxistas, como Trotski o Diego Rivera. Fue profesor invitado en la universidad de Columbia, por lo que sería factible la amistad con Amelia Agostini. https://powerbase.info/index.php/Bertram_Wolfe

[70] Stanley Burnshaw (1906-2005) fue un poeta, editor y crítico neoyorquino. Era dueño de la editorial Dryden Press, que se fusionó con Holt, Rinehart & Winston en 1958; Amelia Agostini publicó algunas de sus obras de en esta editorial. https://web.archive.org/web/20121113025345/http://www.nytimes.com/2005/09/17/arts/17burnshaw.html?_r=5&

[71] Sara Saphiro (1930-2017). Nacida en Polonia, tuvo que ocultar que era judía durante la Segunda Guerra Mundial. Tras ocultarse en un gueto, conoció a Asa Saphiro, también sobreviviente del holocausto. Juntos emigraron a Estados Unidos asentándose en Detroit, donde montaron negocios que le proporcionaron progreso y fortuna. Durante toda su vida se dedicaron a la filantropía, ayudando económicamente en numerosas causas en favor de la comunidad. https://sfi.usc.edu/news/2018/05/22081-memory-sara-shapiro

[72] Amelia Agostini del Río, *Más acá de la muerte...*, p. 70.

de su religión, haciendo en la obra una crítica a la utilización de la fe católica para obtener beneficios económicos; de este modo:

> Como eras el único niño católico en la escuela, pedí a Mrs. Briggs que te mandara a la iglesia católica los domingos. (...) Un domingo que estuve en Pomfret te llevé yo. (...) todo iba como una seda hasta llegar al sermón que versó sobre la obligación de los fieles de contribuir generosamente al sostén de la iglesia (...) Calcula mi horror al escucharle: "Si no lo hacéis iréis al infierno, al infierno".[73]

El infierno. De ello quería salvar, en aquellos días, a su descendencia. Recordando el miedo sentido por su hijo, volverá a explicarle que no hay infierno, solo un cielo donde "iremos todos al fin". A este respecto son elocuentes sus palabras en otra parte del texto, cuando ya Miguel Ángel había fallecido: "A la hora de mi tránsito seré feliz porque no te dejaré solo (...) sino que estarás esperándome con los brazos abiertos y dirás como en vida: ha llegado mi reina y aquí está su caballero. Mientras tanto, hijo, vela siempre el corazón".[74]

Agostini criticaba la insistencia de la Iglesia en las aportaciones económicas, por lo que no permitió que su hijo volviera los domingos a ninguna misa católica. Otras experiencias apuntan historias semejantes. Así recordaba también un hecho anterior, durante su estancia en *Vassar College*. Ante la crítica de un compañero irlandés (católico practicante), Agostini relata a su hijo la hipocresía y la falta de conciencia cristiana del muchacho:

> Una noche me invitó a ir al cine. Me senté detrás de unas muchachas negras. El irlandés me instó a mudarme de sitio (...) yo me negué. Cuando terminó la película y me llevó a Vassar reñimos durante el trayecto (...): Yo seré una oveja perdida, pero usted no sigue las enseñanzas de Cristo puesto que el color de la piel le

[73] Ibídem, p. 63.
[74] Ibídem, p. 153.

> hace huir de unas pobres muchachas como si fueran unas apestadas (...).[75]

Amelia Agostini, que según sus propias palabras, "tenía a Dios en el corazón",[76] expresaba en estos comentarios sus discrepancias y su rechazo a prejuicios y a la hipocresía que para ella subyacía en algunas actitudes. A pesar de todo siempre decía encontrar un refugio en Dios. Recordemos cómo se refería a Él tras la muerte de su hijo: "Todas las noches te rezo. La costumbre trae un consuelo. Pero, qué irónico me resulta pedir a Dios tu descanso".[77] Al Dios que se lo había arrebatado. También encontró consuelo en las palabras que su amigo Ricardo Florit,[78] le escribió en una carta y que sirvieron para finalizar este libro: "Amelia, puedes estar segura de que Dios le dio a Miguel Ángel un bello amanecer".[79]

CONCLUSIONES

Nuestro propósito en este trabajo ha consistido en valorar la vida afectiva de Amelia Agostini, esencialmente su mundo familiar y las experiencias dolorosas tras la muerte de su hijo. A lo largo del texto hemos planteado una serie de cuestiones tocantes a su vida, a sus afectos y a sus experiencias reflejadas en algunas de sus obras. Queríamos comprobar si se podía realizar una trayectoria de vida analizando aquellos textos, planteándonos, además, si su contenido podía proporcionar datos ciertos de las características personales de la persona/autora de las mismas. En el caso que nos ocupa, las

[75] Ibídem, p. 64.
[76] Ibídem.
[77] Ibídem, pp. 9-10.
[78] Hermano del insigne poeta cubano Eugenio Florit, exiliado en Estados Unidos y, fallecido en Miami en 1999. La familia Florit tuvo una estrecha relación con Amelia y su esposo, ya que Eugenio compartió docencia en *Barnard Colllege*, y responsabilidades con Ángel del Río en la gestión de la *Revista Hispánica Moderna*, la cual dirigió en la década de los años cincuenta del siglo pasado. Ricardo Florit mantuvo una estrecha relación con el matrimonio Del Río, ya que fue durante años redactor bibliográfico de esta misma revista, fundada por Federico de Onís en 1934. *Revista Hispánica Moderna*, Año 33, 3-4 (1967). https://www.jstor.org/stable/30203025
[79] Amelia Agostini del Río, *Más acá de la muerte...*, p. 203.

fuentes tratadas nos han puesto de manifiesto el valor de las obras literarias como –incluso– fuentes primarias, donde los/las autores/as expresan y canalizan sentimientos como en nuestro caso, Amelia Agostini; sentimientos y emociones que nos han ayudado a perfilar su figura desde otros aspectos menos objetivos, pero que formaron parte de su vida. Por lo tanto, hemos podido poner de relieve el perfil más íntimo y personal de Amelia Agostini, como son sus propias convicciones, o su manera de relacionarse con los otros. En Amelia analizamos el dolor por la muerte de su hijo, escribiendo sobre ello por la necesidad de contarlo. Siente, además, la obligación de resaltar su infancia feliz, reflejada en un tiempo y espacio concreto, como es el Puerto Rico de principios del siglo XX. Lo hace al expresar el recuerdo, la añoranza, el orgullo de su ascendencia. Pero también descubrimos a una Amelia crítica con la situación social de su tierra, con los estereotipos y con las hipocresías de algunas prácticas religiosas, siempre desde su intenso sentimiento cristiano católico. Amelia Agostini también refleja su profunda concepción de la amistad y del reconocimiento hacia las personas que formaron parte de su vida y nos presenta un mundo de intelectuales que convierte su casa, su pensión y su vida en recuerdos y trazos de los escritores de entonces.

En definitiva, este trabajo nos pone en conexión con aquellas dimensiones humanas que nos definen; los textos elegidos aquí nos han acercado a Amelia Agostini, como escritora, esposa, amiga, intelectual y madre. Hemos asistido a sus experiencias afectivas y, pese a los años transcurridos, hemos empatizado con una autora de gran sensibilidad, emocionándonos con ella. De este modo hemos podido completar una trayectoria de vida en aquellos aspectos más íntimos –dolorosos en buena parte–, en los que se vislumbran relaciones personales que conectan con una importante representación de la intelectualidad de aquellos años.

¡POR LA MUJER Y LA ANARQUÍA! BLANCA DE MONCALEANO Y SU PRÁCTICA EDITORIAL EN LOS ALBORES DEL SIGLO XX

Gabriela López Ruiz
Universidad de Guanajuato

A MANERA DE INTRODUCCIÓN

Las reivindicaciones de las situaciones y condiciones de las mujeres provienen de una larga tradición de lucha. Algunas teorías tuvieron sus orígenes en el siglo XVI y XVII, inicios delineados por el liberalismo francés que permitieron a un porcentaje del sector femenino ganar oportunidades en el aspecto de equidad legal. Sin embargo, en áreas como lo sentimental y lo privado el cambio fue mínimo, por lo que, a finales del XVIII y principios del XIX, las luchas femeninas se reorganizaron.

En distintos países, principalmente de Europa y América, con las sufragistas persistió la demanda de las mujeres por derechos jurídicos, civiles y políticos. Paralelamente, en estos espacios geográficos, pero en el seno de otras posturas libertarias como el socialismo y el anarquismo, la militancia cuestionó el papel de las mujeres en la cultura, la política y en los diferentes ámbitos de la sociedad, y desde pensamientos tan divergentes vertieron objetivos similares en su lucha por su emancipación. Particularmente, las agrupaciones ácratas criticaron las relaciones sociales que subordinaron al género femenino, incluidas las prácticas monogámicas y heterosexuales concebidas como parte de la dominación del hombre hacia ellas.

De esas agrupaciones ácratas me interesa abordar la trayectoria periodística y cultural de la anarquista colombiana Blanca de Moncaleano; particularmente, su participación en el Partido Liberal Mexicano (PLM) y su órgano propagandístico *Regeneración*, porque a través de ella y de esa colaboración, se puede explicar qué tan importante fue la participación de las militantes en las distintas áreas organizativas de los partidos libertarios, principalmente, para la difusión de las ideas de emancipación de las mujeres en los albores del siglo xx. Con su ejemplo se entiende cómo ellas apoyaron en las diferentes prácticas editoriales y culturales, y qué estrategias implementaron para llevar avante la lucha por las consignas propias de su género.

Los cuestionamientos anteriores son sugerencias planteadas a partir de la investigación de la trayectoria política y la vida de Blanca, aunque indagar sobre ella supone un reto ya que este tipo de militantes "adolecen de un doble estigma silenciador: ser mujeres y revolucionarias del proyecto político más radical de los inicios de la Revolución Mexicana: el PLM".[1] Ellas en su mayoría son mujeres sin historia, que escudriñamos siguiendo las huellas que las fuentes permiten, pero con la seguridad de que fueron protagonistas en la historia del señalado Partido de origen mexicano.

Justamente, mi interés por abordar a Blanca se circunscribe a una investigación más amplia acerca de la construcción de redes transnacionales del PLM, radicado en la ciudad de Los Ángeles, California, específicamente en el periodo de 1910 hasta 1918, porque en el transcurso de dicha investigación he encontrado la ausencia de muchas de las militantes que colaboraron con los mexicanos, mujeres que si bien participaron por corto tiempo, estuvieron presentes, dejaron huella de su contribución, principalmente, a través de *Regeneración* y de otros materiales impresos en los que tuvieron injerencia.

Es necesario nombrarla y visibilizarla como una de tantas que han quedado en la penumbra de la historia, y enfatizar que Blanca no fue una extensión de su pareja sentimental, el anarquista Juan Francisco Moncaleano, ella tampoco fue un personaje secundario, sino que vivió como libertaria. Fue una mujer que, desde sus circunstancias, con sus acciones y convicciones se apropió de un espacio público, colaborando en un proyecto político que buscó la construcción de una sociedad nueva, entrelazando actividades que la llevaron a otras formas de convivencia, cuestionando y reconfigurando los roles de su género.

---

[1] Graciela González Phillips, *Anarquistas mexicanas redactoras en los albores del siglo xx*, Casa del Ahuizote, México, 2021.

La primera parte del presente texto se enfoca en la trayectoria periodística de Blanca de Moncaleano en su natal Colombia, a través del periódico *El Ravachol,* fundado por ella y por Juan Francisco, en el que denunciaron los abusos de la Administración eclesiástica en contra de la sociedad colombiana. Denuncias que llevaron a la pareja al exilio junto a sus hijos. En esta sección también abordamos su paso por Cuba y México en los primeros años del siglo XX.

En la segunda parte del texto, enfatizamos su llegada a Los Ángeles, California, y su militancia en el PLM, subrayando su participación en las actividades culturales del partido, y en cómo los Moncaleano modificaron la práctica editorial de los mexicanos. También abordamos las principales demandas de Blanca presentes en los artículos escritos en *Regeneración*. Así lo plasmó:

> No olvidéis que la mujer tiene sus derechos al igual que los hombres, que no habéis llegado al mundo tan solo para multiplicar la humanidad, soplar el fogón, lavar la ropa, fregar platos, mantener y vestir al cura y aguantar los ultrajes que el inconsciente marido os hace en nombre de su mentada autoridad: ¡No![2]

En esta cita se engloba el pensamiento de Blanca, contra la autoridad ejercida a su género por parte de la iglesia y el marido. Finalmente, en la última sección del texto se desglosan otras de las ideas que plasmó en el periódico *Pluma Roja*, editado bajo su firma en Los Ángeles, California. El semanario *Pluma Roja* resulta particularmente atractivo para profundizar en su denuncia de doble explotación de las mujeres, la educación de ellas como el medio necesario para lograr su emancipación, y el fundamental papel que le otorga a la maternidad para la construcción de una sociedad nueva basada en el apoyo mutuo y la igualdad de condiciones.

---

[2] Lina Vargas Fonseca, "La anticipada: Blanca de Moncaleano, anarquía y feminismo a comienzos del siglo XX". En línea: https://cerosetenta.uniandes.edu.co/la-anticipada-blanca-de-moncaleano-anarquia-y-feminismo-a-comienzos-del-siglo-xx/

ORÍGENES DE UNA LIBERTARIA: EL RAVACHOL

Aunque la información sobre la biografía y trayectoria de Blanca de Moncaleano es escasa, justamente es gracias a su labor periodística y a su actividad militante que hemos logrado reconstruir un poco de su vida. Por recientes investigaciones sabemos que su apellido de nacimiento fue Lawson, aunque adoptó el de su pareja Juan Francisco Moncaleano. Es muy probable que naciera en Colombia, aunque hasta hoy se desconoce la ciudad y el año porque no existe acta de nacimiento que confirme dichos señalamientos.[3] Se presume que murió en 1928 sin que tengamos conocimiento de dónde.

Según las memorias de Nicolás Bernal, militante del PLM, Blanca estuvo en Barcelona, España, colaborando en el proyecto educativo de Francisco Ferrer Guardia entre los años de 1902 hasta 1905; después del asesinato de Ferrer, Blanca regresó a Colombia en 1906. Se estableció en la ciudad de Bogotá y se relacionó sentimentalmente con el abogado anarquista Juan Francisco Moncaleano,[4] con quien fundó y publicó el periódico *El Ravachol*.[5]

Para los Moncaleano el nombre del periódico debía tener un sentido identitario, tanto con las ideas, como con las prácticas de las figuras libertarias más incendiarias de Europa. Entonces, decidieron que el semanario debía llevar el nombre de *El Ravachol,* en honor a la labor propagandística del anarquista François Claudius Koënigstein quien, en 1891 bajo el seudónimo Ravachol, realizó tres atentados dinamiteros contra diferentes representantes de la autoridad en París. François Claudius finalmente fue asesinado.[6] Sobre Ravachol, los Moncaleano publicaron lo siguiente: "era un neurótico de la democracia; su gran corazón, sus grandes energías, las consagró hasta morir, por la causa de los desheredados".[7] Con sus

[3] Amadeo Clavijo, Omar Ardila y Marco Sosa, *Blanca de Moncaleano y el triunfo de la anarquía,* La Valija de Fuego, Bogotá, 2022, sin página.

[4] Según el historiador Jorell Alexander Meléndez Badillo, Juan Francisco Moncaleano murió el 1º de enero de 1916 y desde entonces, se pierde todo rastro de Blanca y de sus hijos.

[5] Ricardo Melgar Bao, "Juan Francisco Moncaleano: Colombia y la Revolución Mexicana", *La Jornada. Morelos,* n.º 460, marzo 27 (2011).

[6] Juan Francisco Moncaleano, "El Socialismo", *El Ravachol,* n.º 2, 2 julio de 1910, p. 1.

[7] "Ravacholistas", *El Ravachol,* n.º 1, 25 junio de 1910, p. 2.

escritos, los Moncaleano forjaron alrededor de la figura de Ravachol un mártir de la lucha libertaria.

Desde el semanario *El Ravachol*, Blanca de Moncaleano difundió el pensamiento pedagógico de Francisco Ferrer Guardia e intentó llevarlo a la práctica con un proyecto de escuela racionalista que nunca se concretó en Colombia. Si bien abogó por impulsar la educación política del obrero como el paso previo a la insurrección y a la emancipación de la clase trabajadora, el semanario fue anticlerical, dedicado a exponer testimonios de las prácticas inmorales de los representantes de la iglesia. Se trató de una forma de mostrar a los suscriptores y simpatizantes las contradicciones existentes en el discurso de la institución eclesiástica y su forma parasitaria de vida, abusando del miedo de sus feligreses: esta idea se encuentra en todas las formas de anarquismos.

Uno de los casos más polémicos que los Moncaleano expusieron en el periódico *El Ravachol* tuvo lugar en Bogotá, donde un fraile fue amante de la esposa de Luis Umaña Jimeno, médico muy respetado en la ciudad. Paralelamente, el clérigo sostuvo una relación sentimental con la prima hermana de Umaña Jimeno. Cuando el médico se enteró de las acciones del fraile, lo asesinó de treinta y tres puñaladas (imagen 1).

El caso fue controversial y desató las críticas de los Moncaleano porque, justamente, el acto demostró la inconsistencia entre la doctrina y la práctica clerical. En el semanario no solo evidenciaron lo "inmoral" sino que explicaron que fueron prácticas y principios impuestos por la burguesía, y argumentaron que ni siquiera ellos eran capaces de cumplirlos. Publicaron las amenazas hechas a quienes vendían *El Ravachol*, así lo expresaron:

> Tenemos conocimiento de que algunos clérigos o frailes han estado molestando a los chicos que venden nuestro periódico, amenazándolos con excomuniones y condenaciones eternas si continúan vendiéndolo".[8]

---

[8] "¡Alerta frailes!", *El Ravachol*, n.º 12, 16 de septiembre de 1910, p. 4.

Con dicho testimonio condenaron a la institución y explicaron el ejercicio de violencia en contra de los desprotegidos que creían desmesuradamente en sus enseñanzas.

Imagen 1. Juan Francisco Moncaleano, *El Ravachol*, Bogotá, República de Colombia, n.º 12, 16 septiembre de 1910. Biblioteca Nacional de Colombia

Exponer dichos testimonios, aunado a las críticas al gobierno, desató la persecución en contra de Blanca y Juan Francisco quienes, en diferentes momentos y a modo de comparación con la antigua administración colonial, señalaron al poder político colombiano representado por Carlos E. Restrepo,[9] como despótico, "más autoritario que el régimen español, que nos impide las reuniones populares".[10] La cacería en contra de estos libertarios provocó su movilización, logrando huir de Bogotá con rumbo a La Habana, Cuba en 1911.

Ya en la isla colaboraron en el periódico habanero *¡Tierra!*, y contribuyeron en la creación de diferentes proyectos de escuelas modernas en los que buscaron poner en práctica la educación laica y anticlerical inspirada en el libre pensamiento, sin distinción de sexos, clase social, ni raza. Con la idea de replicar esta dinámica de enseñanza

[9] "Ayer fue electo", *El Ravachol*, n.º 4, 17 de julio de 1910, p. 3. Se anuncia que el 16 de julio de 1910, fue electo por la Asamblea Nacional Carlos E. Restrepo como presidente de la República.
[10] "Dos fechas", *El Ravachol*, n.º 4, 17 de julio de 1910, p. 1.

en diferentes países de América, Juan Francisco Moncaleano viajó y llegó a México en junio de 1912.[11] Junto a otros compañeros mexicanos con los que previamente tuvo contacto como Jacinto Huitrón y Pioquinto Roldán, el 30 de junio del mismo año inauguraron el grupo anarquista Luz y publicaron un periódico con el mismo nombre.[12]

Mientras Juan Francisco estuvo en México, desde Cuba la militancia ácrata realizó colectas para que Blanca y sus hijos se reencontraran con él. Finalmente, cuando Blanca viajó a la ciudad de México, se encontró con la noticia de que Juan Francisco había sido encarcelado y expulsado por el gobierno de Francisco Ignacio Madero, imposibilitando el proyecto de establecer una escuela moderna en México bajo la dirección de los Moncaleano.

Esa travesía Cuba-México marcó la postura de Blanca en contra del gobierno mexicano ya que, si bien uno de sus principios fundamentales fue *contra toda autoridad*, la expulsión de Juan Francisco Moncaleano le había golpeado de forma personal y sentimental a ella y a sus hijos, por lo que se unió al PLM en lucha abierta contra el maderismo. En 1913, a la muerte de Francisco Ignacio Madero, contó su experiencia en territorio mexicano:

> yo sola con mis pequeños hijos sufrí las consecuencias de tu resolución maldita, llegando al extremo de ver a mis hijos dormir en el frío pavimento... Pero hoy la suerte ha cambiado tú, (Francisco I. Madero), yaces ajusticiado y tus familiares sumidos en la pena, y yo, alegre y entusiasta, luchando al lado de mi compañero. Bien muerto estás, maldito seas.[13]

La mayoría de los artículos escritos por Blanca se dirigió a las mujeres, en ellos explicó que el anarquismo era una práctica que modificaba las formas de relacionarse y que se reflejó en varias de sus propuestas como la unión libre y la capacidad de las mujeres para

[11] David Sánchez Platero, *Anarquistas, mercachifles y viajeros*, Universidad de los Andes, Bogotá, 2015, p. 41. En línea: https://repositorio.uniandes.edu.co/bitstream/handle/1992/17350/u713456.pdf?sequence=1&isAllowed=y

[12] Anna Ribera Carbó, "La Escuela Moderna en México. Una azarosa aventura revolucionaria", *Boletín americanista*, n.º 45 (1995), p. 274.

[13] Blanca de Moncaleano, "Ante el cadáver del verdugo Madero", *Regeneración*, Los Ángeles, 4ª época, n.º 131, 8 marzo de 1913, p. 3.

decidir sobre sus cuerpos. Manifestó que, desde pequeñas acciones, el anarquismo buscaba la emancipación de la mujer a través del trabajo colectivo y la instrucción para todos.

LA PRESENCIA Y POLÉMICA RUPTURA DE LOS MONCALEANO CON *REGENERACIÓN*, 1913

A principios de 1913 se incorporaron al Partido Liberal Mexicano (PLM) los anarquistas colombianos Juan Francisco Moncaleano y Blanca de Moncaleano, colaboradores de *¡Tierra!* en Cuba, y tuvieron una participación importante en la radicalización de *Regeneración,* órgano de propaganda del partido, principalmente por las ideas de Blanca y su trabajo editorial dirigido a su género; también colaboraron en las actividades propagandísticas y en la constitución de un nuevo proyecto educativo. Sin embargo, hubo circunstancias que fueron determinantes para modificar las relaciones del grupo y que resultaron en la ruptura con Juan Francisco, repercutiendo a su vez en la reorganización de los integrantes del PLM.

El primer contacto directo entre Juan Francisco y los integrantes de *Regeneración* se registró en agosto de 1912, cuando los mexicanos reprodujeron en su semanario un artículo de Moncaleano publicado en el periódico *Luz* editado por él en la ciudad de México en aquel año. A partir de ahí, la relación fue constante. Finalmente, en las primeras semanas del año de 1913 la familia se reencontró en la ciudad de Los Ángeles, California, gracias a la contribución financiera de militantes y simpatizantes ácratas de diferentes países de América, principalmente de los semanarios *Regeneración*, *¡Tierra!* de Cuba y *Tierra y Libertad* de Barcelona.

Ya en Los Ángeles se unieron a la redacción de *Regeneración.* Los Moncaleano fueron recibidos en las oficinas del semanario por la activa militante María Talavera Broussé también llamada María Broussé, quien expresó los siguiente: "¡Lo más admirable que tenemos en Los Ángeles es la familia Moncaleano! Es una familia modelo; tienen cuatro hijos educados ya, bajo los ideales anarquistas".[14]

---

[14] Carta de María Talavera Broussé a Teresa Arteaga, Los Ángeles, 23 enero de 1913. Claudio Lomnitz, *El regreso del camarada Ricardo Flores Magón,* ERA, México, 2016, p. 577.

Los ácratas colombianos llegaron a *Regeneración* en una etapa fundamental para el semanario; primero, sus representantes estaban encarcelados; segundo, el periódico pasaba por momentos álgidos de apoyo financiero y solidario internacionalmente. La solidaridad como práctica constante entre las agrupaciones anarquistas fue todo un circuito de circulación que consistió en intercambiar periódicos, reproducir artículos, convocar a otras organizaciones a sumarse a la propaganda y suscribirse a los diferentes materiales impresos de dichas comunidades libertarias, así como organizar mítines a favor de las luchas involucradas.

El ingreso de los Moncaleano al periódico y al grupo es importante en varios sentidos. Por un lado, modificaron la práctica editorial, el contenido de *Regeneración* se radicalizó, fortalecieron la campaña en contra del gobierno mexicano de Francisco Ignacio Madero y del ministro de gobernación Jesús Flores Magón, acusándolos de traidores y enemigos de los trabajadores. Y aumentó el tiraje del periódico mientras los Moncaleano estuvieron participando (gráfica 1).

Gráfica 1. Elaboración propia con base en la información brindada en el periódico *Regeneración* en el año de 1913

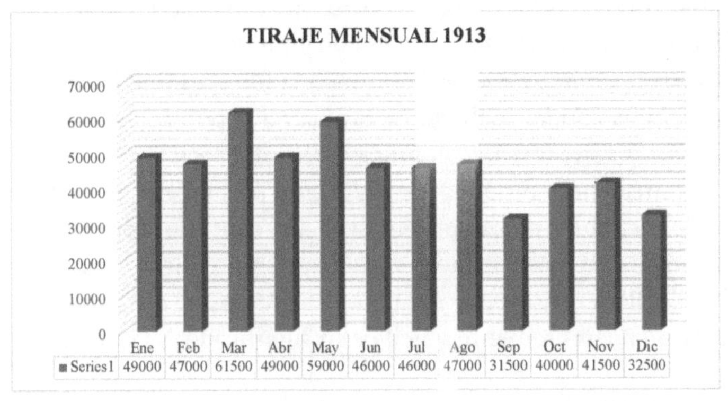

Por otro lado, Blanca publicó amplios artículos insistiendo en la educación de las mujeres y de los niños. Si bien los escritos que hicieron referencia a ellas fueron variados y continuos desde 1910, fue Blanca quien enfatizó en la enseñanza racionalista y en el fomento en las infancias del "amor a sí mismos"[15] como el verdadero secreto de la felicidad y la libertad del ser humano.

Blanca fue incisiva en que la educación racionalista les permitiría a las mujeres entender que sus derechos debían ser iguales a los del hombre y en que esta formación basada en la ciencia les daría a ellas las herramientas necesarias para rebelarse contra cualquier principio de autoridad; también denunció la doble explotación que las subyugaba. Por un lado, eran sometidas desde el hogar, donde la institución matrimonial impone al marido como la figura de autoridad, quedando ellas a su servicio, de las labores domésticas y el cuidado de los hijos, permaneciendo incapacitadas socialmente para desarrollar ciertos oficios y profesiones por considerárseles inferiores a ellos. Por otro lado, habló de la explotación laboral de la que fueron víctimas, con paupérrimas condiciones, largas jornadas, falta de derechos e inferiores salarios.[16]

Blanca de Moncaleano fue una activa militante libertaria reconocida internacionalmente entre la prensa ácrata. Sus artículos se reprodujeron en periódicos como *Cultura Obrera* de Nueva York, *¡Tierra!* de La Habana, *La Protesta* de Buenos Aires, además de *Regeneración* y *Fraternidad*. En los meses que colaboró con el Partido destacó como oradora,[17] formó parte de la militancia que recorrió varias ciudades de Estados Unidos con giras de propaganda. Además, en su paso por *Regeneración* promovió la inserción de fotograbados y caricaturas con la finalidad de explicar a la población, a través de imágenes, su situación económica, política y social.

Las imágenes como "la reproducción y el espejo de la realidad sensible"[18] también debían penetrar y luchar contra los códigos morales enquistados en la sociedad, específicamente contra los religiosos. Para ello hicieron uso de símbolos alegóricos al cristianismo que resultaron aparentemente sencillos en significado, ya que no debían

---

[15] Blanca de Moncaleano, "Mujeres, eduquemos a nuestros hijos en la Escuela Racionalista", *Regeneración*, Los Ángeles, 4ª época, n.º 129, 22 febrero de 1913, p. 3.

[16] Blanca de Moncaleano, "Mujeres, eduquemos a nuestros hijos en la Escuela Racionalista…".

[17] "Velada", *Regeneración*, Los Ángeles, 4ª época, n.º 126, 1 de febrero de 1913, p. 3.

[18] Serge Gruzinski, *La guerra de las imágenes*, F.C.E., México, 1994, pp. 72-74.

explicar al espectador dónde estaba el bien y dónde se encontraba el mal en un ícono o figura que le fuera familiar.

Paulatinamente las imágenes invadieron lo cotidiano con el apoyo y la representación de diferentes elementos, desde el obrero víctima de explotación laboral, hasta la mujer en la vida doméstica. La reproducción de imágenes como parte de un proyecto cultural ácrata permitió la progresiva comprensión de los principios enarbolados por el PLM, entre los que destacaron la solidaridad internacional y la revolución social y económica. "Las imágenes contribuyeron a la instrucción de las gentes simples porque son instruidas por ellas como si lo fueran por libros".[19]

Además del uso de las imágenes como símbolos, los integrantes de *Regeneración,* como otros anarquistas, compartieron la tendencia a apelar por igual al uso del discurso anti estatista, anti capitalista y anticlerical como elemento de su quehacer propagandista. Blanca de Moncaleano publicó en 1913 un artículo en el que, haciendo uso de la metáfora, compara al presidente mexicano Francisco Ignacio Madero con Judas como un símbolo cultural fácilmente identificable. El primero traicionó al pueblo mexicano a cambio de la representación del poder político; y el segundo traicionó a Jesús por treinta monedas de plata:

> Judas resucita en Francisco I. Madero y, arrepentido del poco precio que cobró el judío, cobra doble la paga vendiendo al crucificado mexicano. Y su túnica la juega al pie del infante leño con el burgués americano, y sobre el corazón del azteca posa su garra sanguinaria. El Gólgota, Gestas ríe, desde su cruz desclavada abofetea al farsante; la pirámide social bambolea, chorrea sangre; el verdugo palidece. La consciencia humana despierta y da su grito de ¡rebelión! México a semejanza de Lázaro rompe su funeraria lapida, desata sus ligaduras y anda.[20]

[19] Ídem, p. 73.
[20] Blanca de Moncaleano, "Lucha roja", *Regeneración*, Los Ángeles, 4ª época, n.º 123, 11 de enero de 1913, pp. 2-3.

REGENERACION

Abriendose Camino

RICARDO FLORES MAGON

Muestra de

Imagen 2. *Regeneración*, 4ª época, n.º 192, Los Ángeles, 13 de junio de 1914, p. 4

En su escrito, Blanca está convencida de que la insurrección en México es, justamente, la organización de un pueblo que se rebela ante la tiranía, cansado de la explotación y de la vida miserable que el capitalista y los representantes de la autoridad le han impuesto.

Un ejemplo del mensaje que transmiten a través de las imágenes (2) fue la de un hombre que representó al PLM; la espada que tiene en

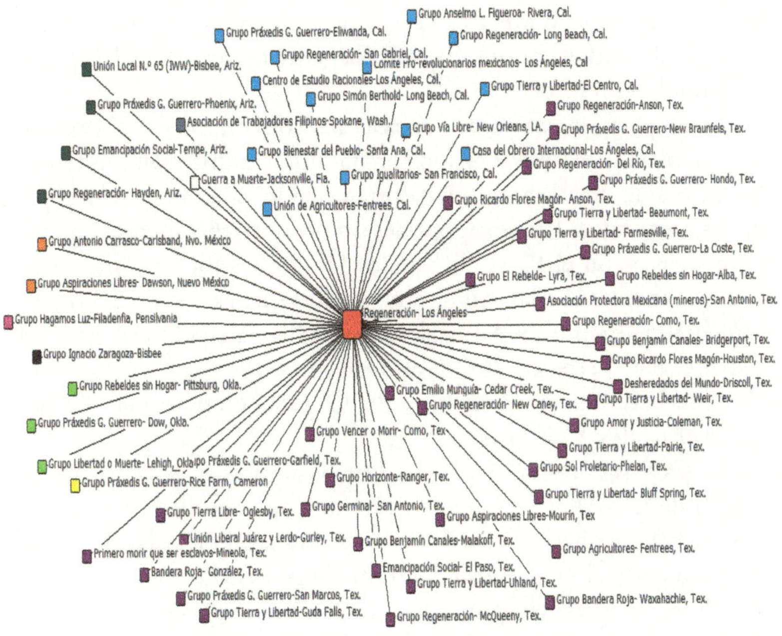

Gráfica 2. Grupos conformados y adheridos al PLM entre 1912 y 1913. Los diversos colores indican los diferentes estados en los que se constituyeron los 67 clubes *Regeneración*, siendo Texas el que albergó mayor número. Fuente. Elaboración propia con base en las publicaciones del semanario a finales de 1912 y los primeros meses de 1913

sus manos es *Regeneración* con la que destruirá los obstáculos (religión, capital, autoridad, militarismo, moral burguesa y patriotismo) para llegar a la luz, que es el anarquismo[21]. También sumaron escritos de anarquistas de varias partes del mundo, e incorporaron grabados de figuras ácratas como de Errico Malatesta, Carlos Malato, Tarrida de Mármol, Mijaíl Bakunin, Pedro Kropotkin al lado de los retratos de Ricardo y Enrique Flores Magón, Librado Rivera, Antonio Figueroa y Antonio de Araujo en una especie de legitimación de su lucha.

[21] *Regeneración,* Los Ángeles, 4ª época, n.º 192, 13 de junio de 1914, p. 4.

Los militantes del Partido Liberal Mexicano, entre ellos Blanca, hicieron énfasis en que el PLM era "la luz que enseña el camino recto hacia la libertad económica de toda la gente proletaria de México y del mundo entero".[22]

En los pocos meses que los Moncaleano colaboraron con el Partido, se advierte el aumento de grupos ácratas que se adhirieron solidaria y financieramente a *Regeneración*, fortaleciendo las redes de relaciones de los mexicanos. Las agrupaciones que se sumaron al apoyo moral y financiero con el PLM en Estados Unidos (gráfica 2) estuvieron intrínsecamente ligadas al nuevo proyecto social y educativo dirigido principalmente por los Moncaleano para los trabajadores y para las mujeres. Este se materializó durante los meses de enero y febrero de 1913 con la fundación de la Casa del Obrero Internacional (COI), en Los Ángeles, California.

La COI fue instalada en un edificio ubicado en el centro de la ciudad de Los Ángeles; bajo contrato de renta con derecho a compra, el trató fue hecho entre los militantes Juan Francisco, Rómulo S. Carmona y el propietario del inmueble quien firmó como A. R. Vitigliano; el dato es importante porque meses después sería motivo de conflicto entre los miembros del PLM. La renta tuvo costo de cien dólares mensuales que correrían a cargo de los militantes encargados de firmar, todo con el respaldo financiero de los simpatizantes y el resto de los integrantes del partido. Posteriormente, y después de un año de arrendamiento, dueño del edificio les otorgaría la posibilidad de adquirir el predio por cincuenta mil dólares.[23]

Como muestra solidaria, la Casa del Obrero Internacional (COI) abrió sus puertas a los migrantes de distintos países, los apoyó económicamente, les ofreció estancia y educación gratuita, ampliando la relación con los trabajadores de distintas nacionalidades y sectores productivos. En el mismo edificio instalaron una escuela racionalista dirigida por Juan Francisco Moncaleano donde Blanca fungió como profesora. En su mayoría, los colaboradores del proyecto educativo

[22] Fernando Palomares, "A la clase trabajadora de todo el mundo", *Regeneración*, Los Ángeles, 4ª época, n.º 153, 9 de agosto de 1912, p. 1.

[23] "Contrato de la Casa del Obrero Internacional", *Regeneración*, Los Ángeles, 4ª época, n.º 131, 8 de marzo de 1913, p. 3.

fueron militantes del PLM que trabajaron sin sueldo, aunque sus gastos fueron sufragados por las contribuciones financieras de sus simpatizantes.[24]

La COI fue un espacio de sociabilidad que se fundó y sostuvo a través de los donativos provenientes de simpatizantes de diferentes organizaciones ácratas de variadas regiones. Tuvo difusión a través de la prensa libertaria de varios países del mundo como del grupo internacional Regeneración Humana y el periódico *¡Tierra!* de La Habana, la Federación Regional Obrera de Uruguay, el comité pro-Revolucionarios Mexicanos, el comité de las Relaciones de las Agrupaciones Anarquistas, la Federación Internacional Anarquista de Buenos Aires, el grupo Cultura y Rebelión, la Confederación Nacional del Trabajo, grupo anarquista Cultura y Rebelión de Barcelona, entre otros.[25]

Lo que los integrantes de *Regeneración* intentaron demostrar con la instalación de la COI fue que, a partir de la ayuda mutua entre pequeñas organizaciones, la sociedad en su conjunto podría estructurarse anulando el papel del gobierno, el capital y las instituciones eclesiásticas. La COI albergó a varios integrantes de *Regeneración* entre ellos los Moncaleano, María Talavera Broussé y Lucía Norman; allí instalaron las oficinas del semanario desde febrero hasta junio de 1913.

Sin embargo, en la convivencia cotidiana surgieron conflictos por el manejo de los fondos del semanario, de la COI y por la representación de la Junta del Partido Liberal Mexicano, dividiendo al partido. Antonio de Pío Araujo acusó a Juan Francisco y al tesorero de la COI Rómulo Carmona (seudónimo Pilar Robledo) de quererse apropiar de *Regeneración* y constituirse como director y editor.[26]

Según las declaraciones de los militantes Teodoro M. Gaitán, Blas Lara, Juan Rincón, Alberto Téllez y William Charles Owen, redactor de la sección en inglés del semanario, Juan Francisco era un criminal y autoritario, que ocupaba su tiempo en "corromper a

[24] "Organización de la Casa del Obrero Internacional", *Regeneración,* Los Ángeles, 4ª época, n.º 128, 15 de febrero de 1913, p. 1.

[25] Información tomada de las secciones de solidaridad publicadas en *Regeneración* durante 1913.

[26] Antonio de Pío Araujo, "Perfiles negros. Los criminales", *Regeneración,* Los Ángeles, 4ª época, n.º 146, 21 de junio de 1913, p. 3.

jóvenes compañeritas mexicanas";[27] con esas acusaciones buscaron desacreditar el trabajo militante y propagandístico, tanto de Juan Francisco, como de Blanca de Moncaleano, anulando la trayectoria periodística de ambos.

Teodoro Gaitán, Blas Lara, Juan Rincón, Alberto Téllez y William Charles Owen acusaron a Juan Francisco de fraguar un complot para quedarse con el periódico porque como empresa periodística le resultaba redituable, pues la posibilidad de vivir de las contribuciones de los simpatizantes del PLM eran amplias. Y al respecto, Araujo publicó:

> Decimos que Moncaleano es esclavo de las más bajas pasiones, pues para obligar a Enrique Flores Magón a que retirara su confianza de Gaitán y Lara, influenció a la ex compañera de Enrique, Paula Carmona, a querellar con el preso en McNeil, sabiendo que, por no perder a ella y a sus hijos, Enrique haría lo que Moncaleano y Rómulo Carmona quisieran. Y lo único que consiguió el criminal Moncaleano fue quebrar el hogar de Enrique. Todo bajo amenaza de que, en caso de no darle el poder, destruiría a *Regeneración*.[28]

Ante el conflicto, los integrantes de *Regeneración* perdieron legitimidad ante varias agrupaciones ácratas por enfrascarse en una lucha personalista, provocando el retiro de contribuciones económicas mientras se aclaraban los asuntos financieros del periódico, desequilibrando el trabajo conjunto que durante varios años la militancia del partido había logrado.

El conflicto desató una serie de acusaciones entre los implicados y Juan Francisco comenzó una campaña de desprestigio en contra del PLM. Por su parte, Blanca se mantuvo al margen. A pesar de que retiró su pluma del semanario mexicano, esporádicamente colaboró con dinero para el sostén de *Regeneración*. Declaró que la lucha por la revolución social y la emancipación de la humanidad debía ser

---

[27] Ídem.
[28] Ídem.

primero y antes que las disputas internas entre agrupaciones e individuos. En 1913, en el mismo edificio donde estuvo la COI, publicó *Pluma Roja* y continuó su lucha por el derecho de educación de las mujeres y los niños.

¡POR LA MUJER Y LA ANARQUÍA! PLUMA ROJA

Entre las y los anarquistas, circulación y producción de la prensa fue fundamental para extender sus redes de relaciones con otras agrupaciones libertarias, identificadas por el principio de internacionalismo en el centro de sus programas. Esta actividad periodística fue importante también para sostener a sus respectivos periódicos con la colaboración financiera de los integrantes de esas redes, practicando el apoyo mutuo y la solidaridad.

Por supuesto, la prensa fue esencial en el ejercicio de la propaganda, centrada en la explicación de un problema inmediato de los trabajadores a partir del análisis de las circunstancias económicas y sociales impuestas a ellos por el capitalismo. Se trataba de una práctica orientada a enfatizar las causas de sus situaciones y la necesidad de cambiar al sistema económico a través de una revolución económico-social.[29] Atendiendo a la importancia que tuvo la prensa en la organización y educación de las y los trabajadores, y en circunstancias de conflicto con el Partido Liberal Mexicano como una agrupación heterogénea, con distintas formas de entender y practicar los anarquismos, Blanca anunció la aparición de *Pluma Roja* como "la chispa incendiaria que porta la venganza. Sin ser faro será tea. Incendiar es alumbrar, y alumbraremos".[30]

Este semanario es importante no solo porque significó la diversificación de la práctica editorial de Blanca, también lo es porque estuvo a cargo de una mujer que se desempeñó como directora de un periódico en un sector dominado habitualmente por el género masculino, lo que demuestra el alcance del trabajo de las mujeres en

[29] César Coca García, *Lenin y la prensa,* Editorial Ellacuría, Vizcaya, 1988, pp. 52- 81.
[30] Blanca de Moncaleano, "Pluma Roja", *Pluma Roja,* Los Ángeles, n.º 1, 5 de noviembre de 1913, p.1.

las agrupaciones ácratas y las formas distintas de relacionarse entre hombres y mujeres. Si bien Blanca participó en otros periódicos, será en *Pluma Roja* donde aparece como única responsable de lo que se publica con los cargos de editora y directora del mismo.

Para seguir el pensamiento de Blanca, este semanario es particularmente importante porque en él vierte sus ideas dirigidas exclusivamente a las mujeres libertarias, con su característico anticlericalismo. La ácrata colombiana explicó al sector femenino que llorar frente a los altares no resolvería el problema de alimentación, educación, salud y vivienda de ellas y sus familias. Enfatizó en que la institución eclesiástica y sus fieles representantes eran los primeros que corrompían los hogares y los sometían a la prisión y autoridad de sus maridos católicos.

Incitó a las mujeres a huir de sus cadenas, a rebelarse contra de la Iglesia y despreciar a los frailes como parte de los representantes de la explotación sistemática a su clase y su género. Exhortó a las mujeres a exigir a los clérigos que, como el resto de los seres humanos:

> aprendan a trabajar, que empuñen con sus santas manos la pica y rasgue el seno de la tierra para ganarse el pan... Dile que su Dios es un mito inventado por los que aspiran a vivir del dolor del pueblo esclavizado. Y las palabras Dios, Patria, Gobierno y Capital, desaparecerán para ser reemplazadas por una sola, que simboliza el bienestar común: Anarquía.[31]

Blanca de Moncaleano nunca declinó su lucha, ni su discurso anticlerical, con el tiempo fue radicalizando sus escritos en contra de esa institución dejando claro que esta no era más que parte del aparato opresor del sistema capitalista. Para ella la anarquía era la idea misma de revolución que modificaba, tanto las prácticas y las diversas maneras de interrelación entre militantes, como las formas de pensar. Era la negación en la política, el ateísmo en religión, el materialismo en filosofía. La anarquía busca abolir la propiedad

[31] Blanca de Moncaleano, "¡No llores!", *Pluma Roja*, Los Ángeles, n.º 1, 5 de noviembre de 1913, p. 3.

individual, la patria y la institución familiar fundada bajo el principio egoísta de la mujer como propiedad del hombre. Pretende acabar con el privilegio y emancipar a las mujeres.[32]

Cabe mencionar que Blanca tuvo estrecha relación con la anarquista española Teresa Claramunt quien, a través de cartas, llegó a la siguiente conclusión:

> mientras exista la religión, el pueblo será débil en sus luchas emancipatorias, porque sin ser notado se infiltra al enemigo en los hogares obreros. Los sacerdotes son los peores enemigos de la emancipación.[33]

A través de *Pluma Roja* convocó a las mujeres a sumarse al proyecto de escuela racionalista para educarse, y las invitó a participar en las actividades culturales y sociales que organizaba la Casa del Obrero Internacional y las organizaciones de trabajadoras ácratas.

Juntas lucharían por una moral nueva, lejos de la opresión, por instrucción y educación, prevención de delitos, condiciones laborales justas y la construcción de una sociedad diferente donde ellas ejercieran plenamente su libertad económica, social y cultural. Para Blanca, las mujeres eran doblemente explotadas. Por un lado, en el hogar, donde su marido representaba la figura de autoridad y donde la mujer estaba destinada al servicio del género masculino, quien le obligaba a cumplir con una rutina de trabajos domésticos, ocasionalmente sexuales y a la crianza de los hijos. Además, era incapacitada socialmente para desarrollar ciertos oficios y profesiones ya que se le consideraba inferior al hombre, lo cual le lleva a denunciar el otro lado de la explotación.

Si la mujer no se educa, no es libre económicamente y no tiene capacidad de decidir porque sus condiciones materiales así se lo imponen; cuando trabaja sufre de explotación en el espacio laboral donde se le somete a las paupérrimas condiciones, desde largas jornadas,

[32] "¡Anarquía!", *Pluma Roja*, Los Ángeles, n.º 1, 5 de noviembre de 1913, pp. 3-4.
[33] Teresa Claramunt, "El peor enemigo", *Pluma Roja*, Los Ángeles, n.º 1, 5 de noviembre de 1913, pp. 3-4.

bajos salarios, falta de derechos, hasta condiciones insalubres.[34] Todo en su conjunto las mantiene en un estado de dependencia que le impide, en diversas circunstancias, actuar libremente. Es así que, en junio de 1915, Blanca publicó un artículo titulado "Por la Mujer y la Anarquía" (imagen 4).

Pluma Roja

Periodico Quincenal Anarquista. Editora y Directora, Blanca de Moncaleano.

Tomo I. 2a. Epoca. Los Angeles, Cal. U. S. A. Junio 27 de 1915. Numero 13.

POR LA MUJER Y LA ANARQUIA.

La palabra *Maternidad*, ha sido tan profanada, como la palabra *Libertad*.

Para que naces la verdadera libertad, es preciso que la mujer sepa cual es el verdadero sentido de ésta palabra tan escarnecida en la presente sociedad.

No podemos ir a la anarquía, sin antes haberle enseñado a la mujer, la elevación que encierra la palabra maternidad: Los *grandes* pensadores se han ido con sus profundas meditaciones al fondo de la

El secreto para vencer a nuestro enemigo, está en explicarle a la mujer la sublime significación que entraña la palabra maternidad. Y pueda así comprender la alteza de su misión; y se aleje de aquellos prejuicios que son la causa de su dolor y su miseria; y entonces su humildad y obediencia, se tornarán en rebeldía y ansias de venganza.

El sentido del amor es desconocido en el presente sistema, las funciones de la madre están reducidas a la animalidad más desespetente: Obedecer al hombre concebir por placer, parir con dolor y amar a los hijos por curiosidad.

Lo mismo se ama a un perro que a un hijo; y lo que no lo tiene.

encargada de sostener el órden interno y guardar la frontera, para que el enemigo no llegue a invadir el territorio.

No hay palabras que entrañen mas odio y maldad que todas éstas: una espesa venda de sangre va cubriendo los "ojos" del niño, quien solo aspira a crecer para remedar a esa pleyade de *héroes* que tan *gloriosamente* lucharon por el engrandecimiento de la patria, y que arrancaron admiración, riquezas y medallas.

Y hoy en que han hecho explosión tales enseñanzas, acumuladas lentamente en la conciencia humana. Hoy que la ferocidad del hombre sube, pasa a la sangrienta fie-

Por eso no me ha sorprendido leer las noticias publicadas en los Boletines Oficiales de las naciones en guerra, dando cuenta del entusiasmo de las mujeres, por la matanza, y de los *valiosos* servicios que prestan, a los gobiernos de sus respectivas patrias.

"Las iglesias no se desocupan de mujeres que van a pedir a dios, el triunfo de las armas francesas", nos dice un cable de París.

¿Y por qué se agolpan estas mujeres a la iglesia, en vez de rebelarse para impedir que los hombres marchen a la guerra?

Porque los curas, ya sean rusos, alemanes o franceses, los gri-

Imagen 4. Blanca de Moncaleano, "Por la mujer y la anarquía", en *Pluma Roja*, Los Ángeles, n. º 13, 27 de junio de 1915, p. 1

En dicho artículo explicó que los verdaderos ladrones de los derechos de las mujeres son los hombres, porque las han esclavizado, se han adueñado de sus cuerpos y sus espacios, usurpando sus facultades sometiéndolas de distintas maneras. Las mujeres eran la base sobre la que descansaba la sociedad y el hombre pretendía alcanzar la emancipación humana reduciendo las funciones de la maternidad a la animalidad, "concebir por placer, parir con dolor y amar a los hijos por curiosidad, adormecida en ella la consciencia, arrebatándole el derecho de pensar libremente. Mientras ellas obedezcan, obedecerán los hijos, y mientras la mujer no se rebele, el hombre será esclavo".[35]

[34] Blanca de Moncaleano, "Mujeres, eduquemos a nuestros hijos en la Escuela Racionalista", *Regeneración*, Los Ángeles, 4ª época, n. º 129, 22 de febrero de 1913, p. 3.

[35] Blanca de Moncaleano, "Por la mujer y la anarquía", *Pluma Roja*, Los Ángeles, n. º 13, 27 de junio de 1915, p. 1.

> La palabra *Maternidad* ha sido tan profanada como la palabra *Libertad.* Para que nazca la verdadera libertad...No podemos ir a la anarquía sin antes haberle enseñado a la mujer, la elevación que encierra la palabra maternidad ("inspirados en la biblia"), los engolfados hombres en su supuesta superioridad, fatuos por su ignorancia, han creído que, sin la ayuda de la mujer, pueden llegar a la meta de la emancipación humana, como si ésta no fuera la progenitora de la vida. La han visto buena para esclava, instrumento automático que funciona al capricho de su dueño, usurpando y castrando las facultades de ésta... Al anarquismo pues, le está reservada la ardua tarea de hacer madres, desarrollando en la mujer el sentimiento libertario, para que pueda tener plena consciencia de la sublimidad de su puesto, como madre de la humanidad. La verdadera madre racional, esto es, la anarquista, no quiere que su hijo vaya al campo de guerra, sólo le inculca el amor a sí mismo, la luz de la inteligencia que le servirá de faro en el camino de su vida, y marche sin tropiezos por la senda libertaria, respetando los derechos de sus semejantes.[36]

Además, en el único número de *Fraternidad,* Blanca publicó el "Manifiesto a la Mujer" editado por un grupo libertario adherido al PLM en Boston. En ambos artículos, subraya el papel del género femenino como la madre de la humanidad; el secreto de su libertad entrañaba la explicación de lo que significaba la maternidad.[37] Reiteró la idea de la necesidad de destruir el yugo religioso para dejar de ser la mujer sumisa y esclava del esclavo envilecido. Finalizó el artículo con las siguientes palabras: "No vaciles más. Une tu fuerza y con coraje, ayúdame a destruir palacios y tiranos, cárceles, cuarteles, iglesias y conventos. Ayúdame a construir la eterna ciudad de la armonía, del bien, de la Anarquía".[38]

Lo último que se supo de Blanca, por lo menos de lo que se tiene registro, fue en un artículo publicado en *Cultura Obrera,* editado

[36] Ídem.
[37] Blanca de Moncaleano, "Manifiesto a la mujer", *Fraternidad,* Número Único, Boston, septiembre de 1915, p. 7.
[38] Ídem.

en New York, por el anarquista español Pedro Esteve. En tal escrito solicitaron colaboración económica para Blanca y sus cuatro hijos, quienes se encontraban en peligro por la persecución de las autoridades estadounidenses y las eclesiásticas; ahí se anunció que la familia Moncaleano pasaba por complicados problemas financieros. Juan Francisco había muerto el 10 de enero de 1916, Blanca y sus hijos se encontraban en Boston pues, antes de la muerte de su pareja sentimental, se habían trasladado de Los Ángeles, California, a aquella ciudad por diferencias políticas con los trabajadores de la Casa del Obrero Internacional (COI).[39]

En *Cultura Obrera* solicitaron el apoyo financiero para que Blanca y sus hijos se trasladaran a New York, junto con editores de dicho periódico, quienes tuvieron la intención de que ella colaborara en la redacción de su semanario ya que, debido a sus circunstancias económicas, no pudo continuar con la publicación de *Pluma Roja.*

ALGUNAS CONSIDERACIONES

Actualmente, ¿por qué es importante retomar y revisitar la historia del anarquismo con la presencia de las mujeres? Indiscutiblemente es necesario regresar a las agrupaciones ácratas para traer a las protagonistas de su historia, agregarlas a la historiografía y transformar los marcos con los que entendemos los procesos sociales.

Explorar la participación de las mujeres como sujetos activos dentro de organizaciones libertarias como el PLM y su periódico *Regeneración* fue la intención que nos acercó a la recuperación del trabajo que hicieron las mujeres desde la penumbra, particularmente Blanca de Moncaleano y que, en distintas ocasiones, son las que sostienen a las grandes figuras masculinas que se leen en clave de personalidad, cuando en realidad son cuestiones de género.

Si bien es cierto que varias de las integrantes de los movimientos anarquistas pugnaron por la emancipación de los trabajadores, muchas sumaron a sus programas la demanda de reforma sexual e insistieron

[39] "Solidaridad", *Cultura Obrera*, New York, 7 de octubre de 1916, p. 3.

en la doble explotación de las mujeres. Así, la lucha y el discurso dieron un giro porque tuvo que repensarse el lenguaje con el que se dirigían al público lector, dado que varias agrupaciones debían discutir los postulados y las demandas del género femenino. No solo se trató de un componente sexual, sino de revisar lo que estaban transmitiendo, renovar la forma de educarse e incluir a hombres y mujeres en el mensaje que estaban masificando.

Algunas de ellas sostuvieron que había un espacio dentro de la misma diferenciación entre hombre y mujer, en el que podían llegar a coincidir. Ese punto de concordancia "deberá ser la base en que descansa la masa y el individuo, o donde el hombre y la mujer han de poderse encontrar sin antagonismo alguno".[40] Para ello, la comprensión mutua debía ser parte fundamental entre géneros; además, necesitaban la libertad para dirigirse, educarse y conocer sus cuerpos.

Las escritoras, militantes, colaboradoras, es decir, las mujeres dejaron claro en sus escritos que la lucha por los medios legales no resolvería la situación de explotación del proletariado en el capitalismo y, menos aún, la cuestión de la mujer amalgamada a la subjetividad de sus cuerpos y deseos. Aunque habían avanzado en la lucha por sus derechos civiles, las leyes brindaban ciertas oportunidades y obligaciones, pero no la libertad completa, ya que el hombre seguía manteniendo supremacía de privilegios frente a ellas; y frente a todos, el capital, la Iglesia y autoridad.

[40] Emma Goldman, *La Tragedia de la Emancipación de la Mujer.* En línea: https://www.marxists.org/espanol/goldman/1906/001.htm

CONSUELO URANGA: UNA VIDA INCIERTA Y APASIONADA ENTRE LA LITERATURA Y LA MILITANCIA COMUNISTA EN MÉXICO, 1921-1952[1]

María de Lourdes Cueva Tazzer
Universidad de Guanajuato

Sehnsucht
El mundo se ha ceñido/su hábito negro,
lenta, gris y pesada/cual plomo derretido,
cae la lluvia/con todo su coraje azota el viento,
da su tañido/lúgubre la última campana
y un silencio/letal y denso
flota sobre la tierra desolada.../Algo allá dentro
lucha por desprenderse/de la cárcel del pecho,
y en el denso silencio/hay un furor de alas
golpeando el hierro/el ave enloquecida
clava la garra indómita/en mitad del silencio,
y de la negra herida/brota un lamento
y queda el desgarrón de la tiniebla/con un temblor de plata
dentro el seno.../con un temblor que fuera una esperanza
o de una estrella el beso (1930)

Cuando escribió ese poema Consuelo Uranga Fernández era una joven que aún no cumplía los 28 años, sin embargo ya había

[1] Mi gratitud siempre a María Fernanda Campa Uranga (+), "La Chata", hija de Consuelo Uranga y Valentín Campa que generosamente accedió a entrevistarse conmigo y a proporcionarme toda la información y documentos que estaban en sus manos sobre su madre. También expreso mi agradecimiento sincero tanto a sus nietas Ireri de la Peña Campa y Manuela Álvarez Campa, que me compartieron recuerdos valiosos sobre su abuela, como al historiador chihuahuense Jesús Vargas Valdés que sin lugar a duda ha realizado la más completa y exhaustiva investigación sobre Consuelo. Su compromiso con la investigación histórica en esa entidad, y su generosidad para facilitarme material me permitió consultar, revisar y citar sus documentos y artículos, algunos de ellos inéditos.

tomado una resolución fundamental en su vida: dejar el mundo intelectual provinciano en la capital norteña de Chihuahua que tanto disfrutaba, donde se movía como pez en el agua, junto con otros jóvenes inquietos en un espacio cultural y literario cada vez con mayor crítica y compromiso social, para irse al Distrito Federal a estudiar pero a la vez, vincularse y participar en el Partido Comunista de México. Significaba un cambio brusco, definitivo y lleno de emoción e inseguridad. Dispuesta a cambiar su confort, aceptó la incertidumbre y la pasión como elementos que ya no la abandonarían en su existencia para aprender a moverse, a contracorriente, de manera singular, como solo ella lo aprendió a hacer.

Nada más apropiado que el título elegido para el poema: *Sehnsucht* es un término alemán típico de la cultura romántica que indica "anhelo hacia alguna cosa intangible"; un deseo ardiente de búsqueda hacia algo que no se sabe bien qué es, pero que la impulsa a no contentarse con lo que tiene, que la mueve hacia nuevos retos u objetivos experimentando una emoción profunda e intensa, consciente en sí misma, no hacia algo ceñido y prefijado.[2] En efecto, –entre la nostalgia y el anhelo– nos anuncia ya la ruptura personal con su vida cultural apacible y creativa en la región norteña y con el sistema económico y político impuesto por el gobierno revolucionario, así como la urgencia de resolverse a golpear y derribar para crear y construir un mundo mejor.

Nada más oportuno también que empezar con este poema para plantear el propósito del presente artículo. Me interesa revisitar la historia de Consuelo, desde su sensibilidad como mujer, para expresar y responder ya con literatura, ya con discursos, ya con su práctica social y cultural, su lucha por la clase obrera, las mujeres, los campesinos y por una sociedad sin injusticia, sin opresión, sin

[2] Se desconoce si la autora alguna vez explicó el significado de este poema. Sin embargo, se hace esta interpretación considerando el momento personal y social que enfrentaron los jóvenes de Chihuahua hacia fines de la primera década del revolucionario que, lejos de resolver las demandas de las clases populares, reprimió el movimiento vasconcelista que intentaba reorientar los fines y la política revolucionaria. Tampoco se puede entender traducido al español como "nostalgia" más cerca del anhelo o "el deseo constante y ardiente hacia un ideal que llega a parecer más real que la propia realidad. A diferencia de la nostalgia, que implica el anhelo del pasado, sehnsucht remite a la búsqueda de algo indefinido en el futuro" https://concepto.de/nostalgia/

miseria.[3] Desde esta rabia y pasión, cruzó del rosa de la literatura y activismo juvenil al rojo de la literatura proletaria y la lucha por una sociedad sin clases, a partir de la década de los treinta, en espacios de incertidumbre, persecución, desconfianza, tensión permanente con los gobiernos revolucionarios, las organizaciones oficiales de trabajadores y mujeres, así como en el interior de su mismo partido y de su propio hogar. Este cruce la formó y le dio elementos para su militancia en las décadas siguientes.

Con esta sensibilidad y coraje contribuyó a forjar estrategias, así como espacios de resistencia y reinvención ante la incertidumbre, para seguir en la brega; a medida que avanzaba, sus ideales, lejos de concretarse, se hacían más lejanos; a medida que desplegaba su militancia, su sensibilidad, volcada en lo social, en lo político, fue reprimiendo y alejándose cada vez más de la literatura, de lo personal, de lo afectivo, de lo familiar, del amor. Para Consuelo la conexión amor-convicción política no se daba de forma separada; se fue constituyendo en una cuestión medular, como un motor para resistir y sostenerse en la vida cotidiana. Sin embargo, a diferencia de otras escasas mujeres que sí lo reconocieron en su momento, parecía que lo negaba, que había renunciado a ello; lo vivió silenciosamente como mujer, madre, compañera, con su sensibilidad y capacidad de moverse en la incertidumbre. Lo reconoció hasta el final de su vida, solamente en su círculo de familiares y amigos. No obstante, durante su militancia de los años treinta a cincuenta, ella fue parte y contribuyó con determinación a construir espacios que –en aras de la lucha social y política– fueron debilitando sus relaciones afectivas y amorosas, alejándose, como organismo político, cada vez más de ese ideal del "hombre nuevo" y "mujer nueva" que el comunismo pregonaba, en el que el amor, el respeto, la equidad, la justicia, la igualdad entre los sexos se darían en una sociedad sin clases.

[3] Este texto es una versión corregida y adaptada de una investigación publicada anteriormente, sobre algunas mujeres del Partido Comunista en México, entre ellas, Consuelo Uranga. María de Lourdes Cueva Tazzer, *Por una sociedad más justa: mujeres comunistas en México 1919-1935*, Bonilla Artigas, Editores y Universidad Autónoma Metropolitana-Iztapalapa, Ciudad de México, 2020.

POESÍA Y CRÍTICA JUVENIL EN CHIHUAHUA. IDEALISMO Y CÍRCULOS DE LECTURA DE JÓVENES PROVINCIANOS

Consuelo Uranga nació en Villa de Rosales, Chihuahua, el 9 de noviembre de 1903 y murió el 10 de noviembre de 1977 en la ciudad de México.[4] Su familia de clase media rural, dedicada a la agricultura, cría y venta de ganado, debió enfrentar las consecuencias de la lucha armada, perdiendo tierras, reses y propiedades, prefiriendo trasladarse en 1911 a la ciudad capital del estado para dedicarse al comercio. En plena lucha armada, la madre quedó viuda, teniendo que sacar adelante a sus cinco hijos varones y a Consuelo con el pequeño negocio de abarrotes. Sin hacer distinción entre varones y la mujercita, les proporcionó educación a todos sus hijos.[5] Una educación, sin embargo, muy al estilo del norte del país, con valores liberales basados en el trabajo compartido y educación: "Mi mamá desde el principio nos dio una educación muy abierta, muy liberal; platicaba con todos nosotros con plena confianza [...] Inculcó en todos sus hijos una responsabilidad hacia los mayores para que ayudaran a los más chicos en su formación [...]". [6]

A pesar de las dificultades económicas de la familia, así como del contexto inestable político-militar de la lucha revolucionaria, Consuelo pudo estudiar su educación primaria en esa ciudad y, cuando mostró interés de seguir estudiando, la familia aprovechó sus redes de relación en El Paso, Texas, para enviarla, a mediados de 1917, con apenas 14 años, a continuar sus estudios de bachiller y secretaria trilingüe en el Colegio Palmore. Esto bajo la tutoría y protección del maestro Salvador Esquivel, con buena fama como educador y amigo de la

[4] Fue hija de Arnulfo Uranga y María del Rosario Fernández, que procrearon una familia de clase media, formada por cinco varones y ella como la única hija. Su infancia y juventud la vivió en la ciudad de Chihuahua ya que su padre perdió reses y tierras con el movimiento armado e intentó recomponer su economía familiar desplazándose en 1911 a la capital de la entidad donde impulsó actividades comerciales. Jesús Vargas Valdés, "Consuelo Uranga", Biografía en seis partes, Chihuahua, manuscrito inédito, p. 2.

[5] El padre murió de tuberculosis en 2015 y el negocio familiar lo atendieron la madre de Consuelo y los hermanos mayores. Jesús Vargas Valdés, *Consuelo Uranga. La roja*, Nueva Vizcaya editores, Chihuahua, 2017, pp. 13-14.

[6] Entrevista del autor a Salvador Uranga, hijo menor de María del Rosario, Jesús Vargas Valdés, *Consuelo Uranga. La roja...*, p. 14.

familia Uranga.[7] Consuelo, así, fue formándose intelectualmente, disfrutando la lectura, la poesía y el pensamiento científico, a través de los textos que debía consultar y traducir. [8] Ella se recuerda, en esa época, libre, lectora apasionada y gozosa, en una entrevista que le hicieron en su último año de vida:

> Sabes, mi lectura era desordenada, –con los años me discipliné– lo mismo me entregaba apasionadamente a la novela y a la poesía –clásicos de la literatura universal, que a los que ahora ya lo son como Gorki, Chejov, Tolstoi y Chernishki– que a los filósofos. Eran, en parte, ejercicio de traducción. Entre los que me apasionaron se encuentran Aristóteles, Hegel, Zola y Gorki [...] yo había dejado de ser creyente y también iniciaba el camino de mi definición ideológica.[9]

Es importante señalar que la pasión y la sensibilidad social fueron elementos importantes desde su formación en el vecino país, de tal forma que vemos regresar a la joven Consuelo a la ciudad de Chihuahua, a fines de 1919, con apenas 16 años cumplidos, a integrarse en un ambiente local convulso derivado del fin de la lucha armada y de la reorganización del país con un gobierno revolucionario que no acababa de definirse, aunque ya se anunciaba el triunfo del constitucionalismo, sin entender todavía lo que ello significaba. Muy pronto, nuevamente aprovechando sus redes de relación, se fue conectando con el medio laboral. Trabajó en despachos de abogados, posteriormente, desde 1921 y durante buena parte de la década de los años veinte, fungió como secretaria bilingüe en el Banco Minero, así como en otros comercios.

Ello le proporcionó independencia económica y libertad para relacionarse con el ambiente artístico-cultural de la ciudad capital, para después hacerlo en el político-social.[10] Sus redes familiares y

---

[7] Jesús Vargas Valdés, *Consuelo Uranga. La roja...*, pp. 15-20.
[8] Yolia, "Ellas y la vida. Consuelo Uranga", *El Día.*, México D.F., viernes 18 de noviembre, 1977, p. 6; Jesús Vargas Valdés, *Consuelo Uranga. La roja...*, pp. 8-9, p. 21.
[9] Yolia, "Ellas y la vida...", p. 6.
[10] Ídem. Jesús Vargas Valdés, *Consuelo Uranga. La roja...*, pp. 24 y 29.

Jesús Vargas Valdés, "Consuelo, la poetisa de Chihuahua". *Consuelo Uranga. La roja*... (fotografía 23, pág. 64)

sociales también le sirvieron para vincularse con personajes y espacios de la vida cultural y artística de la localidad.[11] Participó con ellos en los primeros programas radiofónicos de la estación CZF, declamando poesía desde 1923, incorporando distintos autores y turnando la lectura de Alfonsina Storni con obras de poetas locales como Guadalupe Artalejo del Avellano y de los mismos Manuel Rocha y Chabre y Manuel Aguilar y Sáenz. Alternando, a manera

[11] Jesús Vargas Valdés, *Consuelo Uranga. La roja*..., p. 10 y pp. 26-27. En esta última edición el historiador Vargas específica que la relación con algunas personas del medio intelectual fue muy importante para su formación, tal es el caso del escritor Manuel Rocha y Chabre, y algunos relacionados con su familia, como el Lic. Antonio Horcasitas que fue pareja de su madre y el profesor Manuel Aguilar Sáenz que estuvo casado con su tía. Ello le permitió colaborar y fortalecer los proyectos culturales e intelectuales que ellos impulsaban.

de tertulia, con artistas, cantantes y músicos de la capital, como el trío Mozart, la cantante Lucía Évora y el cellista Álvaro Rivera.[12] Así, consiguió continuar y fortalecer su formación intelectual humanística pero también relacionarse con personas de un ámbito más amplio nacional e internacional.

Ya en 1926 trabaja como profesora del Instituto Literario de Chihuahua, impartiendo cursos de literatura en la preparatoria de dicho centro y, al mismo tiempo de continuar en el Banco Minero, participa en una actividad cultural muy relevante. Colabora en el Círculo Fraternal que edita una revista denominada *Ideal*, cuyo propósito era organizar a los estudiantes para que participaran de manera más activa en la vida cultural, social y política de su entidad.[13] Es relevante su participación en el Círculo Fraternal, porque de esa manera inició su paso paulatino del trabajo artístico-cultural al social y político contestatario; su vinculación con algunos otros estudiantes inquietos por la cuestión social la relacionó con jóvenes y militantes del Partido Comunista en la ciudad de México. De hecho, en los inicios del mes de septiembre de 1927 se anunciaba en *El Machete* que en la capital de Chihuahua había un grupo de estudiantes conscientes, inquietos e interesados en participar e incidir en su región para cambiar el estado de cosas que había creado el movimiento revolucionario:

> Un grupo de estudiantes de esta ciudad ha venido reuniéndose para orientar al gremio. Para ello, ya la revista *Ideal* empieza a publicar algo en sus columnas acerca de la vida económica y política en que deben tener participación los estudiantes. De los elementos más característicos entre los estudiantes que trabajan por la organización de grupos anotamos a Ignacio Rojas Rodríguez y Salvador Saucedo Barrios que tienen grandes simpatías en los círculos preparatorianos".[14]

---

[12] Jesús Vargas Valdés, *Consuelo Uranga. La roja*..., p. 27.

[13] Yolia, "Ellas y la vida...", p. 6.; Jesús Vargas Valdés, *Consuelo Uranga. La roja*..., p. 29.

[14] "Notas de Chihuahua", *El Machete*, México D.F., 10 de septiembre de 1927, p. 4; *Ideal*, Órgano del Círculo Fraternal, 36 (1928), pp. 1 y 14.

Aunque no se menciona el nombre de Consuelo Uranga en esa ocasión, en el número 36 de la de la revista *Ideal,* se publica una fotografía suya como integrante activa del Círculo, un texto escrito por ella sobre la presentación de Eugenia Torres, declamadora de poesía en la audición del Teatro de los Héroes y un texto sobre el discurso íntegro que se dio en la velada sobre la "Regeneración de la Mujer" en la que ella tuvo participación.[15] Su colaboración en la revista y en el Círculo Fraternal le permitió, a partir de entonces, vincularse con otros grupos sociales y políticos de la ciudad de Chihuahua así como de la capital del país y, de esa manera, conocer las necesidades de los grupos trabajadores y empezar a cuestionar al gobierno surgido de la Revolución.

DEL ROSA DE LA POESÍA LOCAL AL ACTIVISMO SOCIAL Y POLÍTICO

En efecto, al tiempo de continuar participando en actividades artísticas y culturales, Consuelo Uranga se empezó a vincular y a sensibilizar en torno a la situación de los trabajadores y del pueblo en general a través de las actividades del Círculo Fraternal, como ella misma lo confirmaría décadas después al recordar su participación en su estado natal:

> [...] En Chihuahua había, como en todo México, mentes despiertas e inquietas. Solo que allá, la juventud no creyó más en los revolucionarios de 1910 de la Revolución Mexicana, sino que comenzamos a inspirarnos en la Revolución Rusa de 1917 y a la lucha por el socialismo [...].[16]

Llegó un momento en que ya no solo participaban con poesías, veladas literarias o textos que crearan conciencia en la población chihuahuense, sino que transitaron de las ideas y actividades culturales a la acción política que defendía posiciones específicas en contra

---

[15] Ídem.

[16] Consuelo Uranga, *Autobiografía*, s/f, p. 3. Archivo Particular de Mª Fernanda Campa Uranga (APMFCU). Manuscrito incompleto de 4 páginas escrito de su puño y letra.

de funcionarios y revolucionarios en el poder. Como Círculo Fraternal, por ejemplo, intervinieron entusiasta y enérgicamente en el movimiento social que José Vasconcelos encabezó en torno a su candidatura por la presidencia desde fines de 1928 y durante todo el año de 1929, al igual que otros grupos inconformes con el régimen alrededor de este movimiento y por demandas propias de grupos regionales. Hubo mítines, enfrentamientos, comités de apoyo en varios lugares de la entidad, extendiéndose el movimiento de manera rápida a los sectores medios, profesionales, grupos femeniles y estudiantiles. El 24 de septiembre de 1929 se celebró en la capital un mitin multitudinario que, a decir del historiador Vargas Valdés, "se convirtió en la primera movilización de oposición al gobierno desde los tiempos de la revolución".[17]

El movimiento ciudadano que se organizó alrededor de José Vasconcelos y de su proyecto de nación, primero como candidato independiente y luego avalado por el Partido Nacional Antirreeleccionista,[18] tuvo un fuerte impacto entre los jóvenes que trabajaron intensamente en las diferentes ciudades y en los grupos urbanos de clase media, en especial, antiguos maderistas, estudiantes, artesanos, mujeres, maestros y profesionales deseosos de participar en un proyecto de nación en el cual la política, la educación, el progreso y la cultura fueran elementos centrales.[19]

La situación de violencia y enfrentamiento con el gobierno federal llegaba ya en ese momento a niveles excepcionales. Los atentados

---

[17] Consuelo junto con los estudiantes del Círculo y otros grupos de jóvenes de ambos sexos formaron parte activa de los preparativos, del comité de recepción y del seguimiento y desarrollo de su campaña en todo el estado. Jesús Vargas Valdés, *Consuelo Uranga. La roja...*, p. 34. El autor basado en *El Correo de Chihuahua*, afirma que la reseña hace mención de que miles de chihuahuenses inundaron el centro de la ciudad.

[18] Como sucedió en el plano nacional, la cruzada de Vasconcelos a la Presidencia de la República fue el primer movimiento civil después de la lucha armada en defensa de la democracia y en contra del poder militar, en especial, del control del general Plutarco Elías Calles en el gobierno y en las elecciones futuras con la creación del Partido Nacional Revolucionario. John Skirius, *José Vasconcelos y la cruzada de 1929*, Siglo XXI ed., México D.F., 1978, p. 114; Mauricio Magdaleno, *Las palabras perdidas*, Instituto Nacional de Estudios Históricos de la Revolución Mexicana, México D.F., 2004, pp. 113-206.

[19] John Skirius, *José Vasconcelos...*, pp. 70, 100-109, 112-113 y 115; Antonieta Rivas Mercado, *La Campaña Vasconcelista*, prólogo de Luis Mario Schneider, Editorial Oasis,

contra Vasconcelos y el asesinato del estudiante Germán del Campo en la plaza San Fernando en la ciudad de México, unos días antes de este gran mitin en Chihuahua, radicalizó aún más a los organizadores y participantes locales.[20]

La brevedad y pujanza de esta movilización, más allá de lo electoral, tuvo repercusiones significativas no precisamente por los resultados de la campaña, que fueron decepcionantes para la mayoría que intervinieron en ella. Más bien, de ahí se derivó una mayor participación política de numerosos integrantes del movimiento, así como una mayor presencia en movimientos culturales y sociales. En este caso específico, se reforzó la participación de las mujeres en diversas agrupaciones y tendencias en el ámbito nacional, incluso en espacios de oposición al gobierno revolucionario, como afirma Adelina Zendejas:

> En ese movimiento vasconcelista había gente de izquierda desesperada, porque todos éramos hijos, y algunos testigos y protagonistas, desde pequeños de las luchas revolucionarias de nuestros padres o familias. Para mí el vasconcelismo era la puerta por donde pensábamos que íbamos a obligar al cumplimiento de los principios de la Revolución, a aplicar la revolución. El reparto de tierra estaba así, y la represión era muy fuerte y muy visible, quizá más visible que ahora porque era menor población.[21]

Frente al fraude electoral, la violencia del Estado, y la tibieza de la respuesta de Vasconcelos ante sus seguidores, Consuelo y algunos jóvenes de la capital de Chihuahua decidieron tomar cartas en el asunto y dedicarse de lleno a luchar por una verdadera revolución.[22] Aquel 1929 ella lo recuerda como el año en que su

---

México D.F, 1981. pp.72-75.

[20] Antonieta Rivas Mercado, *La Campaña...*, pp. 63-74; Soledad Loaeza, "Perspectivas para una historia política del Distrito Federal en el siglo XX", *Historia Mexicana*, 45/1(1995), p. 116.

[21] Margarita García Flores, "Adelina Zendejas: la lucha de las mujeres mexicanas", *Fem*, México, D.F., 1 (1976), [pp. 68-76], p. 72.

[22] Yolia, "Ellas y la vida...", p. 6.; Jesús Vargas Valdés, *Consuelo Uranga. La roja...*, p. 13; Mercedes Quevedo. Entrevista realizada por Mª de Lourdes Cueva Tazzer, 15 de

generación reaccionó a las injusticias provocadas por el nuevo gobierno revolucionario:

> Con los estudiantes del Instituto Literario de Chihuahua luché contra Luis L. León en favor de los campesinos engañados. Fuimos la generación posrevolucionaria de 1910 y no tolerábamos la riqueza de sus líderes frente a la miseria de nuestro pueblo. Nos hicimos marxistas.[23]

Aunque no se refería a la totalidad de los integrantes del Instituto, buena parte de los jóvenes entusiastas, desilusionados por el futuro inmediato de ese movimiento opositor, decidieron continuar participando de algún modo, pero por distintos caminos.[24]

Además de todo este ambiente político y cultural que hemos descrito, influyeron en Consuelo para esa determinación, un par de situaciones que resultaron clave: por un lado, estableció relaciones importantes que la vincularon con la ideología marxista, como los compañeros Ignacio Rojas Rodríguez y Salvador Saucedo Barrios de la Revista *Ideal*, que ya habían establecido lazos con la juventud comunista en el Distrito Federal desde 1927[25] y, de manera especial, con Enrique Barreiro Tablada, un joven escritor que llegó a la capital de Chihuahua a fines de los años veinte, y, aunque había formado parte del grupo de los estridentistas de 1925 a 1927, compartió con los jóvenes de Chihuahua ideales y acciones contra la injusticia social que los acercó más hacia una oposición de izquierda.[26] Esa camaradería que ahí surgió fructificó en una amistad y en acciones culturales

---

junio 2000; Mª Teresa Pomar. Entrevista realizada por Mª de Lourdes Cueva Tazzer, 23 de abril de 2004.

[23] Consuelo Uranga, *Autobiografía*..., s/f, p. 4.

[24] Sucedió lo mismo con los hermanos Uranga: Rodolfo prefirió el periodismo y la escritura e integrarse años más tarde al Partido Acción Nacional; Consuelo, desde ese momento decidió salir de su estado natal y vincularse al Partido Comunista Mexicano en el Distrito Federal. Jesús Vargas, *Consuelo Uranga, La roja*..., p. 38.

[25] "Notas de Chihuahua", *El Machete*..., p. 4.

[26] Elissa J. Rashkin, *La aventura estridentista. Historia cultural de una vanguardia*, Fondo de Cultura Económica, México D.F., 2014, p. 44. También Jesús Vargas se refiere a la influencia que Barreiro ejerció en varios jóvenes de ambos sexos de la época y en especial en Consuelo Uranga, basado en la entrevista a una de sus mejores amigas. Jesús Vargas Valdés, *Consuelo Uranga. La roja*..., pp. 38-39.

conjuntas posteriores. Formaron parte del círculo de estudios en Chihuahua y colaboraron en proyectos literarios de compromiso social años después.[27] La otra circunstancia que influyó de manera importante fue la participación de Consuelo en la primera mitad de 1930 en el círculo de estudios marxistas organizado por David Alfaro Siqueiros y Enrique Barreiro Tablada en la ciudad de Chihuahua. Por circunstancias ajenas a la voluntad de los participantes, se disolvió dicha actividad y eso la llevó a tomar la determinación de integrarse al Partido Comunista en la ciudad de México para por esta vía "dedicar su vida a la lucha contra la injusticia [...]". [28]

A mediados de 1930 cambia su vida radicalmente. La actividad artística y cultural que había desarrollado en la capital de Chihuahua la reemplazó de forma definitiva por una actividad de agitación política en la capital del país a favor de la clase proletaria. Muy pronto se involucró en otro tipo de actividades culturales y sociales, de solidaridad y organización de los trabajadores en un momento político cada vez más adverso para los trabajadores y comunistas. Su hija menor lo expresa más claramente: "[...] Cambió el sombrero y los guantes de su juventud por el rebozo y las blusas bordadas por manos indígenas. Cambió los poemas y prosa de su juventud por los volantes, manifiestos y periódicos".[29]

Consuelo inició su actividad política al principio de la década de los treinta, justo cuando el Partido Comunista había iniciado una etapa de clandestinidad, que terminaría hacia 1934, derivada de un complejo conjunto de circunstancias externas del comunismo internacional, las directrices de la Internacional Comunista y las condiciones inherentes a la organización partidaria, sus conflictos internos y su relación compleja y contradictoria con el gobierno de

---

[27] Colaboran en el libro *Hacia una cultura proletaria,* con dos cuentos breves: Enrique publica "Contra el embajador" y Consuelo "El crimen". Lorenzo Turrent Rozas, en *Hacia una literatura proletaria,* Ediciones Integrales, Xalapa, 1932.

[28] Jesús Vargas Valdés, "Consuelo Uranga", en Ana Victoria Jiménez Álvarez y Francisca Reyes Castellanos (eds.), *Sembradoras de Futuros. Memoria de la Unión Nacional de Mujeres Mexicanas,* Unión Nacional de Mujeres Mexicanas, México, D.F., 2000, p. 26; Jesús Vargas Valdés, *Consuelo Uranga. La roja...*, pp. 26 y 40-41.

[29] María Fernanda Campa Uranga en Jesús Vargas Valdés, "Un retrato de Consuelo Uranga", *El Heraldo de Chihuahua,* (30 de julio), 1995, p. 2.

Plutarco Elías Calles.[30] Sus militantes enfrentaron una etapa difícil, no solo por la persecución del gobierno sino también por la imperiosa necesidad del partido de robustecer y diversificar su acción política con el fin de ganar más adeptos y erigirse como una importante fuerza de oposición proletaria.[31] La mayor parte de los afanes y esfuerzos de sus militantes, hombres y mujeres, estuvo dirigida a defender la opción comunista como la única capaz de solucionar los grandes problemas económicos y sociales del pueblo trabajador y a denunciar la corrupción y farsa del gobierno revolucionario a través de arengas, folletos, panfletos, escritos, propaganda o la distribución de *El Machete*. Es en este contexto general que Consuelo llegó, con toda la ilusión de una joven de provincia, decidida a integrarse a las actividades más apremiantes para fortalecer las posiciones, los grupos y la estructura de ese partido comunista en plena reestructuración y debilidad.

DEL ROJO DE LA LITERATURA PROLETARIA Y LA MILITANCIA EN EL PARTIDO COMUNISTA MEXICANO A ESTAR DEDICADA A LAS MUJERES TRABAJADORAS Y A LA CLASE OBRERA

Desde su llegada a la ciudad de México en 1930, fue aplazando de manera paulatina y definitiva su proyecto de estudiar en la universidad, para involucrarse de lleno en actividades de agitación, propaganda partidista, organización de trabajadores, creación de círculos y grupos comunistas tanto en fábricas como en colonias populares. Su escuela fue la militancia y la acción políticas en el comunismo nacional e

30 Javier Mac Gregor y Carlos Sánchez, "Por una solución revolucionaria de la crisis: la Confederación Sindical Unitaria de México, 1929-1934" *Iztapalapa. Revista de Ciencias Sociales y Humanidades*, 43 (1998), pp. 139-158. Los autores explican de manera detallada las complejas circunstancias del PCM hacia fines de la década de los años veinte, que lo llevó a adoptar la política "clase contra clase", cerrar filas contra el gobierno revolucionario y sus organizaciones sindicales, definir estrategias para fortalecer su política obrera y campesina y tomar el poder.

31 Las directrices de la Comintern y la imperiosa necesidad de los integrantes del partido de fortalecer y ampliar su influencia los lleva a buscar "formas de presencia política y social más variada" con campesinos, obreros, mujeres, etc. Este fue el caso de la Confederación Sindical Unitaria de México. Javier Mac Gregor y Carlos Sánchez, "Por una solución revolucionaria...".

internacional. Identificamos tres líneas de acción paralelas, pero entrelazadas, en las que Consuelo, desde su inicio en el partido y durante el periodo de clandestinidad (1929-1934), participó y se forjó en espacios de actividad política: a) la Confederación Sindical Unitaria de México (CSUM); b) la participación y liderazgo en los congresos nacionales de obreras y campesinas y el Frente Único Pro-Derechos de la Mujer, y c) la literatura proletaria como acto político radical. Estas líneas de acción constituyeron el ámbito en que Consuelo, en condiciones económicas muy precarias y sin ningún cargo partidista –como todas las mujeres de ese organismo político–, se formó y actuó como mujer comunista, se movilizó en el plano nacional, se vinculó con organismos internacionales, fue representante en congresos internacionales de izquierda y continuó con esta experiencia avanzando en su opción de vida en las próximas décadas. Este ámbito fue su escuela, la base sobre la que erigió su labor como comunista después de los años treinta en la ciudad de México, en condiciones menos hostiles con respecto al gobierno revolucionario, pero cada vez más cerradas e intolerantes en el interior del organismo político.

a) Su integración a la CSUM, desde que llegó al D.F., fue la puerta de entrada para conectarse a un mundo incierto y desconocido para ella; fue una actividad que la fue forjando y que enfrentó de manera aislada, sin que existiera un comité específico o alguna orientación partidaria que le permitiera seguir cierta guía para impulsar y desarrollar el trabajo femenil en las fábricas y en el campo y convencerla para integrarse al PCM. Sin duda constituyó un desafío enorme, pero también un ámbito que le permitió conocer directamente las problemáticas de los trabajadores y, de manera particular, de las mujeres obreras y campesinas, así como la estructura y funcionamiento del partido comunista, sus posibilidades y sus límites.

La CSUM se había formado desde 1929 con el propósito de conformar un Frente Único promovido y dirigido por los comunistas hacia las bases de las organizaciones o partidos "reformistas" más no a sus direcciones, consideradas aliadas de la burguesía.[32] Entre sus

[32] La Central Sindical Unitaria de México (CSUM) que se fundó el 27 de enero de 1929 con David Alfaro Siqueiros como su dirigente en el marco del Congreso

principales demandas estaba luchar en defensa del trabajo frente al imperialismo, pero también, la lucha abierta contra los gobiernos que explotaban y oprimían a los trabajadores, contra la promulgación del Código Federal del Trabajo, la baja de los sueldos, la explotación y el desempleo. Aun cuando no había consenso sobre esta nueva central, se consideró que se abría un resquicio para fortalecer desde ahí la estrategia política recién adoptada de "clase contra clase".[33] Consuelo muy pronto formó parte del grupo de mujeres del PCM que impulsó en diferentes fábricas y comunidades círculos de mujeres que se integraran a la lucha; que intensificó el trabajo en el Centro Femenil "Rosa Luxemburgo" en Xalapa y pretendió organizar más centros de este tipo, sin tener mucho éxito; también intentó organizar a las esposas de los soldados, a las técnicas y a las mujeres de los policías, explicándoles sus condiciones de miseria y explotación, al tiempo de invitarlas a defender sus intereses y luchar por mejores condiciones de existencia. [34] Colaboró vigorosamente en la organización de grandes campañas contra la desocupación y a favor de un seguro social que debería establecerse por parte del gobierno federal. En especial, hacía énfasis en que el proyecto de Ley del Seguro Social, presentado por la Confederación Sindical Unitaria de México (CSUM), consideraba a la mujer trabajadora con los mismos derechos que el hombre.[35]

En la participación directa con obreras y campesinas, Consuelo aumentó su sensibilidad hacia sus problemáticas y la imperiosa

---

Nacional Obrero Campesino. Javier Mac Gregor y Carlos Sánchez, "Por una solución revolucionaria...".

[33] Aun cuando no logró convertirse en la vanguardia del proletariado, sí alcanzó a tener una importante influencia ideológica en los trabajadores como resultado de la resistencia y constancia de sus militantes. Javier Mac Gregor y Carlos Sánchez, "Por una solución revolucionaria...", pp. 142, 144, 151 y 153; Barry Carr, *La izquierda mexicana a través del siglo XX,* Ediciones Era, México, 1996, p. 57 Arnoldo Martínez Verdugo, *Historia del comunismo en México*, Editorial Grijalbo, México, 1985, pp. 90-93; Manuel Márquez Fuentes y Octavio Rodríguez Araujo, *El partido comunista mexicano (en el periodo de la Internacional Comunista: 1919-1943),* 2ª edición, Ediciones El Caballito, México, [1973] 1981, pp. 154-155.

[34] "¡A las soldaderas, a las técnicas, a las mujeres policías!", Hoover Institution Archives. Colección Rodolfo Echeverría, Caja 16, Folder 17.

[35] Principalmente para los efectos del seguro en todos los casos, denunciaba el incumplimiento de la Constitución Mexicana en cuanto el derecho de la mujer a reposo antes y después del parto, con salario completo para que las madres pudieran cuidarse y atender debidamente a sus recién nacidos. "¡Arriba el Seguro Social y contra la

necesidad de luchar por resolverlas, sin embargo, debió enfrentar no solo la escasa participación femenil en el partido, sino también el exiguo interés de sus militantes y dirigentes para atender los grandes problemas de las mujeres e incorporarlas a sus filas. En su actividad intensa en la CSUM, Consuelo identificó no solo la dificultad de conformar grupos femeniles de obreras y campesinas, sino la ausencia de políticas claras del propio partido para incorporar sus demandas e integrar a las mujeres a este organismo. También afrontó en la vida cotidiana, y en el trabajo político con los trabajadores, la falta de sensibilidad y prejuicios de los propios militantes con respecto a esta situación. Consuelo contribuyó con su práctica política a denunciar esta circunstancia y a crear conciencia en los diferentes espacios donde trabajó en la CSUM. Ello coadyuvó, sin duda, a que la dirigencia del partido tuviera que reconocer la ausencia de autocrítica y sensibilidad de los militantes, exhortando en numerosas ocasiones a las secciones del partido de todo el país a superar esta situación. He aquí uno de los tantos llamados para atender a la mujer y su problemática:

> [...] no podemos aún comprender que es nuestra hermana de clase, ni su importancia para nuestro movimiento. Mientras la burguesía sí comprende su importancia en la producción, la aprovecha y la explota, no hemos podido quitarnos todavía la influencia burguesa- católica de que la mujer no sirve para nada [...] Y no podemos ser comunistas si no trabajamos por organizarla y defenderla de sus explotadores y atraerla a nuestras filas mientras no la consideremos como parte del proletariado y participe en nuestras luchas [...][36]

Aun así, tal posición de autorreflexión crítica no logró influir en las prácticas políticas y culturales de los comunistas. Se adoptó únicamente en el discurso a través de diferentes medios: volantes,

desocupación! ¡Por la Ayuda efectiva a los sin trabajo!", *El Machete Ilegal, 1931* (2ª quincena de abril), p 2 y "El seguro social, las mujeres y los jóvenes trabajadores", *El Machete Ilegal, 1931* (20 de julio, 1931), p. 1.

[36] "A todas las locales del Partido. Circular". Archivo Histórico Condumex. Fondo Manuscritos de Gabino Alcaraz. Partido Comunista (AHC. MGA. PC), México, D.F., [Sección XMLVI, Carpeta 2, legajo 131, 11 de junio, 1931].

documentos y panfletos. Consuelo y las pocas mujeres integrantes del partido enfrentaron silenciosamente barreras de parte de sus compañeros de partido al trabajo y liderazgo de las mujeres en el trabajo sindical. Se llegó a aseverar, ya hacia finales de 1932, que era inminente, "[...] romper la resistencia de los miembros del partido al trabajo femenil, su menosprecio al papel de las mujeres en la lucha y su sabotaje práctico al trabajo de las mujeres [...]".[37]

Jesús Vargas Valdés "Consuelo Uranga. Campaña CSUM,Ca. 1932-1934", en *Consuelo Uranga. La roja...* (fotografía 28), p. 157

[37] "Proyecto de resolución que el Secretariado del CC presenta a la Conferencia Nacional del Partido, sobre la situación económica y política y las tareas del Partido", AHC. MGA. PC, Sección XMLVI-I, Carpeta 3, legajo 183, p.11.

Aunque los líderes del Comité Central lo reconocían públicamente hacia fines de 1932, no se modificaron las actitudes ni las prácticas políticas; hubo en la vida cotidiana poco apoyo real a las actividades y tareas que impulsaron el grupo de mujeres. La posición marginal de las mujeres y del trabajo de las comunistas al interior del PCM continuó casi sin alterarse desde este tiempo y en las siguientes décadas. Esta tensión permanente entre reconocer el trabajo femenino y considerarlo circunstancial y secundario fue restrictivo para las militantes convencidas como Consuelo Uranga, que se vieron obligadas a implementar estrategias de sobrevivencia en su vida familiar, cotidiana y en su participación política. Pero también esta condición de trabajar en los márgenes les permitió un cierto grado de autonomía en sus acciones y posturas que las llevó, en diferentes grados y momentos, a un proceso de ruptura, respecto a lo que se debía esperar, escribir y sentir por parte de las comunistas, definido por el comité central y el Comintern.

b) Lo anterior nos conecta al segundo ámbito de acción de Consuelo en esta primera etapa que marcaría de manera definitiva su participación en las siguientes décadas. Al tiempo que se vinculaba con las trabajadoras de la ciudad de México, su problemática y su organización desde la CSUM formaron parte fundamental del grupo de las comunistas que intervino de manera activa en los Congresos Nacionales de Obreras y Campesinas y de la Prostitución, promovidos por el comité femenil del Partido Nacional Revolucionario, desde el primero en 1931 hasta el último en 1934.[38] Valiéndose de todos los recursos posibles y aprovechando el momento político coyuntural así como los resquicios ofrecidos por el partido oficial, María del Refugio Martínez y Consuelo Uranga, entre otras comunistas, lograron presentar su plataforma de lucha por el frente único e incorporar a

[38] María Ríos Cárdenas, *La mujer mexicana es ciudadana. Historia con fisonomía de una novela de costumbres*, A. del Bosque Impresor, México, D.F., 1940, pp.17-35; "Acta de Información" Archivo Histórico de la Secretaría de Educación Pública, (Caja 5202) ff. 109-114; Leticia Barragán y Amanda Rosales, "Congresos Nacionales de Obreras y Campesinas", *Historia Obrera, CEHSMO*, 5 (1975), pp. 24-30; "Los resultados del Congreso de Obreras y Campesinas", *El Machete Ilegal*, 10 de diciembre 1933; *El Machete Ilegal*, 10 de diciembre 1933. Consuelo Uranga, "Trabajadoras: "¡Participad en la Lucha Electoral!", *Bandera Roja*, 30 de abril 1934, p. 2.

Enrique Díaz. *Manifestación del PCM*. Consuelo Uranga. Ca.1934, [AGN, Centro de Información Gráfica, Fondo Enrique Díaz, Delgado y García. Caja 58/35. Detalle]

las obreras, campesinas y amas de casa en un movimiento más amplio que se estaba organizando por parte del PCM en distintos sectores. Consiguieron debatir abiertamente con las posiciones de las feministas del PNR y lograr infiltrarse en la Comisión Permanente del Segundo Congreso, organismo que se creó en diciembre de 1933 para darle seguimiento a los acuerdos y preparar los siguientes eventos y realizar un trabajo político más amplio. En realidad, constituyeron los principales espacios y, por primera vez, con perspectiva nacional, que las comunistas tuvieron para la discusión y el análisis de los problemas de las mujeres trabajadoras y cómo deberían concebirse y solucionarse.

La participación de Consuelo Uranga en dicha comisión fue fundamental porque permitió a las comunistas incorporarse y darles seguimiento a diversas actividades para impulsar y fortalecer la organización de las mujeres. La vinculación de la Comisión Permanente con el trabajo electoral del Bloque Obrero y Campesino (BOC) y de la plataforma económica y social del Partido Comunista, apoyando al candidato Hernán Laborde, les permitió ampliar su radio de acción, como no se había podido realizar antes. En particular, esta comisión trabajó con los comités de desocupados a nivel nacional para la resolución de sus principales problemas, en proyectos relacionados con educación y cultura y en diferentes congresos en los que se trataron temáticas que afectaban a los hogares mexicanos, así como contra la guerra, la prostitución, el sistema capitalista y el imperialismo norteamericano. Consuelo Uranga, muy dinámica en este proceso, aceptó participar en la lucha por los derechos políticos de las mujeres, presentándose también como candidata suplente por el 6° Distrito Electoral en el Distrito Federal aun a sabiendas de que no se le reconocería. Con ello daba testimonio de su interés en participar y de la exclusión y arbitrariedad de la que eran objeto las mujeres al negarles su derecho a votar y ser votadas.[39]

El derecho al voto a las mujeres no había sido apoyado inicialmente por las comunistas, pero, en esta coyuntura, ahora lo presentaban como una de las demandas centrales del BOC y de su partido, que, junto con otras reivindicaciones, demostraban que el interés de luchar por las mujeres era en todos los planos posibles para su emancipación: "[...] El Bloque ha lanzado candidaturas de compañeras, demostrando a las masas trabajadoras que solo el Bloque considera igual a la mujer que al hombre, que solo el Bloque defiende los intereses económicos, sociales y políticos de la mujer".[40]

[39] Consuelo Uranga no fue la única. Luz Encinas también se presentó en el Distrito Federal, como candidata suplente por el Distrito 9° y Rosa Segura y Martina Decena en Tuxtepec, Oaxaca, como candidatas a senadora suplente y diputada local respectivamente, Ana Victoria Jiménez Álvarez, y Francisca Reyes Castellanos, *Sembradoras de futuros. Memoria de la Unión Nacional de Mujeres Mexicanas*, Unión Nacional de Mujeres Mexicanas, México D.F., 2000, p. 53; Esperanza Tuñón Pablos, *Mujeres que se organizan. El Frente Único ProDerechos de la Mujer, 1935-1938*, UNAM-Miguel Ángel Porrúa, México D.F, 1992, pp. 44-45; Arnoldo Martínez Verdugo, *Historia del comunismo...*, pp. 148-150.

[40] Javier Mac Gregor Campuzano, "Bandera Roja: órgano comunista de información político-electoral, 1934" *Signos Históricos*, 9 (2003), p. 116.

En mítines, panfletos o artículos de *El Machete*, las mujeres comunistas lograron incorporar, además de las exigencias que el Bloque Obrero y Campesino planteaba como parte de su campaña política, las demandas propias de las mujeres trabajadoras y campesinas. Paralelamente, Consuelo continuó su labor en la difusión y lucha por la plataforma definida por el PCM como secretaria del departamento femenil de la CSUM, mientras que fungía como secretaria femenil de la Liga Nacional contra el Fascismo y la Guerra Imperialista, organismo coordinado por el Socorro Rojo Internacional.

El liderazgo que mantuvo en dicha Comisión Permanente le permitió no solo hacer visibles las demandas de las mujeres organizadas en el plano nacional, sino tener presencia activa en el movimiento internacional de mujeres. En efecto, por esta experiencia y por su formación cultural, fue elegida delegada del PCM para representar a México ante el "Congreso Mundial de Mujeres contra la Guerra y el Fascismo", celebrado en París, Francia, del 4 al 6 de agosto de 1934, en el cual se reunieron 1200 delegadas de 28 países. En el mes de noviembre, un grupo de mujeres convocaba a las organizaciones de mujeres y a las trabajadoras en general: obreras, campesinas, empleadas, maestras e intelectuales, así como a las estudiantes y amas de casa para que asistieran a la reunión de información de la delegada, Consuelo Uranga, del notable acontecimiento internacional en defensa de la mujer. [41]

c) Finalmente, su actividad literaria constituyó la tercera línea de acción en este periodo que sentó las bases para su militancia en el PCM. Aunque visiblemente más disminuida que en su época juvenil, su escritura la orientó en un primer momento hacia la literatura proletaria como una forma de activismo político; posteriormente

---

[41] "Conferencia impartida por Consuelo Uranga sobre el Congreso Mundial de Mujeres contra la Guerra y el Fachismo", 11 noviembre de 1934. CEMOS, PCM. 1934 (Caja 06, Clave 6, Exp. 27) En la circular de propaganda de la conferencia, al final termina: [...] Las mujeres formamos más de la mitad del género humano. Tenemos el derecho y el deber de impedir el avance fachista y la guerra. Organicémonos para defender la vida de nuestros hijos, de nuestros hombres y de nuestros propios derechos. En la hora actual, esta es nuestra misión sobre la tierra ¡Por nuestro derecho al trabajo! ¡Por la emancipación total de la mujer!; Esperanza Tuñón, *Mujeres que se organizan*...pp. 44-46; Ana Victoria Jiménez y Francisca Reyes, *Sembradoras de futuros*... pp. 48-52.

hace ensayos históricos, artículos y poemas que no edita. En todo caso, su escritura refleja su perseverancia en combinar su sensibilidad con su militancia en diferentes organismos de izquierda.

La literatura proletaria en la que participó Consuelo intentaba exponer la realidad de las clases campesinas y trabajadoras, plantear otras formas de concebirla y crear conciencia de organización. Así, los textos que denuncian situaciones de injusticia, corrupción y desigualdad, también sirven de medio político de expresión que nos acercan a sus formas de concebir esa nueva realidad; a entender su percepción y sentimientos como elementos significativos de su realidad e identidad social. En efecto, por la relación desde Chihuahua con Enrique Barreiro, Consuelo formó parte de un movimiento literario en el interior del partido que empezó a manifestarse en el año 1931, denominado literatura proletaria, que introdujo en México un debate acerca de lo que significaban el arte y la literatura comprometidos, si la literatura debía, o no, servir a las causas del pueblo o si, por el contrario, ésta debía darse como una manifestación artística más allá de las convicciones políticas del momento.

Así, la literatura proletaria fue una corriente literaria política que se promovió y se hizo en México durante 1931-1934 en ciertos círculos de la ciudad de México y la ciudad de Xalapa, Veracruz, que concebía a los textos literarios comprometidos con los sectores populares como acicates que denunciarían la realidad y crearían conciencia en los distintos grupos de estos sectores.[42] Lorenzo Turrent lo definió así:

> [...] tiene un estilo sencillo, exento de piruetas literarias, accesible a todos. Su preocupación medular es el examen de la vida

[42] Desde 1931 se empiezan a publicar novelas, poemas y escritos por parte de Ediciones Integrales en la ciudad de Xalapa, identificándolas con una forma de escribir para el pueblo y con una orientación revolucionaria. Este grupo de Xalapa formado por José Mancisidor y Lorenzo Turrent Rozas, fue de los primeros promotores de esa literatura a través de la publicación de escritos proletarios que, según este último, se distinguen, por supuesto, de la "literatura universalista" producida por escritores no comprometidos con el pueblo y de la "literatura nacionalista" que ha impulsado el gobierno posrevolucionario. Lorenzo Turrent Rozas, *Hacia una literatura proletaria*, Ediciones Integrales, Xalapa, 1932, pp. VIII -XXII. Edith Negrín. "Una corriente de literatura proletaria en Xalapa", Centro Virtual Cervantes, AIH. Actas XII, Ciudad de México, 1995, pp. 151-160.

actual, su enjuiciamiento desde un punto de vista marxista, los días pasados no interesan. Interesa esta hora dolorosa que vivimos, llena de miseria, de claudicaciones y de bufonadas revolucionarias. Urge, pues, hacer la anatomía del instante.[43]

En este periodo de clandestinidad, la temática de la mujer trabajadora y las distintas situaciones que se le presentan como madre no estuvieron completamente ausentes en la literatura de las mujeres comunistas. En general los pocos escritos que las incluyeron lo hicieron para mostrar la crudeza de su vida cotidiana. Uno de los textos más impactantes en esta temática es el cuento de Consuelo Uranga, "Un Crimen", publicado en el libro de *Literatura proletaria*, que solo vislumbra desgracia y cárcel para la mujer protagonista del cuento.[44] En palabras de Lorenzo Turrent, que aboga por una literatura proletaria y realista, Uranga afirma en este cuento: "[...] la realidad de nuestra delincuencia, sus causas determinantes: la desigualdad de clases, el pavoroso desnivel económico en que vivimos [...] que no se resolverá con códigos flamantes, [...] sino con un cambio radical en nuestra estructura económica".[45]

Más que referirse a la delincuencia de manera genérica, Consuelo Uranga plantea la cruda situación de una mujer pobre, anémica, sola, que renta un cuartucho miserable en las peores circunstancias

---

[43] Lorenzo Turrent, *Hacia una literatura*...pp. XVII-XVIII. Dicho movimiento fue previo y al parecer, independiente, de otra tendencia denominada "realismo socialista" que el Comintern fomentó e intentó imponer como método creador y principalmente como una política artística que debía regir en todos los partidos comunistas justamente a partir de agosto de 1934. Los principios de este realismo socialista eran condenar a las tendencias no realistas que se estaban dando en el mundo occidental, proclamar la superioridad del arte socialista, por considerarlo avanzado y progresista y, por último, reconocer que los partidos comunistas eran los que debían dirigir y regular el arte y la cultura en las sociedades donde actuaban. En México, dicha corriente tomó forma con una organización artístico-literaria denominada Liga de Escritores y Artistas Revolucionarios (LEAR) formada en 1934 que tuvo como medios de difusión la *Hoja Popular* y *Frente a Frente*, publicaciones hechas por artistas e intelectuales comunistas. Lourdes Quintanilla, *Liga de Escritores y Artistas Revolucionarios (LEAR)*, Centro de Estudios Latinoamericanos (CELA)-Facultad de Ciencias Políticas y Sociales, UNAM, México D.F., 1980, pp. 10-23.

[44] Consuelo Uranga, "Un Crimen", en Lorenzo Turrent, *Hacia una literatura* ... pp. 57-64.

[45] Ibídem, pp. xx.

de higiene y salud y que, ante su situación, logra articular unas frases incomprensibles: "levantarme, trabajo, levantarme, trabajo..." es lo único que repite entre quejidos angustiosos y dolores intensos:

> [...] Nada le dolía. Sentía el cuerpo hueco, como si solo la piel inflada le hubiese quedado. Empezó a sentir frío. Los papeles de anuncio que le servían de cama estaban empapados. Quiso moverse y sintió algo tibio y pegajoso junto a las piernas. Medio se enderezó: ¡Sangre! Los papeles eran de un rojo desvaído y húmedo. Levantó los harapos y abrió los ojos redondos y enloquecidos. "¿Qué...Un hijo?... ¿Ella?... Le...van...tar...se, tra...ba...jo... Las ideas pasaban bailoteando sin poder asirlas. Se irguió. Entre las piernas veía un trocito tibio, rojo, los bracitos acomodados contra el pecho, las piernas encogidas sobre el papel húmedo. "¿Qué?... ¿Un hijo?... ¿Y su trabajo?... ¿De dónde iba a coger leche, ropa... ?"—¡No! ¡No! –gritó, con un aullido ronco. Se incorpora. Las manos temblonas y crispadas llegan hasta el cuerpecito inerme, se cogen a los hombros exiguos y... lentamente, lentamente, van resbalando con la baba sanguinolenta hasta llegar al cuello. Allí se agarran bien fuerte; tenazas de muerte que se hunden en la vida nueva y tibia [...].[46]

Cuando la vecina se da cuenta, va por la comadrona, pero ya era demasiado tarde. Ella había resuelto su desesperada situación hundiendo sus manos en el cuello nuevo y tierno, segando la vida del pequeño: "Le...vantar...me. Mi tra...ba..jo. A..ho..ra sí. Los ojos giran en las órbitas ensanchadas. Una risa de triunfo, mezclada con una tos seca, encienden el rostro con lívidas flamas de locura".[47] El cuento termina con el anuncio de los periódicos en primera plana: "...la madre desnaturalizada fue puesta a disposición de las autoridades competentes".[48]

Este asunto tan delicado de las mujeres trabajadoras que, en la desesperación, matan o abandonan a sus hijos es algo que los

[46] Ibídem, p. 60.
[47] Ibídem, p. 62.
[48] Ibídem, p. 64.

militantes varones quizá no consideraran prioritario, pero que las mujeres del partido, por ser madres o estar más vinculadas con las situaciones de la maternidad, eran más sensibles a esa problemática y la comprendían, como a la prostitución, como un resultado de las condiciones de explotación y pobreza en las que vivían y de los retos que las madres trabajadoras enfrentaban cotidianamente.

Con esta base de las tres líneas de acción que hemos explicado, Consuelo Uranga enfrentó la incertidumbre de llegar a la capital con su sensibilidad de poeta y su convicción firme de luchar contra el orden social del capitalismo que daba lugar a un régimen de explotación e injusticias tanto para hombres como para mujeres y, en esa medida, se incorporó al trabajo de agitación, organización y propaganda desde la CSUM a favor de una transformación radical de la sociedad. Su trabajo intenso y constante en la Comisión Permanente del Segundo Congreso contribuyó de manera significativa, junto con el de María del Refugio García y otras compañeras, a obtener el liderazgo del Frente Único Pro Derechos de la Mujer a partir de 1935. No obstante, es preciso reconocer que sus esfuerzos en la organización de las obreras y campesinas, y en los congresos de mujeres que organizó el PNR, tuvieron el propósito de contribuir al mejoramiento económico y social de las trabajadoras; no lo hizo porque le interesara únicamente la emancipación de la mujer en sí misma. Al contrario, rechazó desde un principio la postura de pugnar por los derechos civiles y políticos de la mujer desligados de una lucha más amplia, la de la revolución proletaria, porque la consideró propia de los grupos de mujeres feministas y burguesas que no les interesaba transformar a la sociedad y, por lo tanto, inútil para las mujeres trabajadoras. Desde esa perspectiva, rivalizó inicialmente contra la reivindicación del sufragio femenino, argumentando que los derechos de las mujeres no se podrían conquistar por grupos separados de mujeres en una sociedad capitalista. Mientras no se tuviera un gobierno proletario, no se podrían alcanzar los derechos de las y los trabajadores. No obstante, al calor del debate en los congresos y ante la necesidad de las comunistas de influir más y ganarse la confianza de los grupos de mujeres, fue incorporando paulatinamente esta demanda como parte central de la lucha de las trabajadoras, ligada ineludiblemente con las económicas y sociales. De manera paulatina, ella fue colaborando cada vez menos en el frente femenil –quizá por no convencerle plenamente–, concentrando su actividad, hasta los años cincuenta, básicamente en la organización y apoyo del movimiento sindical principalmente petrolero, ferrocarrilero y minero.[49]

REFLEXIONES FINALES

Por algunas inferencias y datos aislados, suponemos que desde los primeros años de su participación en el PCM inició su relación de pareja con Valentín Campa, con quien compartió una primera parte de su vida de militante y tuvo dos hijas, a quienes debió cuidar en medio de su actividad política, sin contar, como sucedió con la mayoría, con el apoyo de su compañero para estas labores. Justamente cuando se incrementó la actividad organizativa tanto en la CSUM como en las organizaciones de mujeres a mediados de los años treinta, Uranga tuvo a su primera hija[50] y su vida intensa debió complicarse por la movilidad y el ritmo que imponían la militancia política y las implicaciones y necesidades propias de ser madre y atender a su familia. Por la misma posición de los comunistas de no darle importancia a esos quehaceres, no contamos con fuentes para acercarnos y conocer cómo fue combinando estas dos esferas tan absorbentes; no obstante, era obvio que sus roles de madre y esposa no se podían realizar a la manera de una familia tradicional y ello significó buscar estrategias, redes de relación, formas distintas de continuar con la militancia. En este aspecto hay vacíos de información que nos impiden conocer estos mecanismos que se implementaron para lograr acoplar, aunque fuera medianamente, la política y la maternidad, que, según la prensa nacional, eran labores irreconciliables,[51] así como identificar las estrategias de

[49] Jesús Vargas, "Consuelo Uranga", pp. 1 y 13.

[50] Jesús Vargas, "Un retrato de Consuelo Uranga", p. 2E. En este documento se dice que fue madre por primera vez a los 31 años por lo que suponemos que en 1934 ó 1935 tuvo a su segunda hija.

[51] Editorial, "Las Mujeres al Hogar", *Excélsior*, 29 de noviembre de 1933, p. 5; Editorial, "Las mujeres en las sociedades modernas", *Excélsior*, 30 de noviembre de 1933, p. 5.

resistencia por parte de los militantes varones para asumir también las faenas relativas al hogar y a la familia como una responsabilidad compartida.

Consuelo Uranga, al igual que otras militantes, se sometió a una dirección masculina aceptada por ellas que no diferenciaba a sus militantes por su género: mujeres y hombres debían acatar las mismas normas, adoptar los mismos principios, realizar las mismas actividades y luchar con las mismas estrategias definidas por el Comintern, sin reconocer ni analizar que las circunstancias y posibilidades de esos hombres y mujeres eran evidentemente desiguales. En medio de estas condiciones, las mujeres debieron modificar sus roles tradicionales y encontrar formas distintas de convivencia con sus compañeros de vida y sus camaradas. Paradójicamente fueron también realizando actividades disímiles y abriendo espacios que les permitió transitar en diversos ambientes políticos, culturales, sociales y familiares de modos particulares e interrelacionados.

Con este caso de Uranga, podemos reflexionar que no se fortificaron unilateralmente las relaciones de dominación masculina, sino que también se fueron construyendo lenguajes y prácticas culturales que permitieron abrir espacios y edificar nuevas formas de convivencia entre las parejas y, al mismo tiempo, añadir otros mecanismos para continuar con una estructura en la que no se alcanzaba una igualdad ni una situación más equilibrada de los deberes y derechos de género.

De esta manera Consuelo Uranga, como otras activistas políticas, colaboraron en la construcción de una dirección masculina del partido que enfrentó una magra militancia femenina que no pretendió implementar estrategias eficaces que permitieran tanto atraer como retener a las trabajadoras y campesinas y no valoró sus propios esfuerzos para conseguir el liderazgo femenil desde la década de los treinta que se propuso como organismo político. Contribuyeron también, sin proponérselo, a la construcción de un liderazgo de partido que acentuó valores y actitudes viriles en sus afiliados –hombres y mujeres– como la fuerza de carácter, arrojo, beligerancia, agresividad, compromiso y entrega a la causa proletaria, sumisión a las orientaciones de los líderes nacionales e internacionales, ausencia de crítica a sus líderes, renuncia a la vida privada y doméstica. En consecuencia, desdén a los problemas cotidianos que enfrentaban las mujeres en relación con sus hijos, sus maridos y su hogar, calificándolos ajenos a la causa proletaria y, por último, la tendencia a caracterizar los sentimientos de afecto, placer y diversión como desviaciones pequeño-burguesas. Asimismo, menosprecio a las actividades literarias que forman y alimentan un espíritu libre, reflexivo y crítico. Desdén a la pasión y al sentido humano e indiferencia a la sensación de incertidumbre. Sin embargo, Consuelo dedicó su vida a la militancia y adquirió mayor energía y entereza justamente gracias a estos componentes; cuestión que reconoció hacia el final de su vida.[52]

Consuelo militó hasta los años cincuenta en un partido que negaba la vida cotidiana, las relaciones entre las parejas y la maternidad como esferas importantes para los hombres y las mujeres que pretendían transformar una sociedad. De esta manera, Consuelo Uranga, como una de las pocas activistas políticas dedicada de tiempo completo al partido, debió y consintió también negarlas y llevarlas a cuestas como un mal necesario, separadas de la actividad política y cultural del PCM, en el mejor de los casos, buscando estrategias de solución entre las mismas compañeras.

Con ello Uranga fue parte central, como otras más, de una construcción partidista en la cual, al tiempo que se fortalecían los roles, actividades y valores masculinos como los realmente importantes para todos sus militantes, también se abrían, paradójicamente, campos nuevos de participación política para las mujeres; se hacían esfuerzos –no apreciados en ese momento– para buscar formas de identidad y expresar estilos propios de actuar en la vida pública y en la vida privada a través de la lucha cotidiana en las calles, en las fábricas, en el campo, en la escritura y en la formación de redes de solidaridad entre ellas.

---

[52] Jesús Vargas, "Un retrato de Consuelo Uranga"..., p. 2E.

ELENA TORRES CUÉLLAR (MÉXICO, 1893-1970). DEL MINERAL AL MUNDO. TRAYECTORIA DE UNA MUJER DE GRANDES IDEAS[1]

Rocío Corona Azanza
Universidad de Guanajuato

En 1946, la maestra Elena Torres Cuéllar escribió lo siguiente:

> Siempre he actuado con la pasión propia de mi carácter. Puedo decirle que, desde los once años, hasta llegar al medio siglo, no había cambiado radicalmente en nada. Me señalé una meta personal de vida y fuera de los accidentes propios de la edad, consistentes en emociones afectivas; románticas unas, dramáticas muchas y excepcionalmente alguna pasional; jamás me aparté de la ruta de servicio que me impuse.[2]

En cuatro líneas esta mujer se definió sin cortapisas. Puntualiza que desde niña tuvo claro su carácter, se trazó una meta personal y se dio la oportunidad de vivir y sentir ciertas emociones. Si entendemos la palabra emoción como la propia Elena Torres lo hace, diremos entonces que puede tener acepciones tanto positivas como negativas. Entre las primeras podrían estar las románticas, afectivas y pasionales. Mientras que en el lado oscuro estarán aquellas que nos llevan a situaciones dramáticas. Pero ya de manera positiva o negativa, las emociones nos pueden conducir a sufrir tropiezos, accidentes. Quizá por eso es mejor no apartarse de la ruta de servicio

[1] Otra versión sobre la maestra Elena Torres Cuéllar la escribí en: Rocío Corona Azanza, "Elena Torres Cuéllar. Pensamiento político y trayectoria intelectual de una mujer del siglo XX", en Vanessa Góngora (coord.), *Acercamiento a la reflexión política de mujeres mexicanas,* Universidad de Guanajuato, México, 2022, pp. 59-82.

[2] Archivo Histórico de la Universidad Iberoamericana (en adelante AHUIA), Fondo Elena Torres, Caja 1, sección I. El personaje. Datos biográficos, formación y trayectoria educativa. Carta dirigida a Manuel Gómez Morín, 22 de febrero de 1946.

como Torres Cuéllar se lo impuso. Más vale llegar a buen puerto, parece advertirnos.

Estas palabras que he traído a colación fueron escritas por Elena Torres Cuéllar y nos llevan a la obligada pregunta ¿quién fue esta mujer y cuál su importancia en México? De entrada, diremos que pasó por muchos momentos en su "ruta de servicio": fue maestra, feminista, sufragista, comunista, promotora de desayunos escolares, impulsora de las misiones culturales, especialista en educación rural, estudiante en Columbia University y un largo etcétera que incluso la llevó a formar parte en la organización de la UNESCO. Con tales credenciales, resulta paradójico que su nombre sea prácticamente desconocido en México.[3] El ostracismo en el que ha estado sumida es un botón de muestra de la labor que aún tenemos que realizar para sacar a la luz a cientos de mujeres que vivieron a ambos lados del Atlántico y que tienen mucho por decir o de las que tenemos mucho por aprender.

La Universidad Iberoamericana de la Ciudad de México dentro de su archivo histórico cuenta con el *Fondo Elena Torres*. Son seis cajas cuya diversidad de documentos varía entre información personal, datos biográficos, correspondencia, trayectoria educativa, asistencia a congresos, escritos sobre diversos temas (destacan educación, misiones rurales, educación doméstica y servicio social). En este conjunto documental me apoyo para el presente trabajo. Pero sobre todo utilizo la autobiografía escrita por ella en 1964, titulada *Fragmentos. Nexo internacional*. Dicho texto me fue facilitado por sus sobrinas, María Teresa y Rosa María Torres Espinoza, por lo cual agradezco su confianza y atenciones. No está de más decir que *Fragmentos* nos ofrece una veta muy rica en la vida personal de la maestra, por lo tanto, será un eje rector en el trabajo que nos

[3] Los trabajos que he localizado sobre la maestra Torres Cuéllar son los siguientes: Noemí Cortés Ramírez, *Elena Torres Cuéllar: revolucionaria, feminista y educadora mexicana (1893-1970). Aproximación biográfica*, tesis de licenciatura en Historia, Facultad de Filosofía y Letras-UNAM, México, 1993. Este trabajo quizá es el más completo que sobre la maestra se haya realizado. El otro trabajo se titula S/A, *La educación tiene rostro de mujer: Maestra Elena Torres Cuéllar*, LXIV Legislatura, Guanajuato, 2021. Asumo la responsabilidad en caso de haber omitido algún trabajo específico sobre Elena Torres Cuéllar, lo cual ha sido totalmente involuntario.

permitirá entender de manera más amplia el propio pensamiento y sentimientos de Elena Torres.

Además de los datos biográficos de Elena Torres Cuéllar, de suyo importantes si tomamos en cuenta que casi nada se ha escrito sobre ella, me interesa analizar algunos de sus escritos desde el terreno de las emociones, privilegiando su texto autobiográfico. ¿Qué mueve a una persona a escribir un texto autobiográfico? ¿qué momentos de su vida se privilegian en el relato y cuáles se callan? ¿Podríamos decir que algunas emociones que movieron a Elena Torres Cuéllar a escribir *Fragmentos* fueron el enojo, quizá la impotencia de saber que, a pesar de haber trabajado incansablemente desde los catorce años, al llegar a los setenta y dos (seis años antes de fallecer) su voz quedaría en el olvido? ¿Habrá que sumar a estos sentimientos la satisfacción que le otorgaría escribir sobre su vida, sabedora de que merecía reconocimiento? ¿Una mujer que deja la pretendida modestia (virtud tan esperada en el mundo femenino) para exigir ser escuchada?

Considero, como anotan Begoña Barrera y María Sierra, que "la historia biográfica puede ayudarnos a arrojar luz sobre las interpretaciones individuales que los sujetos hicieron de los repertorios genérico-afectivos de su tiempo y sobre la influencia que esto tuvo en sus autopercepciones y en sus valoraciones del mundo".[4] Todos estos elementos, como veremos a lo largo de *Fragmentos*, fueron puestos en evidencia por la maestra Torres, en algunas ocasiones de manera explícita y en otros casos, por el contrario, de forma tácita.

Asimismo, sigo la idea de Natalie Zemon Davis cuando afirma que: "cuando la gente habla de sus emociones hay alguna manera mediante la cual se consultan a sí mismos de manera instantánea [...] hay una reacción fisiológica, una manera en la que se produce una consulta interna".[5] Entrar al terreno de las emociones de una persona o grupo social no es cosa fácil, las preguntas que he planteado quizá

---

[4] Begoña Barrera, María Sierra, "Historia de las emociones: ¿qué cuentan los afectos del pasado?", *Historia y Memoria.*, Número especial (2020), pp. 103–142.

[5] Mary Nash y Juan Salvador García Puig, "La emoción del diálogo con la gente del pasado. Natalie Zemon Davis, *Historia Social*, 75 (2013), p. 88.

queden sin respuesta o solamente puedan darme ciertos indicios, pero vale la pena intentarlo.

Elena Torres Cuéllar participó a lo largo de su trayectoria profesional al lado de importantes políticos en el país, sobre todo a partir del periodo posrevolucionario (1917), motivo por el cual llama aún más la atención que sepamos poco de ella. Una posible respuesta nos la puede dar el reconocer que el género determina la construcción social y que afecta de manera distinta a hombres y mujeres. Elena Torres fue relegada por sus propios contemporáneos, pero escribir *Fragmentos* puede ser la muestra de que, pese a ello, su memoria se resistió a ser sepultada en la oscuridad de los tiempos, como veremos a continuación.

FRAGMENTOS. NEXO INTERNACIONAL[6]

El texto está conformado por catorce capítulos que se desarrollan a lo largo de doscientas treinta y tres páginas. La fecha de edición es de 1964 y lleva el sello de Editorial Libros de México. No tiene dato de cuántos ejemplares fue el tiraje. Está dedicado "con respetuosa estimación al doctor don Félix Restrepo, S.J., con cariño y agradecimiento a mis amigas Elena Landázuri y Ana María del Valle Vda. de Huidobro.[7] Que Elena Torres haya tenido cierta relación con los jesuitas explica que su documentación personal esté resguardada en el archivo de la Universidad Iberoamericana, dirigida por tal orden. Por otra parte, su amiga Elena Landázuri fue feminista, representó al Consejo Feminista Mexicano en el Congreso Internacional de Mujeres. Sobre Ana María del Valle Vda. de Huidobro no tengo información.

Líneas abajo la dedicatoria continúa: "con estimación de siempre, al Profesor Alfonso Alaniz y a través de él mi saludo a quienes participaron en el trabajo de educación rural, que fue inspiración para múltiples obras en todos los niveles de la vida nacional." Párrafos

[6] Elena Torres, *Fragmentos. Nexo internacional*, Editorial Libros de México, México, 1964.

[7] Elena Torres, *Fragmentos*... s/p.

más adelante podremos entender por qué dedica el libro a quienes estuvieron en el proyecto de educación rural, eje central en la vida profesional y personal de la maestra.

Llama la atención que también escriba: "Este pequeño volumen es fruto de trabajo y explica en parte, el porqué de mi silencio por largo tiempo".[8] La primera llamada de atención: Torres acepta que calló. Leonor Arfuch plantea que en la memoria existen ciertos aspectos que suelen enfatizarse, en tanto otros, por el contrario, se desdibujan. Tendremos que indagar entonces "qué zonas quedan en silencio o en penumbra".[9] En este caso, sabemos que durante algún tiempo Elena Torres decidió no hablar y prefirió el silencio.

El contenido de los catorce capítulos de su autobiografía está centrado básicamente en la niñez de la autora, su adolescencia, en el contexto internacional vivido que se vivía durante la Segunda Guerra Mundial y en su viaje por Nueva York, Londres y París, siendo parte del proyecto de la recién creada UNESCO, llamado Educación Fundamental. Prácticamente es todo. Segunda llamada de atención: no escribe sobre más de la mitad de su trayectoria profesional, una parte de su vida que conocemos por otras vías, como los documentos ubicados en el archivo histórico. Deja de lado, así, un largo periodo de poco más de veinte años que no ocupa más que someras menciones, como iremos viendo.

Si bien el texto, en general conserva cierto orden cronológico, en ocasiones salta de un momento temporal a otro; de este modo la autora puede escribir sobre un recuerdo de la niñez, para continuar rápidamente a tratar su labor profesional, volver a la juventud o bien a eventos específicos vividos, todo ello de manera indistinta. En este artículo intentaré dar una coherencia cronológica para facilitar el conocimiento de la maestra Torres.

Tratemos entonces la primera parte de su escrito, que está dedicado a la niñez, lo que nos servirá para iluminar a esta mujer a partir de sus propios recuerdos. Cito la reflexión que hiciera la escritora Inés Arredondo para referirse a escribir sobre la infancia: "elegir la

[8] Elena Torres, *Fragmentos...* s/p.

[9] Leonor Arfuch, *La vida narrada. Memoria, subjetividad y política*, Editorial Universitaria Villa María, Córdoba, Argentina, 2018, p. 67.

infancia es una manera de buscar la verdad, por lo menos una verdad parcial. Ya no orientamos nuestras vidas hacia el merecimiento de un paraíso trascendente, sino que damos trascendencia a nuestro destino personal, y buscamos en él los signos de nuestro destino".[10] Como veremos a continuación, Elena Torres recurrió a su niñez justamente para explicar su propio porvenir.

ELENA TORRES CUÉLLAR Y LA INFANCIA. UN BUCÓLICO RECUERDO

Elena Torres Cuéllar nació en Guanajuato, México, en el Mineral de Mellado (a unos cuantos kilómetros de la capital) en 1893. Hija de Macedonio Torres Márquez y Francisca Cuéllar Murgía. El capítulo I de su autobiografía lo titula "todo quedó atrás", en un tono que se percibe nostálgico, hace referencia a esa infancia feliz que dice haber vivido, con carencias económicas, pero no afectivas: "el paisaje bravío de la montaña, estar al lado del abuelo materno, fue mi mundo párvulo. Allí me sentía amada, vigilada y comprendida, ningún pequeño necesita más para sentirse contento".[11]

La figura del abuelo materno fue su referente, seguida de la de su madre. A través del abuelo reconoce que aprendió a ser una persona sencilla; a su madre nunca la vio perturbada por las dudas. "El recuerdo de mi abuelo estuvo vivo y constante".[12] La mención del padre no ocupa más de dos líneas para decir que "si mi padre hubiera respondido cabalmente como director y sostén de mi madre y de nosotros, posiblemente el rumbo de mi vida hubiera tomado otro camino".[13] Esto deja al descubierto que no fue un padre presente, razón por la cual tomaría el papel de "providencia" de su familia y "no reclamaba ningún derecho, pero sí sentía un gran estímulo que me impedía pensar en otra clase de relaciones familiares".[14]

---

[10] Inés Arredondo, "La verdad o el presentimiento de la verdad", en Claudia Albarrán (selección y prólogo), *Ensayos*, Fondo de Cultura Económica, México, 2012, p. 29.
[11] Elena Torres, *Fragmentos…*, p. 11.
[12] Ídem, p. 15.
[13] Ídem, p. 24.
[14] Ibídem.

La responsabilidad sobre su familia la asumió siendo muy joven, como reconocería: "Trabajaba afanosa y sin descanso, con la mira de allegar recursos económicos al hogar que formábamos con mi madre". Y también: "Cuando recibía el dinero por el pago de mi trabajo, pensaba en términos de pagar renta de casa y del gasto diario; en la ropa urgente, para quien más la necesitara: mi madre, mis hermanos o yo misma".[15] En efecto, Torres Cuéllar se encargó de su madre hasta la muerte de ésta. Podemos ver que el fuerte compromiso que adquirió hacia su familia le hizo anteponerla a sus propias necesidades; "el olvido de mí misma", escribe en una parte de su texto.[16]

En el segundo capítulo titulado *El acto de vivir*, la narración va de la infancia a la adolescencia, aquí toma una clara postura respecto al matrimonio: "nunca tuve verdadero deseo de casarme y no habiendo formado una familia por voluntad propia, era natural que los cariños familiares no se transfirieran y que mi sentido de solidaridad y responsabilidad recayera directamente sobre mi madre y mis hermanos".[17] Y ahonda al respecto:

> Desde mis años de adolescente, el amor lo concebí como un sentimiento absoluto [...] me di a idealizar las relaciones entre hombre y mujer y puse esa inclinación tan alto, que sin esquivar el trato con mis pretendientes los trataba amablemente, pero sin aceptarlos; me parecía que si no pensaba en casarme, no era decente alentar a nadie, siendo yo además, el principal sostén económico de mi familia.[18]

Lo expuesto hasta el momento permite formar una idea más clara de Elena Torres: a través de reafirmar el "yo" se posiciona como una mujer fuerte, solidaria con su familia, trabajadora y responsable. La infancia es el punto de partida que eligió para explicar su posterior desarrollo profesional, eligió salir del nido hasta cierto punto confortable que le ofrecía el círculo familiar, sobre todo del

[15] Ídem, p. 15.
[16] Ídem, p. 25.
[17] Ídem, p. 16.
[18] Ídem, p. 24.

cobijo que le otorgaba su abuelo: "cada uno vive su vida individual y la nieta querida tenía que llegar al momento en que estaba obligada a buscar sus propios rumbos".[19]

En estos primeros capítulos de *Fragmentos*, la autora parece tener la intención de mostrar no deber nada a nadie, pues nadie -afirma- le regaló nada, de forma que, si logró sus objetivos, fue por su honestidad y trabajo duro. Después de esto, nos encontramos en el texto con un salto temporal, que nos sitúa hasta 1934, donde volverá a insistir en las dificultades laborales que hubo de soslayar. Parece ser que, como afirma Irene Klein, la maestra decidió "narrar un retazo de su vida como consuelo, como remedio o como compensación. Frente a la conspiración del azar, el sujeto urde una nueva casualidad: la conspiración de una trama".[20]

Pero ante esto surge la duda: si Elena Torres Cuéllar escribió *Fragmentos* como una necesidad de que quedara constancia de su trabajo e ideas, entonces ¿por qué no escribió nada sobre gran parte de su trayectoria profesional? Quizá no podamos resolver esta pregunta, pero, al menos sí podemos evidenciar la constancia de su trabajo y su relevancia en el momento; por lo tanto, debería tener una presencia más fuerte en la historia de este país. Dediquemos entonces el siguiente apartado para referir todo lo silenciado por Elena Torres en su autobiografía, o lo mencionó de manera meramente tangencial.

DEL MINERAL DE GUANAJUATO AL MUNDO

Según el *curriculum vitae* presentado por Elena Torres Cuéllar en la Secretaría de Educación Pública en 1941, en el año de 1912 (contaba con 19 años) realizó un examen para acreditarse como maestra. Aclararé que no fue profesora normalista, tomó clases nocturnas en el Colegio del Estado de Guanajuato junto a otras mujeres, a quienes preparaba un grupo de maestros de esta institución: "Mis estudios los hice en condiciones de muchacha pobre que tenía que

[19] Ídem, p. 14.
[20] Irene Klein, *La ficción de la memoria. La narración de historias de vida*, Prometeo Libros, Buenos Aires, 2008, p. 188.

trabajar con las dificultades que existían para la mujer hace más de treinta años".[21]

Registró, además, haber escrito en periódicos locales, "en relación con el valor de la mujer que trabaja fuera de su hogar, impulsada por la oposición de allegados y la poca consideración social del medio ambiente".[22] En Guanajuato fue directora de la Escuela del Mineral de Santa Ana y posteriormente ayudante de la Escuela Superior para niñas de Silao. En 1915 trabajó como taquígrafa del Cuartel General y fue profesora del Centro de Educación de la Casa del Obrero Mundial. Pero sus funciones como profesora no durarían muchos años, pues más bien se dedicó a la administración e implementación de programas de índole educativa.

La Revolución de 1910 seguramente impactó en su personalidad y posterior desarrollo profesional. No sabemos cómo llegó a la Ciudad de México; tampoco lo indica en su autobiografía; sin embargo, en 1916 consta que viajó a Veracruz con Salomé Carranza, hermana de Venustiano Carranza, el jefe constitucionalista. El motivo de ese viaje era asistir al Congreso Feminista convocado por el gobernador de Yucatán, Salvador Alvarado. Seguramente su actividad en los periódicos y su interés por la preparación de las mujeres más allá de los muros de hogar hicieron que buscara estas alianzas. Dicho congreso se llevó a cabo del 23 de noviembre al 2 de diciembre de 1916.[23] En Veracruz fue entrevistada junto con Salomé Carranza. Ante la pregunta de un periodista acerca de las causas de la esclavitud de las

---

[21] AHUIA, Fondo Elena Torres, Caja 1, sección I. El personaje. Datos biográficos, formación y trayectoria educativa.

[22] AHUIA, Fondo Elena Torres, Caja 1, sección I. El personaje. Datos biográficos, formación y trayectoria educativa, folder 3. Correspondencia Oficial SEP. Trayectoria como educadora. No localicé los periódicos que menciona: *La Gaceta de Guanajuato* y *La Voz de Ferrer*, en los que dice haber utilizado los seudónimos de *Julieta* y *Una Guanajuatense.* Me atrevo a decir que el periódico *La Voz de Ferrer* se llamó así por el pedagogo y anarquista español Francisco Ferrer Guardia (1859-1909), impulsor de la Escuela Moderna y la Escuela Racional de la Infancia. De ser así, el hecho de que Torres escribiera en un periódico que siguiera los postulados de Ferrer perfila el pensamiento liberal que la acompañaría en esta etapa de su vida.

[23] El Primer Congreso Feminista se llevó a cabo también en la ciudad de Yucatán el 13 de enero de 1916, no tengo datos que confirmen la asistencia de Elena Torres Cuéllar a este congreso.

mujeres por los hombres –"por el derecho que el fuerte tiene sobre el débil"–;[24] la respuesta de Torres fue la siguiente:

> La mujer no existe sino en el matrimonio. Socialmente, la mujer es un ornamento. Y, por fin, en lo que concierne a religiones, la mujer es una "oveja" y un arma excelente del pastor. La igualdad es inconclusa [...] El hombre no debe, ni por egoísmo, ni por conveniencia, negar la independencia que la mujer reclama, pues sería estúpido despreciar a la mujer como fuerza productora; y, además, es justicia que le sea concedido.[25]

A la pregunta de ¿qué quieren las feministas? Torres respondió:

> Queremos, como primera concesión, la igualdad política; la mujer, sin tener los derechos y prerrogativas que el hombre, es contribuyente como él, para todos los casos. Consideramos, además, que es indispensable esta medida para la realización de nuestras aspiraciones [...] Nosotras pedimos que vote la mujer, pero la mujer consciente. No nos atreveríamos a pedir una forma de sufragio idéntica para los hombres. Con medida semejante se combatiría la ignorancia, que es nuestra mayor desgracia. Creemos que con la selección de los individuos se beneficiaría y perfeccionaría la especie. En fin, queremos que la mujer tenga derecho a la elección, pues solamente así se facilitaría grandemente la selección y, por ende, el perfeccionamiento de la raza.[26]

Distintas posturas se dieron en torno al sufragio femenino. Como podemos notar a partir de este testimonio, Torres no pedía el sufragio universal, pues reconocía diferencias entre la esfera masculina y femenina,[27] pero reconocía la necesidad de mejores condiciones

---

[24] Rosa María Valles Ruiz, *1916. Segundo Congreso Feminista de México. Crónica centenaria*, UNAM, México, 2013, p. 61.

[25] Ibídem.

[26] Ídem, pp. 61- 62.

[27] Sobre el tema del sufragio femenino remito a los trabajos de Enriqueta Tuñón, "Sufragio femenino en México. Bibliografía comentada", *Historias*, 30 (1993). Gabriela Cano, "Debates en torno al sufragio y la ciudadanía de las mujeres en México",

para las mujeres. Después de su asistencia a este congreso, en 1917 el general Salvador Alvarado le pediría que se trasladase a Yucatán para implementar una escuela Montessori en Mérida: sería la primera en la república mexicana,[28] la iniciadora de la educación progresiva en México.[29]

Una vez que Alvarado dejó Yucatán, la profesora permaneció durante un tiempo; en 1918, ella y Felipe Carrillo Puerto fueron los principales organizadores del Buró Latinoamericano de la Tercera Internacional, "una organización socialista que buscaba crear lazos entre las clases obreras mexicanas y rusas".[30] Es así como se integró al Partido Socialista de Yucatán. En el primer congreso de este partido en 1918 se desarrolló un programa feminista que reivindicaba los derechos de la mujer. La comisión que preparó el dictamen estuvo compuesta por tres hombres y por Elena Torres.[31] En 1919 fue enviada por el Partido Socialista de Yucatán a la capital para enlazar al feminismo radical yucateco con grupos del Distrito Federal.[32]

De acuerdo con Cueva Tazzer, el 9 de noviembre de 1919 se reunió un grupo de mujeres para redefinir el Consejo Nacional de Mujeres, cuya presidenta era Juana Belén Gutiérrez de Mendoza, Elena Torres sería la secretaria general, Eveline Roy secretaria del exterior y María del Refugio García, secretaria de actas, en tanto Stella Carrasco fungió como tesorera. La organización buscaba impulsar la emancipación económica, social y política de la mujer.[33] Torres sería también directora del periódico *El Comunista,*[34] el primer

Estudios sociológicos, número extraordinario (2013). Gabriela Cano, *Historia del debate público en torno al sufragio femenino en México*, Instituto Nacional Electoral, México, 2018.

[28] June E. Hahner, "Felipe Carrillo Puerto and Women's Liberation in Mexico", en Asunción Lavrin (ed.), *Latin American Women. Historical Perspectives*, Greenwood Press, Southeastern Illinois College, Westport, 1978, p. 445.

[29] Noemí Cortés Ramírez, *Elena Torres Cuéllar: revolucionaria...*, p. 23.

[30] June E. Hahner, "Felipe Carrillo Puerto and Women's...", p. 445.

[31] Noemí Cortés Ramírez, *Elena Torres Cuellar: revolucionaria...*, p. 23. En el texto de María de Lourdes Cueva Tazzer se menciona que estos hombres fueron: Leopoldo Urmachea, José Allen y Felipe Carrillo Puerto. María de Lourdes Cueva Tazzer, *Por una sociedad más justa: mujeres comunistas en México, 1919-1935*, Bonilla Artigas Editores, México, 2021, p.1 01.

[32] Noemí Cortés, *Elena Torres Cuéllar: revolucionaria...*, p. 28.

[33] María de Lourdes Cueva, *Por una sociedad más justa...*, p. 99.

[34] Ibidem, p. 107.

órgano central de un partido comunista en el mundo, dirigido por una mujer.[35]

En sus textos, Torres señalará haberse separado del partido comunista en 1920: "me distancié de aquel grupo, [y] no volví a tratar con ninguno de sus miembros",[36] pero no informa del motivo preciso de la ruptura. En este año se enrolará en la campaña de Álvaro Obregón y, durante su gabinete, trabajará al lado de José Vasconcelos en la Secretaría de Educación y también como activista en los principales movimientos en pro de la mujer. Tal es el caso del Primer Congreso Feminista Panamericano celebrado en México en 1923.

Este congreso tuvo como antecedente al Congreso de Mujeres Votantes celebrado en Baltimore en 1922. Asistieron como representantes de la delegación mexicana Elena Torres, Eulalia Guzmán, Luz Vera, Aurora Herrera, María Rentería y Julia Nava de Ruizsánchez. Estuvieron varias delegaciones de países latinoamericanos y del Caribe, que integraron la Liga Panamericana de Mujeres.[37] Entre las vicepresidentas de la liga, estaba Elena Torres, organizadora en mayo de 1923 del congreso en la Ciudad de México. La propia Elena dijo haber estado presente en 1925 como delegada en el Congreso Interamericano de Mujeres en Washington.[38] Con una visión retrospectiva, Elena Torres diría sobre su experiencia en este congreso:

> En mis actividades muchas veces fui combatida, especialmente en lo que hace a mi campaña en favor de la mujer, acción que pasó los límites nacionales y que me llevó a celebrar aquí en México la primera convención de mujeres, con asistencia de numerosas delegaciones norteamericanas. La inquietud, justificada con la miseria auténtica: abandono de los hijos, vicios de los padres de familia, ilegitimidad, prostitución reglamentada en las relaciones sexuales,

[35] Noemí Cortés, *Elena Torres Cuellar: revolucionaria...*, p. 31.

[36] Elena Torres, *Fragmentos...*, p. 52. Elena Torres se refiere a integrantes del Partido Comunista, aunque no da sus nombres, solo dice que sabía cómo algunos de los miembros habían procedido en contra de José Allen y Evelyn Roy en aquella época.

[37] Gabriela Cano, "México 1923: Primer Congreso Feminista Panamericano", *Debate Feminista*, vol. 1 (1990), p. 309.

[38] AHUIA, Fondo Elena Torres, Caja 1, sección I. El personaje. Datos biográficos, formación y trayectoria educativa. En su archivo personal no hay gran información sobre los resultados de este congreso.

me hicieron aceptar en el programa temas que entre todas las mujeres que piensan tienen interés.[39]

A pesar de la evidente intensidad laboral y política de la maestra, en su autobiografía habla de estas participaciones como: "actividades feministas, trabajo social y asistencia a centros culturales, eran también parte de mi vida y nunca recurrí al expediente de hacerme remunerar tales trabajos, ninguna obra de esta naturaleza me parecía que debía de hacerse por interés personal".[40] En tres renglones Elena Torres Cuéllar resume su amplia trayectoria.

Llama la atención que se limitase a esto, sin mencionar, por ejemplo, que en 1920 trabajó en la Secretaría de la Escuela de Enseñanza Doméstica cuando dependía de la Universidad Nacional hasta 1921 en que fue nombrada jefa del Servicio de Desayunos Escolares, programa que echaría a andar.[41] O que no refiera su trabajo en la Secretaría de la Escuela de Enseñanza Doméstica cuando dependía de la Universidad Nacional. Tampoco menciona su participación en la revista *El Maestro*, publicación periódica de la Secretaría de Educación Pública que se editó entre 1921 y 1940, espacio en el que informó sobre las resoluciones del Primer Congreso Feminista. Asimismo, en la revista *El Maestro Rural* escribía una columna llamada "La mujer y la vida rural".[42]

Un punto que amerita especial atención es su participación en el diseño y organización de la Educación Rural en este país, uno de los proyectos posrevolucionarios que en la historia de México se reconoce como de gran éxito, y del cual Elena Torres fue prácticamente borrada. Cuestión que deja patente en *Fragmentos.*

[39] Ibídem.

[40] ElenaTorres, *Fragmentos...*, p. 16.

[41] AHUIA, Fondo Elena Torres, Caja 1, sección I. El personaje. Datos biográficos, formación y trayectoria educativa, Folder 6. Correspondencia con Lic. Gómez Morín. Fechada el 22 de febrero de 1946.

[42] Engracia Loyo, "De sierva a compañera: la imagen de la mujer en textos y publicaciones oficiales (1920-1940)", en Lucía Melgar (comp.), *Persistencia y cambio. Acercamientos a la historia de las mujeres en México*, El Colegio de México, México, 2008, pp. 163 y 172.

LAS MISIONES CULTURALES. UN PROYECTO NACIONAL QUE OLVIDÓ A ELENA TORRES CUELLAR

El programa de Educación Rural o Misiones Culturales fue creado en 1923 durante la dirección de José Vasconcelos en la Secretaría de Educación Pública. Engracia Loyo sostiene que "el origen de estas legendarias instituciones está rodeado de misterio. Nadie puede decir a ciencia cierta de quién fue la idea o cómo nacieron". Menciona la apropiación de tal proyecto por parte del diputado José Gálvez, pero apunta también la versión que afirma que fue Roberto Medellín su artífice; parece que, aunque Elena Torres participó en las misiones culturales, la idea original fue de Moisés Sáenz.[43] La propia Torres Cuellar asume en su texto que era un proyecto conjunto: "en realidad las Misiones Culturales fueron una obra importante [...] pero no es un trabajo que alguien pueda adjudicarse; es tarea para incontables generaciones de gente".[44]

Los varones mencionados efectivamente participaron en las Misiones Culturales, lo que sabemos debido a los estudios escritos sobre el tema, que por cuestión de espacio no mencionaré aquí; además el objetivo es visibilizar que el trabajo de Elena Torres Cuéllar en este proyecto fue borrado de los anales de la historia mexicana.[45]

En términos muy generales, con este proyecto se intentaba "insertar a las comunidades rurales a un proyecto de nación a través de equipos multidisciplinarios que enseñaran a los habitantes de la localidad a transformar usos y costumbres en términos de forma de vida y de producción".[46] El lema de la escuela rural mexicana era "enseñar a vivir antes que a leer y escribir".[47]

Existe una postura menos difundida respecto al proyecto de las misiones culturales que sostiene que fue la maestra Elena Torres quien

---

[43] Engracia Loyo, *Gobiernos revolucionarios, Gobiernos revolucionarios. La educación popular en México, 1911-1928,* El Colegio de México, México, 2003, pp. 188-189.

[44] Elena Torres, *Fragmentos...*, p. 20.

[45] Remito al trabajo de Marco A. Calderón Mólgora, *Educación rural, experimentos sociales y Estado en México: 1910-1933*, El Colegio de Michoacán, Zamora, 2018.

[46] Ana Lilia Mendoza Molina, *La trascendencia socio-educativa de las misiones culturales en México (1923-1938),* tesis de Maestría en Historia Regional-Continental, Universidad Michoacana de San Nicolás de Hidalgo, México, 2007, p. 30.

[47] Ana Lilia Mendoza Molina, *La trascendencia...*, p. 131.

"elaboró el proyecto que les dio vida y que además llevó a cabo una misión experimental amparada con un nombramiento de propagandista de aprovechamiento de ejidos que le extendió Ramón Denegri, titular de la Secretaría de Agricultura y Fomento".[48] Esto puede comprobarse pues Torres menciona en su autobiografía que desarrolló el proyecto de una misión experimental en Cuautla, Morelos.[49] En su currículo registró que estuvo de 1923 a 1924 "como propagandista de aprovechamiento de ejidos, facultada para hacer el trabajo de experimentación que dio lugar más tarde a la fundación de las misiones culturales".[50]

De este cargo sería cesada por orden de Vasconcelos (las razones no quedan claras). La maestra registró esta experiencia de la siguiente manera:

> Las cosas mezquinas que entonces se movieron en mi contra fueron del conocimiento no solo de algunos mexicanos, sino de amigos estadounidenses que me ayudaron para especializarme en Educación Rural en Columbia University en Nueva York, tuvieron también conocimiento del trabajo y de todos los hechos relacionados con el mismo.[51]

Efectivamente obtuvo una beca en el Colegio de Maestros de la Universidad de Columbia en Nueva York: "soy hija de disciplina de estudios de Columbia University, me llevó ahí el deseo de especializarme en una rama de la educación que no había tenido atención especial en mi país.[52] En *Fragmentos* menciona conocer la labor desarrollada en Estados Unidos "basándose en mi experimento" (refiriéndose al proyecto de educación rural) con resultados positivos y sorprendentes en Filipinas.[53]

---

[48] Engracia Loyo, *Gobiernos revolucionarios...*, pp. 188-189.
[49] Elena Torres, *Fragmentos...*, p. 222.
[50] AHUIA, Fondo Elena Torres, Caja 1, sección I. El personaje. Datos biográficos, formación y trayectoria educativa, Folder 6. Correspondencia con Lic. Gómez Morín. Fechada el 22 de febrero de 1946.
[51] Elena Torres, *Fragmentos...*, p. 222.
[52] AHUIA, Fondo Elena Torres, Caja 2, Texto titulado La aportación de la mujer para las nuevas orientaciones sociales". Texto leído en Chile en 1934, p. 1.
[53] Elena Torres, *Fragmentos...*, p. 51.

En abril de 1925 Torres pidió ser trasladada de Nueva York a Ypsilanti Michigan, durante el verano pues tenía interés de conocer de primera mano el campo y el espacio rural, lo que le fue concedido. En una carta de recomendación se referirán a ella como: "La señorita Torres es una pequeña mujer muy capaz quien está desarrollando un trabajo inusual en su país y quien tiene suficientes contactos entre los líderes de México para hacer efectivas sus ideas cuando ella regrese".[54]

En su texto autobiográfico, Torres cuenta cómo al paso de los años se le negó el reconocimiento por su labor en las misiones culturales. Y, con cierta amargura, menciona que durante los años cuarenta fue publicado un folleto con datos:

> apartados de la verdad y que en cualquier momento pueden ser aclarados en relación con las Misiones Culturales Rurales de México. Ese error está inspirado por la tendencia de algunos intelectuales mexicanos de tomar como inspiración propia aquello que nunca se les ocurrió y para lo cual jamás se hubieran preparado. Ese folleto cuenta que el padre de las Misiones Culturales fue don Roberto Medellín; la historia esa me hizo sonreír [...][55]

Elena Torres Cuéllar participó en este proyecto en dos etapas: de 1923 a 1924 y posteriormente en 1926. Este último año regresó de Estados Unidos para ocupar la Dirección de Misiones Culturales, además de ser profesora para las Enseñanzas de la Escuela Normal Superior de la Facultad de Filosofía y Letras; también fungió como consejera y profesora de pedagogía en la Escuela de Verano. Sin embargo, por diferencias con miembros del gabinete de Plutarco Elías Calles, entonces presidente de la república, fue cesada de los tres cargos.[56]

Esta situación la llevaría nuevamente a Estados Unidos en 1928. Llama la atención que haya sido cesada de varios cargos, y la explicación que Torres da es porque tenía diferencias con el grupo

---

[54] AHUIA, Fondo Elena Torres, Caja 2, folder 4.1 International Institute, Carta fechada el 20 de abril de 1925.

[55] Elena Torres, *Fragmentos*..., p. 221.

[56] Noemí Cortés Ramírez, *Elena Torres*..., p. 81.

político en el poder: "Tuve dificultades muy serias porque fueron años de intolerancia, ejecuciones sin formación de causa. Protesté, fui perseguida y contratada por la ciudad de St. Louis Missouri para hacerme cargo del departamento de habla española del Instituto Internacional".[57]

Al año siguiente volvería a México, para sumarse al Partido Antirreeleccionista fungiendo como delegada especial. José Vasconcelos le otorgó este puesto "conociendo como conocemos la alta mentalidad de usted, sus simpatías por nuestro partido, su espíritu luchador y sus actividades". Le pedía organizar las agrupaciones femeninas en toda la república "bajo su exclusiva responsabilidad."[58] El hecho de que Vasconcelos no obtuviera el triunfo como presidente de la república para la presente investigación es meramente incidental; destaquemos más bien que años atrás fue el propio Vasconcelos quien la cesó de su puesto en las misiones rurales, y ahora nuevamente pedía su apoyo. Elena Torres, a pesar de todo, se había convertido en una figura necesaria para muchos.

En 1931 volvería a integrarse al gobierno como jefa de servicios de emergencia en la Beneficencia pública. Al año siguiente la vemos como maestra de Misión cultural y comisionada por el ministro para visitar las Escuelas Normales Rurales.[59] En 1934 sería la encargada de formar un programa de Economía Doméstica. Al respecto dijo: "Soy la única mujer en el grupo que forma el Cuerpo Técnico de Educación Rural y pensé que casi no se interesarían mis compañeros de labores en el programa de referencia [...] pero mi sorpresa fue grande, cuando se puso a discusión el trabajo".[60] Sería el año en el que asumiría la presidencia de la república Lázaro Cárdenas, un periodo difícil para Torres. Hay que destacar que, a pesar de los obstáculos que se le presentaron (o le pusieron), en aquel momento

---

[57] AHUIA, Fondo Elena Torres, Caja 1, sección I. El personaje. Datos biográficos, formación y trayectoria educativa.

[58] AHUIA, Fondo Elena Torres, Caja 1, sección I. El personaje. Datos biográficos, formación y trayectoria educativa. Carta firmada por José Vasconcelos el 30 de julio de 1929.

[59] Ibídem.

[60] AHUIA, Fondo Elena Torres, Caja 2, Texto titulado "Los trabajos en beneficio del mejoramiento de la vida social y económica de la mujer campesina".

su conocimiento sobre la educación rural y las misiones culturales era indispensable: "nada pudieron en mi contra quienes recibieron consigna de molestarnos [...] trabajamos en medio de los mayores alborotos".[61] Incómoda, sí, pero imprescindible, aunque ello molestara a ciertos funcionarios: "Nadie de entre ellos sabía cómo había comenzado el trabajo de las Misiones Culturales Rurales [...] por distintos medios se intentó obtener detalles sobre tal realización mía. Siempre me negué".[62]

De la propia pluma de la maestra Torres sabemos que existió una clara intención en ese momento por borrar su participación en el diseño de la educación rural en el país, proyecto de gran relevancia nacional; desgraciadamente se tuvo éxito en el intento, pues en la historiografía mexicana el nombre de Elena Torres Cuellar, si no como artífice, al menos como parte integrante en la organización de este proyecto, prácticamente es desconocido y no ha sido tomado en cuenta.

ELENA TORRES CUÉLLAR EN EL PLANO INTERNACIONAL

Pese a los obstáculos a lo largo de su carrera, el trabajo realizado en pro de la educación sería reconocido fuera de México. En *Fragmentos* trató escasamente su viaje por varios países de América Latina, más allá de mencionar que "conocía bien el ambiente en que me movía y era ampliamente conocida, pero mi actuación había trascendido nuestras fronteras, mi nombre y mi ejecutoria eran conocidos".[63] Se refería a la invitación cursada, en 1934, al Congreso Interamericano de Educación en Santiago de Chile, como delegada. Además, visitó Perú, Ecuador, Panamá y Costa Rica. De este modo, en sus documentos personales se encuentran varios recortes de periódicos que dan cuenta de esta gira latinoamericana. Igualmente se pueden leer las conferencias dictadas en algunos de esos países. A su vez, dejó constancia de textos mecanografiados donde

[61] Elena Torres, *Fragmentos...*, p. 31.
[62] Ibídem, p. 51.
[63] Elena Torres, *Fragmentos...*, p. 18.

expone sus ideas, tales como: "es necesario que la educación rural no tome un sentido de mera instrucción sino un aspecto de acción social".[64]

En su visita latinoamericana el tema principal fue su experiencia en la escuela rural mexicana y la educación femenina; para ello se reunió con "señoritas" de varias escuelas normales. En Chile dictó la conferencia titulada *La aportación de la mujer para las nuevas orientaciones sociales.* En esta se asumió como "mujer revolucionaria, pero no mujer de revolucionarios". En Costa Rica habló sobre los *Fundamentos biológicos de la educación moral de la mujer*,[65] conferencia que impartió en el Colegio Superior para Señoritas de San José. En el mismo país trató sobre *El Magisterio y la Enseñanza Pública.* También hizo del conocimiento del público latinoamericano su *Programa de Economía Doméstica.*[66]

En 1936 fue invitada a través de la Unión Panamericana con sede en Washington para poner en práctica en Venezuela un proyecto de Educación rural en ese país.[67]

Después de estas salidas esporádicas al extranjero, su situación en el país y sus circunstancias personales pasaron por tiempos difíciles; en 1940 su madre falleció y esta "pena personal me colocó al margen de una verdadera preocupación".[68] Al parecer decidió mantener el bajo perfil en su trabajo y pasar más tiempo en casa. Estuvo trabajando en la Dirección General de Estudios Técnicos Pedagógicos, participó en el Primer Congreso Mexicano de Ciencias Sociales, en el que habló sobre psicología social y la enseñanza de las Ciencias Sociales[69] En 1942 fue enviada como observadora del gobierno de México a la Conferencia de Ministros de Educación de Centroamérica.[70]

[64] AHUIA, Fondo Elena Torres, Caja 2, *Las últimas noticias*, Santiago de Chile, sábado 1 de septiembre de 1934.

[65] Ibídem.

[66] AHUIA, Fondo Elena Torres, Caja 2. Todos estos documentos se encuentran reunidos en un folder.

[67] AHUIA, Fondo Elena Torres, Caja 1. sección I. El personaje. Datos biográficos, formación y trayectoria educativa. Carta fechada el 6 de mayo de 1936.

[68] Elena Torres, *Fragmentos...*, p. 46.

[69] AHUIA, Fondo Elena Torres, Caja 1. sección I. El personaje. Datos biográficos, formación y trayectoria educativa. Carta fechada el 29 de julio de 1941.

[70] Elena Torres, *Fragmentos...*, p. 79.

Pero el año de 1945 le tendría reservada una sorpresa, al recibir una invitación para trabajar como Consejera Menor de la Comisión Preparatoria de la Organización para la Educación, la Ciencia y la Cultura (UNESCO) en Londres. De ello –su experiencia en este trabajo– tratará abundantemente en su autobiografía, subtitulándola *Nexo internacional*, haciendo referencia a este momento. El tono con el que refiere haber sido contactada para este puesto denota un cierto orgullo, pues fue elegida por Julián Huxley personalmente para tal encargo.[71] Este hecho extrañó a algunos funcionarios del gabinete, que no entendían por qué Huxley la conocía. Ante algunas llamadas telefónicas recibidas, preguntando cómo era que Huxley la buscaba, ella respondería que había tenido oportunidad de escucharlo en una conferencia como estudiante en la Universidad de Columbia; esta situación la divirtió, relatando en *Fragmentos:* "ahora me hacen los mandados y se comen los pilones".[72]

Al parecer este fue el inicio de otro conflicto, ahora con el Secretario de Educación, Jaime Torres Bodet. Elena Torres dijo que en la embajada británica le comunicaron que cuando la buscaban, al preguntar a dicho secretario sobre ella, este negó conocerla, lo que obviamente no era cierto; tampoco obtuvo ninguna ayuda económica del gobierno. Así, en *Fragmentos* comentará haber sabido lo que Torres Bodet había dicho respecto de su nombramiento: "que yo estaba vieja y que no conocía los museos de Europa. Necedades".[73] Con su seguridad característica, escribió: "mi contrapartida consistía en que era ampliamente conocida por mis actividades en México y

[71] Julián Huxley (1887-1975) fue un biólogo inglés. Director de la UNESCO desde 1946 a 1948. Divulgador de los avances de biología y de una cosmovisión científica del universo y la vida. Ver Tomás Fernández y Elena Tamaro, "Biografia de Julian Sorell Huxley", en *Biografías y Vidas. La enciclopedia biográfica en línea* [Internet]. Barcelona, 2004. Disponible en https://www.biografiasyvidas.com/biografia/h/huxley_sir_julian_sorell.htm [fecha de acceso: 18 de mayo de 2022].

[72] Elena Torres, *Fragmentos*..., p. 84.

[73] Ibídem, p. 87. La referencia a los museos es porque en entrevista a un periódico nacional, Huxley dijo: "cumplí con el propósito que me trajo a México. Consulté con la señorita Elena Torres, quien saldrá en breve para Londres a ayudarnos un poco y a visitar museos". Ibídem, p. 87.

contaba con créditos en *Columbia University* de Nueva York, todo eso lo sabían bien quienes me nombraron".[74]

Elena Torres Cuéllar estaría trabajando en la UNESCO en la sección de educación. La Segunda Guerra Mundial había causado estragos y el objetivo de la sección en la que participaba era formular un proyecto sobre la *Educación fundamental*, cuyo principal objetivo consistía en elevar los niveles educacionales de niños y adultos en el mundo. La maestra compartió su experiencia en la Misión Rural Experimental y posteriormente se encargó de redactar un informe sobre la educación en el continente americano.[75] Esta parte de su experiencia la refiere como de gran aprendizaje, pues se sentía cómoda entre colegas de todo el mundo y sobre todo, reconocida en su trabajo: "tuve la satisfacción de ser felicitada, porque había producido un trabajo muy orientador".[76] De Londres viajaría a París, ya que en noviembre de 1946 la UNESCO sería aceptada por la Naciones Unidas como agencia especializada. Allí su trabajo sería intenso según consta en su autobiografía; sin embargo, al integrarse la UNESCO a la Organización de las Naciones Unidas, el doctor Huxley le expresó que su labor estaba concluida y podría regresar a México en cuanto así lo quisiera. Esto ocurrió a principios de 1947, año en que volvió a México "tenía que pensar con toda calma el camino que debía tomar y la actitud que debía exhibir".[77]

Si sobre la labor de la maestra Elena Torres Cuéllar en las Misiones Culturales casi nada se menciona, como señalé, sobre su participación en la UNESCO mucho menos. Un año después del regreso de la maestra a México, el 26 de noviembre de 1948, sería elegido Jaime Torres Bodet como director general de esta organización en sustitución de Julián Huxley.

A la distancia, la pregunta obligada que creo que hemos de hacernos es ¿por qué no otorgarle este cargo a Elena Torres Cuéllar que había estado desde el inicio en la organización de la UNESCO, que se había relacionado en los trabajos iniciales y formado parte

[74] Ibídem, p. 134.
[75] Ibídem, pp. 148, 149 y 165-166.
[76] Ibídem, p. 166.
[77] Elena Torres, *Fragmentos*..., p. 215.

del equipo de base y a quien el propio fundador Julián Huxley le pidió que se uniera? Elena Torres parece haber sentido también esta desesperanza en su momento, explicándola como parte de un ardid político en su contra: "supe a buen tiempo, que el Delegado Permanente del Gobierno, ante la Comisión Preparatoria dijo: de mi cuenta corre que Elena no tenga ninguna parte en los trabajos que se relacionan con la UNESCO".[78]

La actitud de Torres Cuéllar –respondiendo a su personalidad– fue la de aceptar los hechos tal cual se le presentaban, no importando lo injusto que fueran: "Yo, personalmente había ido en condiciones especialísimas [a la UNESCO] y acepté sin protestar la forma en que fui relegada, no importa cuánto trabajo hubiera hecho. La vida nos impone siempre trabajo y sacrificio, acepté lo que me tocó".[79]

Y al igual que en el tema de las Misiones Culturales, tuvieron éxito en borrarla. Nadie, hasta hoy, le concede un lugar merecido en México por esta labor.

REFLEXIONES FINALES

Sabemos, desde la disciplina histórica los silencios referentes a la labor de muchas mujeres; que la tarea y aportaciones de muchas de ellas ha permanecido en el olvido. Es cierto, como también lo es, que cada vez más –por fortuna– y, desde diversas disciplinas, se ha buscado paliar este problema, gracias a lo cual tenemos conocimiento de sus opiniones, pensamiento y obras, de "su estar en el mundo", ya de manera individual o como colectivo. Sin embargo, no cantemos victoria. Este artículo es precisamente un llamado de atención de que los vítores aún no pueden echarse al viento. Un solo nombre, Elena Torres Cuellar muestra el trabajo que tenemos por visibilizar a cientos de mujeres quienes, a pesar de su fructífera

[78] Idem, p. 219.
[79] Idem.

labor, simplemente fueron borradas, en ocasiones de manera totalmente deliberada por sus contemporáneos.

Al inicio del texto lancé la pregunta ¿qué mueve a una persona a escribir un texto autobiográfico? Y aunque es difícil dar con una respuesta certera, al final de este artículo me atreveré a decir que Elena Torres Cuéllar, mujer que transitó de un México convulso, desde finales del siglo XIX hasta el último tercio del siglo XX, quiso dejar testimonio de su experiencia de vida, por considerarla importante –como efectivamente fue–. Aunque en repetidas ocasiones alude a que no le interesaba el reconocimiento y que su trabajo tenía el único fin de servir al país, es de humanos querer trascender, un simple acto de justicia.

De *Fragmentos. Nexo internacional*, no sabemos cuál fue su tiraje, la distribución de la obra y la personalidad o número de sus lectores. Pero, considerando el casi total desconocimiento que sobre la maestra existe en el país, no es difícil imaginar que su circulación fuese escasa, quizá solamente entre unos cuantos amigos y conocidos. Elena Torres Cuéllar participó a lo largo de su vida en la primera línea de la política del país desde el ámbito educativo que fue su trinchera. Trabajó con los altos funcionarios, algunos de ellos nos legaron sendas autobiografías. Sólo por mencionar unos datos: José Vasconcelos escribió sus *Memorias* en dos grandes tomos, Jaime Torres Bodet hizo lo propio en cinco tomos; ambos cuentan con ediciones de una de las más grandes casas editoriales mexicanas, el Fondo de Cultura Económica, amén de los múltiples estudios, análisis e investigaciones de las que han sido objeto. Torres Cuéllar tuvo que costear su publicación.

El archivo personal de la maestra consta de siete cajas resguardadas en el archivo histórico de la Universidad Iberoamericana. Su caso es el caso de muchas otras; para reconstruir su historia es necesario partir de retazos y enfrentarse a grandes lagunas de información; sin embargo, habrá que hacer el esfuerzo, y no se trata de empecinarnos porque cientos de nombres de mujeres inunden los libros de historia, o los estantes de las librerías, sino de hacer una reflexión sobre el costo social que estas prácticas de invisibilización tienen para nuestra sociedad en el presente.

Elena Torres Cuellar permaneció en la Secretaría de Educación Pública después de su participación en la UNESCO ocupando puestos un tanto "menores", si consideramos su brillante trayectoria: en 1953 fungía como inspectora de escuelas primarias y superiores en Tlalpan, se jubiló en 1960 y murió un 13 de octubre de 1970 en la ciudad de México a los 77 años; en su acta de defunción se registró que debido a una trombosis cerebral no traumática. No hubo homenajes ni discursos por parte de políticos. En su ciudad natal, Guanajuato, solamente un jardín de niños lleva su nombre, sin que casi nadie sepa quién fue.

Eligió qué decir sobre su vida y dedicó especial atención a lo que consideró pertinente; en otros casos el silencio fue la tónica, pero, a pesar de esto, indagar en su archivo personal, así como en lo escrito en su autobiografía ha permitido trazar la vida pública y personal de esta mujer; una mujer que merece un análisis más serio de su labor en México. Espero que este artículo sea un eslabón para cumplir la deuda que tenemos, no solo con Elena Torres Cuellar, sino con las mujeres que, como ella, han permanecido en el ostracismo.

CARTAS DE LA TÍA PEPITA: CONTRARIEDADES Y SATISFACCIONES DE UN VIAJE A CUBA EN 1920

Pilar Cagiao Vila
Universidad de Santiago de Compostela[1]

Querido Jesús: Te voy a relatar las peripecias del día de hoy hasta las dos de la tarde, hora en que te escribo con una pluma infernal. Contrariedades á Satisfacciones, como sigue (...). Todos los días os informaremos de los buenos y malos ratos que tengamos. Hasta mañana se despide tu tía que te echa mucho de menos a las horas de comer. Pepita.

INTRODUCCIÓN

El fragmento precedente corresponde a la primera carta que Josefa Fernández Duro –la tía Pepita– (Madrid, 1873-Cabueñes, 1956) dirigió a uno de sus sobrinos el 19 de marzo de 1920 cuando estaba a punto de iniciar un viaje del que dejó testimonio en la correspondencia enviada a su familia, cuyos descendientes han conservado la memoria escrita, gráfica y la transmitida oralmente de quien, sin duda, fue una mujer singular.[2] En ese momento, cuando contaba 47 años, había tomado la decisión de palpar de cerca el México revolucionario y, de paso, conocer Cuba y Estados Unidos. Un largo periplo que duró casi cinco meses y del que las mencionadas

[1] Proyecto I+D+i '*Pasiones y afectos en femenino. Europa y América, siglos XVII-XX. Perspectivas históricas y literarias*' financiado por el ministerio de Ciencia e Innovación. AEI. Referencia PID2020-113063RB-I00

[2] Las cartas de Josefa a los distintos destinatarios de su familia fueron transcritas por uno de sus sobrinos nietos, Carlos Velázquez-Duro, quien las ordenó siguiendo un orden cronológico. A él se debe también la información oral que complementa a la obtenida de sus sobrinos biznietos de la rama Lantero Benedito. Agradezco a todos ellos su colaboración y que me hayan permitido el uso de esta valiosa fuente privada.

fuentes ofrecen no solo la posibilidad de conocer sus impresiones acerca de los tres países, sino también aproximarse a las vivencias y emociones personales que, por la extensión del relato, aquí se limitan a su estancia cubana.

Aunque esta experiencia fue la primera en la lista de sus andanzas americanas –en 1922 haría otro recorrido por el Río de la Plata, Chile, Perú, Bolivia y Brasil–, ya entonces era una viajera experimentada que desde muy joven acostumbró a acompañar a su padre durante sus frecuentes desplazamientos por diversos lugares de Europa. Tan es así, que su testimonio revela que era usuaria habitual de la guía Baedeker, elemento imprescindible que solía llevar consigo cualquier turista que se preciase y que en el viaje que nos ocupa reclamó en más de una ocasión.[3] A los periplos americanos siguieron otros como las dos vueltas al mundo que efectuó, la primera en 1924 y la segunda dos años después.[4] En 1930 se atrevió incluso a subir en el dirigible Graf Zeppelin en su vuelo de regreso a Friedderichshafen, ciudad alemana de la que había partido hacia Sevilla durante la celebración de la Exposición Iberoamericana, inaugurada un año atrás en la capital hispalense.[5] Al año siguiente, volvería otra vez a Alemania durante otro viaje destinado a visitar los países escandinavos y Rusia que incluyó el pasaje por diversos lugares de Europa.[6]

De todo lo anterior se deduce en primer lugar que Pepita era una mujer plenamente autónoma con amplios recursos económicos que le permitían afrontar aventuras que, obviamente, no estaban al

[3] Las guías Baedeker comenzaron a ser utilizadas en la segunda mitad del siglo XIX con la aparición del turismo en su concepción moderna. Probablemente, el ejemplar que Pepita solicitaba le fuese enviado sea *The United States, with Excursions to Mexico, Cuba, Porto Rico, and Alaska. Handbook for Travelers*, publicado en 1909, hasta entonces la única edición existente que cubría la totalidad de destinos a los que se dirigía.

[4] En este viaje, organizado por la agencia Thomas Cook en el vapor *Franconia* que zarpó de Gibraltar, Pepita estuvo acompañada por sus sobrinos, Julián y Pepita Velázquez-Duro Fernández-Duro, el esposo de ésta, Alfonso Cortezo Collantes y su hijo, Jaime Cortezo Velázquez-Duro. En *La Época,* Madrid, 25 de enero de 1926.

[5] Según las noticias aparecidas en la prensa, que recordaban que Pepita era hermana del célebre aeronauta Jesús Fernández Duro –apodado por su familia como "El Globero"–, viajó con el presidente del Aeroclub sevillano, Luis Echevarría, el general Alfredo Kindelán y el comandante Eduardo González-Gallarza. En *La Voz* y *La Época,* Madrid, 16 y 17 de abril de 1930, respectivamente.

[6] De nuevo, como en el viaje de 1926, fue acompañada por la familia Cortezo Velázquez-Duro y un nieto de su hermana Dolores, Carlos Portuondo Velázquez-Duro.

alcance de cualquiera. De hecho, procedía de una familia de raíces asturianas con algo más que "un buen pasar". Su casa de Gijón, hoy convertida en un bellísimo hotel,[7] y la del barrio de Salamanca de Madrid, donde vivía habitualmente salvo cuando pasaba largas temporadas en Asturias, dan fe del ambiente que rodeó su vida. Porque apellidarse Fernández Duro era tanto como hablar de la familia que poseía la mayor industria metalúrgica del país, fundada en 1857 por el camerano Pedro Duro Benito en la parroquia de La Felguera, ayuntamiento de Langreo. Consiguió llevarla adelante con extraordinario éxito con la ayuda de otros parientes y paisanos riojanos entre los que se contó el hijo de una prima, Matías Fernández Bayo, que terminó casándose con su única hija. Pepita fue la segunda de los cinco hijos que tuvo el matrimonio,[8] por lo que formaba parte de una intrincada red de relaciones empresariales y de parentesco, cuya saneada situación económica le permitió vivir en un selecto ambiente social que se fue ampliando con el paso del tiempo.[9] Por la misma razón, pese a no haber efectuado estudios reglados, ya que en la época en la que se educó se consideraba más adecuado que las mujeres de su clase recibiesen clases particulares a cargo de un tutor, pudo adquirir un nivel cultural elevado que se vio favorecido por su carácter inquieto, curioso y ávido de experiencias como las que le proporcionaron sus múltiples viajes.

RUMBO A LA HABANA

Pepita salió hacia Cuba del puerto de Santander, a donde había llegado desde Madrid en tren, en la madrugada del 20 de marzo de 1920. Con ella, que era soltera, embarcaron los hijos de una prima

[7] La finca fue adquirida por su abuelo, Pedro Duro Benito, que en la segunda mitad del siglo XIX amplió el edificio principal adaptándolo como quinta de recreo que se mantuvo siempre en manos de la familia.

[8] Dolores, Josefa, Pedro, Matías y Jesús. Salvo alguna excepción, los hijos de Dolores (Pilar, Julián, Lola, Pepita, Ángela y Jesús Velázquez-Duro Fernández-Duro), fueron los principales destinatarios de sus cartas.

[9] *La Opinión de Asturias*, Oviedo, 12 de abril de 1893; *Vida Aristocrática*, Madrid, noviembre de 1920.

suya a quienes había invitado a acompañarla en el viaje, María (Maruja) y Ángel Sanchís Blasco (Angelín), entonces estudiante del último curso de farmacia.[10] Desde antes de zarpar, comenzó a escribir a sus familiares para relatar las diferentes vicisitudes que iban surgiendo al compás del viaje. En la narración incide, sobre todo, en las principales contrariedades y satisfacciones experimentadas –"el debe y el haber", como ella misma decía–, que permiten observar la contraposición permanente de sensaciones que dominó su estado de ánimo a lo largo de todo el periplo. Por otro lado, con el fin de que ninguno de los destinatarios perdiese detalle de lo acontecido, en cada una de las epístolas solía resumir parte del relato anterior, por lo que su correspondencia se convierte en una especie de diario –a veces toma abiertamente esa forma– acerca de lo que percibe, lo que vive y lo que evoca.

Si bien en la primera carta señalaba como contrariedades menores las de carácter logístico, por el momento, la emoción por el viaje la inclinaba a valorar sobre todo los aspectos más positivos. Al entusiasmo que le produjo la llegada del buque al puerto cántabro el día anterior al embarque –"era su aspecto fantástico, todo iluminado. Contentísimas hoy por ir en él, con un tiempo y un mar hermosísimos"– agregó inmediatamente un detalle no menor: "tenemos María y yo un cuarto hermoso, con cuarto de baño particular", lo que delata que Pepita y su acompañante femenina eran pasajeras de primera clase. Esta primera alusión a las condiciones en las que viajaban en el vapor Alfonso XIII contrastan claramente con las de los emigrantes que atestaron los sollados de este famoso buque que desde 1916 perteneció a la Compañía Trasatlántica operando indistintamente en las líneas que comunicaban los puertos españoles con los de Nueva York y La Habana.[11] Así lo subrayan no solo los testimonios orales que se conservan de algunos pasajeros de tercera que viajaron en él que afirmaban que "íbamos en el fondo del barco en literas de 4

[10] Ángel Sanchís llegó a desarrollar un papel importante en la historia de la farmacia asturiana. En Cristian Vázquez Bulla, *Los orígenes de la industria farmacéutica asturiana*, Tesis Doctoral, Madrid, Universidad Complutense, 2005.

[11] Se trataba del segundo buque que llevó este nombre que hasta 1916 pasó por manos de diferentes navieras. Su adquisición por parte de la Compañía Trasatlántica coincidió con un período álgido de la emigración española a estos dos destinos.

camas y, en fin, bastante mal",[12] sino también las memorias de los inspectores de emigración de esa época.[13] Las mismas fuentes revelan además las notables diferencias que existían en el Alfonso XIII en cuanto a la manutención: en el caso de los emigrantes "un rancho, tipo cuartel", que según el servicio de inspección se acompañaba "de agua caliente para aplacar su sed",[14] mientras que la primera clase, a tenor del comentario de Pepita, gozaba de "cinco comidas que son: desayuno a la hora que se quiera, almuerzo a las 12, merienda a las 4, cena a las 7 y *soupé* a las 10 de la noche".

Semejante tipo de lujos que, evidentemente solo podían permitirse quienes dispusieran los suficientes medios económicos, como las 6.064 pesetas que Pepita pagó por los tres billetes,[15] encajaban también con los preparativos previos al cruce del Atlántico. De hecho, cuando el Alfonso XIII se detuvo en el Musel, donde los esperaba el padre de los hermanos Sanchís, no solo tuvo la oportunidad de hacer las últimas compras en Piquero, uno de los más célebres bazares de Gijón,[16] sino también de almorzar en el Malet, hotel de moda entre la burguesía por el que con frecuencia pasaban aristócratas y personajes famosos del mundo artístico. En 1916 se había traslado desde su antiguo emplazamiento en la plaza del Marqués a la calle Corrida, centro neurálgico de la ciudad nutrido por los capitales indianos y por los procedentes de las industrias derivadas del carbón.

Ese animado ambiente de la ciudad asturiana, en el que convergían "el oro negro y el oro dulce", aparece sugerentemente retratado en

---

[12] Fondo Historga. Departamento de Historia de la Universidad de Santiago de Compostela, Entrevista núm. 1483, realizada por Consuelo Naranjo Orovio a un retornado gallego que había emigrado a Cuba en 1920 en el Alfonso XIII.

[13] En 1922, poco antes de que el Alfonso XIII cesara su actividad, el inspector A. L. Fernández Flórez ratificaba que, en muchos aspectos, las condiciones del buque dejaban mucho que desear para quienes iban en tercera clase. En Blanca Azcárate Luxán y Julio J. Rodríguez Hernández. *Pasajeros de tercera clase. La odisea migratoria trasatlántica a través de las Memorias de viaje de los Inspectores de Emigración*, Ministerio de Trabajo, Migraciones y Seguridad Social, Madrid, 2019, p. 213.

[14] Entrevista citada y Blanca Azcárate Luxán y Julio J. Rodríguez Hernández. *Pasajeros de tercera clase...*, p. 208.

[15] El precio abonado por los emigrantes era relativamente alto en relación con las condiciones en las que viajaban. En *La Emigración española*, Madrid, 15 de marzo de 1920.

[16] José María Rodríguez-Vigil Reguera, "Notas sobre la modernización del consumo en Asturias: almacenes textiles y bazares en Gijón y Oviedo (1874-1936)", *LIÑO 21. Revista Anual de Historia del Arte*, pp. 71-85, p. 81.

uno de los capítulos del libro redactado por Carlos Martí después de uno de sus viajes a la Península al que tituló *El país de la riqueza.*[17] La metáfora utilizada por el periodista hispano-cubano formaba parte de las muchas que se utilizaban en aquella época para aludir a la opulencia existente en el país antillano. De hecho, ese tipo de tópicos que por entonces dominaban en el imaginario colectivo,[18] lo utiliza también Pepita al referirse a Cuba como "la tierra del azúcar y los dátiles" a donde estaba a punto de viajar.

El optimismo que demostraba al salir de Gijón afirmando que "nos sale todo a pedir de boca" y que, conforme a su fe religiosa, atribuía a la protección de San José –habían salido de Santander en la noche de su festividad–, tampoco se vio alterado cuando, antes de entrar en La Coruña, el Alfonso XIII quedó rodeado de una espesa niebla que provocó la preocupación general entre los pasajeros. Según transmitía en otra de sus cartas, aunque con varias horas de retraso, el buque llegó sin novedad al puerto gallego donde fondeó a cierta distancia de la costa por la imposibilidad de atracar junto al muelle debido a la escasa profundidad.[19] La escala en la ciudad duró apenas unas horas que Pepita aprovechó para acudir al correo a enviar una última carta a su familia antes de cruzar el Atlántico en la que, como principal satisfacción, manifestaba su agrado por los compañeros con los que compartían mesa. La información que proporciona en posteriores misivas, cruzada con la de otras fuentes, permiten deducir que el viajero que describía como "un señor de edad que va con su señora (mucho más joven que él) y sus niños a Méjico", al que al principio se refería exclusivamente como "Don Miguel", era el acaudalado empresario, oriundo de Ribadeo, Miguel Llano Margolles, que tanta ayuda les prestaría cuando llegasen a su segundo destino.[20] El resto de los compañeros de mesa eran "un

[17] Carlos Martí, *El país de la riqueza*, Renacimiento, Madrid, 1918, pp. 242-244.

[18] Vicente Blasco Ibáñez en su libro *La vuelta al mundo de un novelista* resume así la idea que tenía de Cuba cuando era niño: "Era para mí el país del azúcar una ciudad encantada, como las de los cuentos infantiles, donde las casas debían ser de caramelo y no había más que agacharse para comer tierra cristalina y dulce".

[19] José Cao Moure (ed.), *Libro de Oro de la provincia de La Coruña,* Editorial PPKO, Vigo, 1930, p. 47.

[20] En su carta de 17 de abril, Pepita comunicaría a su familia que Miguel Llano, al despedirse de ellos en La Habana, les había advertido que antes de embarcar para

alemán que comparte el camarote con Ángel, uno de Burgos que hizo fortuna en Cuba y va a dar un vistazo a sus negocios, otro español con intereses en Cuba y dos más que ignoramos su procedencia".

Mucho menos feliz debieron hacerla otra clase de viajeros "que no esperábamos y nos molestan mucho", lo que no era de extrañar ya que se refería a una invasión de ratas a la que dedicó varios pasajes de sus cartas haciendo notar que "hasta ahora esta es la contrariedad mayor que he tenido en el viaje". Aun así, su desolación ante ese suceso no le impedía añadir a sus comentarios ciertos toques de humor –"os diré si entre el plato del día o de la noche de los citados animalitos, figura la nariz de Maruja o una oreja mía"– con los que intentaba quitar hierro al asunto. Pero, a medida que avanzaba el viaje, fueron surgiendo otras contrariedades que, en este caso, estaban puramente relacionadas con las dificultades de la navegación. Al adentrarse en el Atlántico, las violentas sacudidas que en ciertos momentos sufrió el barco debieron llegar a tal punto que, en una carta dirigida a su hermana Dolores, Pepita llegaría a manifestar que sentía "de veras haber emprendido el viaje, tanto que, si el Alfonso XII con el cual nos cruzaremos hoy, se parase a saludar a éste, y hubiese camarotes disponibles, me volvía a España en él".[21] La angustia, e incluso el miedo, que llegó a sentir por este y otros episodios que narraba con detalle en esa misma carta, los resumía en la siguiente donde declaraba con contundencia que "embarcarse es adquirir a sabiendas una enfermedad material y moral que dura todo el tiempo de la travesía y se puede llamar cansancio y pánico progresivos", añadiendo que "¡muchos buenos ratos tienen que venir para que nos compensen de tantas fatigas!". Sin embargo, en medio de todas esas quejas con las que Pepita desahogaba su estado de ánimo, volvía a hacer hincapié en los gratos instantes compartidos con los compañeros de viaje "que nos instruyen del modo como hemos de recorrer los países que nos proponemos visitar, qué es lo que hay allí digno de verse y cuales repúblicas no merecen nuestra atención". Ese tipo

Veracruz lo avisaran para facilitar su llegada "y enseñarnos cuanto de notable encierra Méjico".

[21] Pepita aprovechó el cruce con este buque de la Compañía Trasatlántica, que regresaba a La Coruña, para enviar mediante radio las cartas escritas hasta el momento.

Foto 1. A bordo del Alfonso XIII, 31 de marzo de 1920. (Archivo privado de Carlos Velázquez-Duro Fernández Duro. Gijón)

de conversaciones le hacían recobrar la ilusión inicial y compensar los malos momentos pasados. Además, cuando, a partir del noveno día, cesó el mar de fondo y el Alfonso XIII comenzó a navegar con mayor tranquilidad, la situación cambió completamente y permitió que el Domingo de Ramos fuese celebrado con una misa en cubierta que impresionó sumamente a Pepita –"¡fue un acto emocionante y grandioso, que jamás olvidaré!"– quien confesaba haber temido "irnos de un momento a otro al fondo del mar". Recuperada la calma, el deseo de llegar a Cuba era cada vez mayor y Pepita contaba "los días que nos faltan para dejar el barco con el mismo afán que cuentan los chicos las horas para salir del colegio", impaciencia que solo conseguía paliar durante el tiempo que pasaba conversando con los compañeros de viaje con los que se retrató en la cubierta del barco para que su familia pudiese conocer a "Don Miguel, Don Simón,[22] y demás señores con quienes tanto nos reímos".

[22] Según la lista publicada por la prensa cubana a la llegada a La Habana del Alfonso XIII, se trataba del asturiano Simón Roig Sotres.

La proximidad a la isla de Cuba fue cobrando realidad en el momento en el que desde el Alfonso XIII pudo divisarse la isla de Harbour, en el archipiélago de las Bahamas, que anunciaba que el viaje pronto iba a tocar a su fin. Tan buena noticia animó a los pasajeros del buque a organizar el festejo que tendría lugar la víspera de la arribada. Y aunque, como diría Pepita, "la fiesta mejor para nosotros será hacer los equipajes para desembarcar", tanto ella como los hermanos Sanchís disfrutaron sumamente de la celebración en la que participaron todos los viajeros. A la gaita "tocada por un asturiano pasajero de tercera" –era frecuente que quienes iban en esta clase llevasen en su equipaje instrumentos musicales que hiciesen más llevadera la travesía– siguió un desfile de "Ángel y otros dos muchachos vestidos de gigantes y cabezudos" y luego, la simulación de una corrida de toros donde "hizo de matador un sobrino de Don Miguel", según explicaba Pepita al describir el "día tan delicioso que pasamos que compensa todos los malos ratos tenidos". Pero, sin duda, lo que expresaba con mayor entusiasmo era el momento en que vislumbraron el faro del Morro y "las luces de La Habana reflejándose en el mar; ¡es de un efecto fantástico con una noche como la de hoy! La luna brillaba tan clara que parecía de día y la temperatura sobre cubierta deliciosísima".

La entrada en el puerto, que al decir de Alejo Carpentier ha impresionado siempre a "viajeros de todas las naciones",[23] se produjo el 3 de abril, aunque el desembarque no se llevó a cabo hasta el día siguiente. Según el *Diario de la Marina*, del total de los 1053 pasajeros del buque, 176 se encontraban en tránsito hacia México, mientras que los 877 restantes descendieron en La Habana. De estos últimos, el periódico habanero publicaba solamente el listado de los que habían viajado en primera clase, entre los que, además de destacados miembros de la colonia española de la Isla que habían pasado una

---

[23] Alejo Carpentier, *La ciudad de las columnas*, Editorial Letras Cubanas, La Habana, 1982, p. 7. Un contrapunto interesante a la descripción de Pepita, que hizo su entrada en el puerto de noche, es el ofrecido por Eulalia de Borbón que, bastantes años antes, lo hizo "bajo un sol magnífico, de fuego, crepitante casi, que blanqueaba los muros, devoraba los colores y encendía los rostros". En *Memorias de Doña Eulalia de Borbón, Infanta de España*, Editorial Juventud, Barcelona, 1967, p. 89.

temporada en España,[24] se encontraban "Josefa Fernández Duro y sus hijos", como erróneamente figuraba en la noticia.[25]

TRES SEMANAS EN CUBA

De las sucesivas cartas escritas por Pepita desde su llegada a La Habana se deduce que su estancia en la Isla fue un ir y venir sumamente apresurado. De ese "correcorre" –dicho a la cubana– dejó un relato en el que las descripciones, sumamente escuetas en más de una oportunidad, no son, ni de lejos, del estilo de las referidas por otras mujeres que en esa época visitaron el país antillano y mucho menos de las vivieron allí largo tiempo. Buen ejemplo de estos perfiles lo constituyen tanto la asturiana Eva Canel como la estadounidense Irene A. Wright. La primera, que había residido en Cuba entre 1891 y 1898, efectuó un viaje en 1914 en el que, prácticamente, recorrió casi toda su geografía. En el testimonio que dejó, además de evocar muchos recuerdos y experiencias anteriores, se recogen tanto sus impresiones acerca de los lugares ya conocidos como de aquellos que visitaba por primera vez.[26] Por su

---

[24] El cruce con otras fuentes hemerográficas permite precisar detalles acerca de algunos de ellos como el comerciante cántabro Aurelio Cano Sainz, que regresaba con su flamante esposa después de unos meses en Santander a donde precisamente había ido a contraer matrimonio. Otros montañeses que retornaban a Cuba eran Norberto Cabeza Garrido, directivo de La Colonia Española de Sancti Spiritus, Pedro Díaz de Villegas, gerente en Cienfuegos de la firma Vizoso y Torre, y uno de los hermanos Cagiga Aparicio, poderosos comerciantes en el ramo de materiales de construcción de La Habana de entonces. Regresaban también el gallego Leopoldo Pita Iglesias, presidente de la asamblea de apoderados del Centro Gallego y vicepresidente del consejo de administración de la Bacuranao Oil Co. y el burgalés Agustín Gutiérrez Martínez, miembro de las juntas directivas del Centro Castellano y de la Asociación de Dependientes de la capital cubana. Entre los asturianos que volvían a Cuba se contaban el comerciante Severino Vázquez, que poseía varios negocios en Artemisa; Antonio García Tuñón, con intereses en la ciudad de Santo Domingo; José Díaz Villaverde, acreditado almacenista de tabaco; y dos de los pesos fuertes del Centro Asturiano de La Habana, Hermógenes Toyo y José Trabanco.

[25] "Noticias del puerto", *Diario de la Marina,* La Habana, 5 de abril de 1920. No sería esta la única confusión del periódico respecto a los acompañantes de Pepita, porque más adelante los identificaría como hijos del general Sanchís, un militar que había actuado en Cuba durante la época de la colonia.

[26] Eva Canel. *Lo que vi en Cuba (A través de la Isla),* Imprenta y Papelería "La Universal", La Habana, 1916.

parte, las percepciones de la norteamericana acerca de la Isla, donde vivió durante buena parte de las dos primeras décadas del siglo xx, reflejan su interés por todos los aspectos sociales, políticos e históricos de Cuba, que se traducen en observaciones de detalle donde lo descriptivo y lo crítico resultan imprescindibles.[27] Por el contrario, Pepita, que no dominaba las destrezas narrativas de estas escritoras ni su intención era la de redactar un libro de viaje, parece más interesada en transmitir lo que le pasa que en recrearse en lo que ve. Así, desde su llegada a Cuba continuó fiel a su estilo de incidir, sobre todo, como ya ocurriera durante la travesía atlántica, en las satisfacciones y contrariedades con las que se fue encontrando cada día.

Al llegar a La Habana se instaló con los hermanos Sanchís en el Hotel Telégrafo, situado en uno de los flancos del Parque Central, lugar en el que convergían las principales calles comerciales y, sin duda, uno de los parajes más concurridos de la ciudad que por entonces tenía algo más de 360.000 habitantes.[28] Este hotel, inaugurado en torno a 1858 cuando el trasmisor que le daba nombre se introdujo en el país, había sido totalmente reformado en 1911 convirtiéndose, por su lujo, en lugar de reunión privilegiado de la clase alta habanera. Presumía, además, de que sus empleados dominaban varios idiomas, así como de disponer de teléfonos que podían usarse tanto desde las habitaciones como desde las mesas del restaurante, comodidad no desdeñable si se tiene en cuenta que ese sistema de comunicación ya operaba en Cuba por medios automáticos desde el año anterior.[29] También ofrecía a sus clientes servicio de transporte, lo que quizás permitió que, después de oír misa en la iglesia de Belén, situada en la calle Compostela, muy próxima al Parque Central, Pepita consiguiese inmediatamente "un auto que aquí los llaman fotingos", denominación que derivaba del eslogan publicitario difundido desde 1908

[27] Irene A. Wright, *Cuba,* The Macmillan Company, New York, 1912.

[28] *Census of the Republic of Cuba 1919*, Maza, Arroyo y Caso, Havana, ca. 1921, p. 292.

[29] Francisco M. Mota, *Por primera vez en Cuba,* Editorial Gente Nueva, La Habana, 1982, p. 108.

por la Ford Motor Company –"Foot in and go"– para promover las ventas de su modelo T, distribuido en Cuba a partir de 1913.[30]

Para su primer paseo por la ciudad, seguramente tomaron el Paseo del Prado hasta el castillo de San Salvador de la Punta y alcanzar así el célebre Malecón que entonces llegaba solo hasta la entrada del reparto del Vedado "que es el barrio aristocrático", según la escueta definición con la que Pepita despachaba al principal ensanche habanero que pocos años atrás había asombrado a su paisana Eva Canel. Evidentemente, carecía de los elementos de comparación que poseía la escritora asturiana que, además de haber vivido en Cuba, era también buena conocedora de otras grandes urbes americanas por lo que, para ella, el Vedado era un barrio "digno de la gran Buenos Aires (...) que engrandece y le da el porte de una gran capital sobrepasando por su clima a todos los barrios suburbanos del mundo".[31] Parte de las razones del crecimiento del Vedado, que le hacían merecedor del calificativo que le adjudicaba Pepita, figuran entre los recuerdos que Renée Méndez Capote dejó en sus sabrosas memorias:

> Hasta después de la segunda intervención no se metió el Vedado a barrio residencial de moda. Entonces empezó a ser el sueño realizado de los nuevos ricos, que con la subida de los liberales al poder empezaron a transformar la vida criolla (...) se hubiera mantenido puro si los políticos y su secuela de millonarios relámpagos no se hubieran precipitado a afear el paisaje y enturbiar su atmósfera con palacetes presuntuosos.[32]

Con esa aseveración, la escritora cubana aludía a las grandes transformaciones operadas en Cuba desde que, tras su independencia de España, había quedado bajo la tutela norteamericana, lo que no sólo había acarreado total dependencia económica y en buena

---

[30] "El origen de la palabra fotingo" http://cubarte.cult.cu/periodico-cubarte/el-origen-de-la-palabra-fotingo/; Francisco M. Mota, *Por primera vez en Cuba...*, p. 24.

[31] Eva Canel, *Lo que vi en Cuba...*, p. 34.

[32] Renée Méndez Capote, *Memorias de una cubanita que nació con el siglo*, Ediciones Unión, La Habana, 1964, p. 47.

medida política,[33] sino que también había tenido efectos en la fisonomía de su capital convirtiéndola en una ciudad moderna a imitación del modelo anglosajón.[34] De hecho, los cambios urbanos empezaban a ser especialmente visibles en el reparto de Marianao que, según Eva Canel, seguía "envidiosillo los pasos del Vedado".[35] Pepita lo definió como un barrio "donde hay trazadas calles a través del parque para construir allí casas" resumiendo de alguna manera lo que la prensa de la época, con el fin de promover la venta de terrenos en pleno auge de un fenómeno de especulación inmobiliaria favorecido por la concesión de créditos, anunciaba como el lugar más propicio para "hacer allí su residencia, descansar con su familia y vivir en un ambiente aristocrático".[36] Y es que, efectivamente, la zona contigua a Miramar, cuyo trazado rectangular imitaba al de Manhattan, se encontraba también en franco proceso de expansión tras la edificación de múltiples balnearios y lugares de ocio concurridos por los numerosos turistas norteamericanos, cuya presencia creciente había trastornado en Cuba modas, estilos de vida, usos y costumbres. Aun así, de que algunas se conservaban fue testigo la propia Pepita cuando en su recorrido desde Marianao llegó hasta el municipio de La Lisa donde tuvo oportunidad de presenciar una fiesta tradicional del pueblo de Arroyo Arenas "muy original y curiosa", refiriéndose sin duda al evento con el que se homenajeaba a su santo patrón, *Jesús de Nazareno,* cuya imagen volvía a su iglesia después de la Semana Santa en medio del júbilo general.

Seguramente, esa ceremonia religiosa, acompañada de baile y comida, que por similitud a lo conocido la asturiana definía como "romería", le resultó menos chocante que la escena que presenciaron al día siguiente mientras cenaba con los Sanchís en el Hotel Plaza. Este establecimiento, inaugurado en 1909 en otra de las esquinas del

[33] El título del libro publicado en 1928 en Nueva York por el economista Leland H. Jenks (*Our Cuban colony. A study in sugar*) acerca de las relaciones entre Cuba y Estados Unidos resulta suficientemente expresivo en este sentido.

[34] Sergio Guerra Vilaboy, "La Habana. Breve recorrido por su historia", en Bernardo García Díaz y Sergio Guerra Vilaboy (coords.), *La Habana/Veracruz; Veracruz/La Habana. Las dos orillas*, Universidad Veracruzana, México, 2002, p. 53.

[35] Eva Canel, *Lo que vi en Cuba...*, p. 34.

[36] *La Montaña, revista semanal de la colonia montañesa*, La Habana, 20 de diciembre de 1919.

Parque Central frente a la Manzana de Gómez, el primer complejo comercial de estilo europeo construido en Cuba, había sido recientemente renovado con la construcción de un jardín en la azotea –el *roof garden* de los anuncios de la época que siempre se referían en inglés a las modernidades introducidas por el vecino del Norte–[37] donde estaba el salón de baile y el restaurante. Debió ser ahí donde a Pepita le llamó la atención que la cena fuese "a la americana", lo que incluía –además de la observación paradójica, pero necesaria, de que "en toda América, se entiende por americana la gente o cosas de los Estados Unidos"– que la gente interrumpiese la comida para empezar a bailar en cuanto tocaba la música. A tenor de cómo la describía –"un estrépito infernal que hacen con toda clase de instrumentos incluso dando golpes en una especie de jofaina de metal"–, no cabe duda de que Pepita había descubierto, sin que le complaciese demasiado, uno de los ritmos importados de Estados Unidos que ejecutaban las *jazz bands* que entonces proliferaban en los hoteles habaneros.

En la mañana de ese segundo día que se había iniciado con una sesión de peluquería y pedicura, fueron "a cobrar dinero" al Banco Nacional que estaba en la calle Obispo, en cuyas inmediaciones se encontraban la mayor parte de las instalaciones financieras y empresariales del Wall Street habanero. Después almorzaron en "una fonducha que se llama La Zaragozana, donde sabíamos que servían platos cubanos, pero no nos gustó nada, estaba asquerosísimo, había muchos negros y el servicio era propio de un bodegón".[38] Esa primera apreciación sobre la población negra, que contiene un inevitable toque

[37] Mª Carmen Barcia, *Capas populares y modernidad en Cuba (1878-1930)*, Fundación Fernando Ortiz, La Habana, 2005, p. 175. Varios ejemplos de ese vocabulario importado como signo de modernidad aparecen magistralmente descritos en la investigación de Marial Iglesias. En Jorge Alejandro Núñez Vega, *La Danza de los Millones. Modernización y cambio cultural en La Habana (1915-1920)*. Tesis Doctoral, Universitat Pompeu Fabra, Barcelona, 2011, p. 74. La influencia de Estados Unidos, que desde 1900 era muy evidente, se retrotrae al último tercio del siglo XIX no solo por la fluidez de los intercambios económicos, sino también por el efecto del retorno desde ese país de los exiliados cubanos que traían consigo un modo de vida similar al de la modernidad norteamericana a la que se habían acostumbrado en Nueva York, Filadelfia, Tampa y otras ciudades.

[38] Se refiere al que se considera el restaurante más antiguo de La Habana, fundado en 1830 por la aragonesa Ana López, situado en Obispo y Obra Pía que en 1908 giraba

racista al asociarla a uno de los inconvenientes sufridos, contrasta con la que efectúa un poco más adelante cuando declara que "nos hacen mucha gracia las negritas vestidas de azul pálido o de color rosa o de blanco, llenas de adornos, muy peripuestas y con la mar de colorines en sus trajes", escena que presenciaron esa tarde al regresar desde Regla a La Habana. El cruce de la bahía –"en un *ferryboat,* un vapor dentro del cual atraviesan el mar, los coches, carros, autos y personas"– había estado ocasionado por visitar en Guanabacoa "al cuñado de Flora la Cantina", que no sería el único paisano asturiano con el que establecerían contacto durante su estancia en Cuba.

Al tercer día, decidieron cambiar de ambiente y realizar su primera excursión fuera de la capital. En la mañana temprano partieron en automóvil hacia Matanzas y durante el trayecto disfrutaron de un paisaje repleto de "las plantas del tabaco, de las piñas, de cuerdas, de azúcar, cocoteros, plátanos y demás flora tropical" que, para ellos, representaba toda una novedad. A Pepita también le llamó mucho la atención observar el trajín del ingenio que visitaron y que describió como "una fábrica enorme donde por medio de la electricidad muelen la caña, le sacan el azúcar y hacen todas las operaciones incluso meterla en sacos sin que los operarios toquen la caña y el azúcar para nada". Pero más asombrada quedaría aún de las cuevas de Bellamar, un conjunto de cavernas de roca caliza de más de 23 kilómetros de galerías descubiertas en 1861 en el valle de Yumurí, que constituían uno de los grandes atractivos de la provincia matancera.[39] Aunque se trató de una visita rápida por la alta temperatura del interior de las cuevas que a Pepita le hizo evocar "las estufas de Las Caldas",[40] a su juicio se trataba "algo verdaderamente notable, fantástico en extremo". De regreso a La Habana, la jornada terminó con otra cena

bajo la razón Suárez y López y que posteriormente fue adquirido por otro español, José Curráis, convirtiéndose en uno de los mejores de La Habana.

[39] La primera descripción de las cuevas se debe al erudito matancero Eusebio Guiteras quien en el año del descubrimiento por encargo del inmigrante gallego Manuel Parga Santos, propietario del terreno, redactó la primera guía turística publicada en Cuba. En *Cuba en la mano. Enciclopedia Popular Ilustrada*, Imprenta Ucar, García y Cía, La Habana, 1940, pp. 21-25.

[40] Se refiere al balneario de aguas termales de San Juan de Priorio (Oviedo) que desde fines del siglo XIX y hasta los años treinta estuvo de moda entre las clases acomodadas.

"a la americana" en el Hotel Sevilla, que apenas un año atrás había sido adquirido por la compañía estadounidense Bowman Hotels.

Al día siguiente, después de visitar la fortaleza del Morro y subir al faro, realizaron nuevo paseo en auto por la ciudad porque, como afirmaba Pepita en una de sus cartas "no se puede andar a pie de calor que hace". A esta observación agregaba su sorpresa por "la cantidad de automóviles que hay en La Habana; más personas que a pie, circulan en estos fotingos", aseveración similar a la que poco tiempo después efectuaría un jovencísimo Alejo Carpentier respecto los problemas de tráfico que en el centro de la urbe se veían aumentados por las vías "irremediablemente angostas que no dan cabida a la cantidad de automóviles y vehículos multiformes que tratan de circular lo más rápidamente posible".[41]

El paseo incluyó también la visita a "almacén inmenso donde hacen toda clase de ropas, con máquinas movidas por electricidad, propiedad de un señor que vino con nosotros en el Alfonso XIII" y un recorrido por la célebre fábrica de cerveza La Tropical que entonces gozaba de uno de sus mejores momentos. De hecho, el crecimiento del negocio, que tenía su origen en la Nueva Fábrica de Hielo S.A. creada en 1888 por el cántabro Ramón Herrera Gutiérrez, había provocado que en 1916 se comenzase a trazar un ramal de línea férrea que le permitiese una mejor comunicación con el exterior que fue inaugurado justo un año después de que Pepita lo visitase.[42] La fábrica estaba rodeada por un extenso parque "muy hermoso" denominado Los Jardines de La Tropical concebido desde 1904 como una estrategia comercial de la propia cervecería para servir de lugar de recreo a la sociedad habanera. A la sazón, este lugar, situado en la ribera este del rio Almendares, se convirtió pronto en el preferido de las asociaciones integradas por los numerosos inmigrantes españoles que llegaban a La Habana para los que representó un espacio de sociabilidad de primer orden.

---

[41] Alejo Carpentier, "La Habana moderna", en Emilio Roig de Leuchsenring (dir.), *El Libro de Cuba*, Talleres del Sindicato de Artes Gráficas, La Habana, 1925, pp. 471-476, p. 474.

[42] Emilio Roig de Leuchsenring (dir.), *El Libro de Cuba...*, pp. 816-820.

Transcurridos cuatro días desde su llegada a Cuba, que Pepita resumió afirmando que "lo estamos pasando muy bien", partió hacia la provincia de Oriente acompañada por los Sanchís. Se trató de un apresurado recorrido en tren –apenas 48 horas cuajadas de contrariedades que dieron lugar a las percepciones más negativas de su estancia en la Isla– que solo se explica por la prisa en llegar a Santiago de Cuba, en el extremo oriental de la Isla. Eso exigía viajar primero en dirección sur hasta Cienfuegos, entonces provincia de Santa Clara, siguiendo el eje de la red de vías férreas gestionada por distintas empresas que originalmente había estado más volcado en las provincias occidentales. Ese sistema, creado con la intención de facilitar la comunicación con los puertos, resultaba incoherente con la disposición geográfica este-oeste de la Isla, y solo a partir de 1900 las inversiones de capital norteamericano favorecieron la incorporación de las provincias orientales al trazado un tanto anárquico de las vías férreas.[43]

El trayecto hasta Cienfuegos –una larga jornada "de calor horroroso"– les obligó a hacer dos transbordos porque, como subrayaba Pepita, "hay muy mala combinación de trenes". El primero en Santo Domingo, a 250 kilómetros de ferrocarril desde La Habana, y el segundo en Cruces, a 30 del destino final donde pernoctaron en Hotel Unión –uno de los más antiguos de Cienfuegos, situado en un edificio colonial de estilo neoclásico– que, al juicio de Pepita, era solo "mediano". Su crítica hacia la ciudad "que vale poco" se compadecía escasamente con lo que ya entonces se conocía como La Perla del Sur de cuyo estado también se había lamentado Eva Canel cinco años atrás cuando declaró que "Cienfuegos, asombra por el descuido en que lo tienen sus ediles (...) fué una ciudad alegre, muy alegre, muy bien cuidada, elegante (...) me ha parecido que es la más descuidada de toda la República".[44] Coincide también con su paisana en las apreciaciones sobre los "hotelitos lindísimos, donde veranea la

[43] Antonio Santamaría, "Los ferrocarriles de servicio público cubanos (1837-1959)", *Revista de Indias*, LV, 204 (1995), pp. 485-515.
[44] Eva Canel, *Lo que vi en Cuba...*, p. 25.

gente rica" que poblaban los islotes de la hermosa bahía por la que efectuaron una excursión en vapor para visitar la fortaleza de Jagua.

Esa misma tarde, tomaron el tren que operaba por el llamado ramal de Camarones para alcanzar la región central y llegar a Santa Clara que, en opinión de Pepita "vale poquísimo; las casas tienen un aspecto muy original, pero están sumamente abandonadas". Nuevamente le disgustó el hotel no solo porque, como ocurriera en Cienfuegos, "no nos sirvieron de cenar (...) es muy desagradable irse a buscar fuera un restaurant donde poder cenar, cuando se llega cansados del tren", sino también por la deficiente calidad de las habitaciones donde "las camas no tienen más que colchón de muelles (...) no se puede descansar, de duras que son". Idéntica afirmación es la que efectúa el propio día 10 en Camagüey, donde expresa tajantemente que "viajar no encontrando habitaciones confortables es un verdadero tormento" al hilo de su experiencia en el Hotel Habana a causa de la "porquería atroz que hay, baste decir que en el retrete tienen un cesto de alambre donde echan los papeles después de usarlos (...); las toallas y servilletas negrísimas". De todo ello concluye que "la población no nos gustó nada", aunque, en realidad, debieron ver muy poco porque ese mismo día partieron para Santiago en uno de los trenes gestionados por la Cuban Railroad Company dotados de *pullman car* "que son los sleeping que circulan en Cuba", según aclaraba Pepita.

Frente a la primera satisfacción de poder alojarse en un hotel "muy bueno", nada menos que el Casa Granda inaugurado en 1914 y dotado de todas las comodidades, inmediatamente señalaba el desagrado que le producía el "molestísimo clima" que solo les permitía trasladarse en automóvil. Pese a todo, la mayoría de sus comentarios sobre Santiago son mucho más positivos que los vertidos sobre las ciudades anteriormente visitadas. En el referido al ascenso al puerto de montaña de Boniato por un camino "muy pintoresco", de nuevo, como referencia a lo conocido, compara la "vista preciosa de Santiago" que se observa desde la cumbre con la de "Gijón visto desde el alto del Infanzón". Ese paralelismo recuerda un tanto a las impresiones transmitidas por su paisana Eva Canel quien, al narrar la subida al Boniato, estableció una analogía similar con los puertos asturianos de

Foto 2. *Camagüey, 11 de abril de 1920* (Archivo privado de Carlos Velázquez-Duro Fernández Duro. Gijón)

Pajares y Leitariegos, aunque, sin duda, fue más expresiva que Pepita al plasmar sus emociones y un asombro que "no tuvo límites". Sin embargo, las opiniones de ambas asturianas sobre Boniato están a mucha distancia de la ofrecida por la norteamericana Irene Wright para quien el panorama divisado desde su cumbre no podía igualarse con ninguno de los existentes en Cuba.[45]

Luego, siempre en auto, recorrieron las empinadas calles de la ciudad que "tiene una bahía preciosa y los alrededores son muy pintorescos rodeados de altas montañas", deteniéndose en el reparto de Vista Alegre "que es un barrio aristocrático formado por hotelitos". Efectivamente, las viviendas a las que se refería respondían a las levantadas desde 1907 en las proximidades de un hermoso parque con un gran complejo recreativo que, en consonancia con los gustos

[45] Ibídem, p. 217; Irene A. Wright, *Cuba...*, pp. 368-369.

burgueses de sus residentes, contaba con pista de patinaje, un gran teatro, café restaurante y distintas áreas de juego.[46]

La estancia en Santiago concluyó en la mañana del 13 de abril cuando volvieron a tomar el tren para regresar a La Habana. Tras un largo trayecto que duró más de treinta horas, los viajeros llegaron a la estación Central, que desde 1912 había sustituido a la antigua terminal de Villanueva, y desde allí se trasladaron al hotel. El cansancio hizo que Pepita no pudiese escribir hasta el 15 su carta habitual en la que manifestaba que "si saliese hoy vapor para Veracruz, iríamos en él, porque ya hemos visto muy bien la isla de Cuba (...) y nos asfixia el calor". Pero bien sabía que tenían que esperar a la llegada del Flandre, cuyo arribo parecía tan inminente que ese mismo día fueron al consulado de México donde "nos han vuelto a vacunar", lo que le supuso una nueva contrariedad.

Esa misma tarde, Ángel Sanchís "fue a visitar a uno de La Felguera amigo de su padre, que está casado con una cubana y le ha dicho con mucho empeño que vayamos hoy a cenar a su casa, pero yo no he aceptado". Sin embargo, cuando a las pocas horas el matrimonio se presentó en el hotel, no pudo negarse acompañarlos a dar un paseo por el Malecón. Tras ese encuentro, Pepita tuvo la impresión de que la persona que Ángel Sanchís había visitado esa tarde parecía ser "un señor riquísimo" y efectivamente no se equivocaba porque aquel langreano, llamado Alfredo Cañal Canteli, prototipo del inmigrante exitoso, poseía en verdad una gran fortuna. Instalado desde fines del siglo XIX en Unión Reyes (Matanzas), en 1908 ya era propietario del ingenio Dolores. Dos años después adquirió el San Cayetano en el partido de Santa Ana (Cidra), al que convirtió en uno de los más competitivos en la producción de azúcar de guarapo de la provincia.[47] La subida constante del precio del producto durante los años de la Primera Guerra Mundial le permitió ir ampliando sus inversiones en La Habana a donde debió trasladarse en torno a 1915. Cuando Pepita lo conoció, Cañal no solo era uno de los pesos fuertes

---

[46] Mª Teresa Fleitas Monnar, "Vida cotidiana en Santiago de Cuba entre dos siglos (XIX y XX)", *Anales del Museo de América*, XVII, pp. 142-152.

[47] *Diario de la Marina*, La Habana, 19 de octubre de 1912; 5 de abril y 23 de junio de 1914.

de la colonia española, sino que también contaba con magníficas relaciones con el gobierno de Mario García Menocal.[48] Ambas cosas –y su inmensa fortuna– le proporcionaron facilidades para formar parte de las juntas directivas de varias empresas. Una de ellas era el Banco Comercial de Cuba, entidad financiera fundada al calor de la expansión del crédito y la especulación que caracterizó esa época, donde fungía como vicepresidente y uno de sus principales accionistas junto con el gallego Ramón García Mon.[49] Con este último se embarcó también en 1918 –año en el que entró a formar parte de la empresa La Mayólica, especializada en la producción de ladrillos y cerámica– en la fundación de la Compañía General de Seguros La Comercial a cuya junta directiva también pertenecía uno de sus socios en otro negocio que había emprendido el año anterior en dedicado a representaciones de todo tipo y venta de abonos químicos.[50]

Desde ese primer encuentro, el matrimonio Cañal fue verdadero anfitrión de Pepita y los Sanchís durante los últimos días que pasaron en La Habana. A través de ellos, además, fueron relacionándose con otros asturianos que residían en la ciudad, como Francisco Tijerina, "casado con una hermana de Don Alfredo Cañal, y era hermano de Amalia y Eusebia, todos ellos de La Felguera"; o Federico Suárez, hijo del relojero Policarpo de La Felguera y muy amigo de Ángel". También pasaron muy buen rato "recordando cosas de Asturias" con los integrantes de una comisión de la Asociación de Langreanos, en la que Suárez, como Alfredo Cañal y su hermano Florentino, como presidente, formaban parte de su junta directiva.[51] Esta sociedad, que había sido fundada en 1916 a instancia de José Ramón Cuervo "ante el penoso estado de inercia en que nos hallamos los langreanos en estas tierras tropicales"[52], como otras locales y comarcales que existían

[48] Las mismas buenas relaciones que supo mantener posteriormente tanto con el régimen de Gerardo Machado como con el de Miguel Primo de Rivera.
[49] León Primelles, *Crónica cubana, 1915-1918*, Lex, La Habana, 1955, p. 481.
[50] *Diario de la Marina*, La Habana, 24 de abril de 12 de diciembre de 1917; 1 de agosto de 1918 (núm. extraordinario) y 30 de agosto de 1919.
[51] *Diario de la Marina*, La Habana, 5 de enero de 1920. Posteriormente, Cañal, prototipo del empresario que dominaba una amplia red social garantizada por su influencia económica y su peso en la colectividad, llegaría a ser presidente del Casino Español y, en consecuencia, del comité de las asociaciones españolas de Cuba.
[52] *Asturias. Revista Gráfica Semanal*, La Habana, 16 de enero de 1916.

en La Habana desde 1905, además de nuclear a los oriundos de la misma procedencia geográfica para organizar actividades recreativas, servían de red de ayuda a los inmigrantes recién llegados, toda vez que el poderoso Centro Asturiano se fue apartando de esas funciones.[53]

En una de esas tardes, Pepita y los Sanchís se animaron por fin a dar un paseo a pie "por las calles de las tiendas, que son la de San Rafael y la del Obispo". En la segunda, que ya desde la época decimonónica era la calle comercial por excelencia, se encontraban, por ejemplo, el *Bazar Inglés*, la prestigiosa sedería *La Francia*, la perfumería *Salón Crusellas*, la camisería *Champion Moya*, la peletería *Venecia*, o la casa de venta de discos de la firma norteamericana *Frank Robins and Co.* Por su parte, la calle San Rafael donde según René Méndez Capote nadie de La Habana elegante hubiera comprado a principios del siglo XX,[54] estaba ahora profusamente poblada de comercios *chic* tales como la tienda de tejidos *La Glorieta Cubana*, la óptica *El Telescopio*, la afamada joyería *Cuervo y Sobrinos*, la corsetería *Fin de Siglo*, la casa de modas *The Fair* y los célebres almacenes *El Encanto*, entre otros muchos cuya nómina, demostrativa del nivel y tipo de consumo burgués que imperaba en La Habana, resulta imposible reproducir.

Luego de ese recorrido entraron en un cine y aunque Pepita no ofrece información acerca de la película que vieron –la cartelera de ese día anunciaba varios pases en cada una de las nueve salas que en esa fecha exhibían *films*–, forzosamente tuvo que tratarse de una cinta muda que en las salas cubanas solía acompañarse de los llamados "parlantes" o actores que detrás de la pantalla mantenían el diálogo que la película hacía suponer, sobre los que René Méndez Capote ha dejado comentarios geniales en sus memorias.[55] Al fin de ese día que finalizó con un concierto en la casa de Alfredo Cañal donde escucharon "el célebre danzón cubano y lo vimos bailar",[56] Pepita

---

[53] Juaco López Álvarez, "Emigración y localismo. Sociedades asturianas en La Habana", *Astura*, 9, pp. 53-60.

[54] Renée Méndez Capote, *Memorias de una cubanita...*, p. 53.

[55] Francisco M. Mota. *Por primera vez en Cuba...*, p. 45; Renée Méndez Capote, *Memorias de una cubanita...*, p. 169.

[56] El danzón, que tenía su origen en la contradanza criolla, nació de la mano del músico matancero Miguel Faílde en 1879 como un baile de salón que, posteriormente, se fue extendiendo entre los sectores populares.

manifestaba su desesperación por el retraso de la partida hacia México, así como un cierto hartazgo porque "ya nos sabemos de memoria toda La Habana", a lo que expresivamente añadía que "estamos deseando largarnos de aquí por causa del calor que es horroroso (...) la mano se me pega al papel, así van estas cartas de asquerosas".[57]

El domingo 18 de abril, después de oír misa en la iglesia de la Merced, situada casi al final de la Alameda de Paula, Pepita permaneció casi todo el día en el hotel acompañada por Maruja Sanchís, mientras que su hermano Ángel pasó la tarde con su amigo langreano Federico Suárez. La impaciencia por la llegada del Flandre "para irnos en él a Méjico y alejarnos de este calor de infierno" se vio por fin atenuada cuando, al día siguiente, el buque entró por fin el puerto de La Habana y corrió la noticia de que dos días más tarde partiría hacia Veracruz. Así es que, convencidos de que solo les quedaba un día y como el calor apretaba el punto de que "únicamente se puede salir de noche", decidieron emplear la última noche en ir al teatro. Entre la variedad de espectáculos, casi todos a cargo de compañías españolas, que aparecían en la cartelera en esa fecha, Pepita no dudó en elegir el que acababa de estrenarse en Teatro Nacional –antiguo teatro Tacón sobre el que se edificó el suntuoso edificio del Centro Gallego de La Habana– situado en la cuadra contigua al hotel en que se alojaban. La función del Nacional, donde iba la flor y nata habanera, anunciaba desde el día anterior un espectáculo que se componía de dos partes. En la primera, la compañía de Emilio Thuiller del madrileño Teatro Lara representaba una obra de los hermanos Álvarez Quintero, los comediógrafos españoles más famosos de entonces. La segunda parte corría a cargo de dos artistas no menos célebres, la cupletista Lola Montes, que justo iniciaba en Cuba una extensa gira por América, y Nati "La Bilbaína", una joven bailarina que acababa de triunfar con extraordinario éxito en París, que hizo las delicias del auditorio danzando al compás de piezas musicales de Isaac Albéniz y Enrique Granados.[58]

---

[57] Las cartas, sin destinatario específico desde el 15 de abril, se habían convertido en un diario.

[58] *Diario de la Marina,* La Habana, 17 y 19 de abril de 1920.

Esa noche, después de cenar en el Hotel Sevilla, convencidos de que al día siguiente embarcarían en el Flandre, fueron a despedirse de los Cañal. Sin embargo, aún no sería la última vez que verían a esta familia porque, de madrugada, la Compañía Trasatlántica Francesa les informó de que el buque demoraba su partida un día más. Ante la noticia, que según escribió Pepita "nos contraría mucho, estamos impacientes deseando salir cuanto antes de este horno crematístico", decidieron realizar una excursión en automóvil a Batabanó, en la costa suroccidental volcada al Caribe, en busca de un clima que se hiciera más soportable. Para Pepita, el paisaje que observaron durante el camino, surcado de pueblos pintorescos y campos de tabaco y caña, fue "lo más bonito que hemos visto en Cuba". Aunque no aclaraba si desde el surgidero de Batanabó cruzaron en vapor a la Isla de Pinos, sí aludía a la fama de sus aguas minerales y a los "hotelitos donde veranean muchos norteamericanos". El sucinto comentario de Pepita resume de algún modo la detallada narración ofrecida por Irene Wright acerca del típico estilo de vida norteamericano firmemente arraigado tras la implementación de un proyecto de colonización agrícola promovido por una compañía estadounidense.[59] De hecho, esa iniciativa fue una de las más importantes entre las fomentadas en Cuba durante las primeras décadas del siglo XX. Su éxito –definido por el periodista Carlos Martí como "una lección objetiva que el carácter emprendedor norteamericano ofrece a la energía cubana"–,[60] llegó a tal grado que los inmigrantes, procedentes en su mayoría de Minnesota y las dos Dakotas, llegaron incluso a promocionar una campaña de anexión a Estados Unidos cuando la soberanía territorial de la Isla de Pinos aún estaba en entredicho.[61]

[59] "Americans are in the majority of the population; American money is not only the official, but the actual currency of trade ; the prevailing architecture outside the towns is unreasonably American; American ministers preach from the pulpits; American automobiles and spring wagons have replaced the clumsy oxcart, and they travel over the best of roads, wide, smooth highways provided by an American Provisional Governor of Cuba, to facilitate shipments of fruits from orchards and gardens owned by Americans, producing for American markets". En Irene A. Wright, *Cuba...*, p. 322.

[60] Carlos Martí, *El país de la riqueza...*, pp. 157-158. El tono propagandístico utilizado el periodista hispano-cubano se debe en buena medida a su nombramiento, por parte del gobierno de Mario García Menocal, como comisionado especial para el estudio de la inmigración.

[61] Sergio Guerra Vilaboy y Roberto González Arana, *Cuba a la mano. Anatomía de un país*, Universidad del Norte, Barranquilla, 2015, p. 127.

HACIA VERACRUZ

La estancia de Pepita y los Sanchís en Cuba concluyó por fin el 21 de abril a las 4 de tarde cuando por fin embarcaron en el "tan deseado" Flandre. En el muelle habanero fueron despedidos por la familia Cañal y Federico Suárez que se presentaron con "unos ramos colosales de flores hermosísimas". A la satisfacción de Pepita por la partida, reflejada expresivamente en su primer escrito a bordo en el subrayaba "¡con qué gusto nos alejamos de La Habana donde no hemos cesado de sudar a chorros, ni de día, ni de noche!", se opuso inmediatamente la contrariedad de no haber podido conseguir "camarotes de lujo con baño y retrete particular, los que tenemos son de medio lujo".

Foto 3. Despedida de la Habana a bordo del Flandre, 21 de abril de 1920 (Archivo privado de Carlos Velázquez-Duro Fernández Duro. Gijón)

Tras la salida de la bahía habanera en la madrugada del día 22 y a medida que el buque avanzaba hacia Veracruz los escritos de Pepita transmiten nuevos juicios sobre de las condiciones del buque lamentando que fuese "peor por todos conceptos que el Alfonso XIII".[62]

[62] Ese mismo barco, al que Pepita ponía tantas objeciones, sería el que en 1939 transportó a los primeros refugiados republicanos españoles desde el puerto francés de Saint Nazaire hasta Veracruz.

Por otro lado, consciente de la situación que entonces atravesaba México, también manifiesta cierta preocupación por los planes que tenían previsto llevar a cabo durante su estancia:

> Todos nos dicen que el paisaje de Veracruz a Méjico es encantador, algo maravilloso y que esta línea está muy custodiada, delante del tren de viajeros va uno de soldados de ambos sexos explorando la vía. No veremos más que esas dos poblaciones y Puebla y Guadalajara, porque me dicen que de Méjico a Tampico no está tan vigilada la línea y asaltan con frecuencia los trenes.

Y es que, efectivamente, lo que a Pepita esperaba en México era un ambiente sumamente agitado por el proceso revolucionario aún candente que dio lugar a una experiencia muy diferente de la vivida en Cuba donde el panorama era completamente distinto. Cierto es que si hubiera permanecido unos meses más en el país antillano habría sido testigo de la aguda crisis que estalló en octubre de 1920 con la que se ponía fin al período de auge económico derivado de la situación del mercado del azúcar tras el estallido de la Primera Guerra Mundial. Esa etapa de prosperidad, conocida como "la danza de los millones" –alegoría que, por cierto, dio título a una célebre revista musical estrenada en el teatro Alhambra en 1916 que aún permanecía en cartel durante los días en que Pepita pasó en La Habana–[63] en la que el valor del peso cubano se equiparaba con el del dólar norteamericano, se volvió en contra cuando el precio del azúcar cayó de manera abrupta afectando a todos los sectores de la población que se vieron seriamente endeudados. Aunque parece que Pepita no advirtió lo delicado de esta situación, que ya venía de atrás, sí se percató del encarecimiento de los productos de consumo

[63] *Diario de la Marina,* La Habana, 17 de abril de 1920. En noviembre de 1920, esa obra teatral fue sustituida por otra a la que sus autores –Federico Villoch (libreto) y Jorge Ackermann (música)–, tras el estallido de la crisis y parodiando la nueva situación, titularon "Los Millones de la danza". En Jorge A. Núñez Vega, *La Danza de los Millones. Modernización y cambio cultural en La Habana (1915-1920).* Tesis Doctoral, Universitat Pompeu Fabra, Barcelona, 2011, p. 2.

–"excepto les automóviles todo lo demás es carísimo, cuesta la vida un dineral"– que ya la anticipaban.

Con todo, su pasaje por Cuba no entrañó ningún tipo de riesgo al estilo de los que pronto iba a vivir en el siguiente destino de su viaje. Quizás por eso, lo que hasta ahora solo había expresado como contrariedades y satisfacciones referidas fundamentalmente a los códigos de la vida material y moral a la que pertenecía[64], en este caso los usos burgueses de una persona acostumbrada al buen vivir, pronto iba a ser sustituido por emociones más tangibles (sorpresa, inseguridad, angustia, miedo...) que harían aflorar a la observadora aguda y mujer arriesgada, y en cierta medida transgresora, en la que se iba a convertir en México.

[64] Maurice Halbwachs, *Les cadres sociaux de la mémoire*, Alcan, París, 1935, p. 38.

DÍAS DE AVENTURA: CRÓNICA DE UN VIAJE POR EL CARIBE A TRAVÉS DE LA PLUMA DE ANNA HYATT (1924)

Rosario Márquez Macías
Universidad de Huelva[1]

INTRODUCCIÓN

El relato de viaje –como género literario y discursivo– ha cobrado en las últimas décadas, un particular protagonismo. Debido al carácter heterogéneo de su forma y temática, entre otros aspectos que hacen de su clasificación una tarea inacabable, este corpus textual se ha convertido en uno de los principales objetos de estudio de diversas áreas como la historia, la literatura, los estudios culturales o la antropología.[2]

Las crónicas de viajes, en cualquiera de sus formas (diarios, epístolas, memorias), no deben tomarse como un intento de historiar, sino más bien como el deseo de dejar un testimonio personal, el deseo, en fin, de dar a conocer una realidad a través de vivencias y experiencias individuales.[3]

A lo largo de su dilatada vida, Anna Hyatt, la protagonista de este trabajo, mantendría una nutrida correspondencia, entre otras personas, con su madre Audella, que a día de hoy se encuentra repartida entre la Hispanic Society of América y la Universidad de Siracusa. Del primer repositorio fueron extraídas las cartas que dan base a esta investigación: el viaje del matrimonio por el Caribe en 1924,

---

[1] Proyecto I+D+i '*Pasiones y afectos en femenino. Europa y América, siglos XVII-XX. Perspectivas históricas y literarias*' financiado por el ministerio de Ciencia e Innovación. AEI. Gobierno de España. Referencia: PID2020-113063RB-I00.

[2] Vanesa Miseres, "Voces femeninas en la literatura de viajes. Reseña de la obra de Beatriz Antón: Mujer y literatura de viajes en el siglo XIX: entre España y las Américas", *Revista A contracorriente*, vol. 10/3 (Spring 2013), pp. 464-470.

[3] Nara Araujo, *Viajeras al Caribe*, Casa las Américas, La Habana, 1983.

pero con una salvedad, a diferencia de otras viajeras, Anna nunca escribió para que sus relatos fueran publicados, como si lo hicieron otras en su día como la marquesa Calderón de la Barca, que a sus 35 años viajó a México saliendo de Nueva York el 27 de octubre de 1839, pasando por la Habana, para llegar el 26 de diciembre. Durante dos años en este país escribió a su familia cartas que, en 1843 fueron publicadas en Boston y Londres con el nombre de *Life in México, during residence of two year in that country" (Vida en México durante una residencia de dos años en ese país.*[4] El mismo caso lo representa Mercedes Santacruz y Montalvo (condesa de Merlín) que visitó la Habana con 51 años en 1840, llegando hasta ese puerto en la fragata *Cristóbal Colón* y permaneciendo allí durante dos meses. Resultado de este viaje es su libro: *La Havane* editado en 1843-44 en París y Bruselas. En ese mismo año se publicaría también en Madrid una edición reducida con solo diez cartas y prólogo de Gertrudis Gómez de Avellaneda bajo el título: *Viaje a la Habana.*[5] Y, por último, y solo por citar algunas, el caso de Fredrika Bremer, escritora sueca que llegó a Cuba en 1851, permaneciendo aquí tres meses para regresar de nuevo a Estados Unidos. Una vez en su país decidió publicar *The Homes of the new world* [Las casas del Nuevo Mundo] las cartas que desde Estados Unidos y Cuba escribió a su hermana Agatha y a otros familiares y amigos.[6]

Pero, salvo ese matiz, el no ser escritas para su publicación, Anna se nos presenta como una magnífica observadora, con un revelador sentido del detalle, signo de feminidad o al menos de curiosidad. Nos habla de paisajes, de edificios, del clima, de la gente, y por supuesto, en ese escenario, de los esclavos y de los ingenios azucareros. Sus cartas, desde la privacidad de su relato –de una hija a su madre– nos acercarán a ese mundo que ella visitó con su esposo en 1924. Entusiasmada con los personajes y admirada por la capacidad narrativa de Anna en otro trabajo ya realizado con anterioridad[7], nos proponemos

---

[4] Ibídem.
[5] Ibídem.
[6] Ibídem.
[7] Rosario Márquez Macías, "Los Huntington en la España de 1929. Una crónica a través de la correspondencia privada", en Pilar Cagiao Vila (coord.), *Diplomacia y acción*

en esta investigación seguir profundizando en ambos. Una vez más es la correspondencia privada de Anna la que nos permite acercarnos al matrimonio. Para esta ocasión, hemos analizado un corpus epistolar de 18 cartas, escritas entre el 1 de febrero de 1924 y el 7 de mayo del mismo año, donde el "poeta y la escultora" a decir de García Mazas realizaron un viaje por el Caribe. Se conocía la existencia del mismo, pero no el itinerario ni los detalles, así que a través de nuestro estudio nos aproximaremos un poco más a la vida íntima y personal de esta pareja, defensores de su privacidad. Les pido perdón por mi intromisión al manejar su correspondencia privada, pero con ello, solo pretendo rendir un homenaje de admiración, desde España, a alguien que tanto la amó.

NUESTRA PROTAGONISTA ANNA VAUGH HYATT HUNTINGTON

Anna nació el 10 de marzo de 1876 en Cambridge, Massachusetts, y era la hija pequeña de Alpheus Hyatt, profesor de paleontología y zoología de la Universidad de Harvard y de Audelle Beebe Hyatt, pintora de paisajes. Ambos se casaron el 7 de enero de 1867 y tuvieron cuatro hijos: Harriet, Alpheus III y Anna Vaugh, el cuarto murió en la infancia. Así que, al parecer, sus progenitores influyeron decisivamente en sus decisiones profesionales, ya que de su padre heredó el amor por los animales y de su madre lo haría del arte. Fue en la granja de verano de su familia donde Anna empezó a sentir verdadera pasión por los caballos y otros animales, siendo esto solo un entretenimiento, ya que hasta los 19 años estuvo estudiando violín. Decidido su futuro profesional, Anna empezaría a estudiar arte en Boston, de la mano del escultor Henry Hudson Kitson, para marchar luego a Nueva York para seguir formándose en la *Art Students League*. En 1907, Anna daría el salto a Europa y es en esta etapa donde acometería una de las grandes obras con la que estaba soñando: *Juana de Arco*, que inauguraría en 1915 en una

cultural americana en la España de Primo de Rivera, Marcial Pons, Madrid, 2020, pp. 115-133.

emotiva ceremonia. A partir de aquí fueron años de merecidos reconocimientos artísticos.[8] En 1923, nuestra protagonista, contraería matrimonio con Archer Milton Huntington, quien contagió a su esposa la pasión por la cultura hispana que se traduciría en la ejecución de otras muchas obras como: *El Quijote* y el *Cid Campeador* donada a la ciudad de Sevilla en 1929.[9]

SU MATRIMONIO CON EL HISPANISTA

Con un simple telegrama informaba Archer Milton Huntington a su madre Arabella de su inminente boda con Anna Hyatt: "Madre. casado hoy con Anna Hyatt escultora. Mucho amor. Espero verte más tarde. Te mandaré un telegrama en pocos días. Archer".[10] El telegrama estaba fechado el 10 de marzo de 1923 y dirigido a la señora Huntington en Pasadena (California).

Y así, en una sencilla ceremonia se unirían para siempre dos personas que compartirían entre otras cosas, el amor por el arte, la cultura, la filantropía y la naturaleza. Se casaron cuando ambos ya eran de mediana edad –53 Archer y 47 Anna– y ya estaban bien posicionados, no fue pues un matrimonio por apariencia o necesidad, sino una unión de respeto y apoyo intelectual. De esta unión Anna contaba a su madre que: "Mamá, ciertamente puedes estar feliz por mí porque no creo que haya ninguna mujer al que su hombre ame tanto como a mí".[11]

Al parecer, se conocían desde 1921, cuando Archer encargó a Anna que diseñara una medalla para la Hispanic Society of América, con objeto de premiar a los especialistas más destacados de la cultura hispanoamericana. Era la medalla Mitre, que conmemoraba

---

[8] Sandra Ferrer Valero, "Modelando la fauna y la historia, Anna Vaughn Huntington (1876-1973)", visto en: <https://www.mujeresenlahistoria.com/2014/12/modelando-la-fauna-y-la-historia-anna.html>.

[9] Rosario Márquez Macías, "Los Huntington en la España de 1929...", pp. 115-133.

[10] Universidad de Siracusa, Caja 37. Correspondencia entre Archer Milton Huntington y su madre Arabella, 10 de marzo de 1923.

[11] HSA. Carta de Anna Hyatt a su madre Audelle Beebe, 24 de julio de 1923.

el centenario de Bartolomé Mitre y el primer proyecto en el que colaboraron juntos.[12]

Tras un sonado divorcio de su primera esposa Helen Gates –su prima e hija de la hermana de Collis P Huntington, con quien se casó en 1895– Archer, se encontraba un tanto desanimado, por lo que, al conocer a Anna, tan sencilla, independiente y discreta, no dudó en unirse a ella.

La ceremonia se llevaría a cabo el día 10 de marzo de 1923, cumpleaños de ambos, y haciendo gala de su discreción solo 6 personas acudieron al evento que se celebraría en su pequeño estudio de la 49 West 12th Street en Greenwich village: su madre (la de Anna) su hermana Harriet Hyatt Mayor, los dos hijos de esta, A. Hyatt y Brantz Mayor y Brenda Putnan, su compañera de piso. El acto fue oficiado por el reverendo Benjamin Bulkley, primo de Hyatt.[13]

A pesar de su comentada discreción, la prensa se hizo eco del renombrado evento y el *New York Time* del 11 de marzo daba suculentos detalles del enlace entre otros:

Aunque han estado comprometidos durante aproximadamente tres meses y medio y la Srta. Hyatt llevaba un gran anillo de compromiso de esmeraldas, pocos amigos de la pareja sabían de sus intenciones (...) No hubo flores ni se tocó música, aunque había un piano cerca de los novios. La señorita Hyatt vestía un traje de viaje gris y un sombrero, pero no llevaba flores de ningún tipo. Una vez finalizada la ceremonia abandonaron el estudio sin decir donde pensaban pasar su luna de miel. Vivirán en la casa del Sr Huntington en Fifth Avenue 1083 cuando regresen...[14]

Y efectivamente poco o nada se ha sabido de esta luna de miel. El destino debió ser Jamaica, desconocemos si alguna otra isla más del Caribe. Gracias a la documentación consultada procedente de la Isla de Ellis sabemos que el matrimonio embarcó en el *SS Turrialba* en el Puerto de Barrios en Guatemala, donde se recogía a

[12] Patricia Fernández Lorenzo, *Archer M. Huntington*, Marcial Pons, Madrid, 2018, p. 182.

[13] Mary Mitchell and Albert Goodrich, *The Remarkable Huntingtons. Archer and Anna: Chronicle of a Marriage*, Budd Drive Press, Newtown, 2004, p. 19.

[14] *New York Time*, 11 de marzo de 1923.

los pasajeros procedentes de Jamaica, para llegar al puerto de Nueva York en mayo de ese año.[15]

De este nuevo matrimonio se congratularon sus amigos españoles y así en carta de Juan de Riaño al marqués de Villalobar le dice:

> Como sabrás se ha casado de nuevo con una mujer distinguidísima y simpatiquísima y acaba de volver de un viaje en Yacht que ha realizado por las Antillas. Antes lo veía con mucha frecuencia porque no salía nunca de Nueva York y yo acostumbraba a parar en su casa. Pero ahora lo veo mucho menos, aunque siento por él un gran cariño y me complazco en ver la felicidad de su vida actual.[16]

Anna y Archer vivieron a las afueras de Nueva York donde crearon un zoológico *Brook Green*, que sirvió a la escultora para seguir estudiando anatomía animal. Siguió esculpiendo toda su vida hasta su muerte el 4 de octubre de 1973.[17]

LA CORRESPONDENCIA ENTRE ANNA HYATT Y AUDELLE BEEBE. EPÍSTOLAS ENTRE MUJERES

Se han seleccionado 18 misivas con la siguiente cronología:

Cartas	Día	Mes	Año
1	1	Febrero	1924
2	4	Febrero	1924
3	22	Febrero	1924
4	27	Febrero	1924
5	1	Marzo	1924
6	6	Marzo	1924
7	14	Marzo	1924
8	21	Marzo	1924

[15] New York Passenger Arrival (Ellis Island) 1923. https://www.familysearch.org/search/

[16] AGA (10), 2654/8247. Carta entre Juan de Riaño y el marqués de Villalobar, 12 de junio de 1924. Citado en Patricia Fernández Lorenzo, *Archer M. Huntington…*, p. 15.

[17] Sandra Ferrer Valero, "Modelando la fauna y la historia…".

9	24	Marzo	1924
10	24	Marzo	1924
11	28	Marzo	1924
12	1	Abril	1924
13	7	Abril	1924
14	17	Abril	1924
15	23	Abril	1924
16	30	Abril	1924
17	1	Mayo	1924
18	7	Mayo	1924

Teniendo en cuenta que las cartas fueron enviadas desde altamar, es posible que hubiera alguna pérdida, aunque el relato de los hechos parece seguir su lógica secuencia. La propia Anna afirmaba que: "me imagino que mi correo será irregular a partir de ahora, puesto que el envío y la recepción por vapor no es frecuente".[18]

En cuanto a las direcciones desde donde fueron remitidas, tenemos los siguientes datos: en la primera y segunda no se menciona, la tercera lleva la dirección de la casa de Arabella, madre de Archer, la cuarta hace saber que están a bordo del *SS Voltaire* adjuntando logo con la bandera de la compañía naviera: L&H(Lamport and Holt), la quinta escrita desde el Hotel Pomeroy en Barbados, incluyendo también el logo del hotel en todas sus páginas, la sexta, solo especifica Barbados y a partir de la séptima carta y hasta la novena el papel lleva troquelado: "on board Rocinante", barco propiedad privada de Huntington. La carta décima, aún con el mismo papel, incluye dos banderines cruzados, que la propia Anna afirma ser la de su propio barco. A partir de la número once y hasta la dieciocho continúan con el papel troquelado de Rocinante. En cuanto a la procedencia de las misivas serían: Barbados, Antigua, Puerto Rico, Jamaica y Charleston.

[18] HSA. Sección correspondencia. Carta de Anna Hyatt a su madre Audelle Beebe, 27 de febrero 1924. Todas las cartas han sido transcritas y traducidas por Ángel Roldán Carreño.

LOS PREPARATIVOS DEL VIAJE

Era un secreto a voces que la salud de Anna Hyatt era delicada. En el año 1927 le diagnosticaron tuberculosis, enfermedad que padecería durante diez años, por lo que, a su regreso de España en 1929, sería internada en una clínica en Suiza, por recomendación entre otros del Dr. Marañón, gran amigo de Archer. Pero parece que sus problemas de salud comenzaron antes. García Mazas afirmaba que:

> Apenas regresó de su viaje de novios, empezó Anna a trabajar en el proyecto (se refiere al Cid). El entusiasmo que puso en esa obra fue su vida misma. Trabajaba doce y catorce horas diarias. Apenas se alimentaba. El modelo final en plastilina tenía grandes proporciones y había de trabajar subiendo y bajando andamios, vaciando luego el molde en escayola...[19]

Y estas alusiones a su salud se reflejarían en las dos primeras misivas de los días 1 y 4 de febrero de 1924:

> Querida Mamá: Estoy mejor, incluso el médico está asombrado por mi progreso y me siento fuerte y con energía. Todos los días me dan masajes, lo que es bueno para mi espalda que siempre ha sido mi "punto débil" ... una nota de la Sra. Paton decía que saldría del hospital a finales de esta semana, así que supongo que será hoy o mañana.[20]

Días más tarde afirmaba: "hoy estoy sentada, pero espero poder levantarme para así marcharnos muy pronto... Ayer tuve un día muy tranquilo sin masajes ni médicos. Este último me gusta mucho, es un hombre sueco de ojos negros que conoce cada músculo del cuerpo".[21] Desconocemos el mal que aquejaba a Anna en estos

---

[19] José García Mazas, *El poeta y la escultora. La España que Huntington conoció*, Revista de Occidente, Madrid, 1962, p. 465.

[20] HSA. Sección Correspondencia. Carta de Anna Hyatt a su madre Audelle Beebe, 1 de febrero de 1924.

[21] Ibídem, 4 de febrero de 1924.

momentos, preocupándole especialmente recuperarse pronto para "poder llegar a tu cumpleaños y darte el amor de tu devota hija y de tu admirador yerno. Es tu octogésimo cuarto cumpleaños y los años te traen salud y felicidad".[22]

Al margen del tema de su salud, Anna comienza a relatar a su madre algunos detalles sobre el viaje:

> Te preguntarás el porqué de tanto misterio sobre a dónde vamos, pero cómo decirte un itinerario si no tenemos ninguno. Primero iremos al sur, en dirección a las Indias Occidentales, quizás para comenzar donde lo dejamos (puede referirse a Jamaica) pero luego seguiremos hacia donde nos lleve el viento, puede que, al suroeste, pero lo único seguro es que probablemente no sea hacia el norte... ambos preferimos ir sin una ruta marcada siempre que sea posible.[23]

La tercera misiva fechada el 22 de febrero tiene el siguiente membrete: "2 East Fifty-seventh Street" y esta escrita desde la casa de la madre de Archer, Arabella.[24] Y así se lo hace saber Anna a su madre:

> No tengo ninguna duda de que estarás desconcertada por la cantidad de direcciones de las que parezco escribirte, pero eso no cambia el hecho de que 1083 sigue siendo nuestra dirección de correo. Como Archer odia los hoteles tanto como yo, hizo que abrieran la suite de invitados aquí en casa de su madre durante los pocos días que tuvimos que esperar entre el cierre de 1083 y nuestro viaje... estamos más cómodos aquí, ya que la casa siempre tiene un pequeño grupo de sirvientes, por lo que tenemos una asistencia más segura que en casa.[25]

---

[22] Audelle Beebe Hyatt nació en Kinderhook, Nueva York, el 14 de febrero de 1840.

[23] HSA. Sección Correspondencia. Carta de Anna Hyatt a su madre Audelle Beebe, 1 de febrero de 1924.

[24] Arabella nació en Richmond (Virginia) el 1 de junio de 1851.

[25] Ibídem, 22 de febrero de 1924.

PRIMER TRAMO DEL VIAJE: BARBADOS

A la descripción de esta isla dedica Anna tres cartas: 27 de febrero, 1 y 6 de marzo de 1924 respectivamente.[26] Para llegar hasta aquí Anna y Archer habían embarcado previamente a bordo del SS Voltaire perteneciente a la compañía naviera Lamport& Holt (la misma que usaron en su viaje de novios en 1923). En el membrete de la carta escrita con papel timbrado aparece el nombre del barco y el logo: una bandera roja y blanca con las siglas L+H y de él dice Anna: "El barco que cogimos pertenece a una línea que navega desde la región de Hoboken. El barco es nuevo y grande, es su segundo viaje,[27] pero (...) el servicio es muy flojo, por lo que no hay competencia con los barcos del Atlántico norte".[28] Dejando de lado los detalles del barco y con un estilo propio de las mejores viajeras, Anna cuenta a su madre de lo que ve. En primer lugar, le complace el buen clima:

> Estaremos en Barbados mañana por la noche, según nos dicen. Hasta ahora el clima está siendo muy suave y hoy especialmente cálido. Es muy agradable estar fuera de la ciudad, pues con tanta llovizna y nieve la gente debe estar revolcándose en el fango o esperando otra tormenta.[29]

En cuanto a las intenciones del viaje Anna afirmaba que: "Allí la temporada se extiende hasta finales de mayo, pero no creo que si

---

[26] Barbados es una isla de 34 km de largo y 23 de ancho, con poco relieve y suaves laderas. El punto más alto es el monte Hillaby de 336 mt. Está situada en las Antillas menores, es la más oriental de las islas, al este se encuentran Santa Lucía, San Vicente y las granadinas. Colón descubrió esta isla y en el siglo XVII los ingleses la convirtieron en una colonia del Reino Unido, hasta que en 1966 se declaró su independencia. Tan pronto como la industria del azúcar se desarrolló en Barbados, la isla se dividió en grandes plantaciones que reemplazaron las pequeñas propiedades de los colonos. Para trabajar estas plantaciones se usaron esclavos que fueron trasladados desde África. En 1834 la esclavitud fue abolida por el imperio británico, pero Barbados y otras islas tuvieron una moratoria de seis años.

[27] El *SS Voltaire* fue botado el 14 de agosto de 1923.

[28] HSA. Sección Correspondencia. Carta de Anna Hyatt a su madre Audelle Beebe, 27 de febrero de 1924.

[29] Ibídem.

deseamos ver las otras islas nos quedemos allí mucho tiempo".[30] Una vez en Barbados, el matrimonio se alojaría en el Hotel Pomeroy, al que Anna se refiere como:

> Este hotel está dirigido por gente de Estados Unidos y es el único lugar posible para quedarse en la isla, aunque es primitivo y se encuentra abandonado, con una cocina inglesa descuidada y, lo peor es que no desean mejorar, ya que se creen los mejores de la isla y siempre están llenos de gente, porque el turista sigue siendo de segunda clase y no exige nada mejor. Algún día será un centro turístico, pero sería un lugar ideal para construir una casa maravillosa en lugar de ir a Florida.[31]

Ilustración 1. Membrete del Hotel Pomeroy, Barbados[32]

Pero lo que resulta admirable es la descripción de la isla, donde no se le escapa ni un solo detalle:

> Ayer hicimos un largo viaje en coche casi alrededor de toda la isla y es un pequeño lugar asombroso, casi todos los ricos cultivan caña de azúcar, ñame o una especie de pasto alto del que se obtiene un grano que se usa como harina de maíz, lo llaman cous-cous.

[30] Ibídem.
[31] Ibídem, 6 de marzo de 1924.
[32] Ibídem.

El país está salpicado de plantaciones, regentadas por plantadores y trabajadas por sus cuadrillas de negros; casi cada dos millas hay un ingenio azucarero que desprende un verdadero olor a azúcar moreno a medida que avanzas. Es muy pintoresco, pues algunos ingenios aún no se han modernizado, ya que algunos usan todavía grandes molinos de viento. Los edificios son todos bajos y construidos con piedra coralina y abiertos, pues el techo esta sostenido por arcos, para que el ganado, que se sitúa en grupos en el interior, mastique las hojas de caña; hay por supuesto burritos, gallinas, etc. Los menciono por lo importantes que son, pues ocupan cada espacio disponible. Siempre hay un grupo de negros adultos y mujeres labrando en el sol. La gente acude a manantiales o a sus pozos artesanos y cuando paseas, constantemente ves a negras con enormes cubos en la cabeza o niños pequeños que andan tambaleándose, con sus pequeñas piernas hundidas tratando de aliviarse bajo el peso de lo que cargan. Los caminos son de piedra de coral blanco y van hacia todas las direcciones. Después de un rato, dejamos la línea ondulada y desigual que crean las plantaciones y subimos hacia una cadena de colinas donde teníamos toda la costa norte a nuestros pies: literalmente a nuestros pies. Todo el horizonte parecía una cadena montañosa que, a lo lejos, intuimos, se fundía con el Monte Pelée (...). La costa sureña tiene todos los rasgos del Mar del Sur, de color arenosa y palmeras, pero su forma en el norte es como un acantilado con rocas modeladas en formas extrañas, cuevas y abismos y la tierra desgarrada y despojada de vegetación. Todo es muy primitivo todavía, los métodos de transporte son en su mayoría a burro, el cual arrastra cargas enormes de una en una, generalmente una o dos veces al día, apiladas encima (...) el carbón y la leña y todo lo que no cargan los burros va encima de la cabeza de los negros y las calles son todo color y movimiento, como el de las olas, con las cabezas como modo de transportes de madera, de carbón, de bandejas de bizcochos calientes o cestas de encaje, ropa sucia, naranjas, caña de azúcar, jarras de agua, una cabra con las patas atadas, etc. (...) Las casas tienen paredes de todos los colores posibles, el que prevalece es el rosa en todos los tonos y el rojo, también lavandas, verdes, amarillos y casi nunca las

> flores armonizan con el color de la casa o la pared (...) El sol sonríe durante todo el día y todos los días, los vientos azotan la isla, todas las casas están siempre abiertas. No hay puertas sólidas ni ventanas de vidrio, solo listones (...).

Con premonitoria visión Anna afirmaba que:

> Algún día esta isla será visitada por turistas y la hermosa costa norte estará llena de grandes hoteles y los campos de caña de azúcar serán campos de golf, pero me alegro de haberla visto ahora en toda su belleza y virginidad. Pasamos muy cerca de Martinica y su ciudad en ruinas, también del Monte Pelée y sus laderas, que todavía lucen con desolación, pues sus largas laderas en pendiente son hostiles a la vegetación todavía. El monte Pelée vomitó muerte (literalmente) sobre la ciudad y el puerto.[33] Algunas casas han luchado por mantenerse de nuevo en la ciudad, pero la mayoría de ellas aún permanecen como cuando se arruinó.[34]

Poco más le quedaba a Anna que narrar a su madre sobre la isla de Barbados, su repaso por la geografía, la sociedad, la economía, la arquitectura... no deja lugar a dudas y permite hacernos una certera idea de Barbados en esa fecha. Pero, aun en la carta siguiente –6 de marzo– le sigue dando datos, ahora de cómo funcionaban los ingenios azucareros:

> Pasamos por el ingenio azucarero más grande de la isla, viendo desde el rodillo triturador que aplastaba los puestos de caña hasta donde los últimos granos de azúcar en polvo se convertían en bolsas y pasamos por interminables tinas hirviendo y miramos hacia abajo, hacia enormes tanques con líquido que era constantemente esterilizado por un torno que parecía una serpiente retorciéndose. La fábrica, por supuesto, estaba demasiado "modernizada" para

[33] El volcán Monte Pelée erupcionó el 8 de mayo de 1902 destruyendo el primer asentamiento europeo de la isla y matando a 30.000 personas.

[34] HSA. Sección Correspondencia. Carta de Anna Hyatt a su madre Audelle Beebe, 1 de marzo de 1924.

ser pintoresca, así que quiero ir a una donde los hombres mayores trabajan con la energía de un molino de viento.[35]

A BORDO DE ROCINANTE

El 14 de marzo, Anna volvía a escribir a su madre, y, a pesar de informarle que aún seguían en Barbados,[36] el membrete de la misiva indica que están a bordo de *Rocinante,* el barco que compra Archer para su uso personal.

Los investigadores que se han acercado al matrimonio Huntington mencionan su barco; algún recorte de prensa alude igualmente a su viaje en su propio yate: "Hemos sabido por la prensa que "Rocinante" zarpó de Nueva York el 21 de febrero hacia Barbados. El señor y la señora Huntington navegaron el sábado pasado en un barco de vapor desde Nueva York hacia Barbados"[37] pero es solo Anna la que nos describe con minucioso detalle, el origen del barco y las transformaciones realizadas para adaptarlo a sus necesidades. Vamos a oírla nuevamente:

> Queridísima mami: Por fin estamos a bordo de nuestro propio barco con una bandera roja con estrellas blancas que es la propia bandera de Archer y con la otra que es la del New York Yacht Club. He estado deseando contarte todo sobre nuestros planes, pero al igual que nuestra boda, decidimos mantenerlo en silencio porque suele haber muchos contratiempos antes de que los planes lleguen a su fin.[38]

---

[35] Ibídem, 6 de marzo de 1924.
[36] Ibídem.
[37] *Daily News* (Nueva York), 5 de marzo de 1924.
[38] HSA. Sección Correspondencia. Carta de Anna Hyatt a su madre Audelle Beebe, 24 de marzo de 1924.

Ilustración 2. Membrete con las banderas del barco de Archer M. Hutington[39]

Y continúa la misiva:

Archer siempre quiso tener un auténtico velero... Así que el verano pasado inspeccionamos varias goletas y finalmente nos decidimos por una de tres mástiles, llamada *Prusilla Aldur,* que había transportado madera por todo el mundo y era un viejo barco de trabajo. Ha sido completamente renovado en lo que a su interior se refiere, pero por fuera sus líneas siguen siendo igual de toscas que antaño, por lo que le cambiamos el nombre a Rocinante, que recordarás que era el famoso corcel de Don Quijote, que trató sin éxito de cambiarlo por uno fantástico y Archer pensó que era muy adecuado para este experimento nuestro. El interior del barco es tan espacioso y cómodo como una casa pequeña, dormimos en la cabina de cubierta en la popa, una habitación de 18 por 13 pies con dos baños, muchos cajones y alacenas por lo que es mucho más fresco que si estuviéramos debajo de las cubiertas. Allí tenemos una cabina larga de aproximadamente 30 por 13 pies forrada en ambos lados con estanterías de libros con puertas corredizas de vidrio y una mesa de comedor en el medio; en el extremo delantero

[39] Ibídem.

> de la estancia hay dos puertas, una en el lado de estribor, que es el estudio de Archer y la otra que es mi estudio y cuarto de trabajo. Son cuartos cuadrados de 14 por 14 pies con claraboyas. Archer tiene sus libros y sus materiales de escritura- y yo tengo un puesto de modelado y un banco de herramientas junto a muchos estantes y dibujos. La embarcación tiene un total de 152 pies de eslora, tiene un motor auxiliar que se puede usar para puertos y emergencias, hay una máquina de hielo.[40]

Una vez más, Anna hace alarde de detallismo cuando explica la distribución del barco, las medidas, los motores..., etc. Pero volvamos a la carta del 14 de marzo donde entendemos que a tenor del membrete de la misiva es cuando se suben por primera vez al barco tras su adquisición:

> Cuando fuimos a arrancar se estropeó uno de los motores eléctricos del barco, por lo que tiene que ser reparado en la ciudad mientras pasamos unos días más. Por supuesto ahora estamos descubriendo toda la verdad. Para Archer este problema es una maldición, sobre todo por la demora. Por supuesto, ahora estamos averiguando todos los detalles sobre el barco, pues ha quedado en evidencia todos los experimentos. Archer se aseguró de que le pusieran un buen mecanismo, mucho más completo que la máquina eléctrica simple y auxiliar, y como no contrató a nadie para supervisar su construcción, pues confiaba en su viejo amigo James para que velara por sus intereses, pensó que vería realizados sus deseos. Pero hay gente que parece perder el sentido de la justicia cuando se trata de ganar dinero y para nuestro asombro cuando hicimos la inspección del barco terminado, estaba equipado no solo para funcionar con motores eléctricos sino también para mantener una gran cámara frigorífica para la carne, dos cámaras frigoríficas más pequeñas y todos los armarios y accesorios de agua con funcionamiento con presión de aire, cosas que solo tienen los yates más desarrollados y los grandes barcos de vapor; naturalmente

[40] Ibídem, 24 de marzo de 1924.

> eso significa [la rotura del motor] que los ingenieros tuvieron que trabajar a contrarreloj de 6 a.m. a 11 p.m. con diferentes turnos y por supuesto también significó una gran comisión en el bolsillo de James. Archer no tiene la intención de permitir que tales cosas arruinen su viaje de ninguna manera, aunque todos los retrasos reducirán el número de lugares que pretendíamos visitar.[41]

Al respecto de la tripulación Anna afirmaba que: "el retraso ha tenido su lado bueno, pues ha permitido al capitán conseguir otra tripulación de marineros, ya que los que teníamos eran unos holgazanes procedentes de Nueva York y ahora tenemos un par de ágiles negros de Barbados.

Para terminar, afirmando que: "No podemos ir a Trinidad porque hay tifones allí, al menos Archer no quiere ir, eso es lo bueno de estar en tu propio barco, que puedes evitar ir a las zonas que no quieres".[42]

EL RESTO DEL CARIBE. LAS ISLAS DEL AZÚCAR

Tras salir de Barbados la siguiente escala del viaje sería Martinica[43] y así se lo hace saber Anna a su madre: "Tuvimos un hermoso trayecto, un buen mediodía soleado y llegamos a Port de France a las 5 del día siguiente".[44] Y nuevamente Anna da vuelo a su pluma para contar a Audelle lo que ve:

---

[41] Ibídem, 14 de marzo de 1924.

[42] Ibídem.

[43] Ubicada en las Antillas, en aguas del mar Caribe, tiene una superficie total de 1100Km, la tercera tras Trinidad y Guadalupe. Su extensión es de 65mt de largo por 27 de ancho. Su capital es Fort France. La isla está dividida en dos zonas, la norte entre Fort France y Robert, es el resultado de la erosión a causa de lluvias fuertes causadas por el mar hechas por evaporación de los vientos alisios, también por los volcanes creados en la isla como Monte Pelée y los Picos de Carbet al sur. En el sur la zona es más suave, vegetación menos abundante y clima más seco. En cuanto a su economía, el monocultivo del azúcar formó parte del paisaje y de la cultura criolla que dominaron la economía. El cultivo era realizado por esclavos que venían de África.

[44] HSA. Sección Correspondencia. Carta de Anna Hyatt a su madre Audelle Beebe, 21 de marzo de 1924.

> La isla contrasta mucho con la cercana y pequeña Barbados y su producción de azúcar y su pequeño puerto ajetreado. Aquí hay un gran y hermoso puerto y es una isla fructífera. Esta parte de la isla no se vio afectada por las erupciones del Monte Pelée por lo que los terrenos sin cultivar de la otra parte de la isla han dejado fluir pequeños pero abundantes ríos, conocidos como Madame y Monsieur a cada lado de la ciudad. Madame es pequeño, su corriente es lenta y el agua es sucia, pues su corriente transparente a veces se mezcla con basura (...) Las tiendas y las casas están pintadas con brillantes rayas en zig-zag azules, violetas y naranjas, los balcones de hierro tienen pomos de vidrio azul brillante en las esquinas de las barandillas. A la gente le encanta la pelea de gallos y quien posee uno lo exhibe orgulloso atado con una cuerda en el escalón de la puerta de su casa por la mañana. El río Madame posee un transbordador, un pequeño barco con un toldo. Solo estuvimos dos noches y un día en el puerto y hacía mucho calor en la ciudad.[45]

De la escala en Antigua,[46] Anna encontraba que:

> Antigua es un pequeño y encantador lugar no tan próspero como Barbados, aunque también es inglés. Parece bastante pobre, aunque la ciudad está muy cuidada y encalada. El aire es increíblemente seco y limpio traído a la isla por las sequías. No hay un gran contraste tropical por ninguna parte, incluso la naturaleza se mezcla y a veces no es posible distinguir un burro blanco de la nube de polvo que cubre el ambiente... La Isla Nieves se ve hermosa y es de postal, con una montaña alta justo en medio de la isla ovalada por lo que sus lados parecen deslizarse fuera del océano y su cima se eleva entre las nubes... Continuaremos mañana hacia Santo Tomás, la última de las Leeward Islands (Islas de Sotavento), un

[45] Ibídem.

[46] Es uno de los trece países que forman la América insular. Está ubicado al norte de las Antillas Menores, limita al sur con Guadalupe, al suroeste con Monserrat, al oeste con San Cristóbal y Nieves y al noroeste con san Martin. Su capital es Saint John. En su economía destaca la producción de caña de azúcar, algodón y frutas.

> grupo de islas vírgenes y a menos que el viento sea mucho más fresco, giraremos hacia el norte.[47]

En este periplo por el Caribe, el matrimonio Huntington hace su siguiente escala en Santo Tomás:[48] es una isla- dice Anna –"por la que Estados Unidos pagó 25 millones y por lo que se puede ver quedó bastante mal"–.[49] Pero su estancia aquí es breve, ya que deben llenar sus bodegas de agua de buena calidad por lo que: "nos vamos a San Juan de Puerto Rico que está a un día de navegación".[50] Antes de su partida Anna vuelve a dejarnos sus impresiones de esta pequeña isla:

> El puerto es muy profundo por lo que es una buena base naval: el lugar está lleno de botes y una docena de submarinos grises yacían a nuestro alrededor (...) El pueblo está muy cuidado, las paredes encaladas y los techos son rojos. Las calles están asfaltadas y escrupulosamente limpias. El pueblo está dirigido por soldados y la marina. Está construido en tres pirámides, sobre tres empinadas colinas piramidales iguales, lo que le da a la ciudad un efecto bastante teatral.[51]

La salida de Puerto Rico fue precipitada, un anecdótico incidente hace a la pareja poner pronto rumbo hacia el siguiente destino: Jamaica –donde es necesario recordar que ya estuvieron en 1923 con motivo de su viaje de novios–. Sabedores del deseo de intimidad

---

[47] HSA. Sección Correspondencia. Carta de Anna Hyatt a su madre Audelle Beebe, 24 de marzo de 1924.

[48] Santo Tomás es una isla de acceso a las islas Vírgenes de Estados Unidos del Caribe. Por su posición estratégica, en 1860 Estados Unidos pensó en comprar la isla y así en 1917, Santo Tomás, St John y Sta Croix fueron adquiridas por los Estados Unidos por 25 millones de dólares. La adquisición formaba parte de un plan de defensa estratégica para mantener el control sobre el mar Caribe y el canal de Panamá. A sus ciudadanos se le reconoce ciudadanía norteamericana desde 1927.

[49] HSA. Sección Correspondencia. Carta de Anna Hyatt a su madre Audelle Beebe, 28 de marzo de 1924.

[50] Ibídem.

[51] Ibídem.

del matrimonio poco debió agradarles la acogida que recibieron en su visita a la Biblioteca. Así nos lo narra nuestra protagonista:

> En nuestra primera inspección de la ciudad (se refiere a Puerto Rico) visitamos la Biblioteca pública y Archer pensó en el lugar como si fuese estadounidense y no español, pero el bibliotecario, cuyo nombre era O'neill, sabía quién era. Inmediatamente el hombre alzó sus brazos en el aire y estos cayeron sobre el cuello de Archer, lo abrazó y le dio vueltas para todos los lados como si fuera un pollo emocionado. Corrió al teléfono y gritando avisó a varios españoles de que el señor había llegado, así que en poco tiempo Archer se rodeó de españoles un fotógrafo y un reportero y luego le invitaron a recorrer la isla acompañado del grupo ilustre.[52]

A pesar del incidente, aún tuvieron Anna y Archer tiempo para ellos solos, que Anna describe:

> Sin embargo, logramos llegar al campo el domingo solos y vimos un hermoso valle con colinas altas y puntiagudas a ambos lados y unas pequeñas ruinas al fondo, por donde la carretera siguió por millas hacia el interior de la isla hasta un pueblo justo en el centro llamado Comerio. Almorzamos comiendo en un acantilado que caía treinta metros hasta el riachuelo. Dije que almorzamos, pero en realidad terminamos en gran parte con la comida devorada por pequeños nativos de tez negra, que sacudían sus pies en el polvo mientras los sándwiches de pollo, las galletas y las manzanas se deslizaban por sus gargantas. No me arrepiento de habernos marchado sin ver más del lugar ya que me imagino que vimos algo muy característico, aunque teníamos planeado ver el casco antiguo de Ponce, que probablemente sea muy interesante. Debemos tener gran cantidad de correo esperándonos en Kingston, así que vamos directamente hacia allí sin detenernos en Santo Domingo.[53]

[52] Ibídem, 1 de abril de 1924.
[53] Ibídem.

El 7 de abril de 1924 Anna informaba a su madre: "Queridísima mami: estamos de regreso aquí [se refiere a Jamaica], después de un año, y parece ser el mismo lugar caluroso, pero tendremos que quedarnos un rato para las reparaciones".[54] Los Huntington, celosos de su intimidad no habían informado a nadie de los derroteros de su viaje, también es cierto, que un viaje de estas características, en su yate privado, permitía muchas improvisaciones, por ello Anna hace saber que: "No he recibido cartas de todos mis amigos, pero les he enviado un buen número de postales para que sepan que no hemos desaparecido en lo desconocido".[55] Este secretismo en el viaje del matrimonio daría pie a múltiples especulaciones, por ello no puede extrañarnos que Anna informe a Audelle que: "Te adjunto un recorte de prensa del absurdo relato que se publicó con motivo de nuestro viaje".[56] Creemos haber localizado el citado artículo que pertenece a un diario de Nueva York de 5 de marzo de 1924 y que incluimos a continuación:

> Archer M Huntington, rico mecenas de las artes y las letras y su esposa Anna Vaughn, escultora, han ido a Barbados en su yate el Rocinante, equipado para un crucero de dos años, según el diario "*Evening Post*", que insinuó hoy que los Huntington habían ido a buscar un tesoro enterrado de 60 millones de dólares en los mares del sur. Varias personas que buscaron el tesoro sin éxito en la embarcación *Genesse*, hace dos años, fueron citadas declarando que el Sr Huntington había ido a la isla de Coco, donde se cree que el capitán W.L Morgan lo enterró en 1820. Se cree que el tesoro, con frecuencia buscado por los aventureros del siglo pasado, consiste en adornos con incrustaciones de oro y gemas –riquezas de los incas– saqueados de las iglesias peruanas por el capitán bucanero. El Sr. Huntington es el fundador del Museo Hispano de Nueva York y se dice que es un ferviente coleccionista de antigüedades

[54] Ibídem, 7 de abril 1924.
[55] Ibídem.
[56] Ibídem.

españolas. Se dice que el Rocinante fue reacondicionado por un precio de 180.000 dólares para su largo viaje.[57]

VIAJANDO HACIA LA COSTA OESTE DE ESTADOS UNIDOS

"Ya es 17 de abril –así comienza Anna su misiva– ¡Cómo vuela el tiempo! Estamos haciendo malabares para salir del Caribe, pues ahora comienzan las largas y calurosas calmas de viento que temen los veleros".[58] "Cuando salimos de Jamaica, Archer recordó que estábamos cerca de las Islas Caimán, las cuales tratamos de ver el año pasado, pero no pudimos. Así que como veníamos de un puerto británico, pudimos parar en Gran Caimán, también británica...".[59]

Una vez más Anna hace alarde de su capacidad descriptiva para narrar a su madre todos los pormenores de su viaje describiendo todo cuanto ella ve:

> Es una isla llana con pocos habitantes en la costa al igual que el interior, bastante deshabitado y nunca visitado por turistas, ya que ningún vapor va allí por lo que dependen completamente de los barcos para el correo y los suministros. Los habitantes han construido pequeñas goletas y como sus armazones son de caoba, tienen la reputación de durar varias generaciones, por lo que casi todos los hombres siguen dedicándose al mar.[60]

Es en esta epístola en la que Anna cuenta a su madre la curiosa anécdota de las tortugas demostrando su sensibilidad ante los animales, así lo expresa nuestra protagonista:

> Los barcos en su mayoría se llenan de "tortugas verdes" en las costas de Honduras y Yucatán y las llevan a los Estados Unidos.

---

[57] "En busca de vastos tesoros piratas. El neoyorquino caza 60.000 dólares que se creían enterrados", *New Britain Daily Herald*, 5 de marzo de 1924.
[58] HSA. Sección Correspondencia. Carta de Anna Hyatt a su madre Audelle Beebe, s/f.
[59] Ibídem.
[60] Ibídem.

> Mientras estábamos en el puerto, entró un barco y una canoa se acercó a nosotros con dos de éstas enormes criaturas de color verde-amarillo pálido, acostadas de espaldas en el fondo. Fue indignante, pues eran enormes y estaban tan indefensas, con sus grandes cabezas balanceándose de un lado a otro en señal de protesta muda, que no podría comer ni un filete de éstas después de verlo. Sin embargo, nos dieron dos tortugas de caparazón bellamente marcado que mantenemos en un tanque, pero cuando pasemos entre Cuba y Yucatán se deslizarán silenciosamente por la borda. Incluso si quisiéramos llevarlas a los Estados Unidos, probablemente habría algún tipo de obstáculo. Cualquier planta, fruta o verdura que tengamos a bordo al llegar a Cayo Hueso debe tirarse por la borda ya que nuestro país se debe a la United Fruit Line, la cual no permitirá a bordo nada que no sea producto de los Estados Unidos.[61]

En su viaje de regreso a casa, el matrimonio Huntington tocarían tres puertos estadounidenses a saber: Key West, Charlestón y el temido cabo Hatteras. Así a 23 de abril ya informa Anna que: "Queridísima mami: solo unas líneas para decirte que estamos en Key West".[62] Donde al parecer, solo hacen una parada para enviar el correo, tomando rumbo inmediatamente para Charlestón:

> Tuvimos que navegar en zigzag la mayor parte del trayecto desde Cayo Hueso, luchando con un viento en contra hasta un poco más debajo de Jacksonville, donde teníamos intención de detenernos, pero cuando se levantó una fina brisa del sur, decidimos que era una buena oportunidad para navegar, así que nos dirigimos a Charlestón y el viejo caballo alzó las orejas y el rabo e hizo millas mientras duró la brisa... Ambos estamos ansiosos por ver Charlestón. Archer también ha estado aquí antes.[63]

[61] Ibídem.
[62] Ibídem, 23 de abril de 1924.
[63] Ibídem, 30 de abril de 1924.

A su llegada a Charlestón la impresión no fue la esperada:

> Siempre he oído hablar del encantador casco antiguo de Charlestón, pero la gente estaría soñando u olvidarían sus primeros recuerdos, porque aparte de unas pocas casas antiguas dispersas y lo que podrían haber sido jardines, parece sin encanto. Las pocas casas que quedan tienen una arquitectura peculiar, alta y muy estrecha: el lado sur de la casa siempre tiene tres o más pisos lo que debe mantener el fresco en el interior. Vimos el museo y la galería de arte, ambos amplios edificios con una pequeña pero justa colección. Archer no fue sorprendido esta vez durmiendo la siesta, ya que muchas personas de aquí lo conocen y él ha hecho donaciones al museo y la hospitalidad sureña es casi igual a la vehemencia de los españoles.[64]

La última carta que poseemos está incompleta, fechada a 7 de mayo, y dirigida desde Newport News en Virginia, en ella nos informa Anna que:

> Queridísima mami: llegamos aquí anoche después de un paseo muy tranquilo por el tan temido Cabo Hatteras.[65] Estamos frente a los grandes astilleros donde se construyen los barcos aquí. Son los astilleros que construyó el padre de Archer y vamos a reparar y modificar algunas partes del barco, así que creo que para mañana estaremos ... Hace bastante frío y está lloviendo hoy. El ambiente es muy humeante, como si hubiera incendios forestales en la región. Estamos justo a la entrada del río James, donde estamos anclados.[66]

Lamentablemente la carta finaliza aquí con lo que no podemos proporcionar más detalles del final de este viaje. Es posible que

[64] Ibídem, 1 de mayo de 1924.

[65] La combinación de una serie de factores a consecuencia de su ubicación geográfica ha hecho que los marineros lo denominen el "cementerio del atlántico". Los registros muestran que más de 2000 barcos tanto grandes como pequeños se han hundido en esta zona desde época colonial.

[66] HSA. Sección Correspondencia. Carta de Anna Hyatt a su madre Audelle Beebe, 7 de mayo de 1924.

terminara en estas fechas, a pesar de que la prensa había informado que el viaje estaba previsto para dos años, o pudiera ser posible que el matrimonio se viera obligado a adelantar su llegada ante las noticias que llegaban de la salud de la madre de Huntington.

UN TRISTE FINAL DE VIAJE

A los pocos meses del regreso de este viaje, la felicidad quedó ensombrecida por el fallecimiento en 1924 de su querida madre Arabella. Y así conocemos esta trágica noticia de la mano de la carta que Riaño envía al marqués de Bendaña:

> Embajada de España en Washington
> Washington 23 de septiembre de 1924.
> Excmo. Sr. Marqués de Bendaña
> Mayordomo y caballero mayor de SM la Reina
> Palacio Real. Madrid
> Mi querido Lorenzo:
> Anoche recibí tu telegrama de 18 del corriente mes. He estado recientemente en Nueva York para recibir a Pepe Viana, Jimy, Hernando y sus esposas.
>
> Allí vi a Huntington, el cual me dijo que había tenido que suspender un viaje que pensaba hacer a Europa por haber tenido su madre que sufrir una operación en el riñón, en el cual tenía un absceso. Al parecer la operación no fue un éxito completo pues estuvo siete semanas privada de conocimiento excepto en raros intervalos, a pesar de lo cual los médicos no habían abandonado la esperanza de salvarla. El domingo 14 se agravó y no se creyó que pudiera pasar la noche. El lunes 15 pasó toda la mañana con Huntington y el martes 16 que yo regresé a Washington, aún vivía, pero, poco después de llegar aquí recibí un telegrama diciéndome que había expirado a las seis de la tarde.
>
> Llamé a Huntington por teléfono para darle el pésame y para preguntarle cuando tendría lugar el entierro pues no solamente

> deseaba yo asistir a él, sino que creí probable que SM me encargase que le representara en el mismo.
>
> Me contesto que agradecía mucho mis intenciones pero que la ceremonia sería absolutamente privada y que no quería que yo asistiera a ella, y esto lo ha confirmado después por medio de la prensa, añadiendo que deseaba que no se enviaran flores.
>
> En estas circunstancias no ha habido más remedio que conformarse a sus deseos y por consiguiente me he limitado a darle cuenta de tu telegrama para que supiera los deseos de SM.
>
> Ruego tengas la bondad de informar a SM el Rey, nuestro Augusto soberano de lo que antecede y aprovecho la ocasión para repetirme tu afectísimo amigo.[67]

Sin duda una pérdida irreparable, ya que Arabella apoyó siempre y sin reservas el proyecto de su hijo y la relación entre ambos rallaba hasta la admiración. No en vano, solo cuatro días después de su fallecimiento, Archer escribía a Juan de Riaño una carta donde afirmaba que fue: "la mujer que ha sido el centro de mi devoción durante toda la vida".[68] Patricia Fernández informa que Arabella fue imprescindible en todos los proyectos culturales de Archer, no solo cediendo los terrenos de Audubon Terrace donde luego se levantaría la Hispanic Society, sino también financiando los viajes de su hijo y muchas de sus compras, además de donar a la Hispanic doscientos cincuenta mil dólares para su construcción (seis millones de dólares de valor actual) y algunos de los cuadros más relevantes de la colección[69].

De este modo, la Hispanic Society acogió entre sus muros no solo el alma de España y de los queridos amigos españoles, sino también el de un nutrido grupo de mujeres –no olvidemos que la mayoría de las trabajadoras eran del sexo femenino– entre las que estaban las que fueron las más importantes de su vida: su madre y su esposa.

---

[67] AGA 54, Legajo 1324, Caja 8247. Carta entre Juan de Riaño y el marqués de Bendaña, 23 de septiembre de 1924.

[68] AGA (10), 2654/8247. Carta de Archer Huntington a Juan de Riaño, 23 de septiembre de 1924.

[69] Patricia Fernández Lorenzo, *Archer M. Huntington...*, p. 186.

Pilar Cagiao Vila

Profesora titular de Historia de América y coordinadora del Grupo de Investigación *HistAmérica* en la Universidad de Santiago de Compostela. Entre las líneas de investigación principales desarrolladas a lo largo de su trayectoria académica destacan las relativas a los vínculos históricos entre España y América, incidiendo particularmente en las relaciones diplomáticas y culturales y los movimientos migratorios en los que, desde la publicación de su libro *Muller e emigración* (1997), ha prestado particular atención a la perspectiva de género. Ha sido Investigadora Principal de diversos proyectos de investigación en convocatorias competitivas nacionales y autonómicas y como profesora invitada ha impartido cursos de posgrado, doctorado y maestría sobre las relaciones España-América en universidades europeas y latinoamericanas. En 2023 ingresó, como académica correspondiente en el extranjero, en la Academia de Historia de Cuba.

María Luisa Candau Chacón

Catedrática de Historia Moderna, directora de la colección "Arias Montano" del Servicio de Publicaciones de la Universidad de Huelva e investigadora principal de diferentes proyectos nacionales de I+D+i y grupos de investigación autonómicos y académicos relacionados con la Historia de las mujeres, esencialmente conectados con la Historia cultural y de las emociones. Es autora de los libros *La carrera eclesiástica en el siglo XVIII* (Sevilla, 1993); *Los delitos y las penas en el mundo eclesiástico sevillano del XVIII* (Sevilla, 1993); *El clero rural de Sevilla en el siglo XVIII* (Sevilla, 1994); *Los moriscos en el espejo del tiempo. Problemas históricos e historiográficos* (Huelva, 1998); *Entre procesos y pleitos. Hombres y mujeres ante la justicia en la Edad moderna* (Sevilla, 2020).

Ha sido coordinadora/editora de las obras *Las mujeres y el honor en la Europa Moderna* (Huelva, 2014); *Las mujeres y las emociones en Europa y América. Siglos XVII-XIX,* (Cantabria, 2016); *Pasiones en femenino, Europa y América, 1600-1950*, (Sevilla, 2019); *Viajeras de élite. Experiencias, recorridos, textos. Siglos XIX y XX* (Berna, 2021).

José Luis Caño Ortigosa

Doctor en Historia de América por la Universidad de Sevilla (2009). Profesor contratado doctor del Área de Historia e Instituciones Económicas de la Universidad de Cádiz (2019-Actualidad). Investigador en numerosos proyectos financiados por los planes de I+D+I de España, Argentina, China y Taiwán, en algunos de los cuales ha sido o es Investigador Principal. Ha publicado 5 monografías, 14 libros editados, 4 dosieres coordinados y 28 artículos científicos en revistas científicas de impacto, además de 23 capítulos de libros, todos en prestigiosas editoriales académicas. Director Científico de la revista *Temas Americanistas* e integrante del Consejo Científico de otras prestigiosas revistas especializadas y de colecciones editoriales académicas. Coordinador de Jornadas Virtuales de Historia de América (#historiadesdecasa).

Rocío Corona Azanza

Estudió la Licenciatura y Maestría en Historia (Estudios Históricos Interdisciplinarios) en la Universidad de Guanajuato. Es doctora en Historia por la Universidad Nacional Autónoma de México. Pertenece al Departamento de Historia de la Universidad de Guanajuato del cual es docente. Es integrante del Seminario de Historia Sociocultural de la Transgresión del Instituto de Investigaciones Históricas de la UNAM. Participa en el proyecto de rescate y conservación del Archivo Histórico de Dolores Hidalgo, Cuna de la Independencia Nacional, Guanajuato. Sus líneas de investigación son: historia de género, feminismo e historia de la justicia.

María de Lourdes Cueva Tazzer

Doctora en Humanidades con especialidad en Historia por la Universidad Autónoma Metropolitana-Iztapalapa. Profesora e investigadora en el Departamento de Historia de la División de Ciencias Sociales y Humanidades de la Universidad de Guanajuato (DCSyH-UG) desde hace más de veinticinco años. Sus áreas de interés han sido la historia de las mujeres y de género, de la educación y de los movimientos sociales en México durante el Porfiriato, la Revolución y el siglo xx. Ha escrito dos libros y diversos artículos y capítulos de libro; asimismo ha participado como ponente y conferencista en eventos académicos nacionales e internacionales. Ha sido docente y dirigido tesis de licenciatura, maestría y doctorado en historia con temáticas variadas de historia social y cultural e historia de género en Guanajuato, México y América Latina. Ha coordinado la Maestría en Historia (EHI) y recientemente, el Doctorado en Historia, ambos programas de la DCSyH-UG.

Palmira García Hidalgo

Doctora en Historia con mención Internacional por la Universidad de Huelva (2021). Máster en Género, Identidad y Ciudadanía en la Universidad de Huelva. Adscrita al proyecto de I+D PID2020-113063RB-I00: *Pasiones y afectos en femenino. Europa y América, siglos xvii-xx. Un estudio interdisciplinar desde la Historia y la Literatura*, y miembro del Grupo de investigación HUM433: *Andalucía y América en la edad moderna y contemporánea: factores económicos, sociales y culturales.* Ganadora del Primer Premio a la labor creadora e investigadora del Premio "Sapere Aude" 2014 y Accésit Premio Siem de Investigación Feminista "Concepción Gimeno de Flaquer" 2016. Actualmente colaboradora honoraria del Área de Historia de América de la Universidad de Huelva.

Yéssica Marlene González Gómez

Es Doctora en Historia Iberoamericana, académica e investigadora de la Universidad de La Frontera-Chile. Se ha centrado en el estudio de las relaciones interétnicas y de género durante los siglos XVI-XIX en Chile, con énfasis en la Historia fronteriza y el estudio del cautiverio, la violencia y el conflicto en espacios y sociedades de frontera con enfoque de género. Ha sido Investigadora responsable de diversos proyectos, entre los que destaca DIUFRO 21-0017 con el título de *Ni mujeres notables, ni madres excepcionales. Violencia y criminalidad femenina en la Araucanía, 1890-1950* y FONDECYT Regular N°1230798 denominado *Violencia, criminalidad femenina y emociones. Las transgresiones de los mandatos de género en el departamento de Temuco, 1890-1950*. Cuenta con múltiples publicaciones en revistas científicas y colaboraciones en libros colectivos, el último, *Mujeres: olvidos y memorias en los márgenes. Chile y América, siglos XVII-XXI*, premiado por el Instituto de Historia de la Pontificia Universidad Católica de Valparaíso, como la mejor publicación de Historia 2020.

Diana Eva Lamana Campo

Técnica auxiliar del Archivo General de Palacio (Madrid) y doctoranda del programa de Historia y Arqueología por la Universidad Complutense de Madrid en el Departamento de Historia de América. Becada por la Fundación Santander para realizar la estancia en la Pontificia Universidad Católica de Ecuador en Quito, es integrante del Seminario de Historia de Moderna de América (SIHMA) coordinado por Pilar Ponce Leiva; ha participado en numerosos congresos y seminarios tanto en el ámbito nacional como en el internacional, siendo uno de los últimos el *III Workshop Internacional Actores, objetos y representaciones en la temprana modernidad (ss. XV-XVIII)* en UNICEN (Tandil, Argentina). Sus temas principales de investigación son las dinámicas sociales femeninas en el siglo XVII en América, con especial dedicación a la Real Audiencia de Quito, aunando, así, Historia de Género e Historia Social y rastreando los comportamientos y vínculos que conformaron las realidades femeninas durante la Edad Moderna.

Gabriela López Ruiz

Becaria de apoyo a la investigación por el Centro de Estudios de Historia de México CARSO, es Maestra en Historia (2019) por el Instituto de Investigaciones Históricas de la Universidad Michoacana de San Nicolás de Hidalgo. Doctorante en Historia por el Departamento de Historia de la Universidad de Guanajuato. Autora de publicaciones como "Posibilidades y retos de la historia transnacional para el estudio del anarquismo. Análisis historiográfico", *Tempo. Revista Histórica y de Ciencias Sociales*, (julio-diciembre 2022). Actualmente su investigación se centra en el análisis de *Los anarquistas de Regeneración y su construcción de redes transnacionales, 1900- 1918.*

Rosario Márquez Macías

Catedrática de Universidad de Historia de América de la Universidad de Huelva. Es directora del Centro de Cultura Iberoamericano de la misma Universidad. Académica de número de la Academia Iberoamericana de la Rábida de Huelva y académica correspondiente de la Academia de Historia de Cuba. Su trayectoria investigadora contempla varias líneas de investigación entre las que se encuentran: La emigración española a América, la correspondencia privada de los emigrantes, la Historia de las mujeres y las relaciones culturales España-América. Ha formado parte de diferentes proyectos de investigación financiados por el Gobierno de España e impartido numerosas conferencias en España y América.

Mónica Lorena Murillo Acosta

Licenciada en Historia por la Universidad Michoacana de San Nicolás de Hidalgo. Maestra en Historia de México por el Instituto de Investigaciones Históricas de la misma universidad. Doctora en Historia por la Universidad de Guanajuato. Sus principales líneas de investigación son la historia social y cultural, la historia contemporánea y la historia de género. Actualmente investiga sobre criminalidad femenina. Ha sido ponente en diversos seminarios nacionales e internacionales.

Cristina Ramos Cobano

Doctora en Historia por la Universidad de Huelva, centro en el que ejerce como profesora asociada. Desde 2014 es funcionaria del cuerpo de profesores de Enseñanza Secundaria de la Junta de Andalucía, pero ha permanecido ligada a la investigación en el marco de varios proyectos de I+D+i financiados por el Ministerio de Ciencia, Innovación y Universidades, a cuyo amparo ha desarrollado dos líneas claras de trabajo: una dedicada al análisis de la formación histórica de identidades y prácticas políticas en la época contemporánea, y otra en la que aborda aspectos relacionados con la institución familiar y las relaciones de género desde finales del Antiguo Régimen. Pueden consultarse más datos sobre su trayectoria profesional en su perfil de la plataforma Academia.edu: https://uhu.academia.edu/CristinaRamosCobano

Ruth Magali Rosas Navarro

Licenciada y magíster en Educación con mención en Historia y Ciencias Sociales por la Universidad de Piura (Perú); magíster en Historia Iberoamericana por el Consejo Superior de Investigaciones Científicas (CSIC, España); magíster y doctora en Historia Comparada y Patrimonio por la Universidad de Huelva (España) y especialista en Historia religiosa e Historia cultural. Ha publicado artículos en revistas indexadas y libros en solitario y en grupo. Es miembro del Proyecto de Investigación Internacional *Pasiones y afectos en femenino. Europa y América, siglos XVII-XX. Perspectivas históricas y literarias*. Desde el año 2000 trabaja en la Universidad de Piura, campus Piura. Actualmente, es Profesora Principal de la Facultad de Humanidades y directora del Departamento de Historia y Arte.

Rocío Sánchez Rubio

Doctora en Historia (1991) y profesora titular de Historia Moderna de la Universidad de Extremadura desde 1996. Pertenece al Grupo de Investigación GEHSOMP de la UEx y ha formado parte de los equipos de ocho Proyectos de Investigación. Su trayectoria investigadora se inicia en el ámbito de los movimientos migratorios a América. Esta línea se ha ampliado al tema del impacto que la emigración tuvo en el seno de la familia del periodo moderno, temáticas que desde hace tiempo las desarrolla con Isabel Testón. También en colaboración con ella, sus investigaciones se han orientado hacia el ámbito de las prácticas sociales de la escritura relacionadas con la correspondencia privada del periodo moderno. Esta colaboración se ha ampliado al campo de la cartografía histórica, dando a conocer importantes materiales cartográficos sobre las fronteras en guerra del Imperio español.

Isabel Testón Núñez

Licenciada y doctora en Historia por la Universidad de Extremadura, ha desarrollado su labor docente e investigadora en dicha Universidad, donde en la actualidad es profesora titular del Departamento de Historia. Pertenece al Grupo de Investigación GEHSOMP de la UEX y ha formado parte de los equipos de ocho Proyectos de Investigación de ámbito regional y nacional, como investigadora principal en uno de ellos. Su investigación se ha construido en torno a dos líneas fundamentales. La primera se encamina al estudio de la historia social y de las mentalidades, con una especial atención al ámbito de las minorías, el universo femenino y las manifestaciones culturales de la sociedad moderna. En este último ámbito, en colaboración con Rocío Sánchez Rubio, ha prestado una especial atención a las prácticas sociales de la escritura y publicado numerosos trabajos relacionados con la correspondencia privada. La segunda línea se ha orientado al estudio de la cartografía histórica, en colaboración con Carlos y Rocío Sánchez Rubio, con el fin de localizar, analizar y difundir piezas cartográficas de los siglos XVI al XIX custodiadas en archivos españoles, europeos e iberoamericanos.

NIEVES VERDUGO ÁLVEZ

Licenciada en Historia, máster Universitario oficial de Género, Identidad y Ciudadanía de la Universidad de Huelva, máster oficial Universitario de Análisis Histórico del Mundo Actual en la Universidad de Huelva. Es profesora sustituta interina del área de Historia Contemporánea del Departamento de Historia, Geografía y Antropología de la Universidad de Huelva. Ha participado en simposios y congresos internacionales, así como en jornadas de historia relacionadas con las relaciones España-América. Le han sido concedidos dos premios de investigación: Iniciación a la Investigación, en 2013, por la Universidad de Huelva, y el premio de la Asociación Española de Americanistas 2016, en la categoría Investigadores en formación. Tiene publicados capítulos de libros y artículos relacionados con la línea de investigación de relaciones culturales entre España y América.

ESTE LIBRO SE TERMINÓ DE IMPRIMIR
EN EL MES DE NOVIEMBRE DE 2024